Policía Municipal
Ayuntamiento de Madrid

Test

© Edita: EDITORIAL CEP S.L.

C/ Dalia nº 20. Polígono El Lomo

28970 Humanes de Madrid (Madrid)

Tlf. 951 171 027

Edición: junio 2022

ISBN: 978-84-19432-58-2

Depósito legal: M-18051-2022

Imprime: Publicep

FICHA TÉCNICA

TÍTULO

Policía Municipal. Ayuntamiento de Madrid. Test

FECHA DE PUBLICACIÓN

Junio, 2022

OBJETIVO

Con este libro el opositor está adquiriendo un instrumento esencial para la preparación eficaz de las pruebas de acceso a las plazas de Policía del Cuerpo de Policía Municipal del Ayuntamiento de Madrid.

PERFIL DEL DESTINATARIO

- Opositores a las plazas de Policía del Cuerpo de Policía Municipal del Ayuntamiento de Madrid.
- Preparadores.
- Profesionales del Ayuntamiento de Madrid.

CONTENIDO

El presente volumen incluyen cuestionarios con preguntas objetivas tipo test y soluciones motivadas correspondientes a la totalidad de los temas previstos para el acceso a las plazas vacantes de Policía del Cuerpo de Policía Municipal del Ayuntamiento de Madrid, según lo establecido en la convocatoria publicada en el Boletín Oficial del Ayuntamiento de Madrid núm. 9157, de 13 de junio de 2022.

En este volumen encontrará:

- Amplio número de preguntas objetivas tipo test con respuestas alternativas de las que sólo una de ellas es correcta.
- Soluciones a todas las preguntas formuladas.

ÍNDICE

TEST 1

La Constitución Española de 1978. Estructura y contenido. Principios constitucionales básicos. Reforma de la Constitución

1. **Uno de los valores superiores de nuestro ordenamiento jurídico es:**

   a) Libertad y pluralismo político

   b) Justicia e igualdad

   c) Todas las respuestas anteriores son correctas

2. **¿Cuál es la forma política del Estado Español?**

   a) República

   b) Monarquía presidencialista

   c) Monarquía parlamentaria

3. **¿Qué artículos de la Constitución Española constituyen el Título Preliminar?**

   a) Arts. 1 a 9

   b) Arts. 1 a 10

   c) Arts. 11 a 13

4. **La parte dogmática de la Constitución está compuesta por:**

   a) El Título Preliminar y el Título I

   b) El Título Preliminar y el Título II

   c) El Título I y II

5. ¿De cuántos artículos consta la Constitución Española?

a) De 200

b) De 150

c) De 169

6. ¿Qué contiene la parte orgánica de la Constitución?

a) La composición y funcionamiento de los órganos del Estado

b) Las competencias y relaciones entre los órganos del Estado

c) Las respuestas a) y b) son correctas

7. ¿Cuántas disposiciones adicionales contiene la Constitución Española?

a) 6

b) 9

c) 4

8. Las bases de la organización militar serán reguladas conforme a:

a) Reglamento

b) Ley ordinaria

c) Ley orgánica

9. ¿Cuál es el contenido del Título VI de la Constitución?

a) Del Poder Judicial

b) De la Corona

c) De la reforma constitucional

10. Las Fuerzas Armadas están constituidas por:

a) Por el ejército de Tierra

b) Por el ejército del Aire

c) Todas las respuestas anteriores son correctas

11. ¿Cuál es el contenido del Título III de la Constitución?

a) De las Cortes Generales

b) Del Poder Judicial

c) Del Tribunal Constitucional

12. La parte dogmática de la Constitución se centra en:

a) El reconocimiento de los principios jurídicos que van a inspirar el nuevo orden social

b) El reconocimiento de los principios orgánicos que van a inspirar el nuevo orden jurídico

c) El reconocimiento de los principios programáticos que van a inspirar el nuevo orden político

13. ¿Cuál es el contenido del Título VII de la Constitución?

a) De la organización territorial del Estado

b) Economía y Hacienda

c) Del Gobierno y de la Administración

14. ¿Qué nombre recibe el Título I de la Constitución?

a) De los derechos y deberes fundamentales

b) De la Corona

c) De las Cortes Generales

15. El contenido del Título II de la Constitución es:

a) De las Cortes Generales

b) De la Corona

c) Del Poder Judicial

16. ¿Qué Título de la Constitución se denomina "Del Gobierno y la Administración?

a) El Título IV

b) El Título V

c) El Título VI

17. ¿En qué Título de la Constitución se regula el Tribunal Constitucional?

a) En el Título VII

b) En el Título X

c) En el Título IX

18. ¿Qué nombre recibe el Título Preliminar de la Constitución?

a) De los derechos y deberes fundamentales

b) De las Garantías Constitucionales

c) Ninguna de las respuestas anteriores es correcta

19. El Preámbulo de la Constitución garantiza la convivencia democrática dentro de la Constitución y de las leyes, conforme a un orden:

a) Social

b) Económico y social justo

c) Social y democrático

20. ¿Qué Título se denomina "De las relaciones entre el Gobierno y las Cortes Generales"?

a) El Título V

b) El Título IV

c) El Título III

21. ¿Qué Título trata principalmente "De la Organización territorial del Estado"?

a) El Título IV

b) El Título VII

c) El Título VIII

22. ¿Cuántas Disposiciones Derogatorias tiene la Constitución?

a) 1

b) 2

c) 3

23. Según el Preámbulo de la Constitución, ¿qué tipo de Estado debe consolidar?

a) Un Estado Democrático

b) Un Estado Federal

c) Un Estado de Derecho

24. La soberanía nacional reside:

a) En el pueblo español

b) En las Cortes Generales

c) En el Rey

25. Los españoles, en cuanto al castellano, tienen:

a) El deber de usarlo, en cualquier caso

b) El derecho a usarlo

c) La obligación de usarlo, cuando así se lo requiera la Administración de la Comunidad donde resida

26. Las Fuerzas Armadas:

a) Deben garantizar la soberanía e independencia de España

b) Defenderán la integridad territorial y el ordenamiento constitucional

c) Todas las respuestas anteriores son correctas

27. Las demás lenguas españolas son oficiales:

a) En toda España

b) En toda la región a la que pertenezca

c) En la respectiva Comunidad Autónoma, conforme a sus Estatutos

28. Los poderes del Estado emanan:

a) De las Cortes Generales

b) Del Gobierno

c) Del pueblo español

29. ¿En qué artículo se dice que España se constituye en un Estado social y democrático de derecho?

a) En el art. 1.1

b) En el art. 1.2

c) En el art. 2

30. Sabemos que la capital del Estado es Madrid, ¿pero qué categoría le da la Constitución?

a) Ciudad

b) Municipio

c) Villa

31. ¿Quién expresa el pluralismo político?

a) Los ciudadanos

b) La soberanía nacional

c) Los partidos políticos

32. Según la Constitución la riqueza de las distintas modalidades lingüísticas de España:

a) Concurre a la formación y manifestación de la voluntad popular

b) Corresponde a los poderes públicos

c) Es un patrimonio cultural que será objeto de especial respeto y protección

33. Los ciudadanos y los poderes públicos están sujetos:

a) Solo a la Constitución

b) A la Constitución y a las leyes

c) A la Constitución y al resto del ordenamiento jurídico

34. ¿Quién tiene como misión garantizar la soberanía e independencia de España?

a) Los partidos políticos

b) El Rey

c) Las Fuerzas Armadas

35. Las banderas y enseñas propias de las Comunidades Autónomas se utilizarán:

a) Siempre junto a la bandera de España

b) Solo junto a la bandera de España en los edificios públicos

c) Junto a la bandera de España en los edificios públicos y en sus actos oficiales

36. ¿Qué norma puede reconocer la bandera propia de una Comunidad Autónoma?

a) El Estatuto de Autonomía de esa Comunidad Autónoma

b) Una Ley autonómica

c) Una Ley Ordinaria

37. Según el Preámbulo de la Constitución, la Nación española proclama su voluntad de consolidar un Estado de Derecho que asegure el imperio de la ley como expresión de:

a) La voluntad popular

b) Una sociedad democrática avanzada

c) Principio General del Derecho

38. Los proyectos de reforma constitucional deberán ser aprobados por:

a) Una mayoría de dos tercios de cada una de las Cámaras

b) Una mayoría de tres quintos de cada una de las Cámaras

c) Una mayoría absoluta de cada una de las Cámaras

39. Si no hubiera acuerdo entre las Cámaras para aprobar un proyecto de reforma constitucional, se intentará obtenerlo mediante:

a) Mediante la creación de una Delegación paritaria de parlamentarios

b) Mediante la creación de una Comisión de composición paritaria de Diputados y Senadores

c) Mediante la creación de un Comité especial dentro de la Comisión Constitucional del Congreso de los Diputados

40. Cuando se propusiere la revisión total de la Constitución o una parcial que afecte al Título preliminar, al Capítulo segundo, Sección primera del Título I, o al Título II, se procederá a la aprobación por:

a) Una mayoría de dos tercios de cada una de las Cámaras

b) Una mayoría de tres quintos de cada una de las Cámaras

c) Una mayoría absoluta de cada una de las Cámaras

SOLUCIONES TEST 1

1. c) Todas las respuestas anteriores son correctas

Los valores superiores del ordenamiento jurídico español son los objetivos máximos o los ideales que el Estado propugna para que puedan ser realizados por el ordenamiento jurídico, lo que implica, que todas las normas deben inspirarse en ellos. Los recoge el art. 1.1 y son:

- *La libertad.*
- *La justicia.*
- *La igualdad.*
- *El pluralismo político.*

2. c) Monarquía parlamentaria

La forma política del Estado español es la Monarquía Parlamentaria (art. 1.3).

3. a) Arts. 1 a 9

El Título Preliminar de la CE, ocupa los arts. 1 a 9 e incluye los principios básicos en los que se sustenta el Estado Español.

4. a) El Título Preliminar y el Título I

La parte dogmática de la CE se centra en el reconocimiento de los principios programáticos que van a inspirar el nuevo orden político. Está formada por el Título Preliminar y el Título I de la Constitución.

5. c) De 169

La Constitución Española de 1978 tiene 169 artículos, distribuidos en un Título Preliminar y diez Títulos numerados.

6. c) Las respuestas a) y b) son correctas

La parte orgánica de la CE se dirige a regular y establecer de manera efectiva la organización política y jurídica del Estado español organizando sus instituciones y repartiendo competencias. Está formada por los Títulos II a X de la Constitución.

7. c) 4

La Constitución Española de 1978 tiene 4 Disposiciones Adicionales, 9 Disposiciones Transitorias y 1 Disposición Derogatoria.

8. c) Ley orgánica

Una ley orgánica regulará las bases de la organización militar conforme a los principios de la Constitución (art. 8.2).

9. a) Del Poder Judicial

Título VI: "Del Poder Judicial" (arts. 117 al 127).

10. c) Todas las respuestas anteriores son correctas

Constituidas por el Ejército de Tierra, la Armada y el Ejército del Aire, tienen como misión garantizar la soberanía e independencia de España, defender su integridad territorial y el ordenamiento constitucional (art. 8.1).

11. a) De las Cortes Generales

El Título III de la CE recibe el título de "De las Cortes Generales" y contiene los arts. 66 a 96.

12. c) El reconocimiento de los principios programáticos que van a inspirar el nuevo orden político

La parte dogmática se centra en el reconocimiento de los principios programáticos que van a inspirar el nuevo orden político. Está formada por el Título Preliminar y el Título I de la Constitución.

13. b) Economía y Hacienda

El Título VII de la CE recibe el nombre de "Economía y Hacienda" y regula los arts. 128 al 136.

14. a) De los derechos y deberes fundamentales

El Título I de la CE recibe el nombre de "De los derechos y deberes fundamentales".

15. b) De la Corona

El Título II de la CE tiene el título de "De la Corona" y contiene los arts. 56 a 65.

16. a) El Título IV

El Título IV de la CE se denomina "Del Gobierno y de la Administración" y regula los arts. 97 a 107.

17. c) En el Título IX

El Título IX de la CE recibe el título de "Del Tribunal Constitucional" y contiene los arts. 159 al 165.

18. c) Ninguna de las respuestas anteriores es correcta

El Título Preliminar de la CE contiene los arts. 1 a 9 e incluye los principios básicos en los que se sustenta el Estado Español, pero no recibe ninguna otra denominación.

19. b) Económico y social justo

La Nación española, deseando establecer la justicia, la libertad y la seguridad y promover el bien de cuantos la integran, en uso de su soberanía, proclama su voluntad de:

- *Garantizar la convivencia democrática dentro de la Constitución y de las leyes conforme a un orden económico y social justo.*

20. a) El Título V

El Título V de la CE recibe el título de "De las relaciones entre el Gobierno y las Cortes Generales" y contiene los arts. 108 al 116.

21. c) El Título VIII

El Título VIII de la CE se llama "De la organización territorial del Estado" y contiene los arts. 137 al 158.

22. a) 1

La Constitución Española de 1978 contiene 1 Disposición Derogatoria.

23. c) Un Estado de Derecho

La Nación española, deseando establecer la justicia, la libertad y la seguridad y promover el bien de cuantos la integran, en uso de su soberanía, proclama su voluntad de: (...)

- *Consolidar un Estado de Derecho que asegure el imperio de la ley como expresión de la voluntad popular.*

24. a) En el pueblo español

La soberanía nacional reside en el pueblo español, del que emanan los poderes del Estado (art. 1.2).

25. b) El derecho a usarlo

El castellano es la lengua oficial del Estado. Todos los españoles tienen el deber de conocerla y el derecho a usarla (art. 3.1).

26. c) Todas las respuestas anteriores son correctas

Constituidas por el Ejército de Tierra, la Armada y el Ejército del Aire, tienen como misión garantizar la soberanía e independencia de España, defender su integridad territorial y el ordenamiento constitucional (art. 8.1).

27. c) En la respectiva Comunidad Autónoma, conforme a sus Estatutos

Las demás lenguas españolas serán también oficiales en las respectivas Comunidades Autónomas de acuerdo con sus Estatutos (art. 3.2).

28. c) Del pueblo español

El art. 1.2 de la Constitución establece que la soberanía nacional reside en el pueblo del que emanan los poderes del Estado.

29. a) En el art. 1.1

España se constituye en un Estado social y democrático de derecho que propugna como valores superiores de su ordenamiento jurídico la libertad, la justicia, la igualdad y el pluralismo político (art. 1.1).

30. c) Villa

La capital del Estado es la villa de Madrid (art. 5).

31. c) Los partidos políticos

Los partidos políticos expresan el pluralismo político, concurren a la formación y manifestación de la voluntad popular y son instrumento fundamental para la participación política.

32. c) Es un patrimonio cultural que será objeto de especial respeto y protección

La riqueza de las distintas modalidades lingüísticas de España es un patrimonio cultural que será objeto de especial respeto y protección (art. 3.3).

33. c) A la Constitución y al resto del ordenamiento jurídico

Los ciudadanos y los poderes públicos están sujetos a la Constitución y al resto del ordenamiento jurídico (art. 9.1).

34. c) Las Fuerzas Armadas

Las Fuerzas Armadas, constituidas por el Ejército de Tierra, la Armada y el Ejército del Aire, tienen como misión garantizar la soberanía e independencia de España, defender su integridad territorial y el ordenamiento constitucional (art. 8.1).

35. c) Junto a la bandera de España en los edificios públicos y en sus actos oficiales

Los Estatutos podrán reconocer banderas y enseñas propias de las Comunidades Autónomas. Estas se utilizarán junto a la bandera de España en sus edificios públicos y en sus actos oficiales (art. 4.2).

36. a) El Estatuto de Autonomía de esa Comunidad Autónoma

Los Estatutos podrán reconocer banderas y enseñas propias de las Comunidades Autónomas. Estas se utilizarán junto a la bandera de España en sus edificios públicos y en sus actos oficiales (art. 4.2).

37. a) La voluntad popular

La Nación española, deseando establecer la justicia, la libertad y la seguridad y promover el bien de cuantos la integran, en uso de su soberanía, proclama su voluntad de consolidar un Estado de Derecho que asegure el imperio de la ley como expresión de la voluntad popular.

38. b) Una mayoría de tres quintos de cada una de las Cámaras

Los proyectos de reforma constitucional deberán ser aprobados por una mayoría de tres quintos de cada una de las Cámaras.

39. b) Mediante la creación de una Comisión de composición paritaria de Diputados y Senadores

Si no hubiera acuerdo entre ambas, se intentará obtenerlo mediante la creación de una Comisión de composición paritaria de Diputados y Senadores, que presentará un texto que será votado por el Congreso y el Senado.

40. a) Una mayoría de dos tercios de cada una de las Cámaras

Cuando se propusiere la revisión total de la Constitución o una parcial que afecte al Título preliminar, al Capítulo segundo, Sección primera del Título I, o al Título II, se procederá a la aprobación del principio por mayoría de dos tercios de cada Cámara, y a la disolución inmediata de las Cortes.

TEST 2

Derechos y deberes fundamentales de la persona en la Constitución, su defensa y garantía. El recurso de amparo constitucional. El Defensor del Pueblo. La suspensión de los derechos y libertades

1. **¿Qué derechos podrán ser suspendidos cuando se acuerde la declaración del estado de excepción o sitio?**

    a) El derecho a la protección de la salud

    b) El derecho de fundación

    c) El derecho de los trabajadores a adoptar medidas de conflicto colectivo

2. **La detención preventiva:**

    a) Durará el tiempo que la autoridad judicial crea conveniente

    b) Durará el tiempo estrictamente necesario para la realización de las averiguaciones tendentes al esclarecimiento de los hechos, y como máximo 72 horas

    c) Es inconstitucional

3. **Toda persona detenida:**

    a) Podrá ser obligada a declarar

    b) Se le garantizará la asistencia de abogado

    c) Deberá ser informada de sus derechos, siempre que los delitos cometidos no sean de terrorismo

4. El domicilio de la persona es inviolable. Por ello, la entrada o registro en el mismo deberá hacerse:

a) Por resolución judicial o con consentimiento del titular

b) Solo con el consentimiento del titular

c) Por resolución administrativa o resolución judicial

5. La libertad de expresión tiene como límites:

a) El derecho al honor

b) El derecho a la intimidad

c) Todas las respuestas anteriores son correctas

6. Para ejercer el derecho de reunión en lugares de tránsito público, ¿se necesita el cumplimiento de algún requisito?

a) No, al ser un derecho reconocido en la Constitución no puede verse sujeto al cumplimiento de ningún requisito

b) Sí, la comunicación previa a la autoridad

c) Sí, pero solo cuando el número de personas reunidas vaya a ser superior a 5.000 o se trate de una manifestación de carácter político

7. El derecho de tutela judicial implica:

a) Un juez predeterminado por ley

b) La defensa y asistencia de letrado

c) Todas las respuestas anteriores son correctas

8. El derecho de huelga:

a) Es ilimitado

b) Está prohibido para los funcionarios públicos

c) Ninguna de las respuestas anteriores es correcta

9. Para suspender los derechos fundamentales de forma individual:

a) Se necesita intervención administrativa

b) Se necesita intervención administrativa o judicial

c) Se necesita intervención judicial

10. ¿Qué derechos pueden suspenderse de manera individual?

a) La inviolabilidad del domicilio

b) El secreto de las comunicaciones

c) Todas las respuestas anteriores son correctas

11. La libertad de residencia y circulación puede ser limitada:

a) Por motivos políticos

b) Por motivos ideológicos

c) Por motivos distintos a los políticos o ideológicos

12. ¿Quiénes no pueden ejercer el derecho de petición de forma colectiva?

a) Los penados

b) Las personas que se encuentren detenidas preventivamente

c) Los miembros de las Fuerzas Armadas

13. La libertad ideológica y religiosa, ¿tiene algún tipo de limitación en su forma de manifestarse?

a) No

b) Sí, la necesaria para el mantenimiento del orden público

c) Sí, la establecida por la ley de libertad religiosa

14. Se garantiza el secreto de las comunicaciones:

a) Salvo resolución judicial

b) Salvo en el estado de alarma

c) En cualquier caso

15. La negociación colectiva laboral:

a) Es un deber

b) Es un derecho

c) Es un derecho fundamental

16. ¿Quién puede ser obligado a declarar sobre su ideología?

a) Cualquier persona detenida

b) Cualquier persona

c) Nadie

17. La presunción de inocencia se encuadra dentro de:

a) El derecho a la tutela judicial

b) El principio de legalidad penal

c) El derecho al honor

18. Las asociaciones se inscribirán en un registro a efectos de:

a) Constitución

b) Creación

c) Publicidad

19. Nadie puede ser condenado por acciones u omisiones que en el momento de producirse no constituyan delito, falta o infracción administrativa según:

a) La legislación

b) La legislación vigente en aquel momento

c) El reglamento regulador

20. Una reunión que suponga alteración del orden público, con peligro para personas o bienes:

a) Puede ser prohibida por la autoridad

b) Necesita de autorización judicial

c) Es ilegal

21. Conforme a la Constitución española, se garantiza la asistencia de abogado al detenido:

a) En todo momento desde su detención

b) En las diligencias policiales y judiciales, en los términos que establezca la ley

c) En las diligencias policiales

22. El procedimiento de "habeas corpus" se regula por:

a) Ley

b) Reglamento

c) Orden Ministerial

23. La nacionalidad española se adquiere de acuerdo con lo establecido por:

a) Real Decreto

b) Ley

c) Orden Ministerial

24. ¿Cuándo un español de origen puede ser privado de su nacionalidad?

a) Cuando cometa un delito de traición al Estado

b) Cuando entre en guerra contra España

c) En ningún caso

25. La extradición solo se concederá en cumplimiento de un tratado o de la ley, atendiendo al principio de:

a) Igualdad

b) Cooperación internacional

c) Reciprocidad

26. ¿En qué artículo de la Constitución española se regula el derecho a la vida?

a) En el art. 10

b) En el art. 15

c) En el art. 16

27. En caso de flagrante delito, ¿es necesaria una autorización judicial para entrar en un domicilio particular?

a) Sí

b) No

c) En algunos casos

28. ¿Se puede limitar el uso de la informática?

a) Sí, por ley

b) Sí, por Reglamento

c) Sí, por Real Decreto

29. La Enseñanza Básica es:

a) Obligatoria

b) Voluntaria y gratuita

c) Obligatoria y gratuita

30. ¿En qué ámbito se prohíben los Tribunales de Honor de manera expresa en la Constitución?

a) En el ámbito de la Administración Civil y de las organizaciones profesionales

b) En el ámbito de la Administración

c) En todos los ámbitos

31. ¿Cómo se regulará la institución del Defensor del Pueblo según la Constitución?

a) Mediante ley

b) Mediante una ley orgánica

c) Mediante Real Decreto

32. ¿Quién está legitimado para interponer el recurso de amparo, además del Defensor del Pueblo?

a) El Ministerio Fiscal

b) Toda personal natural o jurídica que invoque un interés legítimo

c) Todas las respuestas anteriores son correctas

33. El Tribunal Constitucional es competente para conocer del recurso de amparo por violación de los derechos y libertades referidos en el artículo:

a) 53.2

b) 54.2

c) 55.2

34. ¿Es recurrible en amparo la violación de la igualdad de los españoles ante la ley?

a) Sí

b) No, solo puede ser objeto de recurso de inconstitucionalidad

c) No, salvo que concurran las circunstancias tasadas en la Constitución

35. ¿Es recurrible en amparo la violación del derecho al honor?

a) Sí

b) No, salvo que concurran las circunstancias tasadas en la Constitución

c) No

SOLUCIONES TEST 2

1. c) El derecho de los trabajadores a adoptar medidas de conflicto colectivo

Conforme al artículo 55 de la Constitución, los derechos reconocidos en los artículos 17, 18, apartados 2 y 3, artículos 19, 20, apartados 1, a) y d), y 5, artículos 21, 28, apartado 2, y artículo 37, apartado 2, podrán ser suspendidos cuando se acuerde la declaración del estado de excepción o de sitio en los términos previstos en la Constitución. Se exceptúa de lo establecido anteriormente el apartado 3 del artículo 17 para el supuesto de declaración de estado de excepción. El artículo 37, apartado 2 reconoce el derecho de los trabajadores y empresarios a adoptar medidas de conflicto colectivo. La ley que regule el ejercicio de este derecho, sin perjuicio de las limitaciones que pueda establecer, incluirá las garantías precisas para asegurar el funcionamiento de los servicios esenciales de la comunidad.

2. b) Durará el tiempo estrictamente necesario para la realización de las averiguaciones tendentes al esclarecimiento de los hechos, y como máximo 72 horas

Según el artículo 17 de la Constitución, la detención preventiva no podrá durar más del tiempo estrictamente necesario para la realización de las averiguaciones tendentes al esclarecimiento de los hechos y, en todo caso, en el plazo máximo de setenta y dos horas, el detenido deberá ser puesto en libertad o a disposición de la autoridad judicial.

3. b) Se le garantizará la asistencia de abogado

De acuerdo con el artículo 17 de la Constitución, toda persona detenida debe ser informada de forma inmediata, y de modo que le sea comprensible, de sus derechos y de las razones de su detención, no pudiendo ser obligada a declarar. Se garantiza la asistencia de abogado al detenido en las diligencias policiales y judiciales, en los términos que la ley establezca.

4. a) Por resolución judicial o con consentimiento del titular

Conforme al artículo 18 de la Constitución, el domicilio es inviolable. Ninguna entrada o registro podrá hacerse en él sin consentimiento del titular o resolución judicial, salvo en caso de flagrante delito.

5. c) Todas las respuestas anteriores son correctas

La libertad de expresión reconocida en el art. 20 de la Constitución tiene su límite en el respeto a los derechos reconocidos en el Título I, en los preceptos de las leyes que lo desarrollen y, especialmente, en el derecho al honor, a la intimidad, a la propia imagen y a la protección de la juventud y de la infancia.

6. b) Sí, la comunicación previa a la autoridad

De acuerdo con el artículo 21 de la Constitución, en los casos de reuniones en lugares de tránsito público y manifestaciones se dará comunicación previa a la autoridad, que solo podrá prohibirlas cuando existan razones fundadas de alteración del orden público, con peligro para personas o bienes.

7. c) Todas las respuestas anteriores son correctas

Conforme al artículo 24 de la Constitución, todos tienen derecho al Juez ordinario predeterminado por la ley, a la defensa y a la asistencia de letrado, a ser informados de la acusación formulada contra ellos, a un proceso público sin dilaciones indebidas y con todas las garantías, a utilizar los medios de prueba pertinentes para su defensa, a no declarar contra sí mismos, a no confesarse culpables y a la presunción de inocencia.

8. c) Ninguna de las respuestas anteriores es correcta

El derecho de sindicación y de huelga se encuentra reconocido en el art. 28. Según lo previsto en este precepto todos tienen derecho a sindicarse libremente, pero la ley podrá limitar o exceptuar el ejercicio de este derecho a las Fuerzas o Institutos armados o a los demás Cuerpos sometidos a disciplina militar y regulará las peculiaridades de su ejercicio para los funcionarios públicos.

9. c) Se necesita intervención judicial

Según el artículo 55 de la Constitución, una ley orgánica podrá determinar la forma y los casos en los que, de forma individual y con la necesaria intervención judicial y el adecuado control parlamentario, los derechos reconocidos en el artículo 17 apartado 2 (detención preventiva) y en el artículo 18 apartados 2 y 3 (inviolabilidad del domicilio y secreto de las comunicaciones), podrán ser suspendidos para personas determinadas, en relación con las investigaciones correspondientes a la actuación de bandas armadas o elementos terroristas.

10. c) Todas las respuestas anteriores son correctas

De acuerdo con el artículo 55, una ley orgánica podrá determinar la forma y los casos en los que, de forma individual y con la necesaria intervención judicial y el adecuado control parlamentario, los derechos reconocidos en el artículo 17 apartado 2 (detención preventiva) y en el artículo 18 apartados 2 y 3 (inviolabilidad del domicilio y secreto de las comunicaciones), podrán ser suspendidos para personas determinadas, en relación con las investigaciones correspondientes a la actuación de bandas armadas o elementos terroristas.

11. c) Por motivos distintos a los políticos o ideológicos

Conforme al artículo 19 de la Constitución, los españoles tienen derecho a elegir libremente su residencia y a circular por el territorio nacional. Asimismo, tienen derecho a entrar y salir libremente de España, en los términos que la ley establezca. Este derecho no podrá ser limitado por motivos políticos o ideológicos.

12. c) Los miembros de las Fuerzas Armadas

Según el artículo 29 de la Constitución, todos los españoles tendrán el derecho de petición individual y colectiva, por escrito, en la forma y con los efectos que determine la ley. Los miembros de las Fuerzas o Institutos armados o de los Cuerpos sometidos a disciplina militar podrán ejercer este derecho sólo individualmente y con arreglo a lo dispuesto en su legislación específica.

13. b) Sí, la necesaria para el mantenimiento del orden público

De acuerdo con el artículo 16, se garantiza la libertad ideológica, religiosa y de culto de los individuos y las comunidades sin más limitación, en sus manifestaciones, que la necesaria para el mantenimiento del orden público protegido por la ley.

14. a) Salvo resolución judicial

Conforme al artículo 18 de la Constitución, se garantiza el secreto de las comunicaciones y, en especial, de las postales, telegráficas y telefónicas, salvo resolución judicial.

15. b) Es un derecho

Según el artículo 37 de la Constitución, la ley garantizará el derecho a la negociación colectiva laboral entre los representantes de los trabajadores y empresarios, así como la fuerza vinculante de los convenios. Se reconoce el derecho de los trabajadores y empresarios a adoptar medidas de conflicto colectivo. La ley que regule el ejercicio de este derecho, sin perjuicio de las limitaciones que puedan establecer, incluirá las garantías precisas para asegurar el funcionamiento de los servicios esenciales de la comunidad.

16. c) Nadie

De acuerdo con el artículo 16 de la Constitución, nadie podrá ser obligado a declarar sobre su ideología, religión o creencias.

17. a) El derecho a la tutela judicial

El derecho a la tutela judicial se encuentra regulado en el art. 24 de la Constitución. Según este precepto, todas las personas tienen derecho a obtener la tutela efectiva de los jueces y tribunales en el ejercicio de sus derechos e intereses legítimos, sin que, en ningún caso, pueda producirse indefensión. Asimismo, todos tienen derecho al Juez ordinario predeterminado por la ley, a la defensa y a la asistencia de letrado, a ser informados de la acusación formulada contra ellos, a un proceso público sin dilaciones indebidas y con todas las garantías, a utilizar los medios de prueba pertinentes para su defensa, a no declarar contra sí mismos, a no confesarse culpables y a la presunción de inocencia.

18. c) Publicidad

Las asociaciones constituidas al amparo del artículo 22 deberán inscribirse en un registro a los solos efectos de publicidad.

19. b) La legislación vigente en aquel momento

Conforme al artículo 25 de la Constitución, nadie puede ser condenado o sancionado por acciones u omisiones que en el momento de producirse no constituyan delito, falta o infracción administrativa, según la legislación vigente en aquel momento.

20. a) Puede ser prohibida por la autoridad

Según el artículo 21, en los casos de reuniones en lugares de tránsito público y manifestaciones se dará comunicación previa a la autoridad, que solo podrá prohibirlas cuando existan razones fundadas de alteración del orden público, con peligro para personas o bienes.

21. b) En las diligencias policiales y judiciales, en los términos que establezca la ley

De acuerdo con el artículo 17, toda persona detenida debe ser informada de forma inmediata, y de modo que le sea comprensible, de sus derechos y de las razones de su detención, no pudiendo ser obligada a declarar. Se garantiza la asistencia de abogado al detenido en las diligencias policiales y judiciales, en los términos que la ley establezca.

22. a) Ley

Conforme al artículo 17 de la Constitución, la ley regulará un procedimiento de "habeas corpus" para producir la inmediata puesta a disposición judicial de toda persona detenida ilegalmente. Asimismo, por ley se determinará el plazo máximo de duración de la prisión provisional. El art. 17.4 de la Constitución ha sido desarrollado por la LO 6/1984, de 24 de mayo, de regulación del procedimiento de Habeas Corpus.

23. b) Ley

Según el artículo 11 de la Constitución, la nacionalidad española se adquiere, se conserva y se pierde de acuerdo con lo establecido por la ley.

24. c) En ningún caso

Conforme al artículo 11 de la Constitución, ningún español de origen podrá ser privado de su nacionalidad.

25. c) Reciprocidad

De acuerdo con el artículo 13 de la Constitución, la extradición solo se concederá en cumplimiento de un tratado o de la ley, atendiendo al principio de reciprocidad.

26. b) En el art. 15

El derecho a la vida se encuentra regulado en el art. 15 de la Constitución, según el cual todos tienen derecho a la vida y a la integridad física y moral, sin que en ningún caso puedan ser sometidos a tortura ni a penas o tratos inhumanos o degradantes.

27. b) No

Conforme al artículo 18, el domicilio es inviolable. Ninguna entrada o registro podrá hacerse en él sin consentimiento de su titular o resolución judicial, salvo en caso de flagrante delito.

28. a) Sí, por ley

Según el artículo 18 de la Constitución, la ley limitará el uso de la informática para garantizar el honor y la intimidad personal y familiar de los ciudadanos y el pleno ejercicio de sus derechos.

29. c) Obligatoria y gratuita

De acuerdo con el artículo 27, la enseñanza básica es obligatoria y gratuita.

30. a) En el ámbito de la Administración Civil y de las organizaciones profesionales

Conforme al artículo 26 de la Constitución, se prohíben los Tribunales de Honor en el ámbito de la Administración civil y de las organizaciones profesionales.

31. b) Mediante una ley orgánica

Según el artículo 54 de la Constitución, una ley orgánica regulará la institución del Defensor del Pueblo, como alto comisionado de las Cortes Generales, designado por estas para la defensa de los derechos comprendidos en este Título, a cuyo efecto podrá supervisar la actividad de la Administración, dando cuenta a las Cortes Generales.

32. c) Todas las respuestas anteriores son correctas

De acuerdo con el artículo 162 de la Constitución, están legitimados para interponer el recurso de amparo, toda persona natural o jurídica que invoque un interés legítimo, así como el Defensor del Pueblo y el Ministerio Fiscal.

33. a) 53.2

Conforme al artículo 161, el Tribunal Constitucional tiene jurisdicción en todo el territorio español y es competente para conocer del recurso de amparo por violación de los derechos y libertades referidos en el artículo 53. 2, en los casos y formas que la ley establezca.

34. a) Sí

De acuerdo con el artículo 161, el Tribunal Constitucional tiene jurisdicción en todo el territorio español y es competente para conocer del recurso de amparo por violación de los derechos y libertades referidos en el artículo 53. 2, en los casos y formas que la ley establezca. Dicho artículo 53.2 establece que cualquier ciudadano podrá recabar la tutela de las libertades y derechos reconocidos en el artículo 14 y la Sección primera del Capítulo segundo ante los Tribunales ordinarios por un procedimiento basado en los principios de preferencia y sumariedad y, en su caso, a través del recurso de amparo ante el Tribunal Constitucional. En ese sentido, el artículo 14 es el que establece que los españoles son iguales ante la ley, sin que pueda prevalecer discriminación alguna por razón de nacimiento, raza, sexo, religión, opinión o cualquier otra condición o circunstancia personal o social.

35. a) Sí

De acuerdo con el artículo 161, el Tribunal Constitucional tiene jurisdicción en todo el territorio español y es competente para conocer del recurso de amparo por violación de los derechos y libertades referidos en el artículo 53. 2, en los casos y formas que la ley establezca. Dicho artículo 53.2 establece que cualquier ciudadano podrá recabar la tutela de las libertades y derechos reconocidos en el artículo 14 y la Sección primera del Capítulo segundo ante los Tribunales ordinarios por un procedimiento basado en los principios de preferencia y sumariedad y, en su caso, a través del recurso de amparo ante el Tribunal Constitucional. En ese sentido, el artículo 18, que está ubicado en la mencionada Sección primera del Capítulo segundo, garantiza el derecho al honor, a la intimidad personal y familiar y a la propia imagen.

TEST 3

La Corona. Las Cortes Generales. El Gobierno y la Administración. La organización territorial del Estado en la Constitución. Las Comunidades Autónomas. La Provincia. El Municipio

1. ¿Qué órgano realiza la delegación legislativa?

a) El Congreso de los Diputados

b) El Senado

c) Las Cortes Generales

2. Las Cortes Generales están formadas por:

a) Congreso, Senado y Asambleas de las Comunidades Autónomas

b) Congreso y Asambleas de las Comunidades Autónomas

c) Congreso de los Diputados y Senado

3. La inviolabilidad de los parlamentarios consiste en:

a) La no exigencia de responsabilidad jurídica por las opiniones manifestadas en el ejercicio de sus funciones

b) La protección frente a cualquier arresto o detención

c) Exigir la autorización previa de la Cámara a la que pertenezca para su procesamiento

4. ¿Cuándo las leyes pueden ser aprobadas solamente por el Congreso?

a) Cuando así lo acuerde el Presidente del Congreso

b) Cuando el Congreso no acepte el veto opuesto por el Senado

c) En ningún caso, pues siempre deben ser aprobadas por las dos Cámaras

5. En caso de disolución del Parlamento, las Diputaciones Permanentes seguirán ejerciendo sus funciones hasta:

a) La celebración de elecciones generales

b) La constitución de las nuevas Cortes Generales

c) La constitución de las nuevas Diputaciones permanentes

6. No pueden ser Senadores:

a) Los altos cargos de la Administración

b) El Defensor del Pueblo

c) Todas las respuestas anteriores son correctas

7. En las causas contra Diputados y Senadores, será competente:

a) La Sala de lo Penal de la Audiencia Nacional

b) La Sala de lo Penal de los Tribunales Superiores de Justicia

c) La Sala de lo Penal del Tribunal Supremo

8. Las Cámaras se reúnen en sesiones ordinarias, a petición de:

a) El Gobierno

b) La mayoría absoluta de los miembros de cualquiera de las dos Cámaras

c) Ninguna de las respuestas anteriores es correcta

9. Es función de las Cortes:

a) La potestad legislativa del Estado

b) La potestad reglamentaria

c) Dirigir la política interior o exterior

10. Las sesiones plenarias de las Cámaras serán públicas:

a) Siempre

b) Salvo acuerdo en contrario de cada Cámara

c) Salvo acuerdo en contrario del Congreso

11. La Diputación Permanente de cada Cámara está compuesta por:

a) 21 miembros como mínimo

b) 23 miembros como máximo

c) 22 miembros como mínimo

12. Las Cortes Generales:

a) Son bicamerales

b) Están formadas por el Congreso, el Senado y el Pleno

c) Sus miembros están ligados por mandato imperativo

13. ¿Quién aprueba los presupuestos de las Cortes?

a) El Gobierno

b) Las propias Cortes

c) El Congreso

14. ¿Junto a quién ejercen las Cortes Generales la potestad legislativa del Estado?

a) Junto a los Ayuntamientos

b) Junto al Gobierno

c) Ninguna de las respuestas anteriores es correcta

15. La persona del Rey:

a) Es inviolable

b) No está sujeta a responsabilidad

c) Todas las respuestas anteriores son correctas

16. Si se extinguen todas las líneas llamadas en Derecho para la sucesión a la Corona, las Cortes Generales proveerán a la sucesión:

a) Según las directrices emanadas del Consejo de Estado

b) Según el criterio del Tribunal Constitucional

c) Según lo que más convenga a los intereses de España

17. Cualquier duda de hecho o de derecho que ocurra en el orden de sucesión a la Corona, se resolverá por:

a) Ley de Bases

b) Ley orgánica

c) Decreto-ley

18. Si no hubiere ninguna persona a quien corresponda la Regencia, esta será nombrada por:

a) El Congreso de los Diputados

b) El Gobierno

c) Las Cortes Generales

19. Corresponde al Rey:

a) Nombrar a los miembros del Consejo de Ministros

b) Nombrar y cesar a los embajadores y a otros representantes diplomáticos ante los Gobiernos extranjeros

c) Nombrar y separar a los miembros del Gobierno, a propuesta de su Presidente

20. ¿En qué caso puede ser Regente y tutor del Rey una misma persona?

a) En cualquier caso, ya que la Regencia implica también la tutela del Rey

b) Cuando las Cortes Generales lo determinen

c) Cuando recae en el padre, madre o ascendientes directos del Rey

21. ¿Quién dirige la acción del Gobierno y coordina las funciones del mismo?

a) Los Vicepresidentes

b) El Consejo de Ministros

c) El Presidente del Gobierno

22. El estado de alarma será declarado por el Gobierno mediante decreto acordado en Consejo de Ministros por un plazo máximo de:

a) Cinco días

b) Diez días

c) Quince días

23. La responsabilidad criminal del Presidente y los demás miembros del Gobierno será exigible ante:

a) El Consejo General del Poder Judicial

b) Un Tribunal Superior de Justicia

c) La Sala de lo Penal del Tribunal Supremo

24. Si la moción de censura contra el Gobierno no es aprobada por el Congreso, sus signatarios no podrán presentar otra:

a) Hasta transcurrido el plazo de un año desde la fecha en que fue presentada la moción de censura anterior

b) Hasta transcurrido el plazo de un año desde la fecha en que fue desestimada la moción anterior

c) Durante el mismo período de sesiones

25. Los particulares tendrán derecho a ser indemnizados:

a) Por toda lesión que sufran en sus bienes y derechos, como consecuencia del funcionamiento de los servicios públicos, salvo en los casos de fuerza mayor

b) Por toda lesión sufrida en sus bienes, como consecuencia del funcionamiento de los servicios públicos, incluso en los casos de fuerza mayor

c) Cuando el daño sufrido sea grave

26. El Gobierno se compone de:

a) El Presidente y los Ministros

b) El Presidente, el Vicepresidente y los Ministros

c) El Presidente, el Vicepresidente, en su caso, los Ministros y los demás miembros que establezca la ley

27. El Presidente del Gobierno, para ser nombrado como tal por el Rey, deberá contar previamente con la confianza de:

a) Los Grupos parlamentarios

b) El Congreso

c) El Senado

28. ¿Quién nombra al Presidente del Gobierno?

a) Las Cortes Generales

b) El Congreso de los Diputados

c) El Rey

29. Se entenderá otorgada la confianza al Presidente del Gobierno, en la sesión de investidura, cuando voten a favor de la misma:

a) La mayoría simple de los Diputados

b) La mayoría absoluta de los Diputados

c) Las tres cuartas partes de los Diputados

30. El Rey disolverá las Cortes y convocará nuevas elecciones, si a partir de la primera votación de investidura ningún candidato hubiese obtenido la confianza del Congreso y hubiera transcurrido un plazo de:

a) Quince días

b) Un mes

c) Dos meses

31. La Administración Pública ha de actuar:

a) Siempre en defensa de sus intereses

b) Con sometimiento pleno a la Ley y al Derecho

c) En defensa de los intereses del particular que solicita su tutela

32. ¿Quién dirige la política interior y exterior del Estado?

a) El Gobierno

b) La Administración Superior del Estado

c) El titular del Ministerio de Asuntos Exteriores, Unión Europea y Cooperación

33. Después de cada renovación del Congreso de los Diputados, el Rey propondrá un candidato a la Presidencia del Gobierno, previa consulta con:

a) Los portavoces de los grupos parlamentarios

b) Los representantes de los partidos políticos

c) Los representantes designados por los grupos políticos

34. ¿Quién controla que la Administración realice sus funciones sometida a los fines que la justifican?

a) La propia Administración

b) Los Tribunales

c) Las Cortes Generales

35. ¿Ante quién responde solidariamente el Gobierno de su gestión política?

a) Ante las Cortes Generales

b) Ante el Congreso de los Diputados

c) Ante el Rey

36. El artículo 2 de la Constitución reconoce:

a) El derecho a la autonomía de los territorios que en el pasado hubieren gozado de un régimen preautonómico

b) El derecho a la autonomía de las nacionalidades y regiones integrantes de la nación española

c) El derecho a la autonomía de los territorios que en el pasado hubieren plebiscitado o disfrutado de un régimen preautonómico

37. El Presidente de una Comunidad Autónoma es nombrado por:

a) La Asamblea Legislativa de entre sus miembros

b) El Rey, a propuesta de la Asamblea Legislativa de entre sus miembros

c) El Consejo de Gobierno

38. ¿Es posible autorizar un Estatuto de autonomía para territorios que no estén integrados en la organización provincial?

a) No, no es posible

b) Sí, mediante ley orgánica, por motivos de interés nacional

c) Sí, mediante ley, por motivos de interés legítimo

39. Conforme dispone el artículo 143 de la Constitución, podrán acceder a su autogobierno y constituirse en Comunidades Autónomas:

a) Las provincias limítrofes con características históricas, culturales y económicas comunes

b) Los territorios insulares

c) Todas las respuestas anteriores son correctas

40. El Estado podrá transferir o delegar en las Comunidades Autónomas facultades correspondientes a materias de titularidad estatal que por su propia naturaleza sean susceptibles de transferencia o delegación mediante:

a) Ley ordinaria

b) Ley orgánica

c) Decreto

41. ¿En cuántos capítulos se divide el Título de la Constitución que regula la Organización Territorial del Estado?

a) En dos

b) En tres

c) En cuatro

42. Si una Comunidad Autónoma actúa de forma que atente gravemente al interés general de España, el Gobierno, previo requerimiento al Presidente de la Comunidad Autónoma y, en el caso de no ser atendido, podrá adoptar las medidas necesarias para la protección del mencionado interés general con la aprobación:

a) Por mayoría absoluta del Congreso

b) Por mayoría absoluta del Senado

c) Por mayoría absoluta de las Cortes Generales

43. En el ámbito de la Comunidad Autónoma, la organización judicial la culmina:

a) La Audiencia Provincial

b) La Audiencia Nacional

c) El Tribunal Superior de Justicia

44. La federación entre las Comunidades Autónomas:

a) No se prevé en la Constitución

b) Requiere Ley orgánica y autorización de las Cortes

c) Se encuentra prohibida por la Constitución

45. Si la iniciativa común de constituirse en autonomía no prosperase, esta puede reiterarse en:

a) Cinco años

b) Tres años

c) Ocho años

46. ¿Cuál es fin del Fondo de Compensación Interterritorial?

a) Corregir desequilibrios económicos interterritoriales y hacer efectivo el principio de solidaridad

b) Distribuir los recursos económicos de todas las Provincias de una Comunidad Autónoma

c) Hacer efectivo el principio de autonomía de los municipios integrantes de una Comunidad Autónoma

47. Forma parte del contenido mínimo de los Estatutos de Autonomía:

a) La delimitación del territorio de la Comunidad

b) La denominación de la Comunidad

c) Todas las respuestas anteriores son correctas

48. La posibilidad de que las Comunidades Autónomas celebren convenios entre sí está:

a) Permitida, con las condiciones establecidas en la Constitución

b) Permitida sin restricción

c) Prohibida

49. Señale cuál de las siguientes no es una competencia que puede ser asumida por las Comunidades Autónomas:

a) Asistencia social

b) Los montes y aprovechamiento forestales

c) Bases del régimen minero y energético

50. Indique la respuesta correcta:

a) El derecho de las Comunidades Autónomas será, en todo caso, supletorio del derecho estatal

b) El derecho estatal será, en todo caso, supletorio del derecho de las Comunidades Autónomas

c) El derecho estatal será, de manera extraordinaria, supletorio del derecho de las Comunidades Autónomas

51. Los Estatutos de Autonomía con respecto a cada Comunidad Autónoma:

a) Son la norma institucional básica de cada Comunidad

b) Tienen rango de Orden Ministerial

c) Están subordinadas a la Ley de Bases de Régimen Local

52. ¿Cuál de los siguientes conceptos no deberá contenerse en los Estatutos de Autonomía según el artículo 147.2?

a) Si se constituyen o no en régimen de federación

b) La delimitación de su territorio

c) La denominación de la Comunidad que mejor corresponda a su identidad histórica

53. El principio de solidaridad que preside la organización territorial del Estado busca un equilibrio entre las diversas zonas del territorio español:

a) Económico y justo

b) Económico y adecuado

c) Económico, adecuado y justo

54. De acuerdo con el artículo 152, corresponde al Presidente de cada Comunidad Autónoma:

a) La dirección del Consejo de Gobierno

b) La suprema representación de la respectiva comunidad

c) Todas las respuestas anteriores son correctas

55. Conforme al artículo 143, la iniciativa del proceso autonómico corresponde a:

a) La Administración Institucional

b) Todas las Diputaciones interesadas o al órgano interinsular correspondiente y a las dos terceras partes de los municipios cuya población represente, al menos, la mayoría del censo electoral de cada provincia o isla

c) Las Cortes Generales

SOLUCIONES TEST 3

1. c) Las Cortes Generales

Las Cortes Generales podrán delegar en el Gobierno la potestad de dictar normas con rango de ley sobre materias determinadas no incluidas en el artículo 81 de la Constitución.

2. c) Congreso de los Diputados y Senado

Las Cortes Generales están formadas por el Congreso de los Diputados y el Senado (art. 66.1 de la Constitución).

3. a) La no exigencia de responsabilidad jurídica por las opiniones manifestadas en el ejercicio de sus funciones

Inviolabilidad e inmunidad parlamentarias (art. 71): los Diputados y Senadores gozarán de inviolabilidad por las opiniones manifestadas en el ejercicio de sus funciones. Durante el período de su mandato los Diputados y Senadores gozarán, asimismo, de inmunidad, y solo podrán ser detenidos en caso de flagrante delito. No podrán ser inculpados ni procesados sin la previa autorización de la Cámara respectiva. En las causas contra Diputados y Senadores será competente la Sala de lo Penal del Tribunal Supremo.

4. c) En ningún caso, pues siempre deben ser aprobadas por las dos Cámaras

Las Cortes Generales ejercen la potestad legislativa del Estado (art. 66.2 de la Constitución).

5. b) La constitución de las nuevas Cortes Generales

Expirado el mandato o en caso de disolución, las Diputaciones Permanentes seguirán ejerciendo sus funciones hasta la constitución de las nuevas Cortes (art. 78.3 de la Constitución).

6. c) Todas las respuestas anteriores son correctas

La ley electoral determinará las causas de inelegibilidad e incompatibilidad de los Diputados y Senadores, que comprenderán en todo caso a:

a) Los componentes del Tribunal Constitucional.

b) Los altos cargos de la Administración del Estado que determine la ley, excepto los miembros del Gobierno.

c) El Defensor del Pueblo.

d) Los Magistrados, Jueces y Fiscales en activo.

e) *Los militares profesionales y los miembros de las Fuerzas y Cuerpos de Seguridad y Policía en activo.*

f) *Los miembros de las Juntas Electorales.*

7. c) La Sala de lo Penal del Tribunal Supremo

En las causas contra Diputados y Senadores será competente la Sala de lo Penal del Tribunal Supremo.

8. c) Ninguna de las respuestas anteriores es correcta

Según establece el art. 73.1 CE, las Cámaras se reunirán en sesiones ordinarias, la primera de septiembre a diciembre y la segunda de febrero a junio. En otro caso, se trata de reuniones que serán reuniones extraordinarias.

9. a) La potestad legislativa del Estado

Las Cortes Generales ejercen la potestad legislativa del Estado (art. 66.2 de la Constitución)

10. b) Salvo acuerdo en contrario de cada Cámara

Las sesiones plenarias de las Cámaras serán públicas, salvo acuerdo en contrario de cada Cámara, adoptado por mayoría absoluta o con arreglo al Reglamento (art. 80 de la Constitución).

11. a) 21 miembros como mínimo

En cada Cámara habrá una Diputación Permanente compuesta por un mínimo de veintiún miembros, que representarán a los grupos parlamentarios en proporción a su importancia numérica (art. 78 de la Constitución).

12. a) Son bicamerales

Están compuestas por dos Cámaras: Congreso y Senado (art. 66 de la Constitución)

13. b) Las propias Cortes

Aprueban autónomamente sus presupuestos (art.72 de la Constitución)

14. c) Ninguna de las respuestas anteriores es correcta

Ningún otro órgano del Estado puede ejercer la potestad legislativa. Otro caso es que en determinadas ocasiones las Cortes Generales deleguen al Gobierno la potestad para que dicte normas con rango de Ley.

15. c) Todas las respuestas anteriores son correctas

La persona del Rey es inviolable y no está sujeta a responsabilidad. Sus actos estarán siempre refrendados, careciendo de validez sin dicho refrendo (art. 56.3 de la Constitución).

16. c) Según lo que más convenga a los intereses de España

Extinguidas todas las líneas llamadas en Derecho, las Cortes Generales proveerán a la sucesión en la Corona en la forma que más convenga a los intereses de España (art. 57.3).

17. b) Ley orgánica

Las abdicaciones y renuncias y cualquier duda de hecho o de derecho que ocurra en el orden de sucesión a la Corona se resolverán por ley orgánica (art. 57.5).

18. c) Las Cortes Generales

Si no hubiere ninguna persona a quien corresponda la Regencia, esta será nombrada por las Cortes Generales, y se compondrá de una, tres o cinco personas (art. 59.3).

19. c) Nombrar y separar a los miembros del Gobierno, a propuesta de su Presidente

Funciones del Rey

- *En el orden interno (art. 62)*
  - *Sancionar y promulgar las leyes y expedir los decretos acordados en Consejo de Ministros.*
  - *Convocar y disolver las Cortes Generales y convocar elecciones en los términos previstos en la Constitución.*
  - *Proponer, nombrar o cesar al Presidente del Gobierno, conforme a lo previsto en la Constitución.*
  - *Convocar a referéndum en los casos previstos en la Constitución.*
  - *Nombrar y separar a los miembros del Gobierno, a propuesta de su Presidente.*

  [...]

20. c) Cuando recae en el padre, madre o ascendientes directos del Rey

La tutela tiene lugar durante la minoría de edad del Rey. Será tutor del Rey menor (art. 60):

- *La persona que en su testamento hubiese nombrado el Rey difunto, siempre que sea mayor de edad y español de nacimiento.*
- *Si no lo hubiere nombrado, será tutor el padre o la madre, mientras permanezcan viudos, pero no podrán acumularse los cargos de Regente y de tutor sino en el padre, madre o ascendientes directos del Rey.*

21. c) El Presidente del Gobierno

El Presidente dirige la acción del Gobierno y coordina las funciones de los demás miembros del mismo, sin perjuicio de la competencia y responsabilidad directa de estos en su gestión (art. 98.1 de la Constitución).

22. c) Quince días

El estado de alarma será declarado por el Gobierno mediante decreto acordado en Consejo de Ministros por un plazo máximo de quince días, dando cuenta al Congreso de los Diputados, reunido inmediatamente al efecto y sin cuya autorización no podrá ser prorrogado dicho plazo. El decreto determinará el ámbito territorial a que se extienden los efectos de la declaración (art. 116.2 de la Constitución).

23. c) La Sala de lo Penal del Tribunal Supremo

La responsabilidad criminal del Presidente y los demás miembros del Gobierno será exigible, en su caso, ante la Sala de lo Penal del Tribunal Supremo (art. 102 de la Constitución).

24. c) Durante el mismo período de sesiones

Si la moción de censura no fuere aprobada por el Congreso, sus signatarios no podrán presentar otra durante el mismo período de sesiones (art. 113 de la Constitución).

25. a) Por toda lesión que sufran en sus bienes y derechos, como consecuencia del funcionamiento de los servicios públicos, salvo los casos de fuerza mayor

Los particulares, en los términos establecidos por la ley, tendrán derecho a ser indemnizados por toda lesión que sufran en cualquiera de sus bienes y derechos, salvo en los casos de fuerza mayor, siempre que la lesión sea consecuencia del funcionamiento de los servicios públicos (art. 106.2 de la Constitución).

26. c) El Presidente, el Vicepresidente, en su caso, los Ministros y los demás miembros que establezca la ley

El Gobierno se compone de:

- *Presidente.*
- *Vicepresidentes, en su caso.*
- *Ministros.*
- *Los demás miembros que establezca la ley (art. 98 de la Constitución).*

27. b) El Congreso

Si el Congreso de los Diputados, por el voto de la mayoría absoluta de sus miembros, otorgare su confianza a dicho candidato, el Rey le nombrará Presidente. De no alcanzarse dicha mayoría, se someterá la misma propuesta a nueva votación cuarenta y ocho horas después de la anterior, y la confianza se entenderá otorgada si obtuviere la mayoría simple (art. 99 de la Constitución).

28. c) El Rey

Si el Congreso de los Diputados, por el voto de la mayoría absoluta de sus miembros, otorgare su confianza a dicho candidato, el Rey le nombrará Presidente. De no alcanzarse dicha mayoría, se someterá la misma propuesta a nueva votación cuarenta y ocho horas después de la anterior, y la confianza se entenderá otorgada si obtuviere la mayoría simple (art. 99 de la Constitución).

29. b) La mayoría absoluta de los Diputados

Si el Congreso de los Diputados, por el voto de la mayoría absoluta de sus miembros, otorgare su confianza a dicho candidato, el Rey le nombrará Presidente. De no alcanzarse dicha mayoría, se someterá la misma propuesta a nueva votación cuarenta y ocho horas después de la anterior, y la confianza se entenderá otorgada si obtuviere la mayoría simple (art. 99 de la Constitución).

30. c) Dos meses

Si transcurrido el plazo de dos meses, a partir de la primera votación de investidura, ningún candidato hubiere obtenido la confianza del Congreso, el Rey disolverá ambas Cámaras y convocará nuevas elecciones con el refrendo del Presidente del Congreso (art. 99 de la Constitución).

31. b) Con sometimiento pleno a la Ley y al Derecho

La Administración Pública sirve con objetividad los intereses generales y actúa de acuerdo con los principios de eficacia, jerarquía, descentralización, desconcentración y coordinación, con sometimiento pleno a la ley y al Derecho (art. 103 de la Constitución).

32. a) El Gobierno

El Gobierno dirige la política interior y exterior, la Administración civil y militar y la defensa del Estado. Ejerce la función ejecutiva y la potestad reglamentaria de acuerdo con la Constitución y las leyes (art. 97 de la Constitución).

33. c) Los representantes designados por los grupos políticos

Después de cada renovación del Congreso de los Diputados, y en los demás supuestos constitucionales en que así proceda, el Rey, previa consulta con los representantes designados por los grupos políticos con representación parlamentaria, y a través del Presidente del Congreso, propondrá un candidato a la Presidencia del Gobierno. (art. 99 de la Constitución)

34. b) Los Tribunales

Los Tribunales controlan la potestad reglamentaria y la legalidad de la actuación administrativa, así como el sometimiento de esta a los fines que la justifican (art. 106.1 de la Constitución).

35. b) Ante el Congreso de los Diputados

El Gobierno responde solidariamente de su gestión política ante el Congreso de los Diputados (art. 108).

36. b) El derecho a la autonomía de las nacionalidades y regiones integrantes de la nación española

La Constitución se fundamenta en la indisoluble unidad de la Nación española, patria común e indivisible de todos los españoles, y reconoce y garantiza el derecho a la autonomía de las nacionalidades y regiones que la integran y la solidaridad entre todas ellas.

37. b) El Rey, a propuesta de la Asamblea Legislativa de entre sus miembros

Según el artículo 152, en los Estatutos aprobados por el procedimiento a que se refiere el artículo 151.2 (vía especial) la organización institucional autonómica se basará en:

[...]

- *Un Consejo de Gobierno con funciones ejecutivas y administrativas y un Presidente, elegido por la Asamblea, de entre sus miembros, y nombrado por el Rey, al que corresponde la dirección del Consejo de Gobierno, la suprema representación de la respectiva Comunidad y la ordinaria del Estado en aquella. El Presidente y los miembros del Consejo de Gobierno serán políticamente responsables ante la Asamblea.*

[...]

38. b) Sí, mediante ley orgánica, por motivos de interés nacional

De acuerdo con el artículo 144, las Cortes Generales, mediante ley orgánica, podrán, por motivos de interés nacional:

[...]

- *Autorizar o acordar, en su caso, un Estatuto de autonomía para territorios que no estén integrados en la organización provincial.*

[...]

39. c) Todas las respuestas anteriores son correctas

Conforme al artículo 143.1, en el ejercicio del derecho a la autonomía reconocido en el artículo 2 de la Constitución, podrán acceder a su autogobierno y constituirse en Comunidades Autónomas con arreglo a lo previsto en este Título y en los respectivos Estatutos:

- *Las provincias limítrofes con características históricas, culturales y económicas comunes.*
- *Los territorios insulares.*
- *Las provincias con entidad regional histórica.*

40. b) Ley orgánica

El Estado podrá transferir o delegar en las Comunidades Autónomas, mediante ley orgánica, facultades correspondientes a materias de titularidad estatal que por su propia naturaleza sean susceptibles de transferencia o delegación (art. 150.2 de la Constitución).

41. b) En tres

La Constitución dedica el Título VIII a la Organización Territorial del Estado, dividido en tres Capítulos.

42. b) Por mayoría absoluta del Senado

Si una Comunidad Autónoma no cumpliere las obligaciones que la Constitución u otras leyes le impongan, o actuare de forma que atente gravemente al interés general de España, el Gobierno, previo requerimiento al Presidente de la Comunidad Autónoma y, en el caso de no ser atendido, con la aprobación por mayoría absoluta del Senado, podrá adoptar las medidas necesarias para obligar a aquella al cumplimiento forzoso de dichas obligaciones o para la protección del mencionado interés general (art. 155 de la Constitución).

43. c) El Tribunal Superior de Justicia

Un Tribunal Superior de Justicia, sin perjuicio de la jurisdicción que corresponde al Tribunal Supremo, culminará la organización judicial en el ámbito territorial de la Comunidad Autónoma. En los Estatutos de las Comunidades Autónomas podrán establecerse los supuestos y las formas de participación de aquellas en la organización de las demarcaciones judiciales del territorio. Todo ello de conformidad con lo previsto en la ley orgánica del poder judicial y dentro de la unidad e independencia de este (art. 152 de la Constitución).

44. c) Se encuentra prohibida por la Constitución

En ningún caso se admitirá la federación de Comunidades Autónomas. Los Estatutos podrán prever los supuestos, requisitos y términos en que las Comunidades podrán celebrar convenios entre sí para la gestión y prestación de servicios propios de las mismas, así como el carácter y efectos de la correspondiente comunicación a las Cortes Generales. En los demás supuestos, los acuerdos de cooperación entre las Comunidades Autónomas necesitarán la autorización de las Cortes Generales (art. 145 de la Constitución).

45. a) Cinco años

La iniciativa del proceso autonómico corresponde a todas las Diputaciones interesadas o al órgano interinsular correspondiente y a las dos terceras partes de los municipios cuya población repre-

sente, al menos, la mayoría del censo electoral de cada provincia o isla. Estos requisitos deberán ser cumplidos en el plazo de seis meses, a contar desde el primer acuerdo adoptado al respecto por alguna de las Corporaciones Locales interesadas. La iniciativa, en caso de no prosperar, solamente podrá reiterarse pasados cinco años (art. 143.2 de la Constitución).

46. a) Corregir desequilibrios económicos interterritoriales y hacer efectivo el principio de solidaridad

Con el fin de corregir desequilibrios económicos interterritoriales y hacer efectivo el principio de solidaridad, se constituirá un Fondo de Compensación con destino a gastos de inversión, cuyos recursos serán distribuidos por las Cortes Generales entre las Comunidades Autónomas y Provincias, en su caso (art. 158 de la Constitución).

47. c) Todas las respuestas anteriores son correctas

Según el art. 147.2 de la Constitución, el contenido mínimo de los Estatutos se centrará en:

- *La denominación de la Comunidad que corresponda mejor a su identidad histórica.*
- *La delimitación de su territorio.*
- *La denominación, organización y sede de las instituciones propias.*
- *Las competencias asumidas dentro del marco establecido en la Constitución y las bases para el traspaso de los servicios correspondientes.*

48. a) Permitida, con las condiciones establecidas en la Constitución

En ningún caso se admitirá la federación de Comunidades Autónomas. Los Estatutos podrán prever los supuestos, requisitos y términos en que las Comunidades podrán celebrar convenios entre sí para la gestión y prestación de servicios propios de las mismas, así como el carácter y efectos de la correspondiente comunicación a las Cortes Generales. En los demás supuestos, los acuerdos de cooperación entre las Comunidades Autónomas necesitarán la autorización de las Cortes Generales (art. 145).

49. c) Bases del régimen minero y energético

Las competencias que pueden asumir las Comunidades Autónomas conforme al art. 148 de la Constitución, son entre otras:

[...]

- *Los montes y aprovechamiento forestales.*

[...]

- *Asistencia social.*

[...]

50. b) El derecho estatal será, en todo caso, supletorio del derecho de las Comunidades Autónomas

El derecho estatal será, en todo caso, supletorio del derecho de las Comunidades Autónomas.

51. a) Son la norma institucional básica de cada Comunidad

Conforme al artículo 147.1, dentro de los términos de la Constitución, los Estatutos:

- *A nivel autonómico: serán la norma institucional básica de cada Comunidad Autónoma.*
- *A nivel estatal: serán reconocidos y amparados por el Estado como parte integrante de su ordenamiento jurídico.*

52. a) Si se constituyen o no en régimen de federación

Según el art. 147.2 de la Constitución, el contenido mínimo de los Estatutos se centrará en:

- *La denominación de la Comunidad que corresponda mejor a su identidad histórica.*
- *La delimitación de su territorio.*
- *La denominación, organización y sede de las instituciones propias.*
- *Las competencias asumidas dentro del marco establecido en la Constitución y las bases para el traspaso de los servicios correspondientes.*

53. c) Económico, adecuado y justo

El Estado garantiza la realización efectiva del principio de solidaridad consagrado en el artículo 2 de la Constitución, velando por el establecimiento de un equilibrio económico, adecuado y justo entre las diversas partes del territorio español, y atendiendo en particular a las circunstancias del hecho insular (art. 138.1 de la Constitución).

54. c) Todas las respuestas anteriores son correctas

Según el artículo 152, en los Estatutos aprobados por el procedimiento a que se refiere el artículo 151.2 (vía especial) la organización institucional autonómica se basará en:

[...]

- *Un Consejo de Gobierno con funciones ejecutivas y administrativas y un Presidente, elegido por la Asamblea, de entre sus miembros, y nombrado por el Rey, al que corresponde la dirección del Consejo de Gobierno, la suprema representación de la respectiva Comunidad y la ordinaria del Estado en aquella. El Presidente y los miembros del Consejo de Gobierno serán políticamente responsables ante la Asamblea.*

[...]

55. b) Todas las Diputaciones interesadas o al órgano interinsular correspondiente y a las dos terceras partes de los municipios cuya población represente, al menos, la mayoría del censo electoral de cada provincia o isla

La iniciativa del proceso autonómico corresponde a todas las Diputaciones interesadas o al órgano interinsular correspondiente y a las dos terceras partes de los municipios cuya población represente, al menos, la mayoría del censo electoral de cada provincia o isla. Estos requisitos deberán ser cumplidos en el plazo de seis meses desde el primer acuerdo adoptado al respecto por alguna de las Corporaciones locales interesadas (art. 143.2 de la Constitución).

TEST 4

Concepto de Derecho. La Administración y el Derecho. El principio de legalidad. Concepto de Derecho Administrativo, breve referencia a sus fuentes. El Reglamento: concepto y clases. La potestad reglamentaria, especial referencia a la potestad reglamentaria de las entidades locales. Procedimiento de aprobación

1. La potestad reglamentaria de la Administración Pública es controlada por:

a) El Gobierno

b) El Tribunal Constitucional

c) Los Tribunales

2. A través del Estado de Derecho se consigue:

a) El sometimiento de la Administración a la Ley

b) El sometimiento de los ciudadanos a la Administración

c) La independencia de la Administración

3. Nos encontramos ante una potestad reglada cuando la Administración:

a) Tiene libertad de elección a la hora de actuar

b) Se limita a aplicar la norma al caso concreto

c) Efectúa una interpretación de carácter subjetivo

4. La desviación de poder tiene lugar cuando la Administración:

a) Cumple una finalidad pública

b) Ejercita potestades administrativas para fines distintos de los fijados por el ordenamiento jurídico

c) Dicta actos anulables

5. El principio de legalidad viene establecido en la Constitución española, en su artículo:

a) 1

b) 9

c) 103

6. La costumbre solo regirá:

a) En defecto de reglamento

b) Cuando resulte probada

c) Si es contraria al orden público

7. Tienen carácter informador del ordenamiento jurídico:

a) La jurisprudencia y la costumbre

b) Los Tratados Internacionales

c) Los principios generales del Derecho

8. El principio de eficacia de la actuación administrativa se encuentra establecido en la Constitución española en su artículo:

a) 103

b) 105

c) 106

9. ¿En qué casos una disposición administrativa podrá vulnerar los preceptos de otra de rango superior?

a) Cuando se demuestre el desconocimiento de la normativa de rango superior

b) Cuando así se haya previsto en la ley de rango superior

c) En ningún caso

10. Que los órganos superiores puedan dirigir y controlar la actividad de los órganos inferiores es una manifestación del principio de:

a) Eficacia

b) Jerarquía

c) Descentralización

11. Según el artículo 1 del Código Civil, las disposiciones que contradigan otra de rango superior:

a) Carecen de validez

b) Son legales

c) Podrán ser aplicadas siempre que no sean contrarias a la moral

12. Aquellas instituciones o fuerzas sociales con capacidad para crear o producir normas jurídicas, son fuentes en sentido:

a) Legal

b) Formal

c) Material

13. Corresponde coordinar la Administración del Estado con la Administración propia de la Comunidad Autónoma:

a) Al Presidente del Gobierno

b) Al Presidente de la Comunidad Autónoma

c) Al Delegado del Gobierno

14. La tutela administrativa es una consecuencia del principio de:

a) Descentralización

b) Desconcentración

c) Coordinación

15. Los Tratados Internacionales pasan a formar parte del ordenamiento jurídico cuando:

a) Son celebrados

b) Son ratificados

c) Son publicados íntegramente en el Boletín Oficial del Estado

16. Las potestades administrativas son facultades que directamente se otorgan a la Administración por:

a) El Poder Legislativo

b) El Gobierno

c) El Ordenamiento Jurídico

17. ¿Qué principio supone el traspaso de la titularidad de competencias entre entes públicos?

a) El de descentralización

b) El de desconcentración

c) El de jerarquía

18. La Administración del Estado actúa para el cumplimiento de sus fines con personalidad jurídica:

a) Única

b) Independiente

c) Compartida

19. La acción de los Ministerios interesados en una misma materia es coordinada por:

a) El Presidente del Gobierno

b) Las Comisiones Delegadas del Gobierno

c) El Consejo de Ministros

20. ¿Qué órgano realiza la delegación legislativa?

a) El Congreso de los Diputados

b) El Senado

c) Las Cortes Generales

21. Los Decretos Legislativos son:

a) Normas con fuerza de ley dictadas por el Gobierno

b) Disposiciones legislativas provisionales

c) Disposiciones legislativas para supuestos de urgente necesidad

22. La delegación legislativa puede otorgarse al Gobierno mediante una Ley:

a) De Bases

b) Orgánica

c) Todas las respuestas anteriores son correctas

23. La aprobación de las leyes orgánicas requiere:

a) Mayoría simple del Congreso

b) Mayoría de tres quintos del Senado

c) Mayoría absoluta del Congreso

24. Los Decretos-leyes son disposiciones legislativas provisionales que dicta:

a) El Presidente del Gobierno

b) El Gobierno

c) El Presidente del Senado

25. El plazo para que el Rey sancione las leyes aprobadas por las Cortes Generales es de:

a) Diez días

b) Quince días

c) Veinte días

26. La participación de la Administración en la creación del derecho no se manifiesta:

a) Por la coparticipación de la Administración

b) Por la participación indirecta en la misma función legislativa

c) Por la participación directa en la misma función legislativa

27. Los usos jurídicos que no sean meramente interpretativos de una declaración de voluntad tendrán la consideración de:

a) Jurisprudencia

b) Decretos

c) Costumbre

28. Los Decretos-leyes no podrán afectar a:

a) El ordenamiento de las instituciones básicas del Estado

b) El régimen de las Comunidades Autónomas

c) Todas las respuestas anteriores son correctas

29. Cuando hablamos de disposiciones del Gobierno que contienen legislación delegada, ¿a qué nos estamos refiriendo?

a) A los Decretos-Leyes

b) A los Decretos Legislativos

c) A los Decretos

30. Promulgado un Decreto-ley, ¿qué plazo se establece para que sea sometido a debate y votación en el Congreso?

a) Diez días

b) Quince días

c) Treinta días

31. En el caso de que los Decretos-leyes pudieran tramitarse como proyectos de ley, ¿quién tiene la competencia para tramitarlos por el procedimiento de urgencia?

a) El Gobierno

b) Las Cortes Generales

c) El Senado

32. La delegación legislativa, cuando se trate de refundir varios textos legales en uno solo, se otorgará mediante:

a) Ley de Bases

b) Ley Orgánica

c) Ley Ordinaria

33. En virtud del artículo 1 del Código Civil, no es fuente del ordenamiento jurídico español:

a) La Ley

b) Los principios generales del derecho

c) Las prácticas jurídicas

34. Son fuentes directas primarias del Derecho Administrativo:

a) Los principios generales del Derecho

b) Las disposiciones normativas con rango de ley emanadas del Gobierno

c) Los Tratados Internacionales no publicados en el BOE

35. Son fuentes directas subsidiarias del Derecho:

a) La costumbre y la Jurisprudencia del Tribunal Supremo

b) Los principios generales del Derecho y la costumbre

c) La Jurisprudencia del Tribunal Supremo y los principios generales del Derecho

36. La potestad reglamentaria de la Administración Pública es controlada por:

a) El Gobierno

b) El Tribunal Constitucional

c) Los Tribunales

37. Señale la respuesta correcta. La jerarquía interna de los Reglamentos quedaría del modo siguiente:

a) Decretos, Órdenes acordadas por las Comisiones Delegadas del Gobierno, Órdenes Ministeriales y Disposiciones de autoridades y órganos inferiores

b) Decretos, Órdenes Ministeriales y Disposiciones de autoridades y órganos inferiores

c) Decretos, Órdenes acordadas por las Comisiones Delegadas del Gobierno y Disposiciones de autoridades y órganos inferiores

38. Los reglamentos que responden a la necesidad de completar y desarrollar la ley en que se apoyan se denominan:

a) Ejecutivos

b) Independientes

c) De necesidad

39. El principio de sometimiento pleno a la Ley y al Derecho de la Administración Pública se encuentra establecido en la Constitución, en el artículo:

a) 103

b) 105

c) 106

40. Constituye un medio para luchar contra los reglamentos ilegales:

a) La vía administrativa

b) La vía de excepción

c) Todas las respuestas anteriores son correctas

41. Los límites formales del reglamento:

a) Afectan a su aspecto externo

b) Afectan a su contenido

c) Afectan a su carácter interno

42. La distinción más relevante entre el reglamento y el acto administrativo es que:

a) Aquel forma parte del ordenamiento jurídico, en tanto que el acto es solo una consecuencia de aquel

b) El reglamento es parte de la potestad legislativa y el acto de la potestad normativa

c) El reglamento es potestad de los órganos de gobierno, los actos pueden ser dictados por cualquier Administración Pública

43. Los reglamentos que operan sobre ámbitos distintos de los regulados por las leyes son denominados:

a) De necesidad

b) *Praeter legem*

c) Independientes

44. ¿En qué precepto constitucional se garantiza la jerarquía normativa?

a) En el artículo 1.3

b) En el artículo 3.4

c) En el artículo 9.3

45. ¿En cuántos grupos se clasifican los límites reglamentarios?

a) En dos

b) En tres

c) En cuatro

46. Respecto al proceso de elaboración de reglamentos, deberá proporcionarse un tiempo suficiente para la consulta, audiencia e información públicas, que en ningún caso será inferior a:

a) Quince días hábiles

b) Quince días naturales

c) Diez días naturales

47. En el proceso de elaboración de reglamentos, cuando razones debidamente motivadas así lo justifiquen, así como cuando se aplique la tramitación urgente de iniciativas normativas, el tiempo para la consulta, audiencia e información públicas, podrá ser reducido hasta un mínimo de:

a) Siete días hábiles

b) Siete días naturales

c) Diez días naturales

48. Respecto al proceso de elaboración de reglamentos, salvo que normativamente se establezca otra cosa, los informes preceptivos se emitirán en un plazo de:

a) Quince días

b) Diez días

c) Siete días

49. Los reglamentos ejecutivos se caracterizan por ser:

a) Internos y modificadores de la Ley

b) Externos y modificadores de la Ley

c) Externos y complementarios de la Ley

50. Los reglamentos internos también son denominados:

a) Reglamentos especiales

b) Reglamentos de organización

c) Reglamentos privados

SOLUCIONES TEST 4

1. c) Los Tribunales

Los Tribunales controlan la potestad reglamentaria y la legalidad de la actuación administrativa, así como el sometimiento de esta a los fines que la justifican (art. 106.1 de la Constitución).

2. a) El sometimiento de la Administración a la Ley

El Estado de Derecho se caracteriza por el sometimiento de los poderes públicos a la Ley y al Derecho. Este postulado se contiene en el art. 9.1 de la Constitución, que dispone que "Los ciudadanos y los poderes públicos están sujetos a la Constitución y al resto del ordenamiento jurídico".

3. b) Se limita a aplicar la norma al caso concreto

Potestades regladas: son aquellas potestades otorgadas por el ordenamiento jurídico, cuyos elementos y condiciones vienen determinados por aquel; por tanto, la Administración se limita a aplicar la norma al caso concreto, verificando si se dan las condiciones exigidas para actuar conforme a la ley.

4. b) Ejercita potestades administrativas para fines distintos de los fijados por el ordenamiento jurídico

Se entiende por desviación de poder el ejercicio de potestades administrativas para fines distintos de los fijados por el ordenamiento jurídico.

5. b) 9

El Estado de Derecho se caracteriza por el sometimiento de los poderes públicos a la Ley y al Derecho. Este postulado se contiene en el art. 9.1 de la Constitución, que dispone que "Los ciudadanos y los poderes públicos están sujetos a la Constitución y al resto del ordenamiento jurídico".

6. b) Cuando resulte probada

La costumbre solo regirá en defecto de ley aplicable, siempre que no sea contraria a la moral o al orden público y que resulte probada.

7. c) Los principios generales del Derecho

Los principios generales del derecho se aplicarán en defecto de ley o costumbre, sin perjuicio de su carácter informador del ordenamiento jurídico.

8. a) 103

Los principios de actuación de la Administración Pública se encuentran enumerados en el art. 103.1 de la Constitución: "La Administración Pública sirve con objetividad los intereses generales y actúa de acuerdo con los principios de eficacia, jerarquía, descentralización, desconcentración y coordinación, con sometimiento pleno a la Ley y al Derecho".

9. c) En ningún caso

Ninguna disposición administrativa podrá vulnerar los preceptos de otra de rango superior.

10. b) Jerarquía

La jerarquía administrativa puede definirse como la estructuración que se efectúa de diversos órganos, con competencia material similar, mediante su ordenación escalonada, en virtud de la cual los órganos superiores podrán dirigir y controlar la actividad de los órganos inferiores.

11. a) Carecen de validez

El Código Civil lo recoge en su artículo 1.2 al disponer que: "carecerán de validez las disposiciones que contradigan otra de rango superior".

12. c) Material

Fuentes en sentido material: son aquellas instituciones o fuerzas sociales que poseen capacidad para crear o producir normas jurídicas

13. c) Al Delegado del Gobierno

La coordinación del Estado y las Comunidades Autónomas se llevará a cabo a través de:

- *El Delegado del Gobierno en la Comunidad Autónoma.*
- *La legislación básica del Estado.*

14. a) Descentralización

Consecuencia de la descentralización es la tutela administrativa, que viene exigida por la necesidad de mantener el principio de unidad, que afecta a todos los entes públicos que componen el Estado.

15. c) Son publicados íntegramente en el Boletín Oficial del Estado

Las normas jurídicas contenidas en los tratados internacionales no serán de aplicación directa en España en tanto no hayan pasado a formar parte del ordenamiento interno mediante su publicación íntegra en el Boletín Oficial del Estado.

16. c) El Ordenamiento Jurídico

Las potestades administrativas pueden ser definidas como aquellas facultades que directamente otorga el ordenamiento jurídico a la Administración Pública para la consecución de los intereses generales.

17. a) El de descentralización

El principio de descentralización supone el traspaso de la titularidad de competencias entre entes públicos, con personalidad jurídica propia cada uno de ellos.

18. a) Única

Cada una de las Administraciones Públicas actúa para el cumplimiento de sus fines con personalidad jurídica única.

19. b) Las Comisiones Delegadas del Gobierno

Las Comisiones Delegadas del Gobierno coordinan la acción de los Ministerios interesados en una misma materia.

20. c) Las Cortes Generales

Las Cortes Generales pueden delegar en el Gobierno la potestad de dictar normas con rango de ley sobre materias determinadas que no sean objeto de ley orgánica.

21. a) Normas con fuerza de ley dictadas por el Gobierno

Las disposiciones del Gobierno que contengan legislación delegada recibirán el título de Decretos Legislativos.

22. c) Todas las respuestas anteriores son correctas

La delegación legislativa deberá otorgarse mediante una ley de bases cuando su objeto sea la formación de textos articulados o por una ley ordinaria cuando se trate de refundir varios textos legales en uno solo.

23. c) Mayoría absoluta del Congreso

La aprobación, modificación o derogación de las leyes orgánicas exigirá mayoría absoluta del Congreso, en una votación final sobre el conjunto del proyecto (art. 81.2 de la Constitución)

24. b) El Gobierno

Se regulan en el artículo 86 de la Constitución que establece que en caso de extraordinaria y urgente necesidad, el Gobierno podrá dictar disposiciones legislativas provisionales que tomarán

la forma de Decretos-leyes y que no podrán afectar al ordenamiento de las instituciones básicas del Estado, a los derechos, deberes y libertades de los ciudadanos regulados en el Título I de la Constitución, al régimen de las Comunidades Autónomas ni al Derecho electoral general.

25. b) Quince días

En cuanto a su sanción y promulgación, las leyes aprobadas por las Cortes Generales serán sancionadas por el Rey en el plazo de quince días, quien las promulgará y ordenará su inmediata publicación.

26. b) Por la participación indirecta en la misma función legislativa

La participación de la Administración en la creación del derecho se manifiesta de tres formas:

- *Por la coparticipación de la Administración, dirigida por el Gobierno, en la función legislativa del Parlamento, mediante la elaboración de proyectos de ley.*
- *Por la participación directa en la misma función legislativa, dictando normas con valor de ley, que al ser elaboradas por el Gobierno reciben el nombre de Decretos Legislativos y Decretos Leyes.*
- *A través de la elaboración de los reglamentos (de valor inferior y subordinado a las normas con rango de ley), que sin embargo, constituyen cuantitativamente el sector más importante del ordenamiento jurídico.*

27. c) Costumbre

Los usos jurídicos que no sean meramente interpretativos de una declaración de voluntad tendrán la consideración de costumbre.

28. c) Todas las respuestas anteriores son correctas

Se regulan en el artículo 86 de la Constitución que establece que en caso de extraordinaria y urgente necesidad, el Gobierno podrá dictar disposiciones legislativas provisionales que tomarán la forma de Decretos-leyes y que no podrán afectar al ordenamiento de las instituciones básicas del Estado, a los derechos, deberes y libertades de los ciudadanos regulados en el Título I de la Constitución, al régimen de las Comunidades Autónomas ni al Derecho electoral general.

29. b) A los Decretos Legislativos

Las disposiciones del Gobierno que contengan legislación delegada recibirán el título de Decretos Legislativos.

30. c) Treinta días

Los Decretos-leyes deberán ser inmediatamente sometidos a debate y votación de totalidad al Congreso de los Diputados, convocado al efecto si no estuviere reunido, en el plazo de los treinta días siguientes a su promulgación. El Congreso habrá de pronunciarse expresamente dentro de dicho plazo sobre su convalidación o derogación, para lo cual el Reglamento establece un procedimiento especial y sumario.

31. b) Las Cortes Generales

Durante el plazo establecido en el párrafo anterior, las Cortes podrán tramitarlos como proyectos de ley por el procedimiento de urgencia.

32. c) Ley Ordinaria

La delegación legislativa deberá otorgarse mediante una ley de bases cuando su objeto sea la formación de textos articulados o por una ley ordinaria cuando se trate de refundir varios textos legales en uno solo.

33. c) Las prácticas jurídicas

La jurisprudencia complementará el ordenamiento jurídico con la doctrina que, de modo reiterado, establezca el Tribunal Supremo al interpretar y aplicar la ley, la costumbre y los principios generales del derecho (art. 1.1 del Código Civil).

34. b) Las disposiciones normativas con rango de ley emanadas del Gobierno

Fuentes primarias: son las que se aplican siempre que concurran los supuestos de hecho por ellas contemplados. Tal carácter tienen aquellas fuentes que se exteriorizan de forma escrita:

- *La Constitución.*
- *La Ley.*
- *Las disposiciones normativas con valor de Ley.*
- *El Reglamento.*

35. b) Los principios generales del Derecho y la costumbre

Fuentes subsidiarias: son las que solo se aplican en defecto de fuentes primarias:

- *La costumbre.*
- *Los principios generales del Derecho.*

36. c) Los Tribunales

El art. 117.1 de la Constitución, al declarar a los Jueces y Tribunales sometidos "únicamente al imperio de la ley", les obliga más enérgicamente a buscar el respaldo legal de todo reglamento antes de cualquier aplicación de los mismos.

Por otra parte, el art. 106 de la Constitución dispone que los Tribunales controlan la potestad reglamentaria y la legalidad de la actuación administrativa, así como el sometimiento de esta a los fines que la justifican.

37. a) Decretos, Órdenes acordadas por las Comisiones Delegadas del Gobierno, Órdenes Ministeriales y Disposiciones de autoridades y órganos inferiores

La jerarquía interna de los reglamentos (que dependen del órgano del que emanan) quedaría de la siguiente manera:

a) Decretos.

b) Órdenes acordadas por las Comisiones Delegadas del Gobierno.

c) Órdenes Ministeriales.

d) Disposiciones de las autoridades y órganos inferiores, según el orden de su respectiva jerarquía.

38. a) Ejecutivos

Los reglamentos ejecutivos responden a la necesidad de completar y desarrollar la ley en que se apoyan, normalmente en virtud de una autorización o mandato expreso de la misma.

39. a) 103

El art. 103.1 de la Constitución establece que la Administración Pública actúa con sometimiento pleno a la Ley y al Derecho, del cual forman parte, como dice el art. 1 del Código Civil, los principios generales del Derecho.

40. c) Todas las respuestas anteriores son correctas

Los medios para luchar contra el Reglamento ilegal son:

- *La vía administrativa.*
- *La vía contencioso-administrativa.*
- *La vía penal.*
- *La vía de excepción.*

41. a) Afectan a su aspecto externo

Los reglamentos deben observar una serie de límites, de cuyo respeto depende su validez. Estos límites se pueden agrupar en dos categorías:

a) Límites formales: que afectan al aspecto externo del reglamento.

b) Límites sustanciales: que afectan al contenido.

42. a) Aquel forma parte del ordenamiento jurídico, en tanto que el acto es solo una consecuencia de aquel

La distinción más relevante entre el reglamento y el acto es que aquel forma parte del ordenamiento jurídico, en tanto que el acto es solo una consecuencia de aquel, una aplicación del mismo.

43. c) Independientes

Por su relación con la ley se clasifican en ejecutivos, independientes y de necesidad.

[...]

- *Independientes: son aquellos que operan sobre ámbitos distintos de los regulados por las leyes. Su ámbito es la materia organizativa, consecuencia de la originaria potestad reglamentaria.*

44. c) En el artículo 9.3

La jerarquía normativa: está garantizada por el art. 9.3 de la Constitución. En la cúspide se encuentra la Constitución y, tras ella, la Ley. A una y otra está sometida plenamente la Administración (arts. 9, 103 y 97 CE).

45. a) En dos

Los reglamentos deben observar una serie de límites, de cuyo respeto depende su validez. Estos límites se pueden agrupar en dos categorías:

a) Límites formales: que afectan al aspecto externo del reglamento.

b) Límites sustanciales: que afectan al contenido.

46. b) Quince días naturales

La consulta, audiencia e información públicas deberán realizarse de forma tal que los potenciales destinatarios de la norma y quienes realicen aportaciones sobre ella tengan la posibilidad de emitir su opinión, para lo cual deberán ponerse a su disposición los documentos necesarios, que serán claros, concisos y reunir toda la información precisa para poder pronunciarse sobre la materia. Deberá proporcionarse un tiempo suficiente, que en ningún caso será inferior a quince días naturales, y podrá ser reducido hasta un mínimo de siete días hábiles cuando razones debidamente motivadas así lo justifiquen; así como cuando se aplique la tramitación urgente de iniciativas normativas.

47. a) Siete días hábiles

La consulta, audiencia e información públicas deberán realizarse de forma tal que los potenciales destinatarios de la norma y quienes realicen aportaciones sobre ella tengan la posibilidad de emitir su opinión, para lo cual deberán ponerse a su disposición los documentos necesarios, que serán claros, concisos y reunir toda la información precisa para poder pronunciarse sobre la materia Deberá proporcionarse un tiempo suficiente, que en ningún caso será inferior a quince días naturales, y podrá ser reducido hasta un mínimo de siete días hábiles cuando razones debidamente motivadas así lo justifiquen; así como cuando se aplique la tramitación urgente de iniciativas normativas.

48. b) Diez días

Salvo que normativamente se establezca otra cosa, los informes preceptivos se emitirán en un plazo de diez días, o de un mes cuando el informe se solicite a otra Administración o a un órgano u Organismo dotado de espacial independencia o autonomía.

49. c) Externos y complementarios de la Ley

Los reglamentos ejecutivos se caracterizan por ser:

- *Externos: contienen normas de derecho objetivo referidas a los particulares.*
- *Complementarios de la Ley: por eso, parte de la doctrina los califica como reglamentos secundum legem, porque se limitan a desarrollar los preceptos recogido en una Ley formal o acto equiparado a ella.*

50. b) Reglamentos de organización

Los reglamentos de organización son denominados, por razón de su contenido, reglamentos internos.

TEST 5

La Administración Autonómica. La Comunidad de Madrid: origen y características. El Estatuto de Autonomía de Madrid. Instituciones de Gobierno

1. **El Estatuto de Autonomía de la Comunidad de Madrid consta de:**

   a) Siete Disposiciones Adicionales

   b) Dos Disposiciones Transitorias

   c) Una Disposición Final

2. **El Derecho propio de la Comunidad de Madrid:**

   a) Está constituido por las leyes y decretos

   b) Es aplicable con preferencia a cualquier otro en el territorio de Madrid

   c) Tiene carácter supletorio del Derecho Estatal

3. **La Comunidad de Madrid tiene competencia exclusiva en materia de:**

   a) Régimen minero y energético

   b) Protección de los ecosistemas en los que se desarrollen la pesca, acuicultura y caza

   c) Artesanía

4. **El tratamiento singular de las zonas de montaña es materia sobre la que la Comunidad de Madrid tiene competencia:**

   a) Exclusiva

   b) Compartida

   c) Ejecutiva

5. Los productos farmacéuticos son materia respecto de la que la Comunidad de Madrid tiene competencia:

a) Exclusiva

b) Ejecutiva

c) Compartida

6. ¿Cómo se denomina la Comunidad Autónoma de Madrid?

a) Comunidad Autonómica de Madrid

b) Comunidad de Madrid

c) Comunidad de la Villa de Madrid

7. Los municipios de la Comunidad Autónoma podrán agruparse con carácter voluntario para:

a) La gestión de servicios comunes

b) La coordinación de actuaciones de carácter jurisdiccional

c) La gestión de los intereses estatales

8. El escudo de la Comunidad de Madrid se establece por:

a) Ley de la Asamblea

b) Ley orgánica

c) Referéndum consultivo

9. ¿Quiénes gozan de los derechos políticos de los madrileños definidos en el Estatuto de Autonomía?

a) Los ciudadanos españoles residentes en el extranjero que hayan tenido su última vecindad administrativa en la Comunidad de Madrid y acrediten esta condición en el correspondiente Consulado de España

b) Solo los residentes en la Comunidad de Madrid

c) Los hijos de residentes en la Comunidad, aunque residan en el extranjero

10. Contra las actuaciones de la Comunidad de Madrid, en materia de su competencia:

a) Se admitirán interdictos en todo caso

b) Solo se admitirán interdictos cuando procedan del Estado

c) No se admitirán interdictos

11. La competencia de la Comunidad de Madrid en materia de ordenación y concesión de recursos y aprovechamientos hidráulicos, es:

a) Exclusiva en todo caso

b) Exclusiva, cuando las aguas discurran íntegramente por el ámbito territorial de la Comunidad de Madrid

c) Compartida en todo caso

12. ¿Cuál de las siguientes no es una competencia exclusiva de la Comunidad de Madrid?

a) Organización, régimen y funcionamiento de sus instituciones de autogobierno

b) Creación o supresión de municipios, alteración de los términos municipales comprendidos en su territorio y creación de circunscripciones territoriales propias

c) Sanidad e higiene

13. ¿Cuál de las siguientes no es una competencia compartida de la Comunidad de Madrid?

a) Régimen local

b) Ferias internacionales que se celebren en la Comunidad de Madrid

c) Régimen jurídico y sistema de responsabilidad de la Administración pública de la Comunidad de Madrid y los entes públicos dependientes de ella, así como el régimen estatutario de sus funcionarios

14. ¿Cuál de las siguientes no es una competencia ejecutiva de la Comunidad de Madrid?

a) Crédito, banca y seguros

b) Asociaciones

c) Coordinación hospitalaria en general, incluida la de la Seguridad Social

15. Indique cuál de las siguientes es una competencia exclusiva de la Comunidad de Madrid:

a) Ordenación del territorio, urbanismo y vivienda

b) Prensa, radio, televisión y otros medios de comunicación social

c) Gestión de las prestaciones y servicios sociales del sistema de Seguridad Social: IMSERSO

16. Indique cuál de las siguientes es una competencia compartida de la Comunidad de Madrid:

a) Ordenación del territorio, urbanismo y vivienda

b) Prensa, radio, televisión y otros medios de comunicación social

c) Gestión de las prestaciones y servicios sociales del sistema de Seguridad Social: IMSERSO

17. Indique cuál de las siguientes es una competencia ejecutiva de la Comunidad de Madrid:

a) Ordenación del territorio, urbanismo y vivienda

b) Prensa, radio, televisión y otros medios de comunicación social

c) Gestión de las prestaciones y servicios sociales del sistema de Seguridad Social: IMSERSO

18. ¿Cómo podrá la Comunidad de Madrid solicitar a las Cortes Generales la aprobación de Leyes Marco o Leyes de Transferencia o Delegación, que atribuyan, transfieran o deleguen facultades a las Comunidades Autónomas y, específicamente, a la de Madrid?

a) Mediante Ley de la Asamblea

b) Mediante Decreto de la Asamblea

c) Mediante acuerdo de la Asamblea

19. La iniciativa de la reforma del Estatuto de la Comunidad de Madrid corresponderá al Gobierno o a la Asamblea de Madrid, a propuesta de:

a) La mitad de sus miembros

b) Una tercera parte de sus miembros

c) Una cuarta parte de sus miembros

20. Si la propuesta de reforma del Estatuto de la Comunidad de Madrid no es aprobada por la Asamblea o por las Cortes Generales, no podrá ser sometida nuevamente a debate y votación de la Asamblea hasta que:

a) Haya transcurrido un mes

b) Hayan transcurrido tres meses

c) Haya transcurrido un año

21. Según establece el Estatuto de Autonomía de la Comunidad de Madrid, la Asamblea Legislativa funcionará:

a) En Pleno

b) En Comisiones por Área de Gestión, exclusivamente

c) Mediante la Diputación Permanente

22. A tenor de lo establecido en el Estatuto de Autonomía de la Comunidad de Madrid, la Asamblea estará compuesta por:

a) Un Diputado por cada 100.000 habitantes o fracción superior a 50.000 habitantes

b) Dos Diputados por cada 50.000 habitantes

c) Un Diputado por cada 50.000 habitantes o fracción superior a 25.000

23. Según dispone el Estatuto de Autonomía de la Comunidad de Madrid, respecto a los Diputados, es correcto que:

a) Estarán ligados por mandato imperativo

b) Recibirán una asignación, que será fijada por el Gobierno

c) La Asamblea determinará por ley las causas de inelegibilidad e incompatibilidad de los diputados

24. Según el Estatuto de Autonomía de la Comunidad de Madrid, el segundo período ordinario de sesiones comprende los meses de:

a) Enero a julio

b) Enero a junio

c) Febrero a junio

25. Según dispone el Estatuto de Autonomía de la Comunidad de Madrid, la Asamblea de Madrid es elegida:

a) Por un año

b) Por dos años

c) Por cuatro años

26. A tenor de lo establecido en el Estatuto de Autonomía de la Comunidad de Madrid, la sesión constitutiva de la Asamblea tendrá lugar:

a) Dentro de los 45 días siguientes a la proclamación de los resultados electorales

b) Dentro de los 25 días siguientes a la celebración de las elecciones

c) Dentro de los 25 días siguientes a la proclamación de los resultados electorales

27. Según el Estatuto de Autonomía de la Comunidad de Madrid, ¿qué órgano aprueba y controla el Presupuesto de la Comunidad Autónoma de Madrid?

a) El Presidente de la Comunidad

b) El Consejo de Gobierno

c) La Asamblea

28. Según el Estatuto de Autonomía de la Comunidad de Madrid, los poderes de la Comunidad de Madrid se ejercen a través de sus instituciones de autogobierno, que son:

a) La Asamblea y el Presidente de la Comunidad

b) La Asamblea y el Gobierno de la Comunidad

c) La Asamblea, el Consejo de Gobierno y el Presidente de la Comunidad

29. Según lo establecido en el Estatuto de Autonomía de la Comunidad de Madrid, la iniciativa legislativa corresponde a:

a) La Asamblea y el Presidente de la Comunidad

b) La Asamblea y el Gobierno de la Comunidad

c) Los Diputados, a los Grupos Parlamentarios y al Gobierno

30. A tenor de lo establecido en la Ley 1/1983, de 13 de diciembre, no es uno de los órganos superiores de Gobierno y Administración de la Comunidad de Madrid:

a) La Asamblea

b) El Presidente

c) Los Consejeros

31. Según establece la Ley 1/1983, de 13 de diciembre, la situación de interinidad en la Presidencia de la Comunidad de Madrid no podrá ser superior a:

a) Un mes

b) Dos meses

c) Tres meses

32. Según lo dispuesto en la Ley 1/1983, de 13 de diciembre, el Presidente de la Comunidad de Madrid es nombrado por:

a) El Presidente del Gobierno

b) El Rey

c) El Congreso de los Diputados

33. Según lo dispuesto en la Ley 1/1983, de 13 de diciembre, el Presidente de la Comunidad de Madrid no continuará en el ejercicio de sus funciones hasta que su sucesor haya tomado posesión del cargo en el caso de:

a) Aprobación de una moción de censura

b) Dimisión comunicada formalmente al Presidente de la Asamblea

c) Denegación de una cuestión de confianza

34. A tenor de lo establecido en la Ley 1/1983, de 13 de diciembre, las reuniones del Consejo de Gobierno se celebrarán previa convocatoria de su Presidente, a la que se acompañará el orden del día con una periodicidad igual o menor a:

a) Cuarenta y ocho horas

b) Siete días

c) Quince días

35. Señale la respuesta incorrecta respecto al funcionamiento del Consejo de Gobierno regulado en la Ley 1/1983, de 13 de diciembre:

a) El Consejo podrá acordar las normas necesarias para su propio funcionamiento y para la adecuada preparación de las tareas, propuestas y resoluciones que deba adoptar

b) Para la validez de las deliberaciones y de los acuerdos es preciso que estén presentes el Presidente o quien le sustituya y, al menos, la mitad de los Consejeros. Los acuerdos del Consejo de Gobierno (sin perjuicio de lo señalado en los supuestos de incapacidad y cese del Presidente) se adoptan por mayoría simple, en caso de empate, el voto del Presidente es dirimente

c) Los acuerdos del Consejo de Gobierno deberán constar en acta, que extenderá el Vicepresidente primero, en su calidad de Secretario del Consejo

36. Señale la repuesta incorrecta en relación con la Ley 1/1983, de 13 de diciembre. El impulso de la acción política y de gobierno también podrá ser ejercido por la Asamblea mediante la aprobación de:

a) Resoluciones

b) Proposiciones no de Ley

c) Proposiciones de Ley

37. A tenor de lo establecido en la Ley 1/1983, de 13 de diciembre, el Consejo de Gobierno, sin perjuicio de la responsabilidad directa de cada Consejero por su gestión respectiva, responde solidariamente de su política ante:

a) El Rey

b) El Tribunal de Cuentas

c) La Asamblea

38. A tenor de lo establecido en la Ley 1/1983, de 13 de diciembre, cuando su objeto sea la elaboración de textos articulados, la delegación legislativa deberá otorgarse mediante:

a) Ley ordinaria

b) Decreto del Consejo de Gobierno

c) Ley de bases

39. Al Presidente de la Comunidad de Madrid en su condición de representante ordinario del Estado en la Comunidad Autónoma, le corresponde, según establece la Ley 1/1983, de 13 de diciembre:

a) Firmar los convenios y acuerdos de cooperación que en virtud del artículo 32 del Estatuto de Autonomía se celebren o establezcan con otras Comunidades Autónomas

b) Velar por el cumplimiento de los Acuerdos del Consejo de Gobierno y de las Comisiones Delegadas

c) Promulgar, en nombre del Rey, las Leyes de la Asamblea y los Decretos legislativos, y ordenar su publicación en el «Boletín Oficial de la Comunidad de Madrid», en el plazo máximo de quince días desde su aprobación, así como en el «Boletín Oficial del Estado»

40. Según lo dispuesto en la Ley 1/1983, de 13 de diciembre, las ausencias temporales del Presidente precisarán de la previa autorización de la Asamblea cuando sean:

a) Superiores a diez días

b) Superiores a quince días

c) Superiores a un mes

SOLUCIONES TEST 5

1. c) Una Disposición Final

El Estatuto de Autonomía de la Comunidad de Madrid consta de 64 artículos. Se estructura en seis Títulos, dos Disposiciones Adicionales, siete Disposiciones Transitorias y una Disposición Final.

2. b) Es aplicable con preferencia a cualquier otro en el territorio de Madrid

El Derecho propio de la Comunidad de Madrid, constituido por las leyes y normas reguladoras de las materias de competencia plena de la Comunidad Autónoma, es aplicable con preferencia a cualquier otro en el territorio de Madrid. En todo caso, el Derecho estatal tiene carácter supletorio del Derecho propio de Madrid.

3. c) Artesanía

La Comunidad de Madrid, tiene competencia exclusiva en las siguientes materias:

[...]

- *Artesanía.*

[...]

4. a) Exclusiva

La Comunidad de Madrid, tiene competencia exclusiva en las siguientes materias:

[...]

- *Tratamiento singular de las zonas de montaña.*

[...]

5. b) Ejecutiva

Corresponde a la Comunidad de Madrid la ejecución de la legislación del Estado en las siguientes materias:

[...]

- *Productos farmacéuticos. [...]*

6. b) Comunidad de Madrid

La Comunidad Autónoma de Madrid se denomina Comunidad de Madrid.

7. a) La gestión de servicios comunes

Los municipios podrán agruparse con carácter voluntario para la gestión de servicios comunes o para la coordinación de actuaciones de carácter funcional o territorial, de acuerdo con la legislación que dicte la Comunidad, en el marco de la legislación básica del Estado.

8. a) Ley de la Asamblea

El escudo de la Comunidad de Madrid se establece por Ley de la Asamblea.

9. a) Los ciudadanos españoles residentes en el extranjero que hayan tenido su última vecindad administrativa en la Comunidad de Madrid y acrediten esta condición en el correspondiente Consulado de España

Como madrileños, gozan de los derechos políticos definidos en el Estatuto, los ciudadanos españoles residentes en el extranjero que hayan tenido su última vecindad administrativa en la Comunidad de Madrid y acrediten esta condición en el correspondiente Consulado de España. Gozarán también de estos derechos sus descendientes inscritos como españoles, si así lo solicitan, en la forma que determine la Ley del Estado.

10. c) No se admitirán interdictos

No se admitirán interdictos contra las actuaciones de la Comunidad de Madrid en materia de su competencia y de acuerdo con el procedimiento legalmente establecido.

11. b) Exclusiva, cuando las aguas discurran íntegramente por el ámbito territorial de la Comunidad de Madrid

La Comunidad de Madrid, tiene competencia exclusiva en las siguientes materias:

[...]

- *Proyectos, construcción y explotación de los aprovechamientos hidráulicos, canales y regadíos de interés de la Comunidad. Aguas nacientes, superficiales, subterráneas, minerales y termales, cuando discurran íntegramente por el ámbito territorial de la Comunidad de Madrid. Ordenación y concesión de recursos y aprovechamientos hidráulicos, canales y regadíos cuando las aguas discurran íntegramente por el ámbito territorial de la Comunidad de Madrid.*

[...]

12. c) Sanidad e higiene

La Comunidad de Madrid, tiene competencia exclusiva en las siguientes materias:

- *Organización, régimen y funcionamiento de sus instituciones de autogobierno.*
- *Creación o supresión de municipios, alteración de los términos municipales comprendidos en su territorio y creación de circunscripciones territoriales propias.*
- *Procedimiento administrativo derivado de las especialidades de la organización propia. [...]*

13. b) Ferias internacionales que se celebren en la Comunidad de Madrid

En el marco de la legislación básica del Estado y, en su caso, en los términos que la misma establezca, corresponde a la Comunidad de Madrid el desarrollo legislativo, la potestad reglamentaria y la ejecución de las siguientes materias:

- *Régimen local.*
- *Régimen jurídico y sistema de responsabilidad de la Administración pública de la Comunidad de Madrid y los entes públicos dependientes de ella, así como el régimen estatutario de sus funcionarios. Contratos y concesiones administrativas, en el ámbito de competencias de la Comunidad de Madrid.*
- *Régimen de los montes y aprovechamientos forestales, con especial referencia a los montes vecinales en mano común, montes comunales, vías pecuarias y pastos.*

[…]

14. c) Coordinación hospitalaria en general, incluida la de la Seguridad Social

Corresponde a la Comunidad de Madrid la ejecución de la legislación del Estado en las siguientes materias:

[...]

- *Crédito, banca y seguros.*
- *Asociaciones.*

[...]

- *Propiedad intelectual e industrial.*

15. a) Ordenación del territorio, urbanismo y vivienda

La Comunidad de Madrid, tiene competencia exclusiva en las siguientes materias:

[…]

- *Ordenación del territorio, urbanismo y vivienda.*

[…]

16. b) Prensa, radio, televisión y otros medios de comunicación social

En el marco de la legislación básica del Estado y, en su caso, en los términos que la misma establezca, corresponde a la Comunidad de Madrid el desarrollo legislativo, la potestad reglamentaria y la ejecución de las siguientes materias:

[…]

- *Prensa, radio, televisión y otros medios de comunicación social.*

[…]

17. c) Gestión de las prestaciones y servicios sociales del sistema de Seguridad Social: IMSERSO

Corresponde a la Comunidad de Madrid la ejecución de la legislación del Estado en las siguientes materias:

[...]

- *Gestión de las prestaciones y servicios sociales del sistema de Seguridad Social: IMSERSO.*

[...]

18. c) Mediante acuerdo de la Asamblea

Mediante acuerdo de la Asamblea, podrá solicitar a las Cortes Generales la aprobación de Leyes Marco o Leyes de Transferencia o Delegación, que atribuyan, transfieran o deleguen facultades a las Comunidades Autónomas y, específicamente, a la de Madrid.

19. b) Una tercera parte de sus miembros

La reforma del Estatuto se ajustará al siguiente procedimiento:

- *La iniciativa de la reforma corresponderá al Gobierno o a la Asamblea de Madrid, a propuesta de una tercera parte de sus miembros, o de dos tercios de los Municipios de la Comunidad cuya población represente la mayoría absoluta de la Comunidad de Madrid.*

[...]

20. c) Haya transcurrido un año

La reforma del Estatuto se ajustará al siguiente procedimiento:

[...]

- *Si la propuesta de reforma no es aprobada por la Asamblea o por las Cortes Generales, no podrá ser sometida nuevamente a debate y votación de la Asamblea hasta que haya transcurrido un año.*

21. a) En Pleno

La Asamblea funcionará en Pleno y por Comisiones.

22. c) Un Diputado por cada 50.000 habitantes o fracción superior a 25.000

La Asamblea estará compuesta por un Diputado por cada 50.000 habitantes o fracción superior a 25.000, de acuerdo con los datos actualizados del censo de población.

23. c) La Asamblea determinará por ley las causas de inelegibilidad e incompatibilidad de los diputados

La Asamblea determinará por Ley las causas de inelegibilidad e incompatibilidad de los Diputados.

24. c) Febrero a junio

La Asamblea se reunirá en sesiones ordinarias y extraordinarias. Los períodos ordinarios de sesiones serán dos al año: el primero de septiembre a diciembre y el segundo de febrero a junio.

25. c) Por cuatro años

La Asamblea es elegida por cuatro años mediante sufragio universal, libre, igual, directo y secreto, atendiendo a criterios de representación proporcional.

26. c) Dentro de los 25 días siguientes a la proclamación de los resultados electorales

Una ley de la Asamblea regulará las elecciones, que serán convocadas por el Presidente de la Comunidad y tendrán lugar el cuarto domingo de mayo cada cuatro años. La sesión constitutiva de la Asamblea tendrá lugar dentro de los 25 días siguientes a la proclamación de los resultados electorales.

27. c) La Asamblea

La Asamblea representa al pueblo de Madrid, ejerce la potestad legislativa de la Comunidad, aprueba y controla el Presupuesto de la Comunidad, impulsa, orienta y controla la acción del Gobierno y ejerce las demás competencias que le atribuyen la Constitución, el Estatuto y el resto del ordenamiento jurídico

28. c) La Asamblea, el Consejo de Gobierno y el Presidente de la Comunidad

Los poderes de la Comunidad de Madrid se ejercen a través de sus instituciones de autogobierno: la Asamblea, el Gobierno y el Presidente de la Comunidad.

29. c) Los Diputados, a los Grupos Parlamentarios y al Gobierno

La iniciativa legislativa corresponde a los Diputados, a los Grupos Parlamentarios y al Gobierno, en los términos que se establezcan en el Reglamento de la Asamblea.

30. a) La Asamblea

Los órganos superiores de Gobierno y Administración de la Comunidad de Madrid son el Presidente, el Consejo de Gobierno y los Consejeros.

31. b) Dos meses

La situación de interinidad en la Presidencia no podrá ser superior a dos meses, ampliables en otros dos, previo acuerdo de la Asamblea de Madrid, autorizando dicha prórroga, adoptado por el voto favorable de la mayoría absoluta de sus miembros.

32. b) El Rey

El Presidente de la Comunidad de Madrid es elegido de entre sus miembros por la Asamblea y nombrado por el Rey, mediante Real Decreto, que será publicado en el «Boletín Oficial del Estado» y en el «Boletín Oficial de la Comunidad de Madrid», todo ello de acuerdo con el procedimiento señalado en el capítulo II, título I, del Estatuto de Autonomía.

33. b) Dimisión comunicada formalmente al Presidente de la Asamblea

El Presidente cesará por:

a) Renovación de la Asamblea, tras la celebración de unas elecciones autonómicas

b) Aprobación de una moción de censura

c) Denegación de una cuestión de confianza

d) Dimisión comunicada formalmente al Presidente de la Asamblea

e) Incapacidad permanente, física o mental, que le inhabilite para el ejercicio de su cargo

f) Fallecimiento

En el caso de los apartados a), b) y c) anteriores, el Presidente continuará en el ejercicio de sus funciones hasta que su sucesor haya tomado posesión del cargo. En el supuesto de los apartados d), e) y f), el Presidente será sustituido en la forma prevista a continuación, hasta tanto no sea elegido nuevo Presidente.

34. c) Quince días

Las reuniones del Consejo de Gobierno se celebrarán previa convocatoria de su Presidente, a la que se acompañará el orden del día con una periodicidad igual o menor a quince días.

35. c) Los acuerdos del Consejo de Gobierno deberán constar en acta, que extenderá el Vicepresidente primero, en su calidad de Secretario del Consejo

Los acuerdos del Consejo de Gobierno deberán, constar en acta, que extenderá el Consejero de la Presidencia en su calidad de Secretario del Consejo.

36. c) Proposiciones de Ley

El impulso de la acción política y de gobierno también podrá ser ejercido por la Asamblea mediante la aprobación de resoluciones, mociones y proposiciones no de Ley, así como mediante aquellos

otros procedimientos adecuados a tal efecto que se establezcan en el Reglamento de la Asamblea de Madrid.

37. c) La Asamblea

El Consejo de Gobierno, sin perjuicio de la responsabilidad directa de cada Consejero por su gestión respectiva, responde solidariamente de su política ante la Asamblea.

38. c) Ley de bases

La delegación legislativa deberá otorgarse mediante una Ley de bases cuando su objeto sea la elaboración de textos articulados, o por una Ley ordinaria, cuando se trate de refundir varios textos legales en uno solo. En ambos casos, el acuerdo de la Asamblea fijará el plazo de su ejercicio.

39. c) Promulgar, en nombre del Rey, las Leyes de la Asamblea y los Decretos legislativos, y ordenar su publicación en el «Boletín Oficial de la Comunidad de Madrid», en el plazo máximo de quince días desde su aprobación, así como en el «Boletín Oficial del Estado»

En su condición de representante ordinario del Estado en la Comunidad Autónoma corresponde al Presidente:

a) Promulgar, en nombre del Rey, las Leyes de la Asamblea y los Decretos legislativos, y ordenar su publicación en el «Boletín Oficial de la Comunidad de Madrid», en el plazo máximo de quince días desde su aprobación, así como en el «Boletín Oficial del Estado».

b) Ordenar la publicación en el «Boletín Oficial de la Comunidad de Madrid» del nombramiento de Presidente del Tribunal Superior de Justicia de Madrid, de conformidad con el artículo 48.1 del Estatuto de Autonomía.

c) Mantener relaciones con la Delegación del Gobierno a los efectos de una mejor coordinación de las actividades del Estado y las de la Comunidad de Madrid.

40. c) Superiores a un mes

Las ausencias temporales del Presidente, superiores a un mes, precisarán de la previa autorización de la Asamblea.

TEST 6

La Administración Local: concepto. Entidades que comprende la Administración Local. El municipio: concepto y elementos. La organización municipal. Órganos necesarios y complementarios: sus competencias

1. **La Administración Local forma parte de la Administración:**

   a) Del Estado

   b) Pública

   c) Periférica

2. **Goza de autonomía para la gestión de sus respectivos intereses:**

   a) La Provincia exclusivamente

   b) El Municipio exclusivamente

   c) La Administración Local

3. **No son Entidades locales:**

   a) Las Comarcas

   b) Las Islas

   c) Las agrupaciones forzosas de Municipios

4. Según el artículo 3 de la Ley Reguladora de las Bases de Régimen Local, son Entidades locales territoriales:

a) El Municipio, la Provincia y las Comunidades Autónomas

b) El Municipio y la Provincia exclusivamente

c) El Municipio, la Provincia y la Isla en los archipiélagos balear y canario

5. Indique la respuesta incorrecta. En los archipiélagos, las Islas tendrán su administración propia en forma de:

a) Cabildos

b) Consejos

c) Juntas

6. Son Entidades locales de ámbito territorial inferior al municipal:

a) Las Mancomunidades de Municipios

b) Las Áreas Metropolitanas

c) Los caseríos

7. No es cierto que:

a) El Municipio actúe de acuerdo con los principios de eficacia, descentralización, desconcentración y coordinación, con sometimiento pleno a la Ley y al Derecho

b) El Municipio sea una Entidad territorial

c) El Municipio sea un ente local menor

8. El gobierno y la administración de los Municipios corresponde a:

a) Los Alcaldes

b) Los Concejales

c) Los Ayuntamientos

9. Una aldea es:

a) Un Municipio

b) Una Entidad consuetudinaria con autonomía propia

c) Una Entidad local de ámbito territorial inferior al municipal

10. Las Entidades locales, de acuerdo con la Constitución y las leyes, tendrán plena capacidad jurídica para:

a) Celebrar contratos

b) Establecer y explotar obras o servicios públicos

c) Todas las respuestas anteriores son correctas

11. El nombre de los Municipios de nueva creación solo tendrá carácter oficial a partir de su publicación:

a) En el Boletín Oficial de la Provincia

b) En el Boletín Oficial de la Comunidad

c) Ninguna de las respuestas anteriores es correcta

12. La alteración del nombre y capitalidad de los Municipios, podrá llevarse a efecto:

a) Por acuerdo de la Diputación Provincial respectiva

b) A iniciativa del Ayuntamiento

c) Por acuerdo del Consejo de Gobierno de la Comunidad Autónoma

13. La creación de un Municipio por la fusión de otros limítrofes podrá acordarse:

a) Cuando separadamente carezcan de capacidad o recursos suficientes para atender los servicios mínimos exigidos por la Ley

b) Cuando sus núcleos de población se confundan como consecuencia del desarrollo urbanístico

c) Todas las respuestas anteriores son correctas

14. Los Municipios son:

a) Entidades básicas de la organización provincial

b) Cauces inmediatos de participación ciudadana en los asuntos públicos

c) Entidades Locales sin personalidad jurídica

15. No es un elemento del Municipio:

a) El territorio

b) La población

c) La administración

16. No se autorizará el cambio de denominación de un Municipio cuando:

a) El nombre propuesto sea idéntico o muy parecido a otro ya existente en territorio nacional

b) Pueda inducir a error en la organización de los servicios públicos

c) No hayan votado a favor de dicho cambio al menos las 3/4 partes de los vecinos del Municipio

17. La formación, mantenimiento y revisión del Padrón corresponde a:

a) El Estado

b) La Comunidad Autónoma respectiva

c) El Ayuntamiento respectivo

18. El Instituto Nacional de Estadística remitirá a los Institutos estadísticos de las Comunidades Autónomas u órganos competentes en la materia los datos relativos a los padrones en los Municipios de su ámbito territorial en los que se produzcan altas o bajas de extranjeros, ¿con qué frecuencia?

a) Anualmente

b) Cada cuatro años

c) Trimestralmente

19. La población del Municipio está constituida por:

a) Todas las personas inscritas en el Padrón municipal

b) Todas las personas que habitan en el Municipio

c) Los domiciliados que habiten en el Municipio

20. La condición de vecino se adquiere:

a) Desde el mismo momento de inscripción en el Padrón municipal

b) Desde la adquisición de una residencia en el Municipio

c) Cuando se permanece en un Municipio por más de un año

21. La fusión de municipios conllevará:

a) La integración de los territorios, poblaciones y organizaciones de los municipios, incluyendo los medios personales, materiales y económicos, del municipio fusionado

b) La integración de los territorios, poblaciones y organizaciones de los municipios, excluyendo los medios económicos, del municipio fusionado

c) La extinción de las organizaciones del municipio fusionado

22. ¿Cuál de los siguientes datos es obligatorio que figure en el Padrón Municipal?

a) El sexo

b) La nacionalidad

c) Todas las respuestas anteriores son correctas

23. Quien resida en varios Municipios, deberá inscribirse en el Padrón del Municipio:

a) Donde se encuentre

b) En el que esté situado su trabajo

c) En el que habite más tiempo al año

24. El Padrón Municipal es un registro:

a) Civil

b) Administrativo

c) Mercantil

25. Los términos municipales podrán ser alterados por:

a) Incorporación de un Municipio a otro no limítrofe

b) Supresión de uno o varios Municipios existentes

c) Segregación de parte del territorio de un Municipio para constituir otro independiente

26. Indique cuál de las siguientes causas puede servir de base al cambio de capitalidad:

a) Carácter histórico de la población elegida

b) Mayor facilidad de comunicaciones

c) Todas las respuestas anteriores son correctas

27. Señale la respuesta incorrecta. Las resoluciones definitivas de los expedientes de modificación de términos municipales deberán:

a) Publicarse en el Boletín Oficial del Estado

b) Comunicarse al Ministerio de Hacienda

c) Publicarse en los Boletines Oficiales de la Comunidad Autónoma y de la provincia respectiva

28. La inscripción en el Padrón Municipal de extranjeros no comunitarios sin autorización de residencia permanente, deberá ser objeto de renovación periódica:

a) Cada dos años

b) Cada tres años

c) Cada cuatro años

29. El parque público es un servicio obligatorio en Municipios con población superior a:

a) 5.000 habitantes

b) 20.000 habitantes

c) 50.000 habitantes

30. Es un servicio que debe prestar todo Municipio:

a) Protección civil

b) Biblioteca publica

c) Alcantarillado

31. Es una competencia obligatoria en los Municipios de más de 20.000 habitantes:

a) Protección Civil

b) Transporte colectivo urbano

c) Protección de medio ambiente

32. Los Municipios ejercen competencias delegadas con arreglo a la legislación de:

a) El Estado

b) Las Comunidades Autónomas exclusivamente

c) Todas las respuestas anteriores son correctas

33. El transporte colectivo urbano de viajeros es un servicio obligatorio en Municipios con población superior a:

a) 5.000 habitantes

b) 20.000 habitantes

c) 50.000 habitantes

34. El disponer de biblioteca pública es un servicio obligatorio en Municipios con población superior a:

a) 5.000 habitantes

b) 20.000 habitantes

c) 50.000 habitantes

35. Las cuestiones que se susciten entre municipios sobre el deslinde de sus términos municipales serán resueltas por:

a) Una asamblea de los municipios afectados, previo informe de la Comunidad Autónoma correspondiente y dictamen del Instituto Geográfico Nacional y del Consejo de Estado

b) Una asamblea de los municipios afectados, previo informe del Instituto Geográfico Nacional y dictamen del Consejo de Estado o del órgano consultivo superior del Consejo de Gobierno de la Comunidad Autónoma

c) La correspondiente Comunidad Autónoma, previo informe del Instituto Geográfico Nacional y dictamen del Consejo de Estado o del órgano consultivo superior del Consejo de Gobierno de aquella

36. Para la consecución de una gestión integral del sistema tributario municipal, se habilita al Pleno de los ayuntamientos de los municipios de gran población para crear un órgano de gestión tributaria, responsable de ejercer como propias las competencias que a la Administración Tributaria local le atribuye la legislación tributaria. Dicho órgano estará regido por distintos principios, entre los que no se encuentra el de:

a) Eficiencia

b) Suficiencia

c) Eficacia

37. Si el Alcalde renuncia a su cargo:

a) Podrá hacerlo de forma oral o por escrito

b) Pierde la condición de concejal

c) La vacante se cubrirá en la forma establecida en la legislación electoral

38. El Teniente de Alcalde de un municipio de gran población tendrá tratamiento de:

a) Excelencia

b) Ilustrísima

c) Señoría

39. El Alcalde puede ser destituido de su cargo mediante moción de censura propuesta por:

a) Mayoría simple

b) Mayoría de 3/5 del número legal de concejales

c) Mayoría absoluta del número legal de miembros de la Corporación

40. No es una atribución del Alcalde:

a) Ejercer la jefatura de la Policía Municipal

b) Dirigir el gobierno y la administración municipal

c) Dictar reglamentos

41. En los municipios entre 101 y 250 habitantes, cada elector podrá dar su voto a un máximo de:

a) Cinco candidatos

b) Cuatro candidatos

c) Tres candidatos

42. Para la constitución de la Corporación, la Mesa de Edad, estará integrada por:

a) El Alcalde y el Secretario de la Corporación

b) Todos los concejales

c) Los elegidos de mayor y menor edad presentes en el acto, actuando como Secretario el que lo sea de la Corporación

43. De los acuerdos de los órganos colegiados de las Corporaciones Locales, serán responsables:

a) Los miembros de la Corporación

b) El Alcalde o Presidente de la Corporación

c) Aquellos de sus miembros que los hubieren votado favorablemente

44. Producida una causa de incompatibilidad y declarada la misma por el Pleno de la Corporación, el afectado deberá optar entre renunciar a la condición de concejal o abandonar la situación que origina la incompatibilidad, en el plazo de:

a) Los diez días siguientes a aquel en que se reciba la notificación de la incompatibilidad

b) Los quince días siguientes a aquel en que se reciba la notificación de la incompatibilidad

c) Los veinte días siguientes a aquel en que se reciba la notificación de la incompatibilidad

45. El mandato de los miembros de los Ayuntamientos es de:

a) Tres años a partir de la fecha de su elección

b) Cuatro años a partir de la fecha de su elección

c) Cuatro años a partir de la fecha de la publicación de su nombramiento

46. Señale la proposición correcta respecto a la cuestión de confianza:

a) Sera requisito previo que el acuerdo correspondiente haya sido debatido en el Pleno

b) El alcalde no podrá plantear más de una cuestión de confianza en cada año

c) Todas las respuestas anteriores son correctas

47. Las delegaciones de atribuciones pueden ser:

a) Genéricas

b) Taxativas

c) Específicas

48. ¿Qué carácter tendrán los representantes del Alcalde en el Municipio?

a) Judicial

b) De policía

c) De autoridad

49. Los miembros de la Junta de Gobierno Local son nombrados por:

a) El Pleno

b) La propia Junta de Gobierno Local

c) El Alcalde

50. La Junta de Gobierno Local está integrada por el Alcalde y:

a) Los Tenientes de Alcalde

b) Un número de Concejales no superior al tercio del número legal de miembros de la Corporación

c) Una quinta parte de los Concejales

51. Es una atribución del Pleno de la Corporación:

a) Controlar los órganos de gobierno

b) Dirigir el gobierno municipal

c) Inspeccionar los servicios municipales

52. La aprobación de las ordenanzas municipales corresponde a:

a) La Junta de Gobierno Local

b) El Pleno del Ayuntamiento

c) El Alcalde por delegación del Pleno

53. Los Tenientes de Alcalde, cuando no exista Junta de Gobierno Local, son elegidos entre:

a) Los miembros de los restantes órganos municipales

b) Los concejales

c) No existen si no hay Junta de Gobierno Local

54. Los nombramientos y ceses de los Tenientes de Alcalde, se harán por el Alcalde mediante:

a) Orden

b) Ley

c) Resolución

55. Si durante la celebración de una sesión el Alcalde hubiere de abstenerse de intervenir, le sustituirá automáticamente en la Presidencia:

a) El Teniente de Alcalde a quien corresponda

b) El Secretario de la Corporación

c) El Presidente de la Junta de Gobierno Local

SOLUCIONES TEST 6

1. b) Pública

La Administración Local es una parte de la Administración Pública, que está formada por entes cuya competencia se limita a un determinado territorio (provincia o municipio), que gozan de autonomía para la gestión de sus respectivos intereses. La Administración Local aparece regulada en el Titulo VIII de la Constitución, en el Capítulo Segundo, arts. 140 a 142, y en la Ley 7/1985, de 2 de abril, Reguladora de las Bases del Régimen Local (LBRL).

2. c) La Administración Local

El artículo 137 de la Constitución dispone que el Estado se organiza territorialmente en Municipios, en Provincias y en las Comunidades Autónomas que se constituyan. Todas estas entidades gozan de autonomía para la gestión de sus respectivos intereses.

3. c) Las agrupaciones forzosas de Municipios

Según el artículo 3 de la LBRL son entidades locales territoriales:

- *El Municipio.*
- *La Provincia.*
- *La Isla en los archipiélagos balear y canario.*

[…]

Gozan, asimismo de la condición de Entidades Locales:

- *Las Comarcas u otras entidades que agrupen varios Municipios Instituidas por las Comunidades Autónomas de conformidad con LBRL y los correspondientes Estatutos de Autonomía.*
- *Las Áreas Metropolitanas.*
- *Las Mancomunidades de Municipios.*

4. c) El Municipio, la Provincia y la Isla en los archipiélagos balear y canario

Según el artículo 3 de la LBRL son entidades locales territoriales:

- *El Municipio.*
- *La Provincia.*
- *La Isla en los archipiélagos balear y canario.*

5. c) Juntas

El artículo 141.4 de la Constitución establece que, en los Archipiélagos, las Islas tendrán además su administración propia en forma de Cabildos o Consejos.

6. c) Los caseríos

El art. 24 bis de la LBRL, introducido por la Ley 27/2013, de 27 de diciembre, establece que las leyes de las Comunidades Autónomas sobre régimen local regularán los entes de ámbito territorial inferior al Municipio, que carecerán de personalidad jurídica, como forma de organización desconcentrada del mismo para la administración de núcleos de población separados, bajo su denominación tradicional de caseríos, parroquias, aldeas, barrios, anteiglesias, concejos, pedanías, lugares anejos y otros análogos, o aquella que establezcan las leyes.

7. c) El Municipio sea un ente local menor

Según el artículo 3 de la LBRL son entidades locales territoriales:

- *El Municipio.*
- *La Provincia.*
- *La Isla en los archipiélagos balear y canario*

[...]

El art. 24 bis de la LBRL, introducido por la Ley 27/2013, de 27 de diciembre, establece que las leyes de las Comunidades Autónomas sobre régimen local regularán los entes de ámbito territorial inferior al Municipio, que carecerán de personalidad jurídica, como forma de organización desconcentrada del mismo para la administración de núcleos de población separados, bajo su denominación tradicional de caseríos, parroquias, aldeas, barrios, anteiglesias, concejos, pedanías, lugares anejos y otros análogos, o aquella que establezcan las leyes.

8. c) Los Ayuntamientos

La Constitución garantiza la autonomía de los Municipios. Estos gozarán de personalidad jurídica plena. Su gobierno y administración corresponde a sus respectivos Ayuntamientos, integrados por los Alcaldes y los Concejales.

9. c) Una Entidad local de ámbito territorial inferior al municipal

El art. 24 bis de la LBRL, introducido por la Ley 27/2013, de 27 de diciembre, establece que las leyes de las Comunidades Autónomas sobre régimen local regularán los entes de ámbito territorial inferior al Municipio, que carecerán de personalidad jurídica, como forma de organización desconcentrada del mismo para la administración de núcleos de población separados, bajo su denominación tradicional de caseríos, parroquias, aldeas, barrios, anteiglesias, concejos, pedanías, lugares anejos y otros análogos, o aquella que establezcan las leyes.

10. c) Todas las respuestas anteriores son correctas

Para el cumplimiento de sus fines y en el ámbito de sus respectivas competencias, las Entidades Locales, de acuerdo con la Constitución y las leyes, tendrán plena capacidad jurídica para adquirir, poseer, reivindicar, permutar, gravar o enajenar toda clase de bienes, celebrar contratos, establecer y explotar obras o servicios públicos, obligarse, interponer los recursos establecidos y ejercitar las acciones previstas en las leyes (art. 5 LBRL).

11. c) Ninguna de las respuestas anteriores es correcta

El nombre de los municipios de nueva creación y los cambios de denominación de los ya existentes solo tendrá carácter oficial cuando, tras haber sido inscritos o anotados en el Registro de Entidades Locales de la Administración del Estado, se publiquen en el "Boletín Oficial del Estado".

12. b) A iniciativa del Ayuntamiento

El nombre y la capitalidad de los municipios podrán ser alterados, previo acuerdo del Ayuntamiento e informe de la Diputación Provincial respectiva, con la aprobación de la Comunidad Autónoma.

13. c) Todas las respuestas anteriores son correctas

La fusión de municipios limítrofes a fin de constituir uno nuevo podrá realizarse:

a) Cuando separadamente carezcan de recursos suficientes para atender los servicios mínimos exigidos por la Ley.

b) Cuando como consecuencia del desarrollo urbanístico se confundan sus núcleos urbanos, sin que constituyan solución de continuidad a este efecto los parques, jardines, paseos, avenidas, campos de deportes y zonas residenciales que pudieran existir entre aquellos.

c) Cuando existan notorios motivos de necesidad o conveniencia económica o administrativa

14. b) Cauces inmediatos de participación ciudadana en los asuntos públicos

Los Municipios son entidades básicas de la organización territorial del Estado y cauces inmediatos de participación ciudadana en los asuntos públicos, que institucionalizan y gestionan con autonomía los intereses propios de las correspondientes colectividades.

15. c) La administración

El art. 11.2 de la LBRL establece que los elementos del Municipio son el territorio, la población y la organización.

16. a) El nombre propuesto sea idéntico o muy parecido a otro ya existente en territorio nacional

No se autorizará cambio de nombre cuando el propuesto sea idéntico a otro existente o pueda producir confusiones en la organización de los servicios públicos.

17. c) El Ayuntamiento respectivo

La formación, el mantenimiento, la revisión y la custodia del padrón municipal corresponden al Ayuntamiento.

18. c) Trimestralmente

El Instituto Nacional de Estadística remitirá trimestralmente a los Institutos estadísticos de las Comunidades Autónomas u órganos competentes en la materia, y en su caso, a otras Administraciones Públicas los datos relativos a los padrones en los Municipios de su ámbito territorial en los que se produzcan altas o bajas de extranjeros.

19. a) Todas las personas inscritas en el Padrón municipal

El conjunto de personas inscritas en el padrón municipal constituye la población del Municipio.

20. a) Desde el mismo momento de inscripción en el Padrón municipal

La condición de vecino o vecina se adquiere en el mismo momento de la inscripción en el padrón correspondiente.

21. a) La integración de los territorios, poblaciones y organizaciones de los municipios, incluyendo los medios personales, materiales y económicos, del municipio fusionado

La fusión conllevará:

a) La integración de los territorios, poblaciones y organizaciones de los municipios, incluyendo los medios personales, materiales y económicos, del municipio fusionado.

[...]

22. c) Todas las respuestas anteriores son correctas

La inscripción en el padrón municipal tiene que contener, con carácter obligatorio, los datos siguientes:

a) El nombre y los apellidos.

b) El sexo.

c) El domicilio habitual.

d) La nacionalidad.

e) El lugar y la fecha de nacimiento.

f) El Número de documento nacional de identidad [...]

23. c) En el que habite más tiempo al año

Quien viva en varios municipios deberá inscribirse únicamente en el que habite durante más tiempo al año.

24. b) Administrativo

El padrón municipal es el registro administrativo donde constan los vecinos de un Municipio.

25. c) Segregación de parte del territorio de un Municipio para constituir otro independiente

Los términos municipales podrán ser alterados:

- *Por incorporación de uno o más municipios a otro u otros limítrofes.*
- *Por fusión de dos o más municipios limítrofes.*
- *Por segregación de parte del territorio de uno o varios municipios para constituir otro independiente.*
- *Por segregación de parte del territorio de un municipio para agregarla a otro limítrofe.*

26. c) Todas las respuestas anteriores son correctas

El cambio de capitalidad habrá de fundarse en alguno de los siguientes motivos:

a) Desaparición del núcleo urbano donde estuviere establecida.

b) Mayor facilidad de comunicaciones.

c) Carácter histórico de la población elegida.

d) Mayor número de habitantes.

e) Importancia económica o beneficios notorios que a los residentes en el término reporte dicho cambio.

27. b) Comunicarse al Ministerio de Hacienda

Las resoluciones definitivas se publicarán en el "Boletín Oficial del Estado" y en los Boletines Oficiales de la Comunidad Autónoma y de la provincia respectiva.

28. a) Cada dos años

La Ley 7/1985 de Bases de Régimen Local, tras la reforma operada por la Ley Orgánica 14/2003, de 20 de noviembre, de Reforma de la Ley Orgánica 4/2000, de 11 de enero, sobre derechos y libertades de los extranjeros en España y su integración social, dispone además que la inscripción en el Padrón Municipal solo surtirá efecto por el tiempo que subsista el hecho que la motivo y, en todo caso, deberá ser objeto de renovación periódica cada dos años cuando se trate de la inscripción de extranjeros no comunitarios sin autorización de residencia permanente.

29. a) 5.000 habitantes

En los Municipios con población superior a 5.000 habitantes además de lo establecido para todos deberán prestar los servicios siguientes: parque público, biblioteca pública y tratamiento de residuos.

30. c) Alcantarillado

Los Municipios deberán prestar, en todo caso, los servicios siguientes: alumbrado público, cementerio, recogida de residuos, limpieza viaria, abastecimiento domiciliario de agua potable, alcantarillado, acceso a los núcleos de población y pavimentación de las vías públicas.

31. a) Protección Civil

En los Municipios con población superior a 20.000 habitantes además de lo establecido para todos deberán prestar los servicios siguientes: protección civil, evaluación e información de situaciones de necesidad social y la atención inmediata a personas en situación o riesgo de exclusión social, prevención y extinción de incendios e instalaciones deportivas de uso público.

32. c) Todas las respuestas anteriores son correctas

Las competencias delegadas se ejercen con arreglo a la legislación del Estado o de las Comunidades Autónomas.

33. c) 50.000 habitantes

En los Municipios con población superior a 50.000 habitantes además de lo establecido para todos deberán prestar los servicios siguientes: transporte colectivo urbano de viajeros y medio ambiente urbano.

34. a) 5.000 habitantes

En los Municipios con población superior a 5.000 habitantes además de lo establecido para todos deberán prestar los servicios siguientes: parque público, biblioteca pública y tratamiento de residuos.

35. c) La correspondiente Comunidad Autónoma, previo informe del Instituto Geográfico Nacional y dictamen del Consejo de Estado o del órgano consultivo superior del Consejo de Gobierno de aquella

Las cuestiones que se susciten entre municipios sobre el deslinde de sus términos municipales serán resueltas por la correspondiente Comunidad Autónoma, previo informe del Instituto Geo-

gráfico Nacional y dictamen del Consejo de Estado o del órgano consultivo superior del Consejo de Gobierno de aquella, si existiera

36. c) Eficacia

Para la consecución de una gestión integral del sistema tributario municipal, regido por los principios de eficiencia, suficiencia, agilidad y unidad en la gestión, se habilita al Pleno de los ayuntamientos de los municipios de gran población para crear un órgano de gestión tributaria, responsable de ejercer como propias las competencias que a la Administración Tributaria local le atribuye la legislación tributaria.

37. c) La vacante se cubrirá en la forma establecida en la legislación electoral

El Alcalde podrá renunciar a su cargo sin perder por ello la condición de Concejal. La renuncia deberá hacerse efectiva por escrito ante el Pleno de la Corporación, que deberá adoptar acuerdo de conocimiento dentro de los diez días siguientes. En tal caso, la vacante se cubrirá en la forma establecida en la legislación electoral.

38. b) Ilustrísima

Especial referencia a los municipios de gran población

[…]

- *Los Tenientes de Alcalde tendrán el tratamiento de Ilustrísima.*

39. c) Mayoría absoluta del número legal de miembros de la Corporación

La moción de censura deberá ser propuesta, al menos, por la mayoría absoluta del número legal de miembros de la Corporación y habrá de incluir un candidato a la Alcaldía, pudiendo serlo cualquier Concejal cuya aceptación expresa conste en el escrito de proposición de la moción.

40. c) Dictar reglamentos

El Alcalde es el Presidente de la Corporación y ostenta, en todo caso, las siguientes atribuciones:

- *Dirigir el gobierno y la administración municipal.*

[…]

- *Ejercer la jefatura de la Policía Municipal.*

[…]

- *Sancionar las faltas de desobediencia a su autoridad o por infracción de las ordenanzas municipales, salvo en los casos en que tal facultad este atribuida a otros órganos.*

[…]

41. b) Cuatro candidatos

Cada elector podrá dar su voto a un máximo de dos entre los candidatos proclamados en el distrito en caso de municipios de hasta 100 residentes o a un máximo de cuatro en los municipios entre 101 y 250 residentes.

42. c) Los elegidos de mayor y menor edad presentes en el acto, actuando como Secretario el que lo sea de la Corporación

Se constituye una Mesa de Edad integrada por los elegidos de mayor y menor edad, presentes en el acto, actuando como Secretario el que lo sea de la Corporación. La Mesa comprueba las credenciales presentadas, o acreditaciones de la personalidad de los electos con base a las certificaciones que al Ayuntamiento hubiera remitido la Junta Electoral de Zona.

43. c) Aquellos de sus miembros que los hubieren votado favorablemente

De los acuerdos de los órganos colegiados de las Corporaciones Locales serán responsables aquellos de sus miembros que los hubieren votado favorablemente.

44. a) Los diez días siguientes a aquel en que se reciba la notificación de la incompatibilidad

Producida una causa de incompatibilidad y declarada la misma por el Pleno corporativo, el afectado por tal declaración deberá optar, en el plazo de los diez días siguientes a aquel en que reciba la notificación de su incompatibilidad, entre la renuncia a la condición de Concejal o Diputado o el abandono de la situación que de origen a la referida incompatibilidad.

45. b) Cuatro años a partir de la fecha de su elección

El mandato de los miembros de los Ayuntamientos es de cuatro años contados a partir de la fecha de su elección. Una vez finalizado su mandato, los miembros de las Corporaciones cesantes continuarán sus funciones solamente para la administración ordinaria hasta la toma de posesión de sus sucesores; en ningún caso podrán adoptar acuerdos para los que legalmente se requiera una mayoría cualificada.

46. c) Todas las respuestas anteriores son correctas

Para la presentación de la cuestión de confianza será requisito previo que el acuerdo correspondiente haya sido debatido en el Pleno y que este no hubiere obtenido la mayoría necesaria para su aprobación.

[…]

Cada Alcalde no podrá plantear más de una cuestión de confianza en cada año, contado desde el inicio de su mandato, ni más de dos durante la duración total del mismo. No se podrá plantear una cuestión de confianza en el último año del mandato de cada Corporación.

No se podrá plantear una cuestión de confianza desde la presentación de una moción de censura hasta la votación de esta última.

47. a) Genéricas

Las delegaciones pueden ser:

- *Genéricas.*
- *Especiales.*

48. c) De autoridad

Los representantes tendrán carácter de autoridad en el cumplimiento de sus cometidos municipales, en cuanto representantes del Alcalde que les nombro.

49. c) El Alcalde

La Junta de Gobierno Local se integra por el Alcalde y un número de Concejales no superior al tercio del número legal de los mismos, nombrados y separados libremente por aquel, dando cuenta al Pleno.

50. b) Un número de Concejales no superior al tercio del número legal de miembros de la Corporación

La Junta de Gobierno Local se integra por el Alcalde y un número de Concejales no superior al tercio del número legal de los mismos, nombrados y separados libremente por aquel, dando cuenta al Pleno.

51. a) Controlar los órganos de gobierno

Corresponden, en todo caso, al Pleno municipal en los Ayuntamientos, y a la Asamblea vecinal en el régimen de Concejo Abierto, las siguientes atribuciones:

- *El control y la fiscalización de los órganos de gobierno.*

[…]

52. b) El Pleno del Ayuntamiento

Corresponden, en todo caso, al Pleno municipal en los Ayuntamientos, y a la Asamblea vecinal en el régimen de Concejo Abierto, las siguientes atribuciones:

[…]

- *La aprobación del reglamento orgánico y de las ordenanzas.*

[…]

53. b) Los concejales

Los Tenientes de Alcalde sustituyen, por el orden de su nombramiento y en los casos de vacante, ausencia o enfermedad, al Alcalde, siendo libremente designados y removidos por este de entre los miembros de la Junta de Gobierno Local y, donde esta no exista, de entre los Concejales.

54. c) Resolución

Los Tenientes de Alcalde sustituyen, por el orden de su nombramiento y en los casos de vacante, ausencia o enfermedad, al Alcalde, siendo libremente designados y removidos por este de entre los miembros de la Junta de Gobierno Local y, donde esta no exista, de entre los Concejales. Los nombramientos y los ceses se harán mediante resolución del Alcalde, de la que se dará cuenta al Pleno en la primera sesión que celebre, notificándose, además, personalmente a los designados, y se publicarán en el Boletín Oficial de la Provincia, sin perjuicio de su efectividad desde el día siguiente de la firma de la resolución por el Alcalde, si en ella no se dispusiera otra cosa.

55. a) El Teniente de Alcalde a quien corresponda

Cuando durante la celebración de una sesión hubiere de abstenerse de intervenir el Presidente, en relación con algún punto concreto de la misma, le sustituirá automáticamente en la presidencia de la misma el Teniente de Alcalde a quien corresponda.

TEST 7

La organización del Ayuntamiento de Madrid. El Reglamento Orgánico del Gobierno y de la Administración del Ayuntamiento de Madrid. Órganos de Gobierno: actual configuración. Esquema básico de las distintas Áreas de Gobierno. Especial referencia al Área de Gobierno de Portavoz Seguridad y Emergencias. Las Juntas Municipales de Distrito

1. En el Ayuntamiento de Madrid, el órgano deliberante de representación política es:

a) La Junta de Distrito

b) El Pleno

c) La Junta de Gobierno

2. Para ser elegido Presidente del Pleno del Ayuntamiento de Madrid, será necesario obtener, en primera votación:

a) Mayoría absoluta de los miembros del Pleno

b) Mayoría simple de los miembros del Pleno

c) Mayoría de 3/5 de los miembros del Pleno

3. No es una de las competencias del Pleno del Ayuntamiento de Madrid que pueden delegarse:

a) La aprobación y modificación de las ordenanzas y reglamentos municipales

b) El otorgamiento de avales y garantías por el Ayuntamiento, que se ajustara a lo dispuesto en el Real Decreto Legislativo 2/2004, de 5 de marzo, por el que se aprueba el Texto Refundido de la Ley Reguladora de las Haciendas Locales

c) La transferencia de funciones o actividades a otras Administraciones públicas, así como la aceptación de las delegaciones o encomiendas de gestión realizadas por otras Administraciones, salvo que por ley se impongan obligatoriamente

4. El titular de la Secretaría General del Pleno es nombrado por:

a) El Presidente

b) El Alcalde

c) El propio Pleno

5. El plazo para la emisión de los informes que preceptivamente corresponda emitir a la Secretaría General del Pleno será de:

a) Tres días, siempre que obre en dicha Secretaría la documentación y antecedentes necesarios para su emisión

b) Cinco días, siempre que obre en dicha Secretaría la documentación y antecedentes necesarios para su emisión

c) Diez días, siempre que obre en dicha Secretaría la documentación y antecedentes necesarios para su emisión

6. El Pleno celebrará sesión extraordinaria:

a) Exclusivamente cuando así lo decida el presidente

b) Cuando así lo decida el presidente o lo solicite la tercera parte, al menos, del número legal de miembros de la Corporación

c) Cuando así lo decida el presidente o lo solicite la cuarta parte, al menos, del número legal de miembros de la Corporación

7. La celebración del Pleno extraordinario no podrá demorarse:

a) Más de cinco días hábiles desde que fuera solicitada

b) Más de quince días hábiles desde que fuera solicitada

c) Más de veinte días hábiles desde que fuera solicitada

8. En ausencia del presidente o de quien legalmente haya de sustituirle, el Pleno extraordinario será presidido:

a) Por el miembro de la Corporación de mayor edad entre los presentes

b) Por el Alcalde

c) Por el concejal designado a tal efecto por el propio Presidente

9. Las sesiones plenarias ordinarias han de convocarse, al menos:

a) Con veinticuatro horas hábiles de antelación

b) Con dos días hábiles de antelación

c) Con tres días hábiles de antelación

10. El Pleno se constituye válidamente con la asistencia de:

a) Un cuarto del número legal de sus miembros

b) Un tercio del número legal de sus miembros

c) La mayoría del número legal de sus miembros

11. Cuando, a juicio del Presidente, en el desarrollo de un debate se hicieran alusiones que impliquen juicios de valor o inexactitudes que afecten al decoro o dignidad de la persona o conducta de un concejal, podrá concederse al aludido el uso de la palabra por tiempo no superior a:

a) Dos minutos

b) Tres minutos

c) Cinco minutos

12. Los proyectos de acuerdo del alcalde y del resto del equipo de gobierno reciben el nombre de:

a) Propuestas

b) Proposiciones

c) Iniciativas

13. Estarán en condiciones de ser incluidas en el orden del día del Pleno las preguntas de respuesta oral presentadas en la Secretaría con al menos:

a) Cinco días hábiles de antelación respecto de la sesión correspondiente

b) Dos días hábiles de antelación respecto de la sesión correspondiente

c) Tres días hábiles de antelación respecto de la sesión correspondiente

14. Señale la respuesta incorrecta. La iniciativa para la aprobación de normas municipales corresponde a:

a) La Junta de Gobierno Local

b) La iniciativa popular

c) El Pleno

15. El Alcalde de Madrid tendrá tratamiento de:

a) Ilustrísima

b) Excelencia

c) Señoría

16. ¿Cuál de las siguientes atribuciones del Alcalde de Madrid es delegable exclusivamente en la Junta de Gobierno?

a) La ordenación de pagos

b) Acordar al inicio del mandato el número, denominación y competencias de las áreas en las que se estructura la Administración municipal, en el marco de las normas orgánicas aprobadas por el Pleno

c) El nombramiento del personal funcionario, laboral y eventual al servicio del Ayuntamiento de Madrid

17. ¿Cuál de las siguientes atribuciones del Alcalde de Madrid no es delegable?

a) El nombramiento del personal funcionario, laboral y eventual al servicio del Ayuntamiento de Madrid

b) La autorización y disposición de gastos en las materias de su competencia, así como el reconocimiento y liquidación de las obligaciones derivadas de estos compromisos de gasto

c) Nombrar y cesar a los miembros de la Junta de Gobierno, a los Tenientes de Alcalde y a los Presidentes de los Distritos

18. La delegación de funciones que realiza el Alcalde de Madrid se realizará mediante:

a) Instrucción

b) Reglamento

c) Decreto

19. El alcalde podrá renunciar a su cargo sin perder por ello la condición de concejal. La renuncia deberá hacerse efectiva por escrito ante el Pleno de la Corporación, que deberá adoptar acuerdo de conocimiento en el plazo de:

a) Los cinco días siguientes

b) Los diez días siguientes

c) Los veinte días siguientes

20. El personal eventual que forma parte del Gabinete del Alcalde de Madrid será nombrado mediante:

a) Orden

b) Resolución

c) Decreto

21. ¿Puede el Alcalde de Madrid nombrar como miembros de la Junta de Gobierno a personas que no ostenten la condición de concejal?

a) Sí, sin límite

b) Sí, siempre que su número no supere un tercio de sus miembros, excluido el alcalde

c) No, en ningún caso

22. ¿Cuál de las siguientes atribuciones de la Junta de Gobierno es delegable?

a) Las competencias de gestión en materia de contratos, concesiones y patrimonio, así como la designación de los miembros de las mesas de contratación y sus presidentes

b) La aprobación del proyecto de presupuesto

c) Adoptar planes, programas y directrices vinculantes para todos los órganos ejecutivos, organismos y empresas del Ayuntamiento de Madrid

23. ¿Cuál de las siguientes atribuciones de la Junta de Gobierno no es delegable?

a) Las facultades de revisión de oficio y la declaración de lesividad de sus propios actos

b) El ejercicio de las acciones judiciales y administrativas en las materias de su competencia

c) La aprobación de las relaciones de bienes y derechos sujetos a expropiación y la de los proyectos expropiatorios, incluidos los urbanísticos tramitados por el procedimiento de tasación conjunta

24. La convocatoria de las sesiones ordinarias y extraordinarias de la Junta de Gobierno, a la que se acompañará el orden del día, se realizará con una antelación mínima de:

a) Tres días

b) Dos días

c) Veinticuatro horas

25. El concejal-secretario remitirá el acta a los demás miembros de la Junta de Gobierno en un plazo no superior a:

a) Dos días hábiles

b) Tres días hábiles

c) Dos días naturales

26. La certificación de los acuerdos adoptados en la Junta de Gobierno corresponderá:

a) Al concejal que ostente la condición de secretario

b) Al concejal competente por razón de la materia a la que afecte el acuerdo

c) Al Alcalde

27. Los tenientes de alcalde tendrán el tratamiento de:

a) Excelentísima

b) Ilustrísima

c) Señoría

28. Los acuerdos de la Junta de Gobierno serán firmados:

a) Por el concejal o consejero-delegado que los hubiera propuesto, por el alcalde y por el concejal-secretario

b) Por todos los integrantes de la Junta de Gobierno

c) Por todos los asistentes a la Junta de Gobierno

29. Las decisiones que adopte la Junta de Gobierno en el ejercicio de sus competencias se denominarán:

a) Decretos de la Junta de Gobierno de la Ciudad de Madrid

b) Acuerdos de la Junta de Gobierno de la Ciudad de Madrid

c) Resoluciones de la Junta de Gobierno de la Ciudad de Madrid

30. Señale la respuesta incorrecta en relación con las deliberaciones de la Junta de Gobierno:

a) Las deliberaciones de la Junta de Gobierno son secretas en todo caso

b) Los asistentes a la Junta de Gobierno están obligados a guardar secreto sobre las opiniones y votos emitidos en el transcurso de las sesiones, así como sobre la documentación a que hayan podido tener acceso por razón de su cargo

c) Podrán celebrarse sesiones públicas por acuerdo de la propia Junta, cuando la naturaleza de los asuntos a debatir así lo haga procedente

31. El número de Áreas de Gobierno no podrá exceder de:

a) 12

b) 10

c) 15

32. ¿Quiénes son los jefes superiores de cada Área de Gobierno?

a) Los concejales de Gobierno

b) Los concejales de Coordinación

c) Los concejales-delegados

33. ¿Quiénes deben elevar al Pleno las propuestas que les correspondan en el ámbito de las competencias de su Área?

a) Los Secretarios Generales Técnicos

b) Los Concejales de Gobierno

c) Los Directores Generales

34. ¿Quiénes tienen competencia en materia de elaboración de proyectos de disposiciones, acuerdos y convenios, respecto de las materias de su ámbito de funciones?

a) Los Secretarios Generales Técnicos

b) Los Concejales de Gobierno

c) Los Directores Generales

35. Las decisiones administrativas que adopten los órganos directivos revestirán la forma de:

a) Ley

b) Decreto

c) Resolución

36. El coordinador general a quien corresponda la gestión de los servicios comunes de cada Área de Gobierno, se denominará:

a) Secretario Técnico

b) Secretario General Técnico

c) Coordinador de Área

37. ¿De qué fecha es el Reglamento Orgánico del Gobierno y de la Administración del Ayuntamiento de Madrid?

a) De 31 de mayo de 2003

b) De 31 de mayo de 2004

c) De 20 de junio de 2003

38. ¿Cuántas Áreas de Gobierno existen actualmente en el Ayuntamiento de Madrid:

a) 9

b) 11

c) 8

39. Corresponde a los Secretarios Generales Técnicos:

a) La gestión de los servicios especiales

b) Las funciones tendentes a la eficiente utilización de los medios y recursos materiales, económicos y personales que tenga asignados el Área de Gobierno

c) Ejercer la superior inspección sobre su departamento

40. Corresponde a los Directores Generales:

a) La gestión de los servicios comunes

b) La asistencia jurídica al alcalde

c) La elaboración, seguimiento y control del presupuesto anual que se les asigne

41. El nivel esencial de la organización municipal lo constituyen:

a) El Pleno, el Alcalde y la Junta de Gobierno

b) Las Áreas de Gobierno

c) Los distritos

42. Los órganos directivos se ordenan jerárquicamente del siguiente modo:

a) Director General, Coordinador General, Secretario General Técnico u órgano asimilado

b) Secretario General Técnico, Director General, Coordinador General u órgano asimilado

c) Coordinador General, Secretario General Técnico, Director General u órgano asimilado

43. Los Secretarios Generales Técnicos tienen rango de:

a) Subdirector General

b) Director General

c) Gerente de Área

44. Los Secretarios Generales Técnicos dependerán directamente:

a) Del titular del Área de Gobierno correspondiente

b) Del Alcalde

c) De los Coordinadores Generales

45. Los Secretarios Generales Técnicos, ¿podrá depender funcionalmente de una de las Áreas de Coordinación o Delegadas?

a) No, en ningún caso

b) Sí, siempre

c) Sí, de conformidad con lo que establezca al respecto el Acuerdo de la Junta de Gobierno de organización administrativa del Área de Gobierno

46. Los coordinadores generales, los secretarios generales técnicos y los directores generales, serán nombrados y cesados por:

a) El Alcalde

b) La Junta de Gobierno

c) El Pleno

47. Según el Acuerdo de 27 de junio de 2019 de la Junta de Gobierno de la Ciudad de Madrid, ¿cuántas Subdirecciones Generales están integradas en la Dirección General de Emergencias y Protección Civil del Área de Gobierno de Portavoz, Seguridad y Emergencias?

a) Tres

b) Cuatro

c) Cinco

48. Señale la respuesta incorrecta. De acuerdo con el Acuerdo de 27 de junio de 2019 de la Junta de Gobierno de la Ciudad de Madrid, corresponden al Área de Gobierno de Portavoz, Seguridad y Emergencias las competencias ejecutivas en materia de:

a) Medios de comunicación

b) Drogodependencias

c) Centro Integral de Formación de Protección Civil y Seguridad

49. ¿Cuál de las siguientes Áreas de Gobierno del Ayuntamiento de Madrid no existe en la actualidad?

a) Área de Gobierno de Portavoz, Seguridad y Emergencias

b) Área de Gobierno de Cultura, Turismo y Deporte

c) Área de Gobierno de Medio Ambiente, Movilidad y Desarrollo Urbano

50. ¿Cuál de las siguientes Áreas de Gobierno del Ayuntamiento de Madrid no existe en la actualidad?

a) Área de Gobierno de Hacienda, Función Pública y Atención al Usuario

b) Área de Gobierno de Familias, Igualdad y Bienestar Social

c) Área de Gobierno de Obras y Equipamientos

SOLUCIONES TEST 7

1. b) El Pleno

Son órganos de gobierno municipal:

a) Deliberante de representación política: el Pleno.

b) Ejecutivos de dirección política y administrativa: el Alcalde, la Junta de Gobierno, los Tenientes de Alcalde, los Concejales con responsabilidades de gobierno, los miembros no electos de la Junta de Gobierno y los que se determinen en el correspondiente Reglamento orgánico.

2. a) Mayoría absoluta de los miembros del Pleno

Resultará elegido el que obtenga el voto de la mayoría absoluta de los miembros del Pleno. Si ninguno la obtuviera en primera votación, se repetirá la elección entre los dos Concejales que hubieran alcanzado mayor número de votos en la votación precedente, resultando elegido el que obtenga más votos en la nueva votación. En caso de empate resultará elegido el candidato de la lista que hubiese obtenido mayor número de votos en las elecciones municipales.

3. c) La transferencia de funciones o actividades a otras Administraciones públicas, así como la aceptación de las delegaciones o encomiendas de gestión realizadas por otras Administraciones, salvo que por ley se impongan obligatoriamente

Corresponde al Pleno:

[...]

k) La transferencia de funciones o actividades a otras Administraciones públicas, así como la aceptación de las delegaciones o encomiendas de gestión realizadas por otras Administraciones, salvo que por ley se impongan obligatoriamente.

[...]

No podrán delegarse las competencias del Pleno referidas en los párrafos a), b), c), e), f), g), h), j), k), m), ñ) y p).

4. a) El Presidente

El titular de la Secretaría General del Pleno tiene carácter de órgano directivo y su nombramiento corresponde al presidente, en los términos previstos por la Ley 7/1985, de 2 de abril, Reguladora de las Bases del Régimen Local.

5. c) Diez días, siempre que obre en dicha Secretaría la documentación y antecedentes necesarios para su emisión

El plazo para la emisión de los informes que preceptivamente corresponda emitir a la Secretaría General del Pleno será de diez días, siempre que obre en dicha Secretaría la documentación y antecedentes necesarios para su emisión.

6. c) Cuando así lo decida el presidente o lo solicite la cuarta parte, al menos, del número legal de miembros de la Corporación

El Pleno celebrará sesión extraordinaria cuando así lo decida el presidente o lo solicite la cuarta parte, al menos, del número legal de miembros de la Corporación.

7. b) Más de quince días hábiles desde que fuera solicitada

La celebración del Pleno extraordinario no podrá demorarse más de quince días hábiles desde que fuera solicitada, sin que se pueda incorporar el asunto propuesto al orden del día de un Pleno ordinario o de otro extraordinario, si no lo autorizan expresamente los solicitantes de la convocatoria.

8. a) Por el miembro de la Corporación de mayor edad entre los presentes

En ausencia del presidente o de quien legalmente haya de sustituirle, el Pleno será presidido por el miembro de la Corporación de mayor edad entre los presentes.

9. b) Con dos días hábiles de antelación

Las sesiones plenarias han de convocarse, al menos, con dos días hábiles de antelación, salvo las extraordinarias que lo hayan sido con carácter urgente, cuya convocatoria con este carácter deberá ser ratificada por el Pleno.

10. b) Un tercio del número legal de sus miembros

El Pleno se constituye válidamente con la asistencia de un tercio del número legal de miembros del mismo. En todo caso, se requerirá la asistencia del presidente y del secretario del Pleno o de quienes legalmente les sustituyan.

11. b) Tres minutos

Cuando, a juicio del presidente, en el desarrollo de un debate se hicieran alusiones que impliquen juicios de valor o inexactitudes que afecten al decoro o dignidad de la persona o conducta de un concejal, podrá concederse al aludido el uso de la palabra por tiempo no superior a tres minutos para que, sin entrar en el fondo del asunto objeto de debate, conteste estrictamente a las alusiones realizadas.

12. a) Propuestas

Los proyectos de acuerdo del alcalde y del resto del equipo de gobierno reciben el nombre de propuestas.

13. a) Cinco días hábiles de antelación respecto de la sesión correspondiente

Estarán en condiciones de ser incluidas en el orden del día del Pleno las preguntas de respuesta oral presentadas en la Secretaría con al menos cinco días hábiles de antelación respecto de la sesión correspondiente.

14. c) El Pleno

La iniciativa para la aprobación de normas municipales corresponde a:

a) La Junta de Gobierno Local.

b) Los concejales.

c) La iniciativa popular.

15. b) Excelencia

El alcalde tendrá el tratamiento de excelencia.

16. b) Acordar al inicio del mandato el número, denominación y competencias de las áreas en las que se estructura la Administración municipal, en el marco de las normas orgánicas aprobadas por el Pleno

Además, corresponde al Alcalde el ejercicio de las siguientes atribuciones:

a) Determinar el programa de acción política municipal, impartir directrices para su ejecución y supervisar la acción de los restantes órganos ejecutivos de gobierno y directivos.

[...]

h) Acordar al inicio del mandato el número, denominación y competencias de las áreas en las que se estructura la Administración municipal, en el marco de las normas orgánicas aprobadas por el Pleno.

[...]

Las atribuciones previstas en los párrafos a) y h) solo serán delegables en la Junta de Gobierno.

17. c) Nombrar y cesar a los miembros de la Junta de Gobierno, a los Tenientes de Alcalde y a los Presidentes de los Distritos

Además, corresponde al Alcalde el ejercicio de las siguientes atribuciones:

[...]

d) Nombrar y cesar a los miembros de la Junta de Gobierno, a los Tenientes de Alcalde y a los Presidentes de los Distritos.

[...]

El Alcalde podrá delegar o desconcentrar mediante decreto las competencias anteriores en la Junta de Gobierno, en sus miembros, en los demás concejales y, en su caso, en los órganos directivos, con excepción de las señaladas en los párrafos b), c), d), e) en lo que se refiere a la adopción de bandos y f). Las atribuciones previstas en los párrafos a) y h) solo serán delegables en la Junta de Gobierno.

18. c) Decreto

El alcalde podrá delegar mediante decreto las competencias que le atribuyen las Leyes, en los términos establecidos por ellas, en la Junta de Gobierno Local, en sus miembros, en los demás concejales y, en su caso, en los coordinadores generales, directores generales u órganos similares.

19. b) Los diez días siguientes

El alcalde podrá renunciar a su cargo sin perder por ello la condición de concejal. La renuncia deberá hacerse efectiva por escrito ante el Pleno de la Corporación, que deberá adoptar acuerdo de conocimiento dentro de los diez días siguientes.

20. c) Decreto

En el Gabinete se integran los asesores y colaboradores del alcalde, que ostentan la condición de personal eventual, y serán nombrados y cesados libremente por este, mediante decreto.

21. b) Sí, siempre que su número no supere un tercio de sus miembros, excluido el alcalde

El alcalde podrá nombrar como miembros de la Junta de Gobierno a personas que no ostenten la condición de concejal, siempre que su número no supere un tercio de sus miembros, excluido el alcalde. Sus derechos económicos y prestaciones sociales serán los de los miembros electivos.

22. a) Las competencias de gestión en materia de contratos, concesiones y patrimonio, así como la designación de los miembros de las mesas de contratación y sus presidentes

Según establece el art. 17 de la Ley 22/2006, de 4 de julio, de Capitalidad y de Régimen Especial de Madrid, corresponde a la Junta de Gobierno:

[...]

e) Las competencias de gestión en materia de contratos, concesiones y patrimonio, así como la designación de los miembros de las mesas de contratación y sus presidentes.

[...]

La Junta de Gobierno podrá delegar o desconcentrar en alguno de sus miembros, en los demás concejales y, en su caso, en los órganos directivos, las funciones enumeradas en el apartado anterior con excepción de las previstas en los párrafos a), b), c), d), h) e i).

23. b) El ejercicio de las acciones judiciales y administrativas en las materias de su competencia

Según establece el art. 17 de la Ley 22/2006, de 4 de julio, de Capitalidad y de Régimen Especial de Madrid, corresponde a la Junta de Gobierno:

[...]

i) El ejercicio de las acciones judiciales y administrativas en las materias de su competencia.

[...]

La Junta de Gobierno podrá delegar o desconcentrar en alguno de sus miembros, en los demás concejales y, en su caso, en los órganos directivos, las funciones enumeradas en el apartado anterior con excepción de las previstas en los párrafos a), b), c), d), h) e i).

24. c) Veinticuatro horas

La convocatoria de las sesiones ordinarias y extraordinarias, a la que se acompañará el orden del día, se realizará con una antelación mínima de veinticuatro horas, mediante la remisión de la misma a sus miembros.

25. a) Dos días hábiles

El concejal-secretario remitirá el acta a los demás miembros de la Junta de Gobierno en un plazo no superior a dos días hábiles.

26. a) Al concejal que ostente la condición de secretario

La certificación de los acuerdos adoptados corresponderá al concejal que ostente la condición de secretario.

27. b) Ilustrísima

Los tenientes de alcalde tendrán el tratamiento de ilustrísima.

28. a) Por el concejal o consejero-delegado que los hubiera propuesto, por el alcalde y por el concejal-secretario

Los acuerdos de la Junta de Gobierno serán firmados por el concejal o consejero-delegado que los hubiera propuesto, por el alcalde y por el concejal-secretario.

29. b) Acuerdos de la Junta de Gobierno de la Ciudad de Madrid

Las decisiones que adopte la Junta de Gobierno en el ejercicio de sus competencias revestirán la forma de acuerdo y se denominarán acuerdos de la Junta de Gobierno de la Ciudad de Madrid.

30. a) Las deliberaciones de la Junta de Gobierno son secretas en todo caso

Las deliberaciones de la Junta de Gobierno son secretas. Los asistentes a la Junta de Gobierno están obligados a guardar secreto sobre las opiniones y votos emitidos en el transcurso de las sesiones, así como sobre la documentación a que hayan podido tener acceso por razón de su cargo.

No obstante, podrán celebrarse sesiones públicas por acuerdo de la propia Junta, cuando la naturaleza de los asuntos a debatir así lo haga procedente.

31. c) 15

El número de Áreas de Gobierno no podrán exceder de 15, correspondiendo al alcalde, al amparo de lo previsto en el artículo 123.1.c) en relación con las facultades que le atribuye el artículo 124.4.k) de la Ley 7/1985, de 2 de abril, determinar el número, denominación y atribuciones de las Áreas, sin perjuicio de las competencias que le puedan delegar otros órganos municipales.

32. a) Los concejales de Gobierno

Los concejales de Gobierno y consejeros-delegados de Gobierno son los jefes superiores del Área de Gobierno correspondiente. Asimismo, los concejales de Coordinación y los concejales-delegados son los jefes directos de su Área, sin perjuicio de la superior dirección que corresponde al titular del Área de Gobierno de la que dependan.

33. b) Los Concejales de Gobierno

A los concejales de Gobierno y consejeros-delegados de Gobierno corresponde la dirección de los ámbitos de la actividad administrativa integrados en su Área de Gobierno, y en particular las siguientes funciones:

[...]

c) Elevar al Pleno las propuestas que les correspondan en el ámbito de las competencias de su Área.

[...]

34. c) Los Directores Generales

Con carácter general, corresponden a los directores generales en sus respectivos ámbitos de responsabilidad, las siguientes funciones:

[...]

c) La elaboración de proyectos de disposiciones, acuerdos y convenios respecto de las materias de su ámbito de funciones.

[...]

35. c) Resolución

Las decisiones administrativas que adopten los órganos directivos revestirán la forma de resolución.

36. b) Secretario General Técnico

A los Secretarios Generales Técnicos, con rango de Director General, les corresponderán las siguientes funciones:

a) La gestión de los servicios comunes.

[...]

37. b) De 31 de mayo de 2004

Reglamento Orgánico del Gobierno y de la Administración del Ayuntamiento de Madrid, de 31 de mayo de 2004

38. a) 9

La Administración del Ayuntamiento de Madrid, bajo la superior dirección del Alcalde, se estructura en las siguientes áreas de gobierno:

- *Área de Gobierno de Vicealcaldía.*
- *Área de Gobierno de Portavoz, Seguridad y Emergencias.*
- *Área de Gobierno de Cultura, Turismo y Deporte*
- *Área de Gobierno de Economía, Innovación y Empleo*
- *Área de Gobierno de Medio Ambiente y Movilidad.*
- *Área de Gobierno de Desarrollo Urbano*
- *Área de Gobierno de Hacienda y Personal.*
- *Área de Gobierno de Familias, Igualdad y Bienestar Social.*
- *Área de Gobierno de Obras y Equipamientos.*

39. b) Las funciones tendentes a la eficiente utilización de los medios y recursos materiales, económicos y personales que tenga asignados el Área de Gobierno

A los Secretarios Generales Técnicos, con rango de Director General, les corresponderán las siguientes funciones:

[...]

d) Las funciones tendentes a la eficiente utilización de los medios y recursos materiales, económicos y personales que tenga asignados el Área de Gobierno.

[...]

40. c) La elaboración, seguimiento y control del presupuesto anual que se les asigne

Con carácter general, corresponden a los directores generales en sus respectivos ámbitos de responsabilidad, las siguientes funciones:

[...]

d) La elaboración, seguimiento y control del presupuesto anual que se les asigne.

[...]

41. b) Las Áreas de Gobierno

Las Áreas de Gobierno constituyen los niveles esenciales de la organización municipal y comprenden, cada una de ellas, uno o varios sectores funcionalmente homogéneos de la actividad administrativa municipal.

42. c) Coordinador General, Secretario General Técnico, Director General u órgano asimilado

Los órganos directivos dependen de alguno de los anteriores y se ordenan jerárquicamente del siguiente modo: Coordinador General, Secretario General Técnico, Director General u órgano asimilado. Cuando así lo prevean los Acuerdos de la Junta de Gobierno de organización administrativa, los órganos directivos podrán depender directamente del Alcalde, y de ellos podrán depender otros órganos directivos y aquellos Organismos públicos con competencias de carácter instrumental y de prestación de servicios internos a todas las Áreas de Gobierno. En este último caso corresponderá al titular del órgano directivo la presidencia del Organismo público que de él dependa.

43. b) Director General

Los Secretarios Generales Técnicos tienen rango de Director General.

44. a) Del titular del Área de Gobierno correspondiente

Los Secretarios Generales Técnicos dependerán directamente del titular del Área de Gobierno correspondiente.

45. c) Sí, de conformidad con lo que establezca al respecto el Acuerdo de la Junta de Gobierno de organización administrativa del Área de Gobierno

Excepcionalmente, en los casos en los que el Área de Gobierno esté estructurada en Áreas de Coordinación o Delegadas, el Secretario General Técnico podrá depender funcionalmente de una de estas, de conformidad con lo que establezca al respecto el Acuerdo de la Junta de Gobierno de organización administrativa del Área de Gobierno.

46. b) La Junta de Gobierno

Los coordinadores generales, los secretarios generales técnicos y los directores generales, serán nombrados y cesados por la Junta de Gobierno.

47. c) Cinco

El Área de Gobierno de Portavoz, Seguridad y Emergencias se organiza para el ejercicio de sus competencias en los siguientes órganos directivos, subdirecciones generales, organismos y empresas, así como en las demás unidades y puestos de trabajo que se determinen en la relación de puestos de trabajo:

[…]

- *Dirección General de Emergencias y Protección Civil:*
  - *a) Subdirección General de Recursos Humanos y Calidad.*
  - *b) Subdirección General Económico-Administrativa.*
  - *c) Subdirección General de Informática, Comunicaciones y Nuevas Tecnologías.*
  - *d) Jefatura del Cuerpo de Bomberos, con rango de Subdirección General.*
  - *e) Subdirección General SAMUR-Protección Civil.*
  - *f) Subdirección General de Planificación Operativa.*

48. c) Centro Integral de Formación de Protección Civil y Seguridad

De conformidad con lo previsto en el Decreto de 15 de junio de 2019 del Alcalde, por el que se establece el número, denominación y competencias de las áreas en las que se estructura la Administración del Ayuntamiento de Madrid, corresponden al Área de Gobierno de Portavoz, Seguridad y Emergencias las competencias ejecutivas en materia de portavocía de la Junta de Gobierno, relaciones con el Pleno, medios de comunicación, promoción de la salud y de la salud pública, drogodependencias, policía municipal, protección civil, SAMUR, bomberos y el Centro Integral de Formación de Seguridad y Emergencias.

49. c) Área de Gobierno de Medio Ambiente, Movilidad y Desarrollo Urbano

La Administración del Ayuntamiento de Madrid, bajo la superior dirección del Alcalde, se estructura en las siguientes áreas de gobierno:

- *Área de Gobierno de Vicealcaldía.*
- *Área de Gobierno de Portavoz, Seguridad y Emergencias.*
- *Área de Gobierno de Cultura, Turismo y Deporte*
- *Área de Gobierno de Economía, Innovación y Empleo*
- *Área de Gobierno de Medio Ambiente y Movilidad.*
- *Área de Gobierno de Desarrollo Urbano*

- *Área de Gobierno de Hacienda y Personal.*
- *Área de Gobierno de Familias, Igualdad y Bienestar Social.*
- *Área de Gobierno de Obras y Equipamientos.*

50. a) Área de Gobierno de Hacienda, Función Pública y Atención al Usuario

La Administración del Ayuntamiento de Madrid, bajo la superior dirección del Alcalde, se estructura en las siguientes áreas de gobierno:

- *Área de Gobierno de Vicealcaldía.*
- *Área de Gobierno de Portavoz, Seguridad y Emergencias.*
- *Área de Gobierno de Cultura, Turismo y Deporte*
- *Área de Gobierno de Economía, Innovación y Empleo*
- *Área de Gobierno de Medio Ambiente y Movilidad.*
- *Área de Gobierno de Desarrollo Urbano*
- *Área de Gobierno de Hacienda y Personal.*
- *Área de Gobierno de Familias, Igualdad y Bienestar Social.*
- *Área de Gobierno de Obras y Equipamientos.*

TEST 8

El Cuerpo de Policía Municipal de Madrid. El Reglamento para el Cuerpo de la Policía Municipal de Madrid. Organización del Cuerpo de Policía Municipal de Madrid

1. ¿Qué tratamiento se le da al Ayuntamiento de Madrid?

a) Ilustrísimo

b) Excelentísimo

c) Autónomo

2. ¿Qué naturaleza posee la Policía Municipal de Madrid?

a) Naturaleza civil

b) Naturaleza administrativa

c) Naturaleza penal.

3. ¿Bajo qué autoridad se coloca la Policía Municipal de Madrid?

a) Bajo la superior autoridad del Concejal de Seguridad

b) Bajo la superior autoridad del Pleno

c) Bajo la superior autoridad del Alcalde

4. ¿Qué requisito deben poseer los miembros de la Policía Municipal?

a) Grado superior

b) Ser funcionarios de carrera

c) Tener más de 18 años

5. ¿Qué consideración van a tener los miembros de la Policía Municipal de Madrid en el momento en el que ejerzan las funciones propias?

a) Agentes de policía

b) Agentes del Cuerpo de Policía Municipal

c) Agentes de la Autoridad

6. ¿Qué tipo de contrataciones tienen prohibidas los miembros de la Policía Municipal de Madrid?

a) Contrataciones de naturaleza laboral

b) Contrataciones de naturaleza administrativa

c) Contrataciones de naturaleza funcionarial

7. ¿En qué territorio ejercen sus funciones los miembros de la Policía Municipal de Madrid?

a) En el centro de la ciudad de Madrid

b) En toda la Comunidad Autónoma

c) En el término municipal de Madrid

8. ¿Cuál de las siguientes circunstancias se concibe como una de las situaciones en las que la Policía Municipal de Madrid podría actuar fuera de su Municipio?

a) Que sean requeridos por la Autoridad competente y siempre en situaciones de emergencia

b) Que sean autorizados por la Junta Local de Seguridad y por el Alcalde

c) Que los servicios que se realicen dentro del propio término municipal se hagan bajo la dependencia directa de sus respectivos Mandos inmediatos y al mando del alcalde del Municipio donde actuaren

9. ¿A qué legislación se encuentra sometida la Policía Municipal de Madrid?

a) En lo que le afecte, a lo establecido en la Ley Orgánica de las Fuerzas y Cuerpos de Seguridad y demás normativa estatal aplicable

b) A la Ley de Coordinación de las Policías Locales de la Comunidad de Madrid y las disposiciones que la desarrollen

c) Todas las respuestas anteriores son correctas

10. ¿Cuál de las siguientes no se puede considerar como una de las funciones de la Policía Municipal de Madrid?

a) Policía Administrativa en relación al cumplimiento de los Reglamentos, Ordenanzas., Bandos y demás disposiciones municipales dentro del ámbito de sus competencias

b) La ordenación, señalización y dirección del tráfico en el casco urbano de acuerdo con lo establecido en las normas de circulación. En tal sentido, no le corresponderá el encauzamiento de la circulación rodada y peatonal, la vigilancia de los estacionamientos públicos e intersecciones viales y los demás cometidos que tiendan a dar fluidez y seguridad al tráfico

c) Instruir atestados por accidentes de circulación por infracciones penales contra la seguridad del tráfico, que se produzcan dentro de los límites del término municipal

11. ¿Qué órganos tendrá bajo su dependencia directa la Policía Municipal para el desarrollo de las funciones de ordenación, regulación y señalización?

a) Gabinetes

b) Departamentos Técnicos

c) Todas las respuestas anteriores son correctas

12. ¿Cuál de las siguientes funciones se ejerce por la Policía Municipal de Madrid?

a) Vigilar los espacios públicos

b) Prestar auxilio en los casos de accidentes, catástrofes o calamidad pública, participando en la forma prevista en los reglamentos, en la ejecución de los planes de Protección Civil

c) Efectuar las diligencias de prevención y cuantas actuaciones tiendan a manifestar la comisión de actos delictivos

13. ¿A quién se debe comunicar por parte de la Policía Municipal las actuaciones correspondientes en el ejercicio de la función de instruir atestados por accidentes de circulación por infracciones penales contra la seguridad del tráfico, que se produzcan dentro de los límites del término municipal?

a) A las Fuerzas Armadas

b) Al Gobierno estatal

c) A las Fuerzas y Cuerpos de Seguridad del Estado competentes

14. ¿Qué principio rige la actuación coordinada de la Policía Municipal con el resto de las Policías Locales y con el resto de Fuerzas y Cuerpos de Seguridad?

a) Colaboración

b) Cooperación recíproca

c) Coordinación

15. ¿Por qué vía se van a prestar los servicios de vigilancia y seguridad atribuidos a la Policía Municipal?

a) Arrendamiento

b) Concierto

c) Gestión directa

16. ¿Cuál de las siguientes no es un tipo de discriminación por la que se debe regir la Policía Municipal de Madrid en el ejercicio de sus funciones?

a) Edad

b) Raza

c) Sexo

17. ¿Cuál de los siguientes es un principio que rige la actuación profesional de la Policía Municipal de Madrid?

a) Colaboración

b) Jerarquía

c) Cooperación

18. ¿Cuál de los siguientes se puede considerar un principio que rige las actuaciones de la Policía Municipal de Madrid en relación a la Comunidad?

a) Observar en todo momento un trato correcto y esmerado en sus relaciones con los ciudadanos, a quienes procurarán auxiliar y proteger, siempre que las circunstancias lo aconsejen o fueren requeridos para ello. En todas sus intervenciones, proporcionarán información cumplida y tan amplia como sea posible, sobre las causas y la finalidad de las mismas

b) Prohibir, en el ejercicio de su actuación profesional, cualquier práctica abusiva, arbitraria o discriminatoria que entrañe violencia física o moral

c) Solamente deberán utilizar las armas en las situaciones en que exista un riesgo racionalmente grave para su vida, su integridad física o las de terceras personas, o en aquellas circunstancias que puedan suponer un grave riesgo para la seguridad ciudadana

19. ¿Cuál de los siguientes principios no se incluye dentro de los concernientes al trato de los detenidos por parte de la Policía Municipal?

a) Deberán identificarse debidamente como tales en todo momento

b) Velarán por la vida e integridad física de las personas a quienes detuvieran o que se encuentren bajo su custodia y respetarán los derechos, el honor y la dignidad de las personas

c) Darán cumplimiento y observarán con la debida diligencia los trámites, plazos y requisitos exigidos por el ordenamiento jurídico cuando se proceda a la detención de una persona

20. ¿Qué requisitos debe tener la dedicación profesional de los miembros de la Policía Municipal?

a) Total dedicación

b) Deben intervenir siempre en cualquier tiempo y lugar, se hallaren o no de servicio

c) Todas las respuestas anteriores son correctas

21. ¿Con respecto a qué informaciones deben guardar riguroso secreto los miembros de la Policía Municipal?

a) Todas las informaciones que conozcan por razón del desempeño de sus funciones

b) Todas las informaciones que conozcan con ocasión del desempeño de sus funciones

c) Todas las respuestas anteriores son correctas

22. ¿Quién aprueba la plantilla del Cuerpo de Policía Municipal de Madrid?

a) El Pleno del Ayuntamiento

b) El Alcalde

c) El Concejal de Seguridad Ciudadana

23. ¿Qué órgano publica el informe necesario para aprobar la plantilla del Cuerpo de Policía Municipal de Madrid?

a) El Concejal de Seguridad Ciudadana

b) El Alcalde del Ayuntamiento

c) La Comisión Regional de Coordinación de las Policías Locales

24. ¿Cuál de los siguientes no es uno de los elementos que se integran dentro de la Plantilla del Cuerpo de Policía Municipal de Madrid?

a) Puestos de trabajo que la componen

b) Requisitos exigidos para el acceso

c) Niveles y complementos retributivos

25. ¿Qué característica no se tendrá en cuenta por parte de la plantilla de la Policía Municipal de Madrid en cuanto a su obligación de responder a las necesidades que demande la sociedad madrileña?

a) Configuración territorial de la ciudad

b) Características de la población

c) Demografía de la población

26. ¿Cuál de los siguientes no es un principio al que deba corresponder siempre el número de componentes que formen la plantilla del Cuerpo?

a) Eficiencia

b) Economía

c) Eficacia

27. ¿Cuál será el número mínimo de miembros que debe tener la plantilla de la Policía Municipal de Madrid?

a) Dos por cada mil habitantes

b) Tres por cada mil habitantes

c) Cuatro por cada mil habitantes

28. ¿En qué instrumento figuran los miembros del Cuerpo de la Policía Municipal?

a) En el Registro de Personal

b) En la relación de puestos de trabajo existentes en la organización general del Ayuntamiento

c) En la relación de puestos de trabajo existentes en la concejalía de seguridad del Ayuntamiento

29. ¿Cuál será el criterio de organización del personal que forma la plantilla del Cuerpo?

a) En relación nominal de menor a mayor empleo

b) En relación nominal de mayor a menor empleo

c) En relación nominal de menor a mayor categoría

30. ¿Bajo qué autoridad se coloca la Policía Municipal de Madrid?

a) Bajo la superior autoridad del Alcalde

b) En caso de delegación bajo la superior autoridad del Concejal o funcionario que se determine

c) Todas las respuestas anteriores son correctas

SOLUCIONES TEST 8

1. b) Excelentísimo

El Cuerpo de Policía Local del Excelentísimo ayuntamiento de Madrid mantendrá, por razones de tradición histórica, la denominación de Policía Municipal.

2. a) Naturaleza civil

La Policía Municipal de Madrid es un instituto armado y de naturaleza civil, con estructura y organización jerarquizada bajo la superior autoridad del Alcalde.

3. c) Bajo la superior autoridad del Alcalde

La Policía Municipal de Madrid es un instituto armado y de naturaleza civil, con estructura y organización jerarquizada bajo la superior autoridad del Alcalde.

4. b) Ser funcionarios de carrera

Los miembros de la Policía Municipal han de ser funcionarios de carrera, considerándose agentes de la autoridad a todos los efectos cuando ejerzan las funciones que le son propias.

5. c) Agentes de la Autoridad

Los miembros de la Policía Municipal han de ser funcionarios de carrera, considerándose agentes de la autoridad a todos los efectos cuando ejerzan las funciones que le son propias.

6. a) Contrataciones de naturaleza laboral

Queda expresamente prohibida cualquier otra relación de prestación de servicios con la Administración; en particular, se prohíben las contrataciones de naturaleza laboral, cualquiera que fuere el tipo de duración del contrato, así como la relación estatutaria (funcionarial) de carácter interino.

7. c) En el término municipal de Madrid

Los miembros de la Policía Municipal ejercerán sus funciones en el término municipal de Madrid.

8. a) Que sean requeridos por la Autoridad competente y siempre en situaciones de emergencia

La Policía Municipal de Madrid podría actuar fuera de su Municipio, siempre que se den las siguientes circunstancias:

a) Que sean requeridos por la Autoridad competente y siempre en situaciones de emergencia.

b) Que sean autorizados por la Junta Local de Seguridad o, en su defecto, por el Alcalde.

c) Que los servicios que se realicen fuera del propio término municipal se hagan bajo la dependencia directa de sus respectivos Mandos inmediatos y al mando del alcalde del Municipio donde actuaren.

9. c) Todas las respuestas anteriores son correctas

La Policía Municipal queda sometida, en lo que le afecte, a lo establecido en la Ley Orgánica de las Fuerzas y Cuerpos de Seguridad y demás normativa estatal aplicable; en la Ley de Coordinación de Policías Locales de la Comunidad de Madrid y las disposiciones que la desarrollen; en los acuerdos y convenios que sobre condiciones laborales se establezcan; en este Reglamento, y en el resto del ordenamiento jurídico que le sea de aplicación.

10. b) La ordenación, señalización y dirección del tráfico en el casco urbano de acuerdo con lo establecido en las normas de circulación. En tal sentido, no le corresponderá el encauzamiento de la circulación rodada y peatonal, la vigilancia de los estacionamientos públicos e intersecciones viales y los demás cometidos que tiendan a dar fluidez y seguridad al tráfico

El Cuerpo de Policía Municipal de Madrid deberá ejercer las siguientes funciones:

a) Policía Administrativa en relación al cumplimiento de los Reglamentos, Ordenanzas., Bandos y demás disposiciones municipales dentro del ámbito de sus competencias.

b) La ordenación, señalización y dirección del tráfico en el casco urbano de acuerdo con lo establecido en las normas de circulación. En tal sentido le corresponderá:

- *El encauzamiento de la circulación rodada y peatonal, la vigilancia de los estacionamientos públicos e intersecciones viales y los demás cometidos que tiendan a dar fluidez y seguridad al tráfico.*
- *La vigilancia del cumplimiento de las normas reguladoras del transporte.*
- *La participación en la Educación Vial, prestando la colaboración precisa a los organismos y centros que lo soliciten.*
- *Para el desarrollo de las funciones de ordenación, regulación y señalización, la Policía Municipal tendrá bajo su dependencia directa todos aquellos Gabinetes y Departamentos Técnicos que sean necesarios para optimizar la coordinación y fluidez del tráfico en todas las vías urbanas.*

c) Instruir atestados por accidentes de circulación por infracciones penales contra la seguridad del tráfico, que se produzcan dentro de los límites del término municipal.

d) Velar por el cumplimiento de las disposiciones dictadas en materia de medio ambiente y cooperar con cuantos organismos e instituciones tengan competencia en dicha materia.

e) Proteger a las Autoridades de la Corporación y dar custodia a los miembros de ella que sean designados por la Alcaldía Presidencia.

f) La vigilancia de los edificios, monumentos, parques y jardines y de todos los lugares y bienes que constituyen el patrimonio municipal.

g) La cooperación en los actos de representación corporativa.

h) El ejercicio de Policía Judicial, prestando colaboración y auxilio a las Autoridades judiciales en los términos que señale el ordenamiento jurídico.

i) Prestar auxilio en los casos de accidentes, catástrofes o calamidad pública, participando, en la forma prevista en las Leyes, en la ejecución de los planes de Protección civil.

j) Efectuar las diligencias de prevención y cuantas actuaciones tiendan a evitar la comisión de actos delictivos.

k) Vigilar los espacios públicos.

l) Colaborar con las Fuerzas y Cuerpos de Seguridad del Estado en la protección de manifestaciones y el mantenimiento del orden en grandes concentraciones humanas, cuando sean requeridos para ello.

m) Realizar las funciones de protección de la seguridad ciudadana de acuerdo con la legislación vigente.

n) Cooperar en la resolución de conflictos privados cuando sean requeridos para ello.

ñ) Cualquier otra función de policía que, de acuerdo con el ordenamiento jurídico, se le atribuya o encomiende.

11. c) Todas las respuestas anteriores son correctas

Para el desarrollo de las funciones de ordenación, regulación y señalización, la Policía Municipal tendrá bajo su dependencia directa todos aquellos Gabinetes y Departamentos Técnicos que sean necesarios para optimizar la coordinación y fluidez del tráfico en todas las vías urbanas.

12. a) Vigilar los espacios públicos

El Cuerpo de Policía Municipal de Madrid deberá ejercer las siguientes funciones:

[…]

k) Vigilar los espacios públicos.

[…]

13. c) A las Fuerzas y Cuerpos de Seguridad del Estado competentes

El Cuerpo de Policía Municipal de Madrid deberá ejercer las siguientes funciones:

[…]

c) Instruir atestados por accidentes de circulación por infracciones penales contra la seguridad del tráfico, que se produzcan dentro de los límites del término municipal.

[…]

Las actuaciones que practique la Policía Municipal en el ejercicio de las funciones previstas en los apartados c) y j) deberán ser comunicadas a las Fuerzas y Cuerpos de Seguridad del Estado competentes.

14. b) Cooperación recíproca

La Policía Municipal coordinará su actuación con el resto de las Policías Locales y con las otras Fuerzas y Cuerpos de Seguridad, de conformidad con el principio de cooperación recíproca.

15. c) Gestión directa

Los servicios de vigilancia y seguridad atribuidos en este Reglamento a la Policía Municipal serán prestados por gestión directa, sin órgano especial de administración, no pudiendo ser objeto de concesión, arrendamiento, concierto o cualquier otra forma de gestión indirecta.

16. a) Edad

Los miembros de la Policía Municipal actuarán con adecuación al ordenamiento jurídico, especialmente:

a) Ejercer su función con absoluto respeto a la Constitución y al resto del ordenamiento jurídico.

b) Actuar, en el cumplimiento de sus funciones, con absoluta neutralidad política e imparcialidad y, en consecuencia, sin discriminación alguna por razón de nacimiento, sexo, raza, religión u opinión o cualquier otra condición o circunstancia personal o social.

c) Actuar con integridad y dignidad. En particular, deberán abstenerse de todo acto de corrupción y oponerse a él resueltamente.

d) Sujetarse en su actuación profesional a los principios de jerarquía y subordinación. En ningún caso, la obediencia debida podrá amparar órdenes que entrañen la ejecución de actos que manifiestamente constituyan delito o sean contrarios a la Constitución o a las Leyes.

e) Colaborar con la Administración de Justicia y auxiliarla en los términos establecidos en la Ley.

17. b) Jerarquía

Los miembros de la Policía Municipal actuarán con adecuación al ordenamiento jurídico, especialmente:

a) Ejercer su función con absoluto respeto a la Constitución y al resto del ordenamiento jurídico.

b) Actuar, en el cumplimiento de sus funciones, con absoluta neutralidad política e imparcialidad y, en consecuencia, sin discriminación alguna por razón de nacimiento, sexo, raza, religión u opinión o cualquier otra condición o circunstancia personal o social.

c) Actuar con integridad y dignidad. En particular, deberán abstenerse de todo acto de corrupción y oponerse a él resueltamente.

d) Sujetarse en su actuación profesional a los principios de jerarquía y subordinación. En ningún caso, la obediencia debida podrá amparar órdenes que entrañen la ejecución de actos que manifiestamente constituyan delito o sean contrarios a la Constitución o a las Leyes.

e) Colaborar con la Administración de Justicia y auxiliarla en los términos establecidos en la Ley.

18. a) Observar en todo momento un trato correcto y esmerado en sus relaciones con los ciudadanos, a quienes procurarán auxiliar y proteger, siempre que las circunstancias lo aconsejen o fueren requeridos para ello. En todas sus intervenciones, proporcionarán información cumplida y tan amplia como sea posible, sobre las causas y la finalidad de las mismas

Los miembros de la Policía Municipal deberán ajustar sus actuaciones, en relación a la comunidad, a los siguientes principios:

a) Impedir, en el ejercicio de su actuación profesional, cualquier práctica abusiva, arbitraria o discriminatoria que entrañe violencia física o moral.

b) Observar en todo momento un trato correcto y esmerado en sus relaciones con los ciudadanos, a quienes procurarán auxiliar y proteger, siempre que las circunstancias lo aconsejen o fueren requeridos para ello. En todas sus intervenciones, proporcionarán información cumplida y tan amplia como sea posible, sobre las causas y la finalidad de las mismas.

c) En el ejercicio de sus funciones deberán actuar con la decisión necesaria y sin demora cuando de ello dependa evitar un daño grave, inmediato o irreparable, rigiéndose al hacerlo por los principios de congruencia, oportunidad y proporcionalidad en la utilización de los medios a su alcance.

d) Solamente deberán utilizar las armas en las situaciones en que exista un riesgo racionalmente grave para su vida, su integridad física o las de terceras personas, o en aquellas circunstancias que puedan suponer un grave riesgo para la seguridad ciudadana y de conformidad con los principios a que se refiere el apartado anterior

19. a) Deberán identificarse debidamente como tales en todo momento

Los miembros de la Policía Municipal deberán tratar a los detenidos conforme a los siguientes principios:

a) Deberán identificarse debidamente como tales en el momento de efectuar una detención.

b) Velarán por la vida e integridad física de las personas a quienes detuvieren o que se encuentren bajo su custodia y respetarán los derechos, el honor y la dignidad de las personas.

c) Darán cumplimiento y observarán con la debida diligencia los trámites, plazos y requisitos exigidos por el ordenamiento jurídico cuando se proceda a la detención de una persona.

20. c) Todas las respuestas anteriores son correctas

Los miembros de la Policía Municipal deberán llevar a cabo sus funciones con total dedicación, debiendo intervenir siempre en cualquier tiempo y lugar, se hallaren o no de servicio, en defensa de la Ley y de la seguridad ciudadana.

21. c) Todas las respuestas anteriores son correctas

Los miembros de la Policía Municipal deberán guardar riguroso secreto respecto a todas las informaciones que conozcan por razón o con ocasión del desempeño de sus funciones. No estarán obligados a revelar las fuentes de información salvo que el ejercicio de sus funciones o las disposiciones de la Ley les impongan actuar de otra manera.

22. a) El Pleno del Ayuntamiento

La plantilla del Cuerpo de Policía Municipal será la aprobada por el Pleno del Ayuntamiento, previo informe de la Comisión Regional de Coordinación de la Policías Locales, que integrará el número total de puestos de trabajo que la componen, así como los correspondientes a cada categoría, señalando su denominación y características, requisitos exigidos para su desempeño, niveles y complementos retributivos.

23. c) La Comisión Regional de Coordinación de las Policías Locales

La plantilla del Cuerpo de Policía Municipal será la aprobada por el Pleno del Ayuntamiento, previo informe de la Comisión Regional de Coordinación de la Policías Locales, que integrará el número total de puestos de trabajo que la componen, así como los correspondientes a cada categoría, señalando su denominación y características, requisitos exigidos para su desempeño, niveles y complementos retributivos.

24. b) Requisitos exigidos para el acceso

La plantilla del Cuerpo de Policía Municipal será la aprobada por el Pleno del Ayuntamiento, previo informe de la Comisión Regional de Coordinación de la Policías Locales, que integrará el número total de puestos de trabajo que la componen, así como los correspondientes a cada categoría, señalando su denominación y características, requisitos exigidos para su desempeño, niveles y complementos retributivos.

25. c) Demografía de la población

La plantilla deberá responder en todo momento a las necesidades que demande la sociedad, teniendo en cuenta la configuración territorial de la ciudad y las características y peculiaridades de su población, así como de aquellos otros compromisos adquiridos con motivo de ostentar Madrid la capitalidad del Estado, debiendo estar en constante evolución, tanto en el número que la componen como en los requisitos exigidos para el desempeño del puesto de trabajo.

26. c) Eficacia

El número de componentes que formen la plantilla del Cuerpo deberá corresponder siempre a los principios de racionalización, economía y eficacia, debiendo orientarse a una plantilla globalizada de, al menos, dos policías por cada mil habitantes, sin perjuicio de los criterios que establezca la Comisión Regional de coordinación de Policías Locales de la Comunidad de Madrid.

27. a) Dos por cada mil habitantes

El número de componentes que formen la plantilla del Cuerpo deberá corresponder siempre a los principios de racionalización, economía y eficacia, debiendo orientarse a una plantilla globalizada

de, al menos, dos policías por cada mil habitantes, sin perjuicio de los criterios que establezca la Comisión Regional de coordinación de Policías Locales de la Comunidad de Madrid.

28. b) En la relación de puestos de trabajo existentes en la organización general del Ayuntamiento

Los miembros del Cuerpo de Policía Municipal figurarán en la relación de todos los puestos de trabajo existentes en la organización general del Ayuntamiento, en los términos previstos en la legislación básica sobre la función pública.

29. b) En relación nominal de mayor a menor empleo

La Jefatura tendrá al día el Escalafón de todo el personal que forma parte de la plantilla del Cuerpo, en relación nominal de mayor a menor empleo y, dentro de cada uno, de mayor a menor antigüedad.

30. c) Todas las respuestas anteriores son correctas

La Policía Municipal de Madrid se constituye en un Cuerpo único bajo la superior autoridad y dependencia directa del Alcalde o en caso de delegación, del Concejal o funcionario que se determine.

TEST 9

Jerarquía y régimen disciplinario en los Cuerpos de Policía Local. Función de mando. Relaciones de subordinación. El saludo y sus clases. Tratamientos. Presentaciones

1. **¿Cuál de los principios siguientes es uno de los principios básicos de actuación de los Cuerpos Policiales dada la naturaleza de sus misiones, según Ley Orgánica 2/1986, de 13 de marzo, de Fuerzas y Cuerpos de Seguridad?**

   a) Cooperación

   b) Jerarquía

   c) Colaboración

2. **De acuerdo con el Reglamento para el Cuerpo de Policía Municipal, ¿cuál es la definición que se amolda al concepto legal de Cuerpos de Policía Local?**

   a) Institutos militarizados de naturaleza civil y estructura y organización jerarquizada

   b) Institutos armados de naturaleza penal y estructura y organización jerarquizada

   c) Institutos armados de naturaleza civil y estructura y organización jerarquizada

3. **¿Quién ostenta la posición de jefe superior del Cuerpo de Policía Municipal conforme a la Ley 7/1985, de 2 de abril, Reguladora de las Bases del Régimen Local?**

   a) Concejal de Seguridad Ciudadana

   b) Alcalde

   c) Pleno del Ayuntamiento

4. ¿A quién corresponderá el mando inmediato de la Policía Local en cada entidad, según el Real Decreto Legislativo 781/1986, de 18 de abril, por el que se aprueba el texto refundido de las disposiciones legales vigentes en materia de Régimen Local?

a) Al Pleno

b) Al Alcalde

c) Al Jefe del Cuerpo

5. ¿Qué criterios deberá seguir la ordenación de los funcionarios en el momento que existan varios funcionarios según el Decreto de 30 de mayo de 1952 por el que se aprueba el texto del Reglamento de funcionarios de la Administración local?

a) Las necesidades del municipio

b) El volumen de las funciones

c) Todas las respuestas anteriores son correctas

6. ¿Cuál de las siguientes no es una escala en la cual se organizan los Cuerpos de Policía Local, de acuerdo con lo dispuesto en la Ley 1/2018, de 22 de febrero, de Coordinación de Policías Locales de la Comunidad de Madrid?

a) Escala organizativa

b) Escala técnica

c) Escala ejecutiva

7. ¿Cuál de las siguientes categorías se incluye dentro de la Escala Técnica de la Policía Local, según la Ley 1/2018, de 22 de febrero, de Coordinación de Policías Locales de la Comunidad de Madrid?

a) Inspector

b) Comisario

c) Intendente

8. ¿En qué parte de la Ley Orgánica 2/1986, de 13 de marzo, de Fuerzas y Cuerpos de Seguridad se regulan los principios básicos a los que deberá ajustar sus actuaciones el Cuerpo de Policía Municipal?

a) Título II, Capítulo I

b) Título I, Capítulo II

c) Título III, Capítulo II

9. ¿Cuál es la definición que se amoldaría mejor al concepto de disciplina?

a) Actitud individual o colectiva que asegura una pronta obediencia a la misión recibida, así como la disposición apropiada a la actuación ante la falta de órdenes

b) Actitud individual que asegura una obediencia tardía a la misión recibida, así como la disposición apropiada a la actuación ante las órdenes recibidas

c) Actitud colectiva que refuerza una obediencia tardía a la misión recibida, así como la disposición apropiada a la actuación ante las órdenes recibidas

10. ¿Cuál de los siguientes principios no es uno de los que fundamenta la jerarquía?

a) Principio de unidad de mando

b) Principio de división del trabajo

c) Principio de adjudicación de la gestión

11. ¿Cuál de las siguientes no se considera como una de las condiciones que se debe poseer en calidad de jefe?

a) Efectividad

b) Discontinuidad

c) Delegación

12. ¿Cuál de las siguientes se considera como una de las condiciones que se debe poseer en calidad de jefe?

a) Eficiencia

b) Ejercicio de la iniciativa

c) Ejemplaridad

13. ¿Cuál de las siguientes características debe ser cumplida por las órdenes que se den por parte de la jefatura? Señale la respuesta incorrecta:

a) Concisión

b) Imprecisión

c) Claridad

14. ¿Cuál de las siguientes es una de las normas básicas para el aprendizaje del concepto de mando?

a) Información técnica y táctica

b) Preparación técnica y táctica

c) Todas las respuestas anteriores son correctas

15. ¿Cuál de las siguientes no se considera una norma básica para el aprendizaje del mando?

a) Conocimiento adecuado de uno mismo y una preparación personal y profesional adecuada.

b) Conocimiento de los subordinados, buscando su profesionalidad, conocer sus aptitudes y limitaciones tanto profesionales como humanas

c) Información local y veraz a los subordinados. Con información se mejora la iniciativa, la eficacia y la moral

16. ¿Cuál de la siguientes no se entiende como una de las cualidades de la persona que debe ejercer el mando?

a) Responsabilidad

b) Ser moralmente responsable

c) Intelectualmente normal

17. ¿Cuál de las siguientes se entiende como una regla a tener en cuenta en el momento del ejercicio de la función de mando?

a) Conocer exactamente lo que quiere alcanzar

b) Expresarse de forma tácita mediante lenguaje claro y comprensible

c) Hablar de cualquier manera, con voz clara, aunque se grite

18. ¿Cuál de las siguientes no se consideraría una regla a tener en cuenta en el momento de ejercer la función de mando?

a) Individualizar las órdenes

b) Adaptarse a la situación

c) Obligar a ejecutar las órdenes lo haga a quien haya de hacerlo

19. ¿Qué se entiende como subordinación?

a) Supeditar la realización de una acción al cumplimiento de otra

b) Estar bajo un ordenamiento, es decir, bajo órdenes dadas por quien tiene atribuciones para ello

c) Cumplir las órdenes dadas por cualquier persona

20. Según Ley Orgánica 2/1986, de 13 de marzo, de Fuerzas y Cuerpos de Seguridad, las Fuerzas y Cuerpos de Seguridad deberán sujetarse en su actuación profesional, a los principios de jerarquía y:

a) Subordinación

b) Colaboración

c) Eficiencia

21. ¿Cuál de las siguientes es una finalidad a la que deben orientarse las relaciones entre los ciudadanos y los Cuerpos Policiales?

a) Colaboración mutua

b) Respeto mutuo

c) Cooperación

22. ¿Qué tipo de expresión se considera el saludo?

a) Expresión del respeto impuesto por los principios de jerarquía y subordinación

b) Expresión del respeto que imponen los principios de manifestación respetuosa hacia determinados símbolos e instituciones

c) Todas las respuestas anteriores son correctas

23. ¿Cuál de las siguientes no es una de las finalidades del saludo?

a) Demostración de acatamiento de unos reglamentos

b) Subordinación a unos mandos

c) Sumisión forzosa a los principios de jerarquía y servicio

24. ¿Cuál de los siguientes no se puede considerar como una clase de saludo?

a) Saludo dirigido a un inferior jerárquico

b) Saludo dirigido a una autoridad

c) Saludo dirigido a un ciudadano

25. ¿Cómo se realizaría el saludo dirigido a un superior jerárquico?

a) Se hace llevando la mano (con los dedos unidos y la palma hacia arriba) hacia el botón de barboquejo de la prenda de cabeza o parte similar, tocándolo con el dedo índice

b) Se hace llevando la mano (con los dedos separados y la palma hacia abajo) hacia el botón del barboquejo de la prenda de cabeza o parte similar; tocándolo con el dedo meñique

c) Se hace llevando la mano (con los dedos unidos y la palma hacia abajo) hacia el botón del barboquejo de la prenda de cabeza o parte similar, tocándolo con el dedo índice

26. ¿Qué simboliza exactamente el saludo entre compañeros de la misma graduación?

a) Acto de buena preparación profesional

b) Acto de buenos principios y de buena educación

c) Todas las respuestas anteriores son correctas

27. ¿Cuál de las siguientes no es una característica del saludo en lugares cerrados?

a) Se efectúa con la mano

b) Adoptar la posición de firmes

c) Decir la frase "A la orden de VD., Usía, Vuecencia (o el tratamiento que le corresponda por su dignidad o cargo)"

28. ¿Cuál de las siguientes es una característica del saludo en lugares abiertos?

a) Se dice la frase "A la orden de VD., Usía, Vuecencia (o el tratamiento que le corresponda por su dignidad o cargo)" y se llevará la mano, con los dedos separados y la palma hacia abajo, hacia el botón de barboquejo de la prenda de cabeza o parte similar

b) Se dice la frase "A la orden de VD., Usía, Vuecencia (o el tratamiento que le corresponda por su dignidad o cargo)" y se llevará la mano, con los dedos unidos y la palma hacia abajo, hacia el botón del barboquejo de la prenda de cabeza o parte similar

c) Se dice la frase "A la orden de VD., Usía, Vuecencia (o el tratamiento que le corresponda por su dignidad o cargo)" y se llevará la mano, con los dedos separados y la palma hacia arriba hacia el botón de barboquejo de la prenda de cabeza o parte similar

29. Existe obligación de saludar a:

a) La Bandera

b) Las personalidades extranjeras por razón de su cargo, dignidad o cometido

c) Todas las respuestas anteriores son correctas

30. ¿Cómo se regular la obligación de otorgar tratamientos, según el Real Decreto Legislativo 781/1986 de 18 de abril por el que se aprueba el Texto Refundido del Régimen Local?

a) Las Corporaciones Locales dispensarán a sus funcionarios la protección que requiere el ejercicio de sus cargos, y les otorgarán los tratamientos y consideraciones sociales debidos a su rango y a la dignidad de la función pública

b) Las Corporaciones Locales dispensarán a sus subordinados la protección que requiere el ejercicio de sus cargos, y les otorgarán los tratamientos y consideraciones sociales debidos a su rango y a la dignidad de la función pública

c) Las Corporaciones Locales dispensarán a sus inferiores el tratamiento que requiere el ejercicio de sus cargos, y les otorgarán los tratamientos y consideraciones sociales debidos a su rango y a la dignidad de la función pública

SOLUCIONES TEST 9

1. b) Jerarquía

Son principios básicos de actuación de los miembros de las Fuerzas y Cuerpos de Seguridad los siguientes:

- *Adecuación al ordenamiento jurídico, especialmente:*

  a) Ejercer su función con absoluto respeto a la Constitución y al resto del ordenamiento jurídico.

  b) Actuar, en el cumplimiento de sus funciones, con absoluta neutralidad política e imparcialidad y, en consecuencia, sin discriminación alguna por razón de raza, religión u opinión.

  c) Actuar con integridad y dignidad. En particular, deberán abstenerse de todo acto de corrupción y oponerse a él resueltamente.

  d) Sujetarse en su actuación profesional, a los principios de jerarquía y subordinación. En ningún caso, la obediencia debida podrá amparar órdenes que entrañen la ejecución de actos que manifiestamente constituyan delito o sean contrarios a la Constitución o a las Leyes.

  e) Colaborar con la Administración de Justicia y auxiliarla en los términos establecidos en la Ley.

[…]

2. c) Institutos armados de naturaleza civil y estructura y organización jerarquizada

La Policía Municipal de Madrid es un instituto armado y de naturaleza civil, con estructura y organización jerarquizada bajo la superior autoridad del Alcalde.

3. b) Alcalde

Según el artículo 21 de la Ley 7/1985, de 2 de abril, el Alcalde es el Presidente de la Corporación y ostenta las siguientes atribuciones:

[…]

i) Ejercer la jefatura de la Policía Municipal.

[…]

4. c) Al Jefe del Cuerpo

La Disposición transitoria cuarta del Real Decreto Legislativo 781/1986, de 18 de abril, por el que se aprueba el texto refundido de las disposiciones legales vigentes en materia de Régimen

Local recoge que, en tanto se aprueben las normas estatutarias de los Cuerpos de Policía Local, de acuerdo con lo dispuesto en la Ley 7/1985, de 2 de abril, y en la Ley Orgánica 2/1986, de 13 de marzo, de Fuerzas y Cuerpos de Seguridad, serán de aplicación las siguientes normas:

- *La Policía Local solo existirá en los Municipios con población superior a 5.000 habitantes, salvo que el Ministerio de Administración Territorial autorice su creación en los de censo inferior. Donde no existan, su misión se llevará a cabo por los auxiliares de la Policía Local, que comprenderá el personal que desempeñe funciones de custodia y vigilancia de bienes, servicios e instalaciones, con la denominación de Guardas, Vigilantes, Agentes, Alguaciles o análogas.*
- *Dentro de cada Municipio, la Policía se integrará en un Cuerpo único, aunque puedan existir especialidades de acuerdo con las necesidades. Bajo la superior autoridad y dependencia directa del Alcalde, el mando inmediato de la Policía Local corresponderá en cada Entidad al Jefe del Cuerpo.*
- *Orgánicamente, la Policía Local estará integrada por una escala técnica o de mando y otra ejecutiva. En la escala técnica podrán existir los empleos de Inspector, Subinspector y Oficial, pero los dos primeros solo podrán crearse en los Municipios de más de 100.000 habitantes; en la ejecutiva los de Suboficial, Sargento, Cabo y Guardia.*
- *El ingreso como Guardia de la Policía Local se hará por oposición exigiéndose no exceder de treinta años de edad y acreditar las condiciones físicas que se determinen.*
- *Los miembros de los Cuerpos de Policía Local, en el ejercicio de sus funciones, tendrán a todos los efectos legales el carácter de Agentes de la Autoridad.*

5. c) Todas las respuestas anteriores son correctas

El Decreto de 30 de mayo de 1952 dispone en su artículo 253 que, dentro de las superiores atribuciones del Gobernador Civil, y de las facultades de alcalde, como Jefe de la Administración Municipal y Delegado del Gobierno en la localidad, la policía municipal estará bajo la dependencia de un solo Jefe inmediato. A tal efecto, cuando los funcionarios sean varios deberá establecerse una rigurosa jerarquía de clases, en relación con las necesidades del municipio y el volumen de las funciones, y con distribución proporcionada dentro de la plantilla.

6. a) Escala organizativa

Según el artículo 33 de la Ley 1/2018, de 22 de febrero, los Cuerpos de policía local se estructurarán en las siguientes escalas y categorías:

a) Escala técnica.

b) Escala ejecutiva.

c) Escala básica.

7. a) Inspector

Conforme al artículo 33 de la Ley 1/2018, de 22 de febrero, los Cuerpos de policía local se estructurarán en las siguientes escalas y categorías:

a) Escala técnica, que comprende las categorías siguientes:

1.º Comisario o Comisaria principal.

2.º Comisario o Comisaria.

3.º Intendente.

[…]

8. b) Título I, Capítulo II

La Ley Orgánica 2/1986, de 13 de marzo, regula los principios básicos de actuación en el Capítulo II del Título I.

9. a) Actitud individual o colectiva que asegura una pronta obediencia a la misión recibida, así como la disposición apropiada a la actuación ante la falta de órdenes

Disciplina es la actitud individual o colectiva que asegura una pronta obediencia a la misión recibida, así como la disposición apropiada a la actuación ante la falta de órdenes.

10. c) Principio de adjudicación de la gestión

La jerarquía se basa en dos principios:

- *Principio de unidad de mando, que implica una concentración de funciones.*
- *Principio de división del trabajo o especialidad de la gestión.*

11. b) Discontinuidad

Son condiciones que debe poseer el jefe para el ejercicio del mando: efectividad, delegación, ejemplaridad, continuidad, disciplina y fomento de la iniciativa.

12. c) Ejemplaridad

Son condiciones que debe poseer el jefe para el ejercicio del mando: efectividad, delegación, ejemplaridad, continuidad, disciplina y fomento de la iniciativa.

13. b) Imprecisión

El ejercicio de la función de mando por la jefatura se logra transmitiendo órdenes claras, concretas, precisas y concisas.

14. c) Todas las respuestas anteriores son correctas

Entre las normas básicas para el aprendizaje del mando, se puede señalar la de la información y preparación técnica y táctica.

15. b) Conocimiento de los subordinados, buscando su profesionalidad, conocer sus aptitudes y limitaciones tanto profesionales como humanas

Entre las normas básicas para el aprendizaje del mando, se puede señalar la del conocimiento de los subordinados, en aras a su bienestar, para lo cual resulta preciso conocer sus aptitudes y limitaciones profesionales y humanas.

16. c) Intelectualmente normal

El buen ejercicio del mando requiere que la persona que lo ejerza sea responsable, moralmente respetable, intelectualmente superior y físicamente preparado.

17. a) Conocer exactamente lo que quiere alcanzar

El ejercicio de la función de mando debe seguir reglas como, por ejemplo, conocer exactamente aquello que se pretende lograr o alcanzar.

18. c) Obligar a ejecutar las órdenes lo haga a quien haya de hacerlo

El ejercicio de la función de mando debe seguir reglas como, por ejemplo, motivar a la persona encargada de ejecutar las órdenes, para que lo haga voluntariamente, sin necesidad de obligarle.

19. b) Estar bajo un ordenamiento, es decir, bajo órdenes dadas por quien tiene atribuciones para ello

Subordinación es estar bajo un ordenamiento. Por tanto, consiste en estar bajo las órdenes de otra persona.

20. a) Subordinación

Conforme al artículo 5 de la Ley Orgánica 2/1986, de 13 de marzo, son principios básicos de actuación de los miembros de las Fuerzas y Cuerpos de Seguridad los siguientes:

- *Adecuación al ordenamiento jurídico, especialmente:*

[…]

d) Sujetarse en su actuación profesional, a los principios de jerarquía y subordinación. En ningún caso, la obediencia debida podrá amparar órdenes que entrañen la ejecución de actos que manifiestamente constituyan delito o sean contrarios a la Constitución o a las Leyes.

[…]

21. b) Respeto mutuo

Las relaciones entre la ciudadanía y los Cuerpos Policiales y Ciudadanos deben basarse en el respeto mutuo.

22. c) Todas las respuestas anteriores son correctas

Las relaciones entre la ciudadanía y los Cuerpos Policiales y Ciudadanos deben basarse en el respeto mutuo. En ese sentido, una manifestación de tal respeto hacia la ciudadanía es el saludo, obligado para todos los componentes del Cuerpo de Policía Municipal, que, asimismo, expresa el respeto impuesto por los principios de jerarquía, subordinación y manifestación respetuosa hacia determinados símbolos e instituciones.

23. c) Sumisión forzosa a los principios de jerarquía y servicio

Las relaciones entre la ciudadanía y los Cuerpos Policiales y Ciudadanos deben basarse en el respeto mutuo. [...] El saludo también es una manifestación de la disciplina interna propia de colectivos jerarquizados, constituyendo así una expresión del acatamiento de unos reglamentos, la subordinación a unos mandos y la voluntaria sumisión a los principios de jerarquía y de servicio.

24. a) Saludo dirigido a un inferior jerárquico

Las relaciones entre la ciudadanía y los Cuerpos Policiales y Ciudadanos deben basarse en el respeto mutuo. [...] Por todo lo anterior, un saludo puede estar dirigido a un superior jerárquico, una autoridad, un compañero de igual graduación o un ciudadano.

25. c) Se hace llevando la mano (con los dedos unidos y la palma hacia abajo) hacia el botón del barboquejo de la prenda de cabeza o parte similar, tocándolo con el dedo índice

El saludo a un superior jerárquico se hace llevando la mano (con los dedos unidos y palma hacia abajo) hacia el botón del barboquejo de la prenda de cabeza o parte similar; tocándolo con el dedo índice.

26. c) Todas las respuestas anteriores son correctas

El saludo a un compañero de igual graduación denota buena preparación profesional, buenos principios y buena educación.

27. a) Se efectúa con la mano

En el caso de que el saludo se haga en un lugar cerrado, bastará con adoptar la posición de firmes y decir la frase "A la orden de VD., Usía, Vuecencia (o el tratamiento que le corresponda por su dignidad o cargo)".

28. b) Se dice la frase "A la orden de VD., Usía, Vuecencia (o el tratamiento que le corresponda por su dignidad o cargo)" y se llevará la mano, con los dedos unidos y la palma hacia abajo, hacia el botón del barboquejo de la prenda de cabeza o parte similar

En el caso de que el saludo se haga en un lugar abierto, hay decir la frase "A la orden de VD., Usía, Vuecencia (o el tratamiento que le corresponda por su dignidad o cargo)" y llevarse la mano, con los dedos unidos y la palma hacia abajo, hacia el botón del barboquejo de la prenda de cabeza o parte similar.

29. c) Todas las respuestas anteriores son correctas

Hay obligación de saludar a: los Reyes de España y el Príncipe de Asturias, la Bandera, las autoridades civiles o militares, las personalidades extranjeras por razón de su cargo, dignidad o cometido, las autoridades Municipales, los superiores jerárquicos del Cuerpo, el profesorado de la Academia (por el alumnado) y a todo ciudadano cuando se establezca comunicación con él.

30. a) Las Corporaciones Locales dispensarán a sus funcionarios la protección que requiere el ejercicio de sus cargos, y les otorgarán los tratamientos y consideraciones sociales debidos a su rango y a la dignidad de la función pública

Las Corporaciones locales dispensarán a sus funcionarios la protección que requiere el ejercicio de sus cargos, y les otorgarán los tratamientos y consideraciones sociales debidos a su rango y a la dignidad de la función pública.

TEST 10

La Ley 1/2018, de 22 de febrero, de Coordinación de las Policías Locales de la Comunidad de Madrid: la coordinación entre Policías Locales. Régimen jurídico de los Cuerpos de Policía Local: organización y estructura

1. **Según la Ley 1/2018, de 22 de febrero, ¿cuál de las siguientes es una de las finalidades que pretende garantizar la Comunidad de Madrid con sus actuaciones integrales?**

    a) Libertad

    b) Seguridad de todos los ciudadanos

    c) Todas las respuestas anteriores son correctas

2. **En la Ley 1/2018, de 22 de febrero, se establece que la Comunidad ejerce las competencias de coordinación de los distintos Cuerpos de Policía Local a través de:**

    a) Consejería competente en coordinación de policías locales

    b) Comisión Regional de Coordinación de las Policías Locales

    c) Todas las respuestas anteriores son correctas

3. **Conforme a la Ley 1/2018, de 22 de febrero, ¿cuál de los siguientes no se considera uno de los principios básicos de las políticas de seguridad que inspira la actuación de la Comunidad de Madrid?**

    a) Coordinación entre las Administraciones Públicas

    b) Cooperación con los órganos de la Administración de la Administración de Justicia y del Ministerio Fiscal

    c) Establecimiento de políticas de prevención de delincuencia

4. Según la Ley 1/2018, de 22 de febrero, ¿cuál de los siguientes no se considera vocal de la Comisión Regional de Coordinación de las Policías Locales?

a) Persona titular de la dirección general competente en materia de coordinación de policías locales

b) Persona titular de la Dirección General de Policía Municipal del Ayuntamiento de Madrid

c) El responsable únicamente de la Dirección del Centro de Formación Integral de Seguridad de la Comunidad de Madrid, competente en la formación de las policías locales

5. De acuerdo con la Ley 1/2018, de 22 de febrero, ¿quién es uno de los organismos encargados de proponer los vocales de la Comisión Regional de Coordinación?

a) Por la presidencia de la Comisión, los del Ayuntamiento de Madrid

b) Por la Federación de Municipios de Madrid, los de los ayuntamientos

c) Por la Alcaldía, los representantes sindicales

6. Conforme a la Ley 1/2018, de 22 de febrero, ¿qué principio deben respetar en todo caso el nombramiento de los miembros de la Comisión Regional de Coordinación?

a) Representación equilibrada de mujeres y hombres

b) Presencia equilibrada de mujeres y hombres

c) Representación equilibrada de mujeres de todas las edades

7. Según la Ley 1/2018, de 22 de febrero, ¿en qué regulación se recoge la forma de conferir los cargos en la Comisión Regional de Coordinación?

a) La Ley 1/1983 de 13 de enero, de Gobierno y Administración de la Comunidad de Madrid

b) La Ley 1/1983 de 13 de diciembre de Gobierno y Administración de la Comunidad de Madrid

c) La Ley 2/1983 de 13 de diciembre de Gobierno y Administración de la Comunidad de Madrid

8. De acuerdo con la Ley 1/2018, de 22 de febrero, ¿con qué periodicidad se reúne la Comisión Regional de Coordinación de las Policías Locales de forma ordinaria?

a) Mensualmente

b) Semestralmente

c) Trimestralmente

9. Conforme a la Ley 1/2018, de 22 de febrero, ¿con qué periodicidad se reúne la Comisión delegada de la Comisión Regional de Coordinación de las Policías Locales?

a) Bimestralmente

b) Trimestralmente

c) Anualmente

10. Según la Ley 1/2018, de 22 de febrero, ¿a qué órgano eleva la Comisión Regional una vez al año la memoria de las actividades de coordinación realizadas durante el ejercicio?

a) Al Ayuntamiento de Madrid

b) Al Consejo de Gobierno de la Comunidad de Madrid

c) Al Alcalde de Madrid

11. De acuerdo con la Ley 1/2018, de 22 de febrero, ¿cuál de las siguientes funciones se encuentra dentro de las referidas a la Comisión Regional de Coordinación de las Policías Locales?

a) Informar facultativamente los proyectos de disposiciones generales que en materia de coordinación de policías locales se dicten por los órganos de Gobierno de la Comunidad en desarrollo de la Ley 1/2018. Su informe tendrá carácter vinculante

b) Informar los criterios de convalidación de las acciones formativas de interés policial regulados en la Ley 1/2018

c) Establecer criterios de homogeneización de los medios técnicos, uniformidad y retribuciones económicas de los Cuerpos de Policía Local incluidos en el ámbito de aplicación de la Ley 1/2018

12. ¿Cuál de las siguientes facetas de quienes integran los Cuerpos de policía local se garantizan por la Ley 1/2018, de 22 de febrero?

a) Selección

b) Actualización profesional gratuita

c) Promoción

13. Según la Ley 1/2018, de 22 de febrero, ¿qué organismo tendrá la función de coordinar e impartir la formación profesional de los Cuerpos de policía local?

a) La Consejería competente del Gobierno de la Comunidad

b) El Ayuntamiento de Madrid

c) El Centro de Formación Integral de Seguridad de la Comunidad de Madrid

14. De acuerdo con la Ley 1/2018, de 22 de febrero, ¿cuál de las siguientes funciones no se incluye dentro de las atribuidas al Centro de Formación Integral de Seguridad de la comunidad de Madrid?

a) Selección

b) Formación

c) Perfeccionamiento profesional

15. Conforme a la Ley 1/2018, de 22 de febrero, ¿a través de qué órgano actúa el Centro de Formación Integral de Seguridad de la Comunidad de Madrid en cuanto a la planificación, supervisión y control de las actividades relacionadas con las diferentes modalidades de formación y de selección del profesorado?

a) Ayuntamiento de Madrid

b) Consejo Académico

c) Consejo de Gobierno de la Comunidad Autónoma

16. Según la Ley 1/2018, de 22 de febrero, ¿cuál será la forma fundamental de impartir la docencia en el Centro de Formación Integral de Seguridad de la Comunidad de Madrid?

a) Presencial

b) Semipresencial

c) Telemática

17. De acuerdo con la Ley 1/2018, de 22 de febrero, ¿de qué forma se pueden desarrollar acciones positivas de género por el Centro de Formación Integral de Seguridad?

a) Por el propio Centro de Formación Integral de Seguridad

b) A través de convenios de colaboración con Ayuntamientos o centros públicos de formación para el empleo

c) Todas las respuestas anteriores son correctas

18. Conforme a la Ley 1/2018, de 22 de febrero, ¿cuál es el organismo encargado de convalidar los estudios que se cursen en el Centro de Formación Integral de Seguridad de la Comunidad de Madrid?

a) Ministerio de Educación

b) Ministerio del Interior

c) Consejo de Ministros

19. Según la Ley 1/2018, de 22 de febrero, ¿cuál de las siguientes se trata de una circunstancia por la que los Cuerpos de Policía local podrán actuar fuera del término municipal?

a) En los supuestos establecidos por la normativa autonómica en materia de seguridad pública

b) A requerimiento de la autoridad judicial

c) En el ejercicio de las funciones de protección de las autoridades, cuando las autoridades protegidas se hallen dentro del término municipal en el que aquellos desempeñen sus funciones, conforme a las prescripciones establecidas en la normativa estatal reguladora en la materia

20. De acuerdo con la Ley 1/2018, de 22 de febrero, ¿qué organismo debe prestar el informe previo de cara a que los Ayuntamientos de Madrid puedan acordar que los miembros de los Cuerpos de Policía Local actúen dentro de sus propios términos municipales?

a) Informa previo del Ayuntamiento de Madrid

b) Informe previo del Consejo de Gobierno de Madrid

c) Informe previo de la Consejería competente en materia de coordinación de policías locales

21. Conforme a la Ley 1/2018, de 22 de febrero, ¿en qué régimen actuarán los policías de los cuerpos de policía local de otro ayuntamiento dentro de otros términos municipales?

a) Comisión de servicios

b) Concierto

c) Gestión directa

22. Según la Ley 1/2018, de 22 de febrero, en cuanto a la actuación de otros cuerpos de policía local en los distintos términos municipales, ¿qué finalidad tendrán los acuerdos de colaboración entre los diferentes cuerpos?

a) Para la propia actuación en otros términos municipales

b) Para la organización de las actividades a prestar

c) Para el uso compartido de instalaciones

23. De acuerdo con la Ley 1/2018, de 22 de febrero, ¿dónde podrán prestar servicio los miembros de los Cuerpos de policía local fuera de su término municipal?

a) En dependencias de organismos públicos de seguridad

b) En dependencias de organismos públicos de emergencias

c) Todas las respuestas anteriores son correctas

24. De acuerdo con la Ley 1/2018, de 22 de febrero, se entiende por coordinación:

a) Homogeneización de la actuación, organización, formación y dotación de los Cuerpos de policía local, con el fin de mejorar su eficacia y profesionalidad, así como los niveles de seguridad pública en la Comunidad de Madrid.

b) Establecimiento de la actuación, organización, formación y dotación de los Cuerpos de policía local, con el fin de mejorar su eficacia y profesionalidad, así como los niveles de seguridad pública en la Comunidad de Madrid.

c) Homogeneización de la actuación, organización, formación y dotación de todos los cuerpos de policía, local, autonómica o estatal, con el fin de mejorar su eficacia y profesionalidad, así como los niveles de seguridad pública en la Comunidad de Madrid.

25. ¿Cuál de las siguientes no será una de las actuaciones mediante la cual los Cuerpos de policía local de la Comunidad de Madrid ejerce las diferentes funciones de coordinación?

a) El establecimiento de normas marco a las que habrán de ajustarse los reglamentos municipales de policía local

b) La homogeneización de los medios técnicos para aumentar su eficacia, y en especial los sistemas de información, bases de datos, comunicaciones y nuevas tecnologías, vehículos, equipos de actuación, así como de la uniformidad y el sistema retributivo

c) La regulación, a través de la Alcaldía, de los procedimientos selectivos que fijen las bases y los criterios uniformes de ingreso, formación, promoción profesional, movilidad, permuta y comisión de servicio de los miembros de los policías locales, así como la titulación exigida para cada categoría, de conformidad con lo establecido en la Ley 1/2018

26. ¿Quién es el organismo habilitado para dictar las disposiciones reglamentarias necesarias para la ejecución de las funciones previstas en el artículo 20 de la Ley 1/2018?

a) El Alcalde de Madrid

b) El Consejo de Gobierno de la Comunidad

c) La Asamblea legislativa de la Comunidad

27. ¿Cuál de los siguientes no es uno de los principios básicos de políticas de seguridad que se refleja en las actuaciones integrales impulsadas por la Comunidad de Madrid?

a) Coordinación entre las Administraciones Públicas

b) Establecimiento de políticas de fomento de la delincuencia

c) Protección de las víctimas

28. ¿Cuál de los siguientes no es un órgano que se encargue de las competencias de coordinación de los Cuerpos de policía local?

a) Consejo de Gobierno

b) Comisión Regional de Coordinación de las policías locales

c) Comité Permanente de Coordinación de las Policías locales

29. ¿A qué organismo se adscribe la Comisión Regional de Coordinación de las Policías Locales?

a) Al Consejo de Gobierno

b) A la Presidencia de la Comunidad Autónoma

c) A la Consejería competente

30. ¿Quién de los siguientes no ostenta una Vicepresidencia de la Comisión Regional de Coordinación de las Policías Locales?

a) Persona titular de la Consejería competente en materia de coordinación de policías locales

b) Persona titular de la Viceconsejería competente en materia de coordinación de policías locales o asimilados

c) Persona titular de la presidencia de la Federación de Municipios de Madrid

SOLUCIONES TEST 10

1. c) Todas las respuestas anteriores son correctas

La Comunidad de Madrid impulsará, en el marco de sus competencias, actuaciones integrales con el fin de garantizar la libertad y la seguridad de todos los ciudadanos.

2. a) Consejería competente en coordinación de policías locales

La Comunidad de Madrid ejercerá las competencias de coordinación de los Cuerpos de policía local a través de:

a) El Consejo de Gobierno.

b) La Consejería competente en materia de coordinación de policías locales.

c) La Comisión Regional de Coordinación de las Policías Locales.

d) La Comisión delegada de la Comisión Regional de Coordinación de las Policías Locales.

3. b) Cooperación con los órganos de la Administración de la Administración de Justicia y del Ministerio Fiscal

La Comunidad de Madrid impulsará, en el marco de sus competencias, actuaciones integrales con el fin de garantizar la libertad y la seguridad de todos los ciudadanos, de conformidad con los siguientes principios básicos de políticas de seguridad:

a) Coordinación entre las Administraciones públicas.

b) Colaboración con los órganos de la Administración de Justicia y del Ministerio Fiscal.

c) Establecimiento de políticas de prevención de la delincuencia.

d) Fomento de la participación ciudadana.

e) Protección de las víctimas.

4. c) El responsable únicamente de la Dirección del Centro de Formación Integral de Seguridad de la Comunidad de Madrid, competente en la formación de las policías locales

La Comisión Regional de Coordinación estará integrada por:

a) Presidencia:

[…]

b) Vicepresidencias:

[…]

c) Vocales.

1.º La persona titular de la dirección general competente en materia de coordinación de policías locales.

2.º La persona titular de la Dirección General de Policía Municipal del Ayuntamiento de Madrid.

3.º El responsable o persona en quien delegue de la dirección del Centro de Formación Integral de Seguridad de la Comunidad de Madrid, competente en la formación de las policías locales.

4.º Dos miembros en representación de la Comunidad de Madrid.

5.º Tres miembros en representación del Ayuntamiento de Madrid.

6.º Cinco miembros en representación de los ayuntamientos de la Comunidad de Madrid, designados por la Federación de Municipios de Madrid.

7.º Cuatro miembros en representación de las centrales sindicales más representativas entre el funcionariado de los respectivos municipios de la Comunidad de Madrid.

8.º Un jefe de la policía local, en representación de la asociación más representativa, que agrupe a los jefes de la policía local de la Comunidad de Madrid.

d) Secretaría:

[…]

5. b) Por la Federación de Municipios de Madrid, los de los ayuntamientos

Corresponde al Consejo de Gobierno de la Comunidad de Madrid, el nombramiento de vocales en la Comisión Regional de Coordinación. En ese sentido, los representantes en la Comisión de las diferentes instituciones y entidades serán propuesta:

a) Por la presidencia de la Comisión, los de la Comunidad de Madrid.

b) Por la alcaldía, los del Ayuntamiento de Madrid.

c) Por la Federación de Municipios de Madrid, los de los ayuntamientos.

d) Por las centrales más representativas, los representantes sindicales.

6. a) Representación equilibrada de mujeres y hombres

Las propuestas de los nombramientos deberán respetar, en todo caso, el principio de representación equilibrada entre mujeres y hombres, de acuerdo con la legislación vigente en la materia.

7. b) La Ley 1/1983 de 13 de diciembre de Gobierno y Administración de la Comunidad de Madrid

Los cargos de la Comisión serán conferidos conforme determina la Ley 1/1983, de 13 de diciembre, de Gobierno y Administración de la Comunidad de Madrid.

8. b) Semestralmente

La Comisión Regional de Coordinación de las Policías Locales se reunirá semestralmente con carácter ordinario. Con carácter extraordinario, podrá reunirse a petición de, como mínimo, cinco de sus componentes y, asimismo, cuantas veces lo requiera el cumplimiento de sus cometidos, previa convocatoria de la presidencia de la Comisión.

9. a) Bimestralmente

La Comisión delegada de la Comisión Regional de Coordinación de las Policías Locales se reunirá al menos bimestralmente.

10. b) Al Consejo de Gobierno de la Comunidad de Madrid

Una vez al año, la Comisión Regional elevará al Consejo de Gobierno de la Comunidad de Madrid, la Memoria de las actividades de coordinación realizadas durante el ejercicio.

11. c) Establecer criterios de homogeneización de los medios técnicos, uniformidad y retribuciones económicas de los Cuerpos de Policía Local incluidos en el ámbito de aplicación de la Ley 1/2018

Son funciones de la Comisión Regional de Coordinación de las Policías Locales:

a) Informar preceptivamente los proyectos de disposiciones generales que en materia de coordinación de policías locales se dicten por los órganos de Gobierno de la Comunidad en desarrollo de la Ley 1/2018. Su informe tendrá carácter vinculante.

b) Informar preceptivamente los proyectos o disposiciones normativas, reglamentos y cualesquiera otras relacionadas con las policías locales que afecten a su actuación, que elaboren los ayuntamientos. Su informe tendrá carácter vinculante.

c) Informar los criterios de homologación de las acciones formativas de interés policial regulados en la Ley 1/2018.

d) Establecer criterios de homogeneización de los medios técnicos, uniformidad y retribuciones económicas de los Cuerpos de policía local incluidos en el ámbito de aplicación de la Ley 1/2018.

e) Emitir informes técnicos sobre estructura, organización, funcionamiento y medios técnicos de la policía local.

f) Proponer a los órganos competentes de las diversas Administraciones públicas la adopción de cuantas medidas considere convenientes para la mejora de los servicios policiales, y para la homogeneización de sus medios técnicos.

g) Proponer planes de actuación conjunta entre diversos Cuerpos de policía local en supuestos de concurrencia de personas y acontecimientos que rebasen las circunstancias habituales, para su presentación a los ayuntamientos que lo hubiesen solicitado.

h) Informar las convocatorias de selección, sistemas de promoción y formación de los policías locales.

i) Informar preceptivamente las plantillas y relaciones de puestos de trabajo de los Cuerpos de policía local elaboradas por los ayuntamientos.

j) Contribuir a la mediación para la resolución de conflictos de carácter profesional, con exclusión de aquellos de contenido estrictamente económico.

k) Establecer un mecanismo de trasposición automática de las actualizaciones normativas que se vayan produciendo durante la vigencia de la presente norma.

l) Informar los protocolos de actuación y buenas prácticas que se elaboren.

m) Constituir la Comisión delegada de la Comisión Regional de Coordinación.

n) Las demás que le vinieran atribuidas por las leyes.

12. b) Actualización profesional gratuita

La Ley 1/2018 garantiza la capacitación, la formación y actualización profesional gratuita de quienes integren los Cuerpos de la Policía Local. Para ello, la Comunidad de Madrid llevará a cabo las acciones formativas que puedan garantizar, con carácter permanente, una formación profesional para el adecuado cumplimiento de las funciones policiales.

13. c) El Centro de Formación Integral de Seguridad de la Comunidad de Madrid

La formación profesional de los Cuerpos de policía local será coordinada e impartida a través del Centro de Formación Integral de Seguridad de la Comunidad de Madrid, dependiente de la Consejería competente del Gobierno de la Comunidad. Su organización y funcionamiento se establecerán reglamentariamente.

14. a) Selección

Al Centro de Formación Integral de Seguridad de la Comunidad de Madrid corresponderá el ejercicio de las funciones de formación, investigación y perfeccionamiento profesional en materia de policía.

15. b) Consejo Académico

Corresponde al Centro de Formación Integral de Seguridad de la Comunidad de Madrid, a través del Consejo Académico, la planificación, organización, el establecimiento de criterios de desarrollo de los planes de formación, supervisión y control de las actividades relacionadas con las diferentes modalidades de formación y de selección del profesorado, en función de las características de cada una de ellas.

16. a) Presencial

La docencia a impartir en cuanto a las actividades de formación será fundamentalmente presencial, pudiendo desarrollarse también de forma semipresencial o telemática, de acuerdo con la naturaleza de las enseñanzas a impartir.

17. c) Todas las respuestas anteriores son correctas

El Centro de Formación Integral de Seguridad, a través del Consejo Académico, planificará acciones positivas de género, que podrán ser desarrolladas por el propio Centro de Formación integral de Seguridad o a través de convenios de colaboración con ayuntamientos o centros públicos de formación para el empleo.

18. a) Ministerio de Educación

Los estudios que se cursen en el Centro de Formación Integral de Seguridad de la Comunidad de Madrid, podrán ser objeto de convalidación por el Ministerio de Educación, que a tal fin tendrá en cuenta las titulaciones exigidas para el acceso a cada uno de ellos y la naturaleza y duración de dichos estudios.

19. b) A requerimiento de la autoridad judicial

Los Cuerpos de policía local podrán actuar fuera del término municipal en las siguientes circunstancias:

- *En los supuestos establecidos por la normativa estatal en materia de seguridad pública.*
- *En situaciones de emergencia, siempre que concurran las siguientes circunstancias:*
  - *a) Que sean requeridos por las autoridades competentes. Las autoridades competentes para apreciar o declarar la emergencia serán las que determine la normativa aplicable a cada supuesto.*
  - *b) Que sean autorizados por los titulares de las alcaldías correspondientes, salvo que su actuación sea necesaria para evitar un peligro grave y directo para la seguridad de las personas o de los bienes.*

Estas actuaciones se realizarán a través de sus mandos naturales, bajo la dependencia de las autoridades requirentes.

3. *A requerimiento de la autoridad judicial.*
4. *En el ejercicio de las funciones de protección de las autoridades, cuando las autoridades protegidas se hallen fuera del término municipal en el que aquellos desempeñen sus funciones, conforme a las prescripciones establecidas en la normativa estatal reguladora en la materia.*
5. *En los supuestos recogidos en el artículo 31.*

20. c) Informe previo de la Consejería competente en materia de coordinación de policías locales

Para atender eventualmente, en situaciones especiales y extraordinarias, las necesidades municipales que no requieran un aumento permanente de plantilla, los ayuntamientos de la Comunidad de Madrid, en aplicación del principio de colaboración, y previo informe de la Consejería competente en materia de coordinación de policías locales podrán acordar que miembros de los Cuerpos de policía local de otro ayuntamiento actúen dentro de sus propios términos municipales, en régimen de comisión de servicios, por tiempo determinado, percibiendo las retribuciones e indemnizaciones que puedan fijarse en los correspondientes acuerdos o convenios que se suscriban al efecto.

21. a) Comisión de servicios

Para atender eventualmente, en situaciones especiales y extraordinarias, las necesidades municipales que no requieran un aumento permanente de plantilla, los ayuntamientos de la Comunidad de Madrid, en aplicación del principio de colaboración, y previo informe de la Consejería competente en materia de coordinación de policías locales podrán acordar que miembros de los Cuerpos de policía local de otro ayuntamiento actúen dentro de sus propios términos municipales, en régimen de comisión de servicios, por tiempo determinado, percibiendo las retribuciones e indemnizaciones que puedan fijarse en los correspondientes acuerdos o convenios que se suscriban al efecto.

22. c) Para el uso compartido de instalaciones

Con el objeto de dotar de mayor eficacia a la actuación de los respectivos Cuerpos de policía local, los ayuntamientos podrán suscribir acuerdos de colaboración para el uso compartido de instalaciones. Dichos acuerdos no podrán afectar a los servicios de policía local, salvo en los casos en que así lo prevea la legislación aplicable a la materia.

23. c) Todas las respuestas anteriores son correctas

Cuando fuera necesario para el desempeño de sus funciones, los miembros de los Cuerpos de policía local podrán prestar servicio en dependencias de organismos públicos de seguridad y emergencias situados fuera de su término municipal.

24. a) Homogeneización de la actuación, organización, formación y dotación de los Cuerpos de policía local, con el fin de mejorar su eficacia y profesionalidad, así como los niveles de seguridad pública en la Comunidad de Madrid.

Se entiende por coordinación la homogeneización de la actuación, organización, formación y dotación de los Cuerpos de policía local, con el fin de mejorar su eficacia y profesionalidad, así como los niveles de seguridad pública en la Comunidad de Madrid.

25. c) La regulación, a través de la Alcaldía, de los procedimientos selectivos que fijen las bases y los criterios uniformes de ingreso, formación, promoción profesional, movilidad, permuta y comisión de servicio de los miembros de los policías locales, así como la titulación exigida para cada categoría, de conformidad con lo establecido en la Ley 1/2018

La Comunidad de Madrid, a través de la Consejería competente en materia de coordinación de policías locales, ejercerá las funciones de coordinación de los distintos Cuerpos de policía local de la Comunidad de Madrid mediante el desarrollo de las siguientes actuaciones:

[…]

c) La regulación, a través de la Comisión Regional de Coordinación de las Policías Locales, de los procedimientos selectivos que fijen las bases y los criterios uniformes de ingreso, formación, promoción profesional, movilidad, permuta y comisión de servicio de los miembros de los policías locales, así como la titulación exigida para cada categoría, de conformidad con lo establecido en la Ley 1/2018.

[…]

26. b) El Consejo de Gobierno de la Comunidad

El Consejo de Gobierno de la Comunidad queda habilitado para dictar cuantas disposiciones reglamentarias exija la ejecución de las funciones previstas en el artículo 20.

27. b) Establecimiento de políticas de fomento de la delincuencia

La Comunidad de Madrid impulsará, en el marco de sus competencias, actuaciones integrales con el fin de garantizar la libertad y la seguridad de todos los ciudadanos, de conformidad con los siguientes principios básicos de políticas de seguridad:

a) Coordinación entre las Administraciones públicas.

b) Colaboración con los órganos de la Administración de Justicia y del Ministerio Fiscal.

c) Establecimiento de políticas de prevención de la delincuencia.

d) Fomento de la participación ciudadana.

e) Protección de las víctimas.

28. c) Comité Permanente de Coordinación de las Policías locales

La Comunidad de Madrid ejercerá las competencias de coordinación de los Cuerpos de policía local a través de:

a) El Consejo de Gobierno.

b) La Consejería competente en materia de coordinación de policías locales.

c) La Comisión Regional de Coordinación de las Policías Locales.

d) La Comisión delegada de la Comisión Regional de Coordinación de las Policías Locales.

29. c) A la Consejería competente

Adscrita a la Consejería competente, se crea la Comisión Regional de Coordinación de las Policías Locales, como órgano consultivo y de asesoramiento, de participación y deliberante.

30. a) Persona titular de la Consejería competente en materia de coordinación de policías locales

La Comisión Regional de Coordinación estará integrada por:

a) Presidencia: la persona titular de la Consejería competente en materia de coordinación de policías locales.

b) Vicepresidencias:

1.º La persona titular de la Viceconsejería competente en materia de coordinación de policías locales o asimilados.

2.º La persona titular de la presidencia de la Federación de Municipios de Madrid.

3.º La persona titular de la concejalía delegada del Área de Seguridad del Ayuntamiento de Madrid.

c) Vocales.

[…]

d) Secretaría: actuará como secretario de la Comisión un funcionario de la Comunidad de Madrid, con voz, pero sin voto.

TEST 11

Reglamento Marco de Organización de las Policías Locales de la Comunidad de Madrid: objeto y ámbito de aplicación. Estructura y organización de los Cuerpos de Policía Local

1. **Indique la respuesta incorrecta. Es objeto del Reglamento Marco:**

    a) Establecer las normas marco a las que habrán de ajustar su contenido los reglamentos de organización de los Cuerpos de policía local constituidos en el ámbito territorial de la Comunidad de Madrid

    b) Establecer las normas marco a las que habrán de ajustar su contenido los reglamentos de organización y funcionamiento de los Cuerpos de policía de la Comunidad de Madrid

    c) Establecer las normas marco a las que habrán de ajustar su contenido los reglamentos de funcionamiento de los Cuerpos de policía local constituidos en el ámbito territorial de la Comunidad de Madrid

2. **Señale la respuesta incorrecta. El Reglamento Marco resulta de aplicación:**

    a) A todos los Cuerpos de policía local constituidos en el ámbito territorial de la Comunidad de Madrid

    b) En lo que proceda, a los alumnos que se encuentren realizando cursos selectivos y de formación en el Centro de Formación Integral de Seguridad de la Comunidad de Madrid

    c) Directa y específica en aquellos ayuntamientos en que exista reglamento propio de policía local

3. Señale la respuesta incorrecta. El acceso a cada una de las escalas y categorías exigirá estar en posesión de la titulación establecida por la legislación vigente en materia de función pública para los correspondientes subgrupos de clasificación profesional, sin perjuicio de lo establecido en la disposición transitoria primera. A tales efectos, resultarán exigibles las siguientes titulaciones:

a) Escala técnica, que comprende las categorías de Comisario o Comisaria principal, Comisario o Comisaria e Intendente: estar en posesión de la titulación exigible para el acceso al subgrupo de clasificación profesional A1.

b) Escala ejecutiva, que comprende las categorías de Inspector o Inspectora y Subinspector o Subinspectora: estar en posesión de la titulación exigible para el acceso al subgrupo de clasificación profesional A2

c) Escala básica, que comprende las categorías de Oficial y Policía: estar en posesión de la titulación exigible para el acceso al subgrupo de clasificación profesional B1

4. ¿Qué categorías tendrán como funciones el estudio, diseño y organización de los servicios?

a) Las categorías integradas en la escala técnica

b) La categoría de Inspector o Inspectora

c) La categoría de Subinspector o Subinspectora

5. ¿Qué categorías tendrán como funciones la coordinación práctica y seguimiento de los servicios?

a) Las categorías integradas en la escala técnica

b) La categoría de Inspector o Inspectora

c) La categoría de Subinspector o Subinspectora

6. ¿Qué categorías tendrán como funciones la coordinación y dirección de los servicios?

a) Las categorías integradas en la escala técnica

b) La categoría de Inspector o Inspectora

c) La categoría de Subinspector o Subinspectora

7. El número mínimo de efectivos al que deberán orientarse las plantillas de los Cuerpos de policía local es de:

a) Tres

b) Cuatro

c) Cinco

8. Los Cuerpos de policía local deberán orientar su organización, en orden a determinar las categorías y puestos de mando que integrarán las correspondientes plantillas, de acuerdo con unos criterios mínimos. Así, habrá un Oficial en las plantillas con menos de veinte efectivos:

a) Por cada ocho Policías

b) Por cada seis Policías

c) Por cada cuatro Policías

9. Los Cuerpos de policía local deberán orientar su organización, en orden a determinar las categorías y puestos de mando que integrarán las correspondientes plantillas, de acuerdo con unos criterios mínimos. Así, habrá un Oficial en las plantillas entre veinte y cien efectivos:

a) Por cada ocho Policías

b) Por cada seis Policías

c) Por cada cuatro Policías

10. Los Cuerpos de policía local deberán orientar su organización, en orden a determinar las categorías y puestos de mando que integrarán las correspondientes plantillas, de acuerdo con unos criterios mínimos. Así, habrá un Oficial en las plantillas con más de cien efectivos:

a) Por cada ocho Policías

b) Por cada seis Policías

c) Por cada cuatro Policías

11. Los Cuerpos de policía local deberán orientar su organización, en orden a determinar las categorías y puestos de mando que integrarán las correspondientes plantillas, de acuerdo con unos criterios mínimos. Así, habrá un Subinspector o Subinspectora por cada:

a) Dos Oficiales

b) Tres Oficiales

c) Cuatro Oficiales

12. Los Cuerpos de policía local deberán orientar su organización, en orden a determinar las categorías y puestos de mando que integrarán las correspondientes plantillas, de acuerdo con unos criterios mínimos. Así, a partir de la categoría de Inspector o Inspectora, el número mínimo de plazas por categoría inmediata inferior será:

a) Dos

b) Tres

c) Cuatro

13. Será obligatoria en los municipios con plantilla policial

a) La categoría de Subinspector o Subinspectora

b) La categoría de Oficial

c) La categoría de Intendente

14. La categoría de Comisario o Comisaria será obligatoria:

a) En los municipios que superen 150.000 habitantes, cuenten con más de 175 efectivos de plantilla policial o les resulte de aplicación el régimen de organización de los municipios de gran población

b) En los municipios que superen 80.000 habitantes o se les aplique el régimen de organización de los municipios de gran población

c) En los municipios que superen 35.000 habitantes o cuenten con más de 50 efectivos de plantilla policial

15. La categoría de Intendente será obligatoria:

a) En los municipios que superen 150.000 habitantes, cuenten con más de 175 efectivos de plantilla policial o les resulte de aplicación el régimen de organización de los municipios de gran población

b) En los municipios que superen 80.000 habitantes o se les aplique el régimen de organización de los municipios de gran población

c) En los municipios que superen 35.000 habitantes o cuenten con más de 50 efectivos de plantilla policial

16. La categoría de Inspector o Inspectora será obligatoria:

a) En los municipios que superen 150.000 habitantes, cuenten con más de 175 efectivos de plantilla policial o les resulte de aplicación el régimen de organización de los municipios de gran población

b) En los municipios que superen 80.000 habitantes o se les aplique el régimen de organización de los municipios de gran población

c) En los municipios que superen 35.000 habitantes o cuenten con más de 50 efectivos de plantilla policial

17. La categoría de Subinspector o Subinspectora será obligatoria en los municipios que cuenten con más de:

a) Veinte efectivos de plantilla policial

b) Quince efectivos de plantilla policial

c) Diez efectivos de plantilla policial

18. Indique la respuesta incorrecta. La Jefatura inmediata del Cuerpo de policía local habrá de recaer en:

a) El funcionario del Cuerpo de policía local de mayor categoría jerárquica del ayuntamiento

b) Funcionarios de otros Cuerpos de policía local de la Comunidad de Madrid, que tengan superior categoría

c) Funcionarios de otros Cuerpos de policía local de la Comunidad de Madrid, que tengan igual o inferior categoría

19. El horario de prestación del servicio de los miembros de los Cuerpos de policía local será fijado por:

a) El Ministerio de Interior

b) La Consejería de la Comunidad de Madrid competente en materia de seguridad

c) El respectivo ayuntamiento

20. Indique la respuesta incorrecta respecto a la comisión de servicios:

a) Podrán ser cubiertos en comisión de servicio los puestos de trabajo de los Cuerpos de policía local que se encuentren en situación de vacante, en caso de urgente e inaplazable necesidad

b) Se regulará por las disposiciones generales de función pública de aplicación en la materia

c) Tiene carácter obligatorio

SOLUCIONES TEST 11

1. b) Establecer las normas marco a las que habrán de ajustar su contenido los reglamentos de organización y funcionamiento de los Cuerpos de policía de la Comunidad de Madrid

De acuerdo con lo dispuesto en el Decreto 210/2021, de 15 de septiembre, del Consejo de Gobierno, por el que se aprueba el Reglamento Marco de Organización de las Policías Locales de la Comunidad de Madrid, es objeto del Reglamento Marco establecer las normas marco a las que habrán de ajustar su contenido los reglamentos de organización y funcionamiento de los Cuerpos de policía local constituidos en el ámbito territorial de la Comunidad de Madrid.

2. c) Directa y específica en aquellos ayuntamientos en que exista reglamento propio de policía local

El Reglamento Marco constituye el marco normativo de aplicación general en todos los Cuerpos de policía local constituidos en el ámbito territorial de la Comunidad de Madrid, resultando de aplicación directa y específica en aquellos ayuntamientos en que no exista reglamento propio de policía local. Las disposiciones de esta norma serán de aplicación a los agentes auxiliares en los supuestos expresamente contemplados en la misma. En lo que proceda, también será de aplicación a los alumnos que se encuentren realizando cursos selectivos y de formación en el Centro de Formación Integral de Seguridad de la Comunidad de Madrid.

3. c) Escala básica, que comprende las categorías de Oficial y Policía: estar en posesión de la titulación exigible para el acceso al subgrupo de clasificación profesional B1

El acceso a cada una de las escalas y categorías exigirá estar en posesión de la titulación establecida por la legislación vigente en materia de función pública para los correspondientes subgrupos de clasificación profesional, sin perjuicio de lo establecido en la disposición transitoria primera. A tales efectos, resultarán exigibles las siguientes titulaciones:

a) Escala técnica, que comprende las categorías de Comisario o Comisaria principal, Comisario o Comisaria e Intendente: estar en posesión de la titulación exigible para el acceso al subgrupo de clasificación profesional A1.

b) Escala ejecutiva, que comprende las categorías de Inspector o Inspectora y Subinspector o Subinspectora: estar en posesión de la titulación exigible para el acceso al subgrupo de clasificación profesional A2.

c) Escala básica, que comprende las categorías de Oficial y Policía: estar en posesión de la titulación exigible para el acceso al subgrupo de clasificación profesional C1.

4. b) La categoría de Inspector o Inspectora

Las funciones de cada una de las categorías serán objeto de regulación específica en los respectivos reglamentos municipales, teniendo en cuenta los siguientes criterios básicos:

a) Las categorías integradas en la escala técnica tendrán como funciones la coordinación y dirección de los servicios.

b) La categoría de Inspector o Inspectora tendrá como funciones el estudio, diseño y organización de los servicios.

c) La categoría de Subinspector o Subinspectora tendrá como funciones la coordinación práctica y seguimiento de los servicios.

d) La categoría de Oficial tendrá como funciones supervisar los servicios encomendados a los funcionarios integrados en la categoría de Policía, así como colaborar con estos en la realización de los servicios.

e) La categoría de Policía tendrá como funciones ejecutar las funciones asignadas genéricamente a la Policía local.

5. c) La categoría de Subinspector o Subinspectora

Las funciones de cada una de las categorías a que hace referencia el artículo anterior serán objeto de regulación específica en los respectivos reglamentos municipales, teniendo en cuenta los siguientes criterios básicos:

[…]

c) La categoría de Subinspector o Subinspectora tendrá como funciones la coordinación práctica y seguimiento de los servicios.

[…]

6. a) Las categorías integradas en la escala técnica

Las funciones de cada una de las categorías a que hace referencia el artículo anterior serán objeto de regulación específica en los respectivos reglamentos municipales, teniendo en cuenta los siguientes criterios básicos:

a) Las categorías integradas en la escala técnica tendrán como funciones la coordinación y dirección de los servicios.

[…]

7. c) Cinco

El número mínimo de efectivos al que deberán orientarse las plantillas de los Cuerpos de policía local es de cinco. Dicho número será incrementado por cada corporación local en atención a sus propias características y peculiaridades.

8. c) Por cada cuatro Policías

Los Cuerpos de policía local deberán orientar su organización, en orden a determinar las categorías y puestos de mando que integrarán las correspondientes plantillas, de acuerdo a los siguientes criterios mínimos:

a) Por cada 4 Policías, 1 Oficial en las plantillas con menos de 20 efectivos.

[...]

9. b) Por cada seis Policías

Los Cuerpos de policía local deberán orientar su organización, en orden a determinar las categorías y puestos de mando que integrarán las correspondientes plantillas, de acuerdo a los siguientes criterios mínimos:

[...]

b) Por cada 6 Policías, 1 Oficial en las plantillas entre 20 y 100 efectivos.

[...]

10. a) Por cada ocho Policías

Los Cuerpos de policía local deberán orientar su organización, en orden a determinar las categorías y puestos de mando que integrarán las correspondientes plantillas, de acuerdo a los siguientes criterios mínimos:

[...]

c) Por cada 8 Policías, 1 Oficial en las plantillas con más de 100 efectivos.

[...]

11. b) Tres Oficiales

Los Cuerpos de policía local deberán orientar su organización, en orden a determinar las categorías y puestos de mando que integrarán las correspondientes plantillas, de acuerdo a los siguientes criterios mínimos:

[...]

d) Por cada 3 Oficiales, 1 Subinspector o Subinspectora.

[...]

12. a) Dos

Los Cuerpos de policía local deberán orientar su organización, en orden a determinar las categorías y puestos de mando que integrarán las correspondientes plantillas, de acuerdo a los siguientes criterios mínimos:

[...]

e) A partir de la categoría de Inspector o Inspectora, el número mínimo de plazas por categoría inmediata inferior será dos.

13. b) La categoría de Oficial

Los criterios de creación de categorías son los siguientes:

[…]

f) La categoría de Oficial será obligatoria en los municipios con plantilla policial.

14. a) En los municipios que superen 150.000 habitantes, cuenten con más de 175 efectivos de plantilla policial o les resulte de aplicación el régimen de organización de los municipios de gran población

Los criterios de creación de categorías son los siguientes:

[…]

b) La categoría de Comisario o Comisaria será obligatoria en los municipios que superen 150.000 habitantes, cuenten con más de 175 efectivos de plantilla policial o les resulte de aplicación el régimen de organización de los municipios de gran población establecido en el título X de la Ley 7/1985, de 2 de abril, Reguladora de las Bases del Régimen Local, pudiéndose crear en aquellos de población superior a 120.000 habitantes o que cuenten con más de 120 efectivos de plantilla policial.

[…]

15. b) En los municipios que superen 80.000 habitantes o se les aplique el régimen de organización de los municipios de gran población

Los criterios de creación de categorías son los siguientes:

[…]

c) La categoría de Intendente será obligatoria en los municipios que superen 80.000 habitantes o se les aplique el régimen de organización de los municipios de gran población establecido en el título X de la Ley 7/1985, de 2 de abril, Reguladora de las Bases del Régimen Local, pudiéndose crear en aquellos de población superior a 50.000 habitantes o que cuenten con más de 65 efectivos de plantilla policial.

[…]

16. c) En los municipios que superen 35.000 habitantes o cuenten con más de 50 efectivos de plantilla policial

Los criterios de creación de categorías son los siguientes:

[…]

d) La categoría de Inspector o Inspectora será obligatoria en los municipios que superen 35.000 habitantes o cuenten con más de 50 efectivos de plantilla policial, pudiéndose crear en aquellos de población superior a 15.000 habitantes.

[…]

17. b) Quince efectivos de plantilla policial

Los criterios de creación de categorías son los siguientes:

[…]

e) La categoría de Subinspector o Subinspectora será obligatoria en los municipios que cuenten con más de 15 efectivos de plantilla policial.

[…]

18. c) Funcionarios de otros Cuerpos de policía local de la Comunidad de Madrid, que tengan igual o inferior categoría

La Jefatura inmediata del Cuerpo de policía local habrá de recaer en el funcionario del Cuerpo de policía local de mayor categoría jerárquica del ayuntamiento, o bien en funcionarios de otros Cuerpos de policía local de la Comunidad de Madrid, que tengan igual o superior categoría.

19. c) El respectivo ayuntamiento

El horario de prestación del servicio de los miembros de los Cuerpos de policía local será fijado por el respectivo ayuntamiento a través de los procedimientos de definición de las condiciones de trabajo del personal funcionario, estableciéndose los turnos que sean precisos, atendiendo a las disponibilidades de personal y los servicios a realizar.

20. c) Tiene carácter obligatorio

En caso de urgente e inaplazable necesidad, los puestos de trabajo de los Cuerpos de policía local que se encuentren en situación de vacante podrán ser cubiertos, en comisión de servicio de carácter voluntario, por los efectivos policiales que reúnan los requisitos establecidos para su desempeño en la relación de puestos de trabajo.

Las comisiones de servicio se regularán por las disposiciones generales de función pública de aplicación en la materia.

TEST 12

Acceso a los Cuerpos de Policía Local. Régimen de selección y promoción. La formación de las Policías Locales. Uniformidad y equipo

1. **Según el Decreto 210/2021, de 15 de septiembre, el acceso a los Cuerpos de policía local se realizará de acuerdo con los principios de:**

   a) Igualdad, mérito, capacidad, responsabilidad, transparencia y publicidad

   b) Igualdad, mérito, capacidad, responsabilidad, profesionalidad y publicidad

   c) Igualdad, mérito, capacidad, transparencia, celeridad y publicidad

2. **De acuerdo con el Decreto 210/2021, de 15 de septiembre, el acceso a los Cuerpos de policía local se realizará en la escala básica, a través del ingreso en la categoría de:**

   a) Intendente

   b) Inspector o Inspectora

   c) Policía

3. **Conforme al Decreto 210/2021, de 15 de septiembre, el acceso a los Cuerpos de policía local se realizará en la escala ejecutiva, a través del ingreso en la categoría de:**

   a) Intendente

   b) Inspector o Inspectora

   c) Policía

4. Según el Decreto 210/2021, de 15 de septiembre, el acceso a los Cuerpos de policía local se realizará en la escala técnica, a través del ingreso en la categoría de:

a) Intendente

b) Inspector o Inspectora

c) Policía

5. De acuerdo con el Decreto 210/2021, de 15 de septiembre, en las convocatorias para el ingreso en los Cuerpos de policía local a través de la categoría de Policía deberá reservarse:

a) El 50 por ciento de las plazas para su cobertura, mediante movilidad, por miembros de esta categoría de otros Cuerpos de policía local de la Comunidad de Madrid

b) El 25 por ciento de las plazas para su cobertura, mediante movilidad, por miembros de esta categoría de otros Cuerpos de policía local de la Comunidad de Madrid

c) El 20 por ciento de las plazas para su cobertura, mediante movilidad, por miembros de esta categoría de otros Cuerpos de policía local de la Comunidad de Madrid

6. Conforme al Decreto 210/2021, de 15 de septiembre, para el acceso a los Cuerpos de policía local a través de la categoría de Policía para su convocatoria por el turno de promoción interna se podrá reservar un porcentaje no superior al:

a) 50 por ciento de las plazas

b) 40 por ciento de las plazas

c) 30 por ciento de las plazas

7. Según el Decreto 210/2021, de 15 de septiembre, para su cobertura a través de promoción interna en las convocatorias para el ingreso en los Cuerpos de policía local a través de las categorías de Inspector o Inspectora e Intendente deberá reservarse el:

a) 50 por ciento de las plazas

b) 40 por ciento de las plazas

c) 30 por ciento de las plazas

8. Indique la respuesta incorrecta. De acuerdo con el Decreto 210/2021, de 15 de septiembre, para tomar parte de las pruebas selectivas los aspirantes deberán reunir los siguientes requisitos:

a) Cumplir las condiciones físicas y psíquicas exigibles para ejercer adecuadamente las funciones

b) Compromiso de portar armas y de utilizarlas en los casos previstos en la ley mediante declaración jurada o promesa

c) Estar en posesión de la titulación exigible para el acceso al subgrupo de clasificación profesional B1, A2 y A1, según se trate, respectivamente, de convocatorias para el ingreso en las categorías de Policía, Inspector o Inspectora e Intendente

9. Conforme al Decreto 210/2021, de 15 de septiembre, no es una fase del proceso selectivo:

a) Pruebas físicas

b) Curso selectivo de formación

c) Período de prácticas

10. Según el Decreto 210/2021, de 15 de septiembre, los ayuntamientos remitirán a la consejería competente en materia de coordinación de policías locales la previsión de vacantes a cubrir durante el año correspondiente:

a) Durante el último trimestre del año previo

b) Durante el primer trimestre de cada año

c) Durante el mes de enero del año correspondiente

11. De acuerdo con el Decreto 210/2021, de 15 de septiembre, para su cobertura por movilidad de miembros de otros cuerpos de policía local de la Comunidad de Madrid de la misma categoría la cobertura de plazas de las categorías de Oficial, Subinspector o Subinspectora, Comisario o Comisaria y Comisario o Comisaria principal, se realizará por el sistema de promoción interna, sin perjuicio de la posibilidad de reservar un máximo del:

a) 40 por ciento de las plazas que se convoquen

b) 30 por ciento de las plazas que se convoquen

c) 20 por ciento de las plazas que se convoquen

12. Señale la respuesta incorrecta. Conforme al Decreto 210/2021, de 15 de septiembre, el Centro de Formación Integral de Seguridad de la Comunidad de Madrid:

a) Es el centro docente que, con rango de dirección general, ejerce las funciones que en materia de formación de las policías locales tenga atribuidas la dirección general competente en materia de coordinación de policías locales

b) Tiene su sede en el territorio de la Comunidad de Madrid, sin perjuicio de que eventualmente pueda desarrollar actividades formativas en otras comunidades autónomas en virtud de acuerdos con otras instituciones públicas

c) El reglamento de organización y funcionamiento del centro regulará, entre otros aspectos, su denominación y régimen docente

13. Indique la respuesta incorrecta. Según el Decreto 210/2021, de 15 de septiembre, el Centro de Formación Integral de Seguridad de la Comunidad de Madrid orientará su actuación al cumplimiento de los siguientes fines:

a) Garantizar la formación permanente de los miembros de los Cuerpos de policía local mediante su capacitación continua a través de la innovación, la excelencia y la coordinación con otras fuerzas de seguridad y servicios de emergencia

b) Generar y transferir las bases de conocimiento para la mejora de las políticas en materia de seguridad vial

c) Impulsar la calidad en los servicios de policía local para conseguir una mejor respuesta ante las necesidades de la ciudadanía

14. De acuerdo con el Decreto 210/2021, de 15 de septiembre, ¿cuál es el órgano técnico de participación que realizará las funciones de programación, seguimiento y evaluación de los planes formativos, así como de supervisión y control de selección del profesorado que participe tanto en la formación básica como continua?

a) El Comité Académico del Centro de Formación Integral de Seguridad de la Comunidad de Madrid

b) La Junta Académica del Centro de Formación Integral de Seguridad de la Comunidad de Madrid

c) El Consejo Académico del Centro de Formación Integral de Seguridad de la Comunidad de Madrid

15. Conforme al Decreto 210/2021, de 15 de septiembre, los cursos de formación inicial exigidos en los procesos selectivos para el ingreso en los Cuerpos de policía local, a través de la categoría de Policía, así como a través de las categorías de Inspector o Inspectora e Intendente, en los supuestos previstos en el Reglamento Marco de Organización de las Policías Locales tendrán una duración no inferior a un período lectivo de:

a) 700 horas

b) 650 horas

c) 625 horas

16. Según el Decreto 210/2021, de 15 de septiembre, todos los cursos selectivos de formación exigidos para el ascenso a las diferentes categorías por promoción interna tendrán una carga lectiva de:

a) 300 horas

b) 250 horas

c) 225 horas

17. Señale la respuesta incorrecta. De acuerdo con el Decreto 210/2021, de 15 de septiembre, las prendas y efectos de la uniformidad y equipo se clasificarán en los siguientes grupos:

a) Documento y placa emblema de identificación profesional

b) Equipos de protección individual

c) Medallas y galardones

18. Conforme al Decreto 210/2021, de 15 de septiembre, ¿qué nombre recibe el conjunto de prendas reglamentarias que integran el uniforme necesario para el desempeño de las diferentes funciones asignadas a los Cuerpos de policía local?

a) Vestimenta

b) Traje

c) Vestuario

19. Indique la respuesta incorrecta respecto a los emblemas, según el Decreto 210/2021, de 15 de septiembre:

a) Tienen por finalidad la identificación externa del personal integrante de los Cuerpos de policía local

b) La diferenciación de los Cuerpos de policía local se realizará mediante el emblema policial de pecho, que se portará sobre el bolsillo derecho y en el que figurará el correspondiente escudo y nombre del municipio, la leyenda «POLICÍA LOCAL» y, en la base del conjunto, el número policial correspondiente

c) En el brazo derecho se portará el escudo de la Comunidad de Madrid, que contendrá las leyendas «COMUNIDAD DE MADRID», en su parte superior, y «POLICÍA LOCAL», en la inferior

20. De acuerdo con el Decreto 210/2021, de 15 de septiembre, las medallas y condecoraciones:

a) Constituirán parte de la uniformidad reglamentaria, con excepción de los pasadores representativos de aquellas

b) No constituirán parte de la uniformidad reglamentaria

c) No constituirán parte de la uniformidad reglamentaria, por lo que su uso se reservará exclusivamente para actos o servicios de gala, con excepción de los pasadores representativos de aquellas

SOLUCIONES TEST 12

1. c) Igualdad, mérito, capacidad, transparencia, celeridad y publicidad

El acceso a los Cuerpos de policía local se realizará de acuerdo con los principios de igualdad, mérito, capacidad, transparencia, celeridad y publicidad.

2. c) Policía

El acceso a los Cuerpos de policía local se realizará de acuerdo con los principios de igualdad, mérito, capacidad, transparencia, celeridad y publicidad, en las siguientes escalas:

a) En la escala básica, a través del ingreso en la categoría de Policía.

[…]

3. b) Inspector o Inspectora

El acceso a los Cuerpos de policía local se realizará de acuerdo con los principios de igualdad, mérito, capacidad, transparencia, celeridad y publicidad, en las siguientes escalas:

[…]

b) En la escala ejecutiva, a través del ingreso en la categoría de Inspector o Inspectora.

[…]

4. a) Intendente

El acceso a los Cuerpos de policía local se realizará de acuerdo con los principios de igualdad, mérito, capacidad, transparencia, celeridad y publicidad, en las siguientes escalas:

[…]

c) En la escala técnica, a través del ingreso en la categoría de Intendente.

5. c) El 20 por ciento de las plazas para su cobertura, mediante movilidad, por miembros de esta categoría de otros Cuerpos de policía local de la Comunidad de Madrid

En las convocatorias para el ingreso en los Cuerpos de policía local a través de la categoría de Policía deberá reservarse el 20 por ciento de las plazas para su cobertura, mediante movilidad, por miembros de esta categoría de otros Cuerpos de policía local de la Comunidad de Madrid, acumulándose las no cubiertas al resto de las plazas convocadas por concurso oposición libre.

6. a) 50 por ciento de las plazas

Se podrá reservar un porcentaje no superior al 50 por ciento de las plazas para el acceso a los Cuerpos de policía local a través de la categoría de Policía para su convocatoria por el turno de promoción interna, de forma independiente o conjunta con los procesos de concurso oposición libre, conforme las previsiones establecidas en el artículo 52.3.

7. a) 50 por ciento de las plazas

En las convocatorias para el ingreso en los Cuerpos de policía local a través de las categorías de Inspector o Inspectora e Intendente deberá reservarse el 50 por ciento de las plazas para su cobertura a través de promoción interna. Cuando del resultado de la reserva no se obtenga un número entero, la fracción resultante se acumulará a las plazas a convocar por promoción interna.

8. c) Estar en posesión de la titulación exigible para el acceso al subgrupo de clasificación profesional B1, A2 y A1, según se trate, respectivamente, de convocatorias para el ingreso en las categorías de Policía, Inspector o Inspectora e Intendente

Para tomar parte de las pruebas selectivas los aspirantes deberán reunir los siguientes requisitos:

a) Tener nacionalidad española.

b) Tener dieciocho años de edad.

c) Estar en posesión de la titulación exigible para el acceso al subgrupo de clasificación profesional C1, A2 y A1, según se trate, respectivamente, de convocatorias para el ingreso en las categorías de Policía, Inspector o Inspectora e Intendente. En caso de titulaciones obtenidas en el extranjero se deberá estar en posesión de la correspondiente convalidación o credencial que acredite la homologación.

d) Cumplir las condiciones físicas y psíquicas exigibles para ejercer adecuadamente las funciones.

e) No haber sido separado mediante expediente disciplinario del servicio de cualquiera de las administraciones públicas o de los órganos constitucionales o estatutarios de las comunidades autónomas, ni hallarse en inhabilitación absoluta o especial para empleos o cargos públicos por resolución judicial.

f) Carecer de antecedentes penales.

g) Estar en posesión del permiso de conducir de la clase B o equivalente.

h) Compromiso de portar armas y de utilizarlas en los casos previstos en la ley mediante declaración jurada o promesa.

i) No haber sido condenado por sentencia firme por ningún delito contra la libertad e indemnidad sexual, conforme a lo dispuesto en el artículo 13.5 de la Ley Orgánica 1/1996, de 15 de enero, de Protección Jurídica del Menor, de modificación parcial del Código Civil y de la Ley de Enjuiciamiento Civil.

9. a) Pruebas físicas

El proceso selectivo constará de las siguientes fases, de carácter sucesivo:

a) Pruebas de oposición.

b) Concurso de méritos.

c) Curso selectivo de formación.

d) Período de prácticas.

10. a) Durante el último trimestre del año previo

Los ayuntamientos remitirán a la consejería competente en materia de coordinación de policías locales durante el primer trimestre de cada año la previsión de vacantes a cubrir durante el año correspondiente, a efectos de una adecuada planificación del programa de cursos de formación a impartir por el Centro de Formación Integral de Seguridad de la Comunidad de Madrid.

11. c) 20 por ciento de las plazas que se convoquen

La cobertura de plazas de las categorías de Oficial, Subinspector o Subinspectora, Comisario o Comisaria y Comisario o Comisaria principal, se realizará por el sistema de promoción interna, sin perjuicio de la posibilidad de reservar un máximo del 20 por ciento de las plazas que se convoquen para su cobertura por movilidad de miembros de otros cuerpos de policía local de la Comunidad de Madrid de la misma categoría.

12. a) Es el centro docente que, con rango de dirección general, ejerce las funciones que en materia de formación de las policías locales tenga atribuidas la dirección general competente en materia de coordinación de policías locales

El Centro de Formación Integral de Seguridad de la Comunidad de Madrid es el centro docente que, con rango de subdirección general, ejerce las funciones que en materia de formación de las policías locales tenga atribuidas la dirección general competente en materia de coordinación de policías locales. El Centro de Formación Integral de Seguridad tiene su sede en el territorio de la Comunidad de Madrid, sin perjuicio de que eventualmente pueda desarrollar actividades formativas en otras comunidades autónomas en virtud de acuerdos con otras instituciones públicas. El reglamento de organización y funcionamiento del centro regulará, entre otros aspectos, su denominación y régimen docente.

13. b) Generar y transferir las bases de conocimiento para la mejora de las políticas en materia de seguridad vial

El Centro de Formación Integral de Seguridad de la Comunidad de Madrid orientará su actuación al cumplimiento de los siguientes fines:

- *Garantizar la formación permanente de los miembros de los Cuerpos de policía local mediante su capacitación continua a través de la innovación, la excelencia y la coordinación con otras fuerzas de seguridad y servicios de emergencia.*

- *Generar y transferir las bases de conocimiento para la mejora de las políticas en materia de seguridad pública.*
- *Impulsar la calidad en los servicios de policía local para conseguir una mejor respuesta ante las necesidades de la ciudadanía.*

14. c) El Consejo Académico del Centro de Formación Integral de Seguridad de la Comunidad de Madrid

El Consejo Académico del Centro de Formación Integral de Seguridad de la Comunidad de Madrid es el órgano técnico de participación que realizará las funciones de programación, seguimiento y evaluación de los planes formativos, así como de supervisión y control de selección del profesorado que participe tanto en la formación básica como continua.

15. c) 625 horas

Los cursos de formación inicial exigidos en los procesos selectivos para el ingreso en los Cuerpos de policía local, a través de la categoría de Policía, así como a través de las categorías de Inspector o Inspectora e Intendente, en los supuestos previstos en el Reglamento Marco de Organización de las Policías Locales, se realizarán en el Centro de Formación Integral de Seguridad de la Comunidad de Madrid.

Los cursos selectivos de formación inicial tendrán una duración no inferior a un período lectivo de 625 horas o su equivalente en créditos ECTS.

16. a) 300 horas

Todos los cursos selectivos de formación exigidos para el ascenso a las diferentes categorías por promoción interna tendrán una carga lectiva de 300 horas o su equivalente en créditos ECTS.

17. c) Medallas y galardones

Las prendas y efectos de la uniformidad y equipo se clasificarán en los siguientes grupos:

a) Vestuario.

b) Documento y placa emblema de identificación profesional.

c) Emblemas y divisas.

d) Distintivos y condecoraciones.

e) Equipo y armamento.

f) Equipos de protección individual.

18. c) Vestuario

El vestuario está constituido por el conjunto de prendas reglamentarias que integran el uniforme necesario para el desempeño de las diferentes funciones asignadas a los Cuerpos de policía local.

19. c) En el brazo derecho se portará el escudo de la Comunidad de Madrid, que contendrá las leyendas «COMUNIDAD DE MADRID», en su parte superior, y «POLICÍA LOCAL», en la inferior

Los emblemas tienen por finalidad la identificación externa del personal integrante de los Cuerpos de policía local. Se referirán fundamentalmente a la identificación de sus miembros, a la diferenciación de los Cuerpos de Policía de los diferentes municipios y a su vinculación con la Comunidad de Madrid. La diferenciación de los Cuerpos de policía local se realizará mediante el emblema policial de pecho, que se portará sobre el bolsillo derecho y en el que figurará el correspondiente escudo y nombre del municipio, la leyenda «POLICÍA LOCAL» y, en la base del conjunto, el número policial correspondiente. En la prenda de cabeza figurará el escudo del municipio. En el brazo izquierdo se portará el escudo de la Comunidad de Madrid, que contendrá las leyendas «COMUNIDAD DE MADRID», en su parte superior, y «POLICÍA LOCAL», en la inferior.

20. c) No constituirán parte de la uniformidad reglamentaria, por lo que su uso se reservará exclusivamente para actos o servicios de gala, con excepción de los pasadores representativos de aquellas

Las medallas y condecoraciones no constituirán parte de la uniformidad reglamentaria, por lo que su uso se reservará exclusivamente para actos o servicios de gala, con excepción de los pasadores representativos de aquellas, que podrán portarse en la uniformidad ordinaria.

TEST 13

La Policía municipal y la aplicación de las Ordenanzas. Bandos de la Alcaldía. Actuación de la Policía municipal

1. **Según el Reglamento para el Cuerpo de Policía Municipal de Madrid, velar por el cumplimiento de los bandos municipales dentro del ámbito de sus competencias es una función que desempeña dicho Cuerpo como:**

   a) Policía ciudadana

   b) Policía cívica

   c) Policía administrativa

2. **De acuerdo con la Ley 1/2018, de 22 de febrero, es una función de los Cuerpos de policía local velar, dentro del ámbito de sus competencias, por el cumplimiento de:**

   a) Las ordenanzas, los bandos y demás disposiciones municipales

   b) Otras normas autonómicas y estatales

   c) Todas las respuestas anteriores son correctas

3. **Conforme a la Ley 7/1985, de 2 de abril, la aprobación de las Ordenanzas Municipales corresponde:**

   a) Al Pleno de la Corporación

   b) A la Junta de Gobierno Local por delegación

   c) Al Alcalde

4. Según la Ley 7/1985, de 2 de abril, las Ordenanzas se publicarán:

a) Exclusivamente en el Boletín Oficial del Estado

b) En el Boletín Oficial de la Provincia

c) En los términos establecidos en la Ley 38/1989, de 29 de diciembre, reguladora de las Haciendas Locales

5. Los bandos:

a) Son dictados por el Pleno de la Corporación

b) Tienen el mismo procedimiento de elaboración que las ordenanzas

c) Se publican según los usos y costumbres de la localidad

6. Señale la respuesta incorrecta. Los bandos pueden ser:

a) Periódicos

b) De buen gobierno

c) Fiscales

7. Los bandos que se dictan en determinadas épocas del año se denominan:

a) De buen gobierno

b) Periódicos

c) De urgencia

8. Los bandos dictados para hacer frente a una situación imprevisible provocada por una catástrofe se denominan:

a) De buen gobierno

b) De policía

c) De urgencia

9. En la elaboración de los Reglamentos y Ordenanzas locales, se habrá de estar a lo dispuesto en:

a) El artículo 49 de la Ley Reguladora de las Bases del Régimen Local

b) El artículo 48 de la Ley Reguladora de las Bases del Régimen Local

c) El artículo 50 de la Ley Reguladora de las Bases del Régimen Local

10. De acuerdo con la Ley 7/1985, de 2 de abril, las Ordenanzas no entrarán en vigor hasta que se haya publicado completamente su texto y haya transcurrido el plazo de:

a) Diez días hábiles

b) Quince días hábiles

c) Cinco días hábiles

11. Conforme a la Ley 7/1985, de 2 de abril, salvo previsión legal distinta, las multas por infracciones muy graves de Ordenanzas locales serán de hasta:

a) 5.000 euros

b) 4.500 euros

c) 3.000 euros

12. Para la exacción de multas por infracción de Ordenanzas, en defecto de pago voluntario, se seguirá el procedimiento de:

a) Embargo

b) Pago involuntario

c) Apremio

13. Las Ordenanzas fiscales contendrán:

a) Los regímenes de declaración y de ingreso

b) La determinación del hecho imponible

c) Todas las respuestas anteriores son correctas

14. Según la Ley 7/1985, de 2 de abril, salvo previsión legal distinta, las multas por infracciones leves de Ordenanzas locales serán de hasta:

a) 550 euros

b) 750 euros

c) 900 euros

15. De acuerdo con la Ley 7/1985, de 2 de abril, salvo previsión legal distinta, las multas por infracciones graves de Ordenanzas locales serán de hasta:

a) 2.000 euros

b) 750 euros

c) 1.500 euros

16. ¿Cuáles de las siguientes clases de Ordenanzas serán aplicadas conforme a los principios de residencia efectiva y territorialidad?

a) Urbanísticas

b) Fiscales

c) De policía

17. Según cierta distinción doctrinal entre Ordenanza y Reglamento:

a) Reglamento es la normativa propia de la función de policía que regula la actividad de la Administración

b) Ordenanza es la normativa propia de la organización local

c) Ordenanza es la normativa propia de la función de policía que regula la actividad de los administrados

18. Según la Ley 7/1985, de 2 de abril, la competencia para dictar bandos corresponde a:

a) El Pleno de la Corporación

b) La Junta de Gobierno local

c) El Alcalde

19. De acuerdo con la Ley 7/1985, de 2 de abril, las ordenanzas y bandos son medios de las Entidades Locales para:

a) Ejecutar los presupuestos

b) Configurar el régimen de convivencia

c) Intervenir la actividad de los ciudadanos

20. Conforme a la Ley 7/1985, de 2 de abril, en los municipios de gran población, ¿a quién corresponde la aprobación de los proyectos de ordenanzas?

a) El Pleno de la Corporación

b) La Junta de Gobierno local

c) El Alcalde

SOLUCIONES TEST 13

1. c) Policía administrativa

De acuerdo con el Reglamento para el Cuerpo de Policía Municipal, el Cuerpo de Policía Municipal de Madrid deberá ejercer las siguientes funciones:

a) Policía Administrativa en relación al cumplimiento de los Reglamentos, Ordenanzas., Bandos y demás disposiciones municipales dentro del ámbito de sus competencias.

[...]

2. c) Todas las respuestas anteriores son correctas

Conforme al artículo 11 de la Ley 1/2018, de 22 de febrero, de Coordinación de Policías Locales de la Comunidad de Madrid, son funciones de los Cuerpos de policía local las siguientes:

a) Ejercer la policía administrativa en relación al cumplimiento de las ordenanzas, bandos y demás disposiciones municipales, así como de otras normas autonómicas y estatales, dentro del ámbito de sus competencias.

[...]

3. a) Al Pleno de la Corporación

La aprobación del Reglamento Orgánico y de las Ordenanzas Municipales, así como de las Ordenanzas Provinciales, corresponde al Pleno de la Corporación.

4. b) En el Boletín Oficial de la Provincia

Las Ordenanzas se publicarán en el "Boletín Oficial" de la provincia y no entrarán en vigor hasta que se haya publicado completamente su texto [...]

5. c) Se publican según los usos y costumbres de la localidad

Los bandos no tienen establecido un procedimiento reglado para su aprobación y se publican según los usos y costumbres de la localidad: pregón, tablón de anuncios o Boletín Informativo Municipal. En ningún caso contendrán preceptos opuestos a las leyes.

6. c) Fiscales

Los bandos se clasifican en:

- *Periódicos: se dictan en determinadas fechas.*
- *De buen gobierno: dictados para regular y ordenar la vida de la Comunidad.*

- *De urgencia: dictados para hacer frente a situaciones imprevisibles.*

7. b) Periódicos

Los bandos se clasifican en:

- *Periódicos: se dictan en determinadas fechas.*

[...]

8. c) De urgencia

Los bandos de urgencia son dictados para hacer frente a situaciones imprevisibles.

9. a) El artículo 49 de la Ley Reguladora de las Bases del Régimen Local

En la elaboración de los Reglamentos y Ordenanzas Locales se habrá de estar a lo dispuesto en el artículo 49 de la Ley Reguladora de las Bases del Régimen Local (LBRL).

10. b) Quince días hábiles

Las Ordenanzas se publicarán en el "Boletín Oficial" de la provincia y no entrarán en vigor hasta que se haya publicado completamente su texto y haya transcurrido el plazo previsto en el artículo 65.2 de la LBRL (15 días hábiles) [...]

11. c) 3.000 euros

Salvo previsión legal distinta, las multas por infracción de Ordenanzas locales deberán respetar las siguientes cuantías:

- *Infracciones muy graves: hasta 3.000 euros.*

[...]

12. c) Apremio

Para la exacción de multas por infracción de Ordenanzas, en defecto de pago voluntario, se seguirá el procedimiento de apremio.

13. c) Todas las respuestas anteriores son correctas

Las ordenanzas fiscales contendrán, al menos:

a) La determinación del hecho imponible, sujeto pasivo, responsables, exenciones, reducciones y bonificaciones, base imponible y liquidable, tipo de gravamen o cuota tributaria, periodo impositivo y devengo

b) Los regímenes de declaración y de ingreso

c) Las fechas de su aprobación y del comienzo de su aplicación

14. b) 750 euros

Salvo previsión legal distinta, las multas por infracción de Ordenanzas locales deberán respetar las siguientes cuantías:

[...]

- *Infracciones leves: hasta 750 euros.*

15. c) 1.500 euros

Salvo previsión legal distinta, las multas por infracción de Ordenanzas locales deberán respetar las siguientes cuantías:

[...]

- *Infracciones graves: hasta 1.500 euros.*

16. b) Fiscales

Este tipo de Ordenanza comenzará a aplicarse en el momento de su publicación definitiva en el Boletín Oficial de la Provincia o de su Comunidad y serán aplicadas conforme a los principios de residencia efectiva y territorialidad.

17. c) Ordenanza es la normativa propia de la función de policía que regula la actividad de los administrados

Ordenanza es la normativa propia de la función de policía que regula la actividad de los administrados, mientras que el Reglamento es la normativa propia de la organización local.

18. c) El Alcalde

Según los artículos 21 y 124 de la Ley 7/1985, de 2 de abril, Reguladora de las Bases del Régimen Local, la competencia para dictar Bandos corresponde al Alcalde.

19. c) Intervenir la actividad de los ciudadanos

Por su parte el artículo 84 de la Ley 7/1985, de 2 de abril, Reguladora de las Bases del Régimen Local, establece que las Entidades locales podrán intervenir la actividad de los ciudadanos a través de los siguientes medios:

a) Ordenanzas y bandos.

20. b) La Junta de Gobierno local

Corresponde a la Junta de Gobierno Local:

a) La aprobación de los proyectos de ordenanzas y de los reglamentos, incluidos los orgánicos, con excepción de las normas reguladoras del Pleno y sus comisiones. [...]

TEST 14

Ordenanza de Protección del Medio Ambiente Urbano. Ordenanza de Protección contra la Contaminación Acústica y Térmica

1. **Según establece la Ordenanza de Protección del Medio Ambiente Urbano, cuando en una determinada zona se presenten solicitudes para el funcionamiento de actividades que originen una concentración excesiva, o en su caso, cuando las características propias de las ya existentes, den lugar a una saturación de los niveles de inmisión, el Ayuntamiento Pleno podrá declarar la zona como:**

   a) Zona de Concentración Excesiva

   b) Zona de Saturación Controlada

   c) Zona Ambientalmente Protegida

2. **Según establece la Ordenanza de Protección del Medio Ambiente Urbano, cuando en una zona determinada se superen los objetivos de calidad acústica establecidos por esta Ordenanza para el uso característico de ella, en cumplimiento del art. 5.3.7 del Plan General de Ordenación Urbana de Madrid, o el art. 34 del Decreto 78/1999 de la Comunidad de Madrid, serán declaradas:**

   a) Zonas de Actuación Acústica

   b) Zona de Situación Acústica Especial

   c) Las respuestas a) y b) son correctas

3. Según establece la Ordenanza de Protección del Medio Ambiente Urbano, deberán cumplir todas las condiciones establecidas en ella todas las instalaciones de potencia calorífica superior a:

a) 15.000 kcal/h

b) 25.000 kcal/h

c) 50.000 kcal/h

4. Según establece la Ordenanza de Protección del Medio Ambiente Urbano, la instalación de generadores de calor de uso industrial o doméstico, tanto individual como colectivo, de potencia superior a 25.000 kcal/h. requerirá:

a) Exclusivamente licencia municipal

b) Licencia municipal y comprobación previa a su funcionamiento

c) Licencia municipal, comprobación previa a su funcionamiento y Estudio de Repercusiones Ambientales

5. Según establece la Ordenanza de Protección del Medio Ambiente Urbano, toda sustitución o transformación de las instalaciones ya establecidas, colocación de calderas u hogares nuevos, cambio de combustible y, en general, cuantas modificaciones afecten de manera importante a las instalaciones, deberá:

a) Volver a solicitar licencia

b) Presentar un nuevo Estudio de Repercusiones Ambientales

c) Adaptarse en lo señalado para las instalaciones nuevas

6. Según establece la Ordenanza de Protección del Medio Ambiente Urbano, en cuanto a la opacidad de los hornos, el índice máximo autorizado será:

a) 1 en la escala Ringelman

b) 2 en la escala Ringelman

c) 3 en la escala Ringelman

7. Según establece la Ordenanza de Protección del Medio Ambiente Urbano, en el caso de generadores que utilicen combustibles líquidos, el tanto por ciento de CO2 de los humos se hallará en todo momento comprendido entre:

a) El 10 y 13 %, medido este a la salida de la caldera

b) El 13 y 15 %, medido este a la salida de la caldera

c) El 15 y 20 %, medido este a la salida de la caldera

8. Según establece la Ordenanza de Protección del Medio Ambiente Urbano, las instalaciones cuya potencia total supere las 25.000 kcal/h., deberán obligatoriamente ser conservadas y revisadas por empresas o entidades que posean el carnet o autorización del Ministerio correspondiente, debiendo estas notificar por escrito este extremo al Excmo. Ayuntamiento en un plazo máximo de:

a) Un mes a partir de la firma del contrato de conservación correspondiente

b) Dos meses a partir de la firma del contrato de conservación correspondiente

c) Tres meses a partir de la firma del contrato de conservación correspondiente

9. Según establece la Ordenanza de Protección del Medio Ambiente Urbano, la chimenea deberá estar provista de un orificio situado en el lugar adecuado para poder realizar las medidas, de diámetro no inferior a:

a) 3 cm

b) 5 cm

c) 8 cm

10. Según establece la Ordenanza de Protección del Medio Ambiente Urbano, las mediciones y tomas de muestras en chimeneas se realizarán en un punto tal, que la distancia a cualquier perturbación del flujo gaseoso (codo, conexión, cambio de sección, llama directa, etc.) sea como mínimo de:

a) 4 diámetros en el caso de que la perturbación se halle antes del punto de medida según la dirección del flujo

b) 8 diámetros en el caso de que la perturbación se halle antes del punto de medida según la dirección del flujo

c) 10 diámetros en el caso de que la perturbación se halle antes del punto de medida según la dirección del flujo

11. Según establece la Ordenanza de Protección del Medio Ambiente Urbano, la evacuación de aire caliente o enrarecido producto del acondicionamiento de locales, se realizará de forma que cuando el volumen del aire evacuado sea inferior a 0,2 m^3 por segundo, el punto de salida de aire distará, como mínimo:

a) Dos metros de cualquier hueco de ventana situada en plano vertical

b) Tres metros de cualquier hueco de ventana situada en plano vertical

c) Un metro de cualquier hueco de ventana situada en plano vertical

12. Según establece la Ordenanza de Protección del Medio Ambiente Urbano, todos los garajes, aparcamientos y talleres de reparación de automóviles, tanto públicos como privados, deberán disponer de la ventilación suficiente que garantice que en ningún punto de los mismos pueda producirse acumulación de contaminantes debido al funcionamiento de los vehículos. Las medidas adoptadas para la distribución de aíre interior deberán conseguir que en ningún punto de los locales puedan alcanzarse concentraciones de monóxido de carbono superiores a:

a) 10 p.p.m

b) 25 p.p.m

c) 50 p.p.m

13. Según establece la Ordenanza de Protección del Medio Ambiente Urbano, en garajes, aparcamientos y talleres las instalaciones de ventilación forzada deberán garantizar un mínimo de:

a) Seis renovaciones hora

b) Ocho renovaciones hora

c) Diez renovaciones hora

14. Según establece la Ordenanza de Protección del Medio Ambiente Urbano, en relación con estos focos de contaminación se considera infracción leve:

a) Carecer del reglamentario registro para la toma de muestras o que el mismo no cumpla con las prescripciones de la Ordenanza

b) Cuando el índice opacimétrico de los humos emitidos medido, en la escala Bacharach, esté comprendido entre 4 y 7 inclusive

c) Superar en más del triple, por dos o más veces, los límites de emisión fijados en la legislación vigente para los contaminantes atmosféricos

15. Según establece la Ordenanza de Protección del Medio Ambiente Urbano, para graduar la cuantía de las respectivas infracciones se valorarán conjuntamente determinadas circunstancias, entre las que no se encuentra:

a) El grado de intencionalidad

b) La naturaleza de la infracción

c) El perjuicio económico ocasionado

16. Según la Ordenanza de Protección contra la Contaminación Acústica y Térmica, la transmisión de calor producida por una instalación o actividad determinada que origine, bien en los paramentos que delimitan la actividad, o bien en el local receptor, unos incrementos de temperatura superiores a los límites establecidos en esta ordenanza, que impliquen daño o molestias para personas o bienes se denomina:

a) Emisor térmico

b) Contaminación térmica

c) Zona de transmisión térmica

17. Según la Ordenanza de Protección contra la Contaminación Acústica y Térmica, la superficie del territorio en situación de suelo rural para la que los instrumentos de ordenación territorial y urbanística prevén o permiten su paso a la situación de suelo urbanizado, mediante las correspondientes actuaciones de urbanización, así como la de suelo ya urbanizado que esté sometido a actuaciones de reforma o renovación de la urbanización se denomina:

a) Nuevos desarrollos urbanísticos

b) Terreno urbanizable

c) Terreno en calificación

18. Según la Ordenanza de Protección contra la Contaminación Acústica y Térmica, es uno de los periodos en los que se divide el día:

a) El diurno, constituido por 12 horas continuas de duración, comprendido entre las 7.00 y hasta las 19.00 horas

b) El vespertino, o periodo tarde, comprendido entre las 19.00 y las 24.00 horas

c) El nocturno, entre las 24.00 y las 7.00 horas

19. Según la Ordenanza de Protección contra la Contaminación Acústica y Térmica, no procederá otorgar autorización para la superación o suspensión temporal de los límites de ruido:

a) Si en un radio de 100 metros del lugar en que se pretendan celebrar los actos, existen residencias de mayores, centros sanitarios con hospitalización o con servicios de urgencias, o centros docentes cuyo horario de funcionamiento coincida con el del acto pretendido

b) Si en un radio de 150 metros del lugar en que se pretendan celebrar los actos, existen residencias de mayores, centros sanitarios con hospitalización o con servicios de urgencias, o centros docentes cuyo horario de funcionamiento coincida con el del acto pretendido

c) Si en un radio de 50 metros del lugar en que se pretendan celebrar los actos, existen residencias de mayores, centros sanitarios con hospitalización o con servicios de urgencias, o centros docentes cuyo horario de funcionamiento coincida con el del acto pretendido

20. Según la Ordenanza de Protección contra la Contaminación Acústica y Térmica, en relación con la clasificación de actividades a efectos de condiciones de insonorización, en los locales de Tipo 1 se realizarán:

a) Actividades sin equipos de reproducción o amplificación sonora o audiovisual y aforos inferiores a 100 personas, con niveles sonoros previsibles de hasta 80 dBA

b) Actividades sin equipos de reproducción o amplificación sonora o audiovisual, con aforos de 100 personas en adelante y niveles sonoros previsibles de hasta 85 dBA

c) Actividades sin equipos de reproducción o amplificación sonora o audiovisual salvo sistemas tipo hilo musical o aparatos de televisión, cuyo nivel de emisión máximo no podrá ser superior a 80 dBA

21. Según la Ordenanza de Protección contra la Contaminación Acústica y Térmica, aquellas actividades cuyas instalaciones generen o radien calor deberán disponer del aislamiento térmico necesario, para garantizar que los cerramientos de los locales o viviendas colindantes no sufran un incremento de temperatura superior a:

a) 2 °C sobre la existente con el generador parado

b) 3 °C sobre la existente con el generador parado

c) 5 °C sobre la existente con el generador parado

22. Según la Ordenanza de Protección contra la Contaminación Acústica y Térmica, la transmisión de calor que originen las instalaciones de aire acondicionado no podrá en ningún caso elevar la temperatura en el interior de los locales o viviendas próximos en más de 3 °C, medidos a:

a) 1,10 metros de distancia de la ventana más afectada por la instalación, estando aquella abierta

b) 1,50 metros de distancia de la ventana más afectada por la instalación, estando aquella abierta

c) 1,80 metros de distancia de la ventana más afectada por la instalación, estando aquella abierta

23. Según la Ordenanza de Protección contra la Contaminación Acústica y Térmica, el valor límite del nivel de emisión sonora de un vehículo de motor o ciclomotor en circulación se obtendrá:

a) Sumando 3 dBA al nivel de emisión sonora que figura en la ficha de homologación del vehículo, correspondiente al ensayo a vehículo parado

b) Sumando 4 dBA al nivel de emisión sonora que figura en la ficha de homologación del vehículo, correspondiente al ensayo a vehículo parado

c) Sumando 5 dBA al nivel de emisión sonora que figura en la ficha de homologación del vehículo, correspondiente al ensayo a vehículo parado

24. Según la Ordenanza de Protección contra la Contaminación Acústica y Térmica, en las pruebas de control de ruido, si los resultados superan los límites establecidos, se concederá un nuevo plazo para presentar el vehículo a segunda comprobación con este debidamente corregido. Dicho plazo será de:

a) 10 días

b) 15 días

c) 30 días

25. Según la Ordenanza de Protección contra la Contaminación Acústica y Térmica, las alarmas instaladas en vehículos deberán cumplir con las especificaciones técnicas en cuanto a tiempo máximo de emisión por ciclo de funcionamiento, secuencia de repetición y niveles de emisión máxima que indique la certificación del fabricante, respetando, en todo caso, el tiempo máximo de emisión de:

a) Tres minutos hasta su desconexión y el nivel de emisión máximo de 80 dBA, medido a tres metros en la dirección de máxima emisión

b) Tres minutos hasta su desconexión y el nivel de emisión máximo de 85 dBA, medido a tres metros en la dirección de máxima emisión

c) Tres minutos hasta su desconexión y el nivel de emisión máximo de 85 dBA, medido a cinco metros en la dirección de máxima emisión

26. Según la Ordenanza de Protección contra la Contaminación Acústica y Térmica, los dispositivos acústicos especiales de los vehículos de motor destinados a los servicios de urgencia, tales como policía, extinción de incendios, protección civil y salvamento o de asistencia sanitaria, no podrán emitir niveles sonoros superiores a:

a) 85 dBA, medidos a una distancia de 3 metros en la dirección de máxima emisión

b) 95 dBA, medidos a una distancia de 5 metros en la dirección de máxima emisión

c) 95 dBA, medidos a una distancia de 3 metros en la dirección de máxima emisión

27. Según la Ordenanza de Protección contra la Contaminación Acústica y Térmica, las alarmas del Grupo 2 son las que:

a) Emiten sonido al medio ambiente exterior, salvo las instaladas en vehículos

b) Emiten en un local especialmente designado para el control y vigilancia de las alarmas

c) Emiten sonido a ambientes interiores comunes o de uso público compartido

28. Según la Ordenanza de Protección contra la Contaminación Acústica y Térmica, se prohíbe el accionamiento voluntario de los sistemas de alarma, salvo en las pruebas que se realicen para la comprobación de su correcto funcionamiento. No podrá hacerse más de una comprobación rutinaria al mes y esta habrá de practicarse entre las 11 y 14 horas y entre las 17 y 20 horas, por un período no superior a:

a) 3 minutos

b) 5 minutos

c) 10 minutos

29. Según la Ordenanza de Protección contra la Contaminación Acústica y Térmica, las obras y trabajos de construcción, modificación, reparación o derribo de edificios o infraestructuras, así como las que se realicen en la vía pública, no se podrán realizar, de lunes a viernes, entre las:

a) 23 y las 8 horas

b) 22 y las 7 horas

c) 24 y las 7 horas

30. Según la Ordenanza de Protección contra la Contaminación Acústica y Térmica, los contenedores de recogida de vidrio ubicados en zonas residenciales se instalarán, preferentemente, en lugares en los que se compatibilice eficacia y minimización de molestias a los vecinos. Su recogida solo podrá realizarse en días laborables fuera del horario comprendido entre:

a) Las 23 y las 8 horas del día siguiente, sin perjuicio de aquellas otras limitaciones establecidas por la normativa correspondiente, tales como las relativas a movilidad

b) Las 22 y las 7 horas del día siguiente, sin perjuicio de aquellas otras limitaciones establecidas por la normativa correspondiente, tales como las relativas a movilidad

c) Las 24 y las 8 horas del día siguiente, sin perjuicio de aquellas otras limitaciones establecidas por la normativa correspondiente, tales como las relativas a movilidad

SOLUCIONES TEST 14

1. c) Zona Ambientalmente Protegida

Cuando en una determinada zona se presenten solicitudes para el funcionamiento de actividades que originen una concentración excesiva, o en su caso, cuando las características propias de las ya existentes, den lugar a una saturación de los niveles de inmisión, el Ayuntamiento Pleno podrá declarar la zona como «Zona Ambientalmente Protegida».

2. c) Las respuestas a) y b) son correctas

Cuando en una zona determinada se superen los objetivos de calidad acústica establecidos por esta Ordenanza para el uso característico de ella, en cumplimiento del art. 5.3.7 del Plan General de Ordenación Urbana de Madrid, o el art. 34 del Decreto 78/1999 de la Comunidad de Madrid, serán declaradas Zonas de Actuación Acústica o Zona de Situación Acústica Especial. En ellas será de aplicación lo establecido en las citadas Normas.

3. b) 25.000 kcal/h

Todas las instalaciones de combustión, tanto las utilizadas para calefacción y agua caliente como las calderas de vapor, hogares, hornos y, en general, todas las instalaciones de potencia calorífica superior a 25.000 kcal/h., deberán cumplir las condiciones de la presente Ordenanza.

4. b) Licencia municipal y comprobación previa a su funcionamiento

La instalación de generadores de calor de uso industrial o doméstico, tanto individual como colectivo, de potencia superior a 25.000 kcal/h. requerirá licencia municipal y comprobación previa a su funcionamiento.

5. c) Adaptarse en lo señalado para las instalaciones nuevas

Toda sustitución o transformación de las instalaciones ya establecidas, colocación de calderas u hogares nuevos, cambio de combustible y, en general, cuantas modificaciones afecten de manera importante a las instalaciones, deberá adaptarse en lo señalado para las instalaciones nuevas.

6. a) 1 en la escala Ringelman

En cuanto a la opacidad de los hornos, el índice máximo autorizado será de 1 en la escala Ringelman o 2 en la escala Bacharach.

Estos límites podrán ser rebasados en el doble en el caso de instalaciones de combustibles sólidos durante el encendido de los mismos por un tiempo máximo de media hora.

7. a) El 10 y 13 %, medido este a la salida de la caldera

En el caso de generadores que utilicen combustibles líquidos, el tanto por ciento de CO_2 *de los humos se hallará en todo momento comprendido entre el 10 y 13 %, medido este a la salida de la caldera.*

8. a) Un mes a partir de la firma del contrato de conservación correspondiente

Las instalaciones cuya potencia total supere las 25.000 kcal/h., deberán obligatoriamente ser conservadas y revisadas por empresas o entidades que posean el carnet o autorización del Ministerio de Industria y Energía, debiendo estas notificar por escrito este extremo al Excmo. Ayuntamiento en un plazo máximo de un mes a partir de la firma del contrato de conservación correspondiente. Dichas firmas serán responsables del buen funcionamiento de las instalaciones en cuanto a todas las normas fijadas en la presente Ordenanza, estando obligadas como mínimo a realizar una revisión y control de funcionamiento cada mes.

9. b) 5 cm

La chimenea deberá estar provista de un orificio de diámetro no inferior a 5 cm., situado en el lugar adecuado para poder realizar las medidas tal como se indica en los artículos siguientes.

10. b) 8 diámetros en el caso de que la perturbación se halle antes del punto de medida según la dirección del flujo

Las mediciones y tomas de muestras en chimeneas se realizarán en un punto tal, que la distancia a cualquier perturbación del flujo gaseoso (codo, conexión, cambio de sección, llama directa, etc.) sea como mínimo de 8 diámetros en el caso de que la perturbación se halle antes del punto de medida según la dirección del flujo, o de 2 diámetros si se encuentra en dirección contraria (en particular, de la boca de emisión).

11. a) Dos metros de cualquier hueco de ventana situada en plano vertical

La evacuación de aire caliente o enrarecido producto del acondicionamiento de locales, se realizará de forma que cuando el volumen del aire evacuado sea inferior a 0,2 m^3 *por segundo, el punto de salida de aire distará, como mínimo, dos metros de cualquier hueco de ventana situada en plano vertical.*

12. c) 50 p.p.m

Todos los garajes, aparcamientos y talleres de reparación de automóviles, tanto públicos como privados, deberán disponer de la ventilación suficiente que garantice que en ningún punto de los mismos pueda producirse acumulación de contaminantes debido al funcionamiento de los vehículos.

A este respecto deberán cumplirse las prescripciones de las Normas del Plan General de Ordenación Urbana de Madrid y Ordenanzas que lo desarrollan. Las medidas adoptadas para la distri-

bución de aíre interior deberán conseguir que en ningún punto de los locales puedan alcanzarse concentraciones de monóxido de carbono superiores a 50 p.p.m.

13. a) Seis renovaciones hora

Las instalaciones de ventilación forzada deberán garantizar un mínimo de seis renovaciones hora.

14. a) Carecer del reglamentario registro para la toma de muestras o que el mismo no cumpla con las prescripciones de la Ordenanza

En relación con estos focos de contaminación se consideran infracciones leves:

a) Carecer del reglamentario registro para la toma de muestras o que el mismo no cumpla con las prescripciones de la presente Ordenanza.

b) Cuando el índice opacimétrico señalado para la emisión de humos, medido en la escala Bacharach, esté comprendido entre 2 y 4 inclusive.

c) No cumplir con el tanto por ciento de CO2 especificado en el artículo 16 de la Ordenanza relativo a combustibles líquidos.

d) Superar los límites de emisión fijados por la legislación vi-gente en materia de contaminantes atmosféricos, sin rebasar el doble de aquellos.

15. c) El perjuicio económico ocasionado

Para graduar la cuantía de las respectivas infracciones se valorarán conjuntamente las siguientes circunstancias:

a) La naturaleza de la infracción.

b) La capacidad económica de la Empresa.

c) La gravedad del daño producido en los aspectos sanitarios, social o material.

d) El grado de intencionalidad, y

e) La reincidencia

16. b) Contaminación térmica

Contaminación térmica: la transmisión de calor producida por una instalación o actividad determinada que origine, bien en los paramentos que delimitan la actividad, o bien en el local receptor, unos incrementos de temperatura superiores a los límites establecidos en esta ordenanza, que impliquen daño o molestias para personas o bienes.

17. a) Nuevos desarrollos urbanísticos

Nuevos desarrollos urbanísticos: la superficie del territorio en situación de suelo rural para la que los instrumentos de ordenación territorial y urbanística prevén o permiten su paso a la situación de suelo urbanizado, mediante las correspondientes actuaciones de urbanización, así como la de suelo ya urbanizado que esté sometido a actuaciones de reforma o renovación de la urbanización.

18. a) El diurno, constituido por 12 horas continuas de duración, comprendido entre las 7.00 y hasta las 19.00 horas

A efectos de lo regulado en esta ordenanza, el día se divide en tres períodos: el diurno constituido por 12 horas continuas de duración, comprendido entre las 7.00 y hasta las 19.00 horas, el periodo vespertino, o periodo tarde, comprendido entre las 19.00 y las 23.00 horas, y el nocturno, entre las 23.00 y las 7.00 horas. Los intervalos horarios así definidos harán aplicable un valor de los índices de ruido determinado según las tablas correspondientes.

19. b) Si en un radio de 150 metros del lugar en que se pretendan celebrar los actos, existen residencias de mayores, centros sanitarios con hospitalización o con servicios de urgencias, o centros docentes cuyo horario de funcionamiento coincida con el del acto pretendido

No procederá otorgar autorización para la superación o suspensión temporal de los límites de ruido, si en un radio de 150 metros del lugar en que se pretendan celebrar los actos, existen residencias de mayores, centros sanitarios con hospitalización o con servicios de urgencias, o centros docentes cuyo horario de funcionamiento coincida con el del acto pretendido.

20. a) Actividades sin equipos de reproducción o amplificación sonora o audiovisual y aforos inferiores a 100 personas, con niveles sonoros previsibles de hasta 80 dBA

Tipo 1. Actividades sin equipos de reproducción o amplificación sonora o audiovisual y aforos inferiores a 100 personas, con niveles sonoros previsibles de hasta 80 dBA.

21. b) 3 °C sobre la existente con el generador parado

Aquellas actividades cuyas instalaciones generen o radien calor deberán disponer del aislamiento térmico necesario, para garantizar que los cerramientos de los locales o viviendas colindantes no sufran un incremento de temperatura superior a 3 °C sobre la existente con el generador parado.

22. a) 1,10 metros de distancia de la ventana más afectada por la instalación, estando aquella abierta

La transmisión de calor que originen las instalaciones de aire acondicionado no podrá en ningún caso elevar la temperatura en el interior de los locales o viviendas próximos en más de 3 °C, medidos a 1,10 metros de distancia de la ventana más afectada por la instalación, estando aquella abierta.

23. b) Sumando 4 dBA al nivel de emisión sonora que figura en la ficha de homologación del vehículo, correspondiente al ensayo a vehículo parado

El valor límite del nivel de emisión sonora de un vehículo de motor o ciclomotor en circulación se obtendrá sumando 4 dBA al nivel de emisión sonora que figura en la ficha de homologación del vehículo, correspondiente al ensayo a vehículo parado. En el caso de que en la ficha de caracterís-

ticas técnicas no aparezca este dato, el valor límite para los ciclomotores será de 87 dBA y para los vehículos de motor se obtendrá siguiendo el procedimiento establecido en la legislación vigente.

24. c) 30 días

En función de los resultados de la inspección se procederá del siguiente modo:

a) Si los resultados superan los límites establecidos, se concederá un nuevo plazo de 30 días para presentar el vehículo a segunda comprobación con este debidamente corregido.

[...]

25. b) Tres minutos hasta su desconexión y el nivel de emisión máximo de 85 dBA, medido a tres metros en la dirección de máxima emisión

Las alarmas instaladas en vehículos deberán cumplir con las especificaciones técnicas en cuanto a tiempo máximo de emisión por ciclo de funcionamiento, secuencia de repetición y niveles de emisión máxima que indique la certificación del fabricante, respetando, en todo caso, el tiempo máximo de emisión de tres minutos hasta su desconexión y el nivel de emisión máximo de 85 dBA, medido a tres metros en la dirección de máxima emisión.

26. c) 95 dBA, medidos a una distancia de 3 metros en la dirección de máxima emisión

Los dispositivos acústicos especiales de los vehículos de motor destinados a los servicios de urgencia, tales como policía, extinción de incendios, protección civil y salvamento o de asistencia sanitaria, no podrán emitir niveles sonoros superiores a 95 dBA, medidos a una distancia de 3 metros en la dirección de máxima emisión.

27. c) Emiten sonido a ambientes interiores comunes o de uso público compartido

A los efectos de la presente ordenanza se establecen las siguientes categorías de alarmas:

a) Grupo 1: Aquellas que emiten sonido al medio ambiente exterior, salvo las instaladas en vehículos.

b) Grupo 2: Las que emiten sonido a ambientes interiores comunes o de uso público compartido.

c) Grupo 3: Aquellas cuya emisión sonora se produce en un local especialmente designado para el control y vigilancia de las alarmas.

28. b) 5 minutos

Se prohíbe el accionamiento voluntario de los sistemas de alarma, salvo en las pruebas que se realicen para la comprobación de su correcto funcionamiento. No podrá hacerse más de una comprobación rutinaria al mes y esta habrá de practicarse entre las 11 y 14 horas y entre las 17 y 20 horas, por un período no superior a 5 minutos.

29. b) 22 y las 7 horas

Las obras y trabajos de construcción, modificación, reparación o derribo de edificios o infraestructuras, así como las que se realicen en la vía pública, no se podrán realizar, de lunes a viernes, entre las 22 y las 7 horas o en sábados y festivos entre las 22 y las 9 horas, salvo por razones de urgencia, seguridad o peligro. Si por necesidades técnicas o de movilidad no pudieran realizarse durante el día, podrá autorizarse previamente su realización durante los citados horarios, determinándose expresamente el periodo horario y el plazo durante el que se permitirán los trabajos nocturnos.

30. a) Las 23 y las 8 horas del día siguiente, sin perjuicio de aquellas otras limitaciones establecidas por la normativa correspondiente, tales como las relativas a movilidad

Los contenedores de recogida de vidrio ubicados en zonas residenciales se instalarán, preferentemente, en lugares en los que se compatibilice eficacia y minimización de molestias a los vecinos. Su recogida solo podrá realizarse en días laborables fuera del horario comprendido entre las 23 y las 8 horas del día siguiente, sin perjuicio de aquellas otras limitaciones establecidas por la normativa correspondiente, tales como las relativas a movilidad.

TEST 15

Ordenanza de Gestión y Uso Eficiente del Agua en la Ciudad de Madrid. Ordenanza de Limpieza de los Espacios Públicos y de Gestión de Residuos. Ordenanza de Protección de la Salubridad Pública en la Ciudad de Madrid

1. **Según establece la Ordenanza de Gestión y Uso Eficiente del Agua en la Ciudad de Madrid, el conducto que transporta el agua de abastecimiento hasta el interior de un inmueble para suministro de agua potable al edificio se denomina:**

   a) Acometida a la red de alcantarillado

   b) Absorbedero o imbornal

   c) Acometida de la red de abastecimiento

2. **Según establece la Ordenanza de Gestión y Uso Eficiente del Agua en la Ciudad de Madrid, toda agua residual depurada que ha sido sometida a un tratamiento complementario (tratamiento de regeneración) que permite obtener una calidad adecuada para su posterior reutilización es:**

   a) Agua regenerada

   b) Agua reciclada

   c) Agua residual

3. Según establece la Ordenanza de Gestión y Uso Eficiente del Agua en la Ciudad de Madrid, aquel caudal de agua residual que va a entrar en un tratamiento de depuración para reducir su carga contaminante se denomina:

a) Influente

b) Efluente

c) Colector

4. Según establece la Ordenanza de Gestión y Uso Eficiente del Agua en la Ciudad de Madrid, el uso fraudulento de hidrantes o bocas de riego para fines particulares u otros no permitidos por la legislación vigente será objeto de vigilancia por:

a) Los agentes del Cuerpo de Policía Municipal

b) Los servicios de inspección dependientes del Área de Gobierno competente en materia de medio ambiente

c) Las respuestas a) y b) son correctas

5. Según establece la Ordenanza de Gestión y Uso Eficiente del Agua en la Ciudad de Madrid, deberá incorporar, en la fase de proyecto, un estudio de viabilidad de una instalación comunitaria de reutilización, reciclado o aprovechamiento de aguas para riego, que incluya una descripción detallada de las instalaciones y equipos técnicos empleados y los ahorros de agua conseguidos toda promoción de edificios destinados a actividades económicas, equipamiento o residencial que disponga de zonas ajardinadas de una superficie de:

a) 2.500 m^2 o superior

b) 5.000 m^2 o superior

c) 10.000 m^2 o superior

6. Según establece la Ordenanza de Gestión y Uso Eficiente del Agua en la Ciudad de Madrid, para las viviendas de nueva construcción se establecerá como máximo una distancia entre los calentadores de agua individuales y los grifos:

a) De 15 metros

b) De 10 metros

c) De 17.5 metros

7. **Según establece la Ordenanza de Gestión y Uso Eficiente del Agua en la Ciudad de Madrid, en las instalaciones de elementos de fontanería para reducción de consumos en nuevas edificaciones, los grifos habrán de estar equipados con dispositivos economizadores de agua de modo que, para una presión de 2,5 kg/cm^2, el caudal máximo suministrado sea de:**

   a) 10 litros / minuto

   b) 6 litros / minuto

   c) 4 litros / minuto

8. **Según establece la Ordenanza de Gestión y Uso Eficiente del Agua en la Ciudad de Madrid, se entiende por parques:**

   a) Aquellas zonas con plantaciones cuya superficie sea mayor o igual de media (0.5) hectáreas

   b) Aquellas zonas con plantaciones cuya superficie sea mayor o igual de una (1) hectárea

   c) Aquellas zonas con plantaciones cuya superficie sea mayor o igual de dos (2) hectáreas

9. **Según establece la Ordenanza de Gestión y Uso Eficiente del Agua en la Ciudad de Madrid, deberán disponer de un Plan de gestión sostenible del agua que contenga las proyecciones de uso, la identificación de áreas para la reducción, reciclado, reutilización de agua o aprovechamiento de aguas pluviales y las medidas de eficiencia a aplicar, en el que se especifiquen las metas de conservación y el cronograma de actuaciones previsto:**

   a) Todos los establecimientos industriales, comerciales o de servicios cuyo consumo de agua sea igual o mayor a 15.000 m^3 anuales

   b) Todos los establecimientos industriales, comerciales o de servicios cuyo consumo de agua sea igual o mayor a 25.000 m^3 anuales

   c) Todos los establecimientos industriales, comerciales o de servicios cuyo consumo de agua sea igual o mayor a 10.000 m^3 anuales

10. Según establece la Ordenanza de Gestión y Uso Eficiente del Agua en la Ciudad de Madrid, el baldeo de forma eficiente debe ser llevado a cabo con una presión mínima de:

a) 5 Kp/cm^2

b) 10 Kp/cm^2

c) 15 Kp/cm^2

11. Según establece la Ordenanza de Limpieza de los Espacios Públicos y de Gestión de Residuos, ¿hay alguna excepción en la recogida de deyecciones de los perros u otros animales que hayan depositado en la vía pública?

a) No, todo el mundo está obligado a recogerlas

b) Sí, las personas invidentes que sean titulares de perros guía

c) Sí, todas las personas con algún tipo de discapacidad

12. Según establece la Ordenanza de Limpieza de los Espacios Públicos y de Gestión de Residuos, los residuos se clasifican en:

a) Generales y especiales

b) Reciclables y no reciclables

c) Sólidos y no sólidos

13. Según establece la Ordenanza de Limpieza de los Espacios Públicos y de Gestión de Residuos, los residuos urbanos generales habrán de presentarse separados en determinadas fracciones, entre las que no se encuentra:

a) Envases ligeros

b) Resto de residuos

c) Aceites

14. Según establece la Ordenanza de Limpieza de los Espacios Públicos y de Gestión de Residuos, los contenedores normalizados de pequeña capacidad tienen una capacidad de:

a) Hasta 250 litros

b) Hasta 330 litros

c) Hasta 450 litros

15. Según establece la Ordenanza de Limpieza de los Espacios Públicos y de Gestión de Residuos, los recipientes serán colocados en la vía pública en la acera, junto al borde de la calzada o en el lugar que los Servicios Municipales señalen al efecto. Esta operación no podrá hacerse antes de una hora del paso del vehículo recolector, si la recogida se efectúa durante el día, o antes de las veintidós si la misma es nocturna, a excepción de los establecimientos comerciales, que lo harán en el momento del cierre y no antes de:

a) Las 18:00 horas

b) Las 20:00 horas

c) Las 21:00 horas

16. Según establece la Ordenanza de Limpieza de los Espacios Públicos y de Gestión de Residuos, una vez vaciados los recipientes se retirarán de la vía pública en un plazo máximo de quince minutos, en el caso de que la recogida se realice durante el día o, si la recogida se efectúa durante la noche:

a) Antes de las siete de la mañana

b) Antes de las ocho de la mañana

c) Antes de las nueve de la mañana

17. Según establece la Ordenanza de Limpieza de los Espacios Públicos y de Gestión de Residuos, los escombros procedentes de obras menores de construcción y reparación domiciliaria (salvo los procedentes de vaciado o movimientos de tierras) podrán ser depositados en los Puntos Limpios, de conformidad con lo establecido en el artículo 57 de la presente Ordenanza, siempre y cuando su producción total no sea superior a:

a) 50 kg

b) 60 kg

c) 70 kg

18. Según establece la Ordenanza de Limpieza de los Espacios Públicos y de Gestión de Residuos, respecto a los residuos de Poda y Jardinería:

a) Los residuos derivados de operaciones de desbroce de hierbas, siegas, podas y talas (restos vegetales) podrán depositarse en los contenedores ubicados en la vía pública para la fracción restos si no exceden de determinado peso

b) Si la cantidad generada es inferior a 300 litros, podrán depositarse en un Punto Limpio

c) Queda expresamente prohibida la quema en los espacios públicos de residuos de poda y jardinería

19. Según establece la Ordenanza de Limpieza de los Espacios Públicos y de Gestión de Residuos, las infracciones leves prescribirán a:

a) Los tres meses

b) Los seis meses

c) El año

20. Según establece la Ordenanza de Limpieza de los Espacios Públicos y de Gestión de Residuos, las infracciones leves serán sancionadas con una multa de hasta:

a) 250,00 euros

b) 500,00 euros

c) 750,00 euros

21. La Ordenanza de Protección de la Salubridad Pública en la Ciudad de Madrid es de fecha:

a) 28 de mayo de 2014

b) 27 de febrero de 2009

c) 31 de mayo de 2016

22. A tenor de lo establecido en la Ordenanza de Protección de la Salubridad Pública en la Ciudad de Madrid, se efectuará una reducción en el caso de que esta se ingrese dentro del plazo de alegaciones otorgado por el acuerdo de iniciación del procedimiento sancionador. Dicha reducción será del:

a) 50 por 100 del importe de la sanción

b) 70 por 100 del importe de la sanción

c) 30 por 100 del importe de la sanción

23. A tenor de lo establecido en la Ordenanza de Protección de la Salubridad Pública en la Ciudad de Madrid, el producto sometido a un proceso que altere sustancialmente el producto inicial, pudiendo contener ingredientes que sean necesarios para su elaboración o para conferirle características especiales se denomina:

a) Producto final

b) Producto transformado

c) Producto terminado

24. A tenor de lo establecido en la Ordenanza de Protección de la Salubridad Pública en la Ciudad de Madrid, toda la maquinaria, los equipos, utensilios y materiales que estén en contacto con cualquier alimento sin envasar, cumplirán los siguientes requisitos:

a) Se vigilará su estado de conservación, debiendo ser retirados cuando pierdan las condiciones requeridas para su uso

b) Serán de materiales inocuos, lisos, lavables, no absorbentes y resistentes a la corrosión y no transmitirán a los alimentos propiedades nocivas, ni cambiarán sus características organolépticas o su composición y estarán autorizados para uso alimentario

c) Las respuestas a) y b) son correctas

25. Señale la respuesta incorrecta. A tenor de lo establecido en la Ordenanza de Protección de la Salubridad Pública en la Ciudad de Madrid, en el caso de instalar una zona auxiliar de la elaboración de alimentos mediante tratamiento térmico, tipo planchas, parrillas, hornos u otros sistemas similares, se deberán cumplir determinadas condiciones:

a) Contar con superficies de trabajo exclusivas suficientes

b) Disponer de lavamanos de accionamiento manual o no manual

c) Estar diferenciada

26. A tenor de lo establecido en la Ordenanza de Protección de la Salubridad Pública en la Ciudad de Madrid, los productos alimenticios expuestos sin envasar estarán convenientemente protegidos mediante vitrina o similar. ¿Hay alguna excepción?

a) Sí, en los productos expuestos en los mercadillos

b) Sí, en el comercio minorista, de los productos de la pesca frescos y descongelados, con indicación de esta última circunstancia, y de las frutas, verduras y hortalizas

c) Las respuestas a) y b) son correctas

27. A tenor de lo establecido en la Ordenanza de Protección de la Salubridad Pública en la Ciudad de Madrid, y en relación con las condiciones higiénicas y de mantenimiento generales de los locales, equipos y útiles de trabajo:

a) No se permitirá la entrada a las dependencias de elaboración o zonas de manipulación de alimentos de personas ajenas a dicha actividad, excepto que previamente se hayan lavado las manos y pertenezcan al núcleo familiar

b) Está autorizada la utilización de serrín o productos con idéntica finalidad en todas las dependencias, cuando concurran determinadas circunstancias

c) Existirán dispositivos dosificadores o envolturas individuales, para servilletas, palillos, azúcar y condimentos

28. A tenor de lo establecido en la Ordenanza de Protección de la Salubridad Pública en la Ciudad de Madrid, el menaje ¿podrá higienizarse con agua potable corriente caliente y métodos manuales?

a) No, en ningún caso

b) No, salvo que las dimensiones hagan imposible realizar un lavado automático

c) Sí, el menaje de gran tamaño, siempre que se consiga su adecuada limpieza y desinfección

29. Señale la respuesta incorrecta. A tenor de lo establecido en la Ordenanza de Protección de la Salubridad Pública en la Ciudad de Madrid, en relación con la descongelación de los productos:

a) En el etiquetado de los productos descongelados puestos a la venta al consumidor final, se indicará esta circunstancia

b) Los alimentos descongelados no se podrán recongelar, excepto que no se haya producido su descongelación total

c) Los productos congelados que necesiten descongelación antes de ser cocinados, se cocinarán inmediatamente o se conservarán en refrigeración

30. A tenor de lo establecido en la Ordenanza de Protección de la Salubridad Pública en la Ciudad de Madrid, en relación con las comidas testigo:

a) Equivaldrán a una ración individual de un peso aproximado de ciento cincuenta gramos

b) Equivaldrán a una ración individual de un peso aproximado de ciento gramos

c) Equivaldrán a una ración individual de un peso aproximado de doscientos cincuenta gramos

SOLUCIONES TEST 15

1. c) Acometida de la red de abastecimiento

Acometida de la red de abastecimiento: es el conducto que transporta el agua de abastecimiento hasta el interior de un inmueble para suministro de agua potable al edificio.

2. a) Agua regenerada

Agua regenerada: es toda agua residual depurada que ha sido sometida a un tratamiento complementario (tratamiento de regeneración) que permite obtener una calidad adecuada para su posterior reutilización.

3. a) Influente

Influente: es aquel caudal de agua residual que va a entrar en un tratamiento de depuración para reducir su carga contaminante.

4. c) Las respuestas a) y b) son correctas

El uso fraudulento de hidrantes o bocas de riego para fines particulares u otros no permitidos por la legislación vigente será objeto de vigilancia por los agentes del Cuerpo de Policía Municipal, así como por los servicios de inspección dependientes del Área de Gobierno competente en materia de medio ambiente, pudiendo dar lugar los incumplimientos que se denuncien a la incoación de expediente sancionador.

5. b) 5.000 m^2 o superior

Toda promoción de edificios destinados a actividades económicas, equipamiento o residencial que disponga de zonas ajardinadas de una superficie de 5.000 m^2 o superior, deberá incorporar, en la fase de proyecto, un estudio de viabilidad de una instalación comunitaria de reutilización, reciclado o aprovechamiento de aguas para riego, que incluya una descripción detallada de las instalaciones y equipos técnicos empleados y los ahorros de agua conseguidos. En relación con dicho estudio y, con carácter previo a la concesión de la licencia urbanística, el órgano ambiental competente emitirá informe vinculante, en el que estará incluida la valoración de su viabilidad técnica.

6. a) De 15 metros

Para las viviendas de nueva construcción se establecerá como máximo una distancia de 15 metros entre los calentadores de agua individuales y los grifos.

7. b) 6 litros / minuto

Los grifos habrán de estar equipados con dispositivos economizadores de agua de modo que, para una presión de 2,5 kg/cm², el caudal máximo suministrado sea de 6 litros / minuto. En ningún caso el caudal aportado por los grifos podrá ser superior a 10 litros / minuto.

8. b) Aquellas zonas con plantaciones cuya superficie sea mayor o igual de una (1) hectárea

A los efectos de lo dispuesto en el presente capítulo, se entenderá por:

a) Jardines: aquellas zonas con plantaciones cuya superficie total sea inferior a una (1) hectárea.

b) Parques: aquellas zonas con plantaciones cuya superficie sea mayor o igual de una (1) hectárea.

c) Otras zonas verdes y espacios ajardinados: aquellas superficies o elementos no comprendidos en las definiciones anteriores, para cuyo mantenimiento sea preciso el riego.

9. c) Todos los establecimientos industriales, comerciales o de servicios cuyo consumo de agua sea igual o mayor a 10.000 m³ anuales

Todos los establecimientos industriales, comerciales o de servicios cuyo consumo de agua sea igual o mayor a 10.000 m³ anuales, deberán disponer de un Plan de gestión sostenible del agua que contenga las proyecciones de uso, la identificación de áreas para la reducción, reciclado, reutilización de agua o aprovechamiento de aguas pluviales y las medidas de eficiencia a aplicar, en el que se especifiquen las metas de conservación y el cronograma de actuaciones previsto.

10. b) 10 Kp/cm²

El baldeo de forma eficiente debe ser llevado a cabo con una presión mínima de 10 Kp/cm², siendo los consumos máximos aceptables de agua de 2 litros/m² para calles con un bajo grado de suciedad y de 4 litros/m² para calles con un alto grado de suciedad.

11. b) Sí, las personas invidentes que sean titulares de perros guía

Cuando las deyecciones de los perros u otros animales queden depositadas en la vía pública, espacios públicos, o en los parques y demás zonas verdes, la persona que lleve el animal está obligada a proceder a su recogida y limpieza inmediata, así como a su depósito en los lugares destinados al efecto. Quedan eximidos del cumplimiento de esta obligación las personas invidentes que sean titulares de perros guía.

12. a) Generales y especiales

A efectos de la presente Ordenanza, los residuos se clasifican en generales y especiales.

13. c) Aceites

Al objeto de favorecer la recogida selectiva, los residuos urbanos generales habrán de presentarse separados en las fracciones que se especifican a continuación:

- *Envases ligeros.*
- *Papel-cartón.*
- *Vidrio.*
- *Resto de residuos.*

14. b) Hasta 330 litros

Contenedores normalizados de pequeña capacidad: hasta 330 litros.

15. b) Las 20:00 horas

Los recipientes serán colocados en la vía pública en la acera, junto al borde de la calzada o en el lugar que los Servicios Municipales señalen al efecto. Esta operación no podrá hacerse antes de una hora del paso del vehículo recolector, si la recogida se efectúa durante el día, o antes de las veintidós si la misma es nocturna, a excepción de los establecimientos comerciales, que lo harán en el momento del cierre y no antes de las veinte horas.

16. b) Antes de las ocho de la mañana

Una vez vaciados los recipientes se retirarán de la vía pública en un plazo máximo de quince minutos, en el caso de que la recogida se realice durante el día, o antes de las ocho de la mañana si la recogida se efectúa durante la noche, a excepción de los correspondientes a establecimientos comerciales que pueden ser retirados en el momento de la apertura, y, en todo caso, antes de las nueve de la mañana.

17. b) 60 kg

Los escombros procedentes de obras menores de construcción y reparación domiciliaria (salvo los procedentes de vaciado o movimientos de tierras) podrán ser depositados en los Puntos Limpios, de conformidad con lo establecido en el artículo 57 de la presente Ordenanza, siempre y cuando su producción total no sea superior a 60 kilogramos. Se podrá emitir documento acreditativo de los RCD entregados.

18. c) Queda expresamente prohibida la quema en los espacios públicos de residuos de poda y jardinería

Los residuos derivados de operaciones de desbroce de hierbas, siegas, podas y talas (restos vegetales) no podrán depositarse en los contenedores ubicados en la vía pública para la fracción restos.

Si la cantidad generada es inferior a 240 litros, podrán depositarse en un Punto Limpio.

Por encima de esta cantidad, estos residuos deberán entregarse a una instalación autorizada, previa autorización y pago de la tasa correspondiente.

Queda expresamente prohibida la quema en los espacios públicos de residuos de poda y jardinería.

19. b) Los seis meses

Las infracciones leves prescribirán a los seis meses, las graves a los dos años y las muy graves a los tres años.

20. c) 750,00 euros

No obstante lo dispuesto en los apartados siguientes de este artículo, y sin perjuicio de exigir, cuando proceda, las responsabilidades de carácter penal o civil correspondientes, las infracciones a los preceptos de la presente Ordenanza serán sancionadas en la forma establecida en el artículo 141 de la Ley 7/1985, de 2 de abril, Reguladora de las Bases de Régimen Local:

a) Infracciones muy graves: multa de 1.501,00 a 3.000,00 euros.

b) Infracciones graves: multa de 751,00 a 1.500,00 euros.

c) Infracciones leves: multa de hasta 750,00 euros.

21. a) 28 de mayo de 2014

Ordenanza de Protección de la Salubridad Pública en la Ciudad de Madrid, de 28 de mayo de 2014.

22. c) 30 por 100 del importe de la sanción

Se efectuará una reducción del 30 por 100 del importe de la sanción en el caso de que esta se ingrese dentro del plazo de alegaciones otorgado por el acuerdo de iniciación del procedimiento sancionador, en cuyo caso se tendrá por concluido con las siguientes consecuencias:

a) La renuncia a formular alegaciones. Si fuesen formuladas se tendrán por no presentadas.

b) La terminación del procedimiento mediante resolución expresa, que será notificada al interesado.

23. b) Producto transformado

Producto transformado: producto sometido a un proceso que altere sustancialmente el producto inicial, pudiendo contener ingredientes que sean necesarios para su elaboración o para conferirle características especiales.

24. c) Las respuestas a) y b) son correctas

Toda la maquinaria, los equipos, utensilios y materiales que estén en contacto con cualquier alimento sin envasar, cumplirán los siguientes requisitos:

a) Serán de materiales inocuos, lisos, lavables, no absorbentes y resistentes a la corrosión y no transmitirán a los alimentos propiedades nocivas, ni cambiarán sus características organolépticas o su composición y estarán autorizados para uso alimentario.

b) Se vigilará su estado de conservación, debiendo ser retirados cuando pierdan las condiciones requeridas para su uso.

25. b) Disponer de lavamanos de accionamiento manual o no manual

En el caso de instalar una zona auxiliar de la elaboración de alimentos mediante tratamiento térmico, tipo planchas, parrillas, hornos u otros sistemas similares, se deberán cumplir las siguientes condiciones:

a) Estar diferenciada.

b) Contar con superficies de trabajo exclusivas suficientes.

c) Disponer de lavamanos de accionamiento no manual.

26. b) Sí, en el comercio minorista, de los productos de la pesca frescos y descongelados, con indicación de esta última circunstancia, y de las frutas, verduras y hortalizas

Los productos alimenticios expuestos sin envasar estarán convenientemente protegidos mediante vitrina o similar, de tal forma que se evite su contaminación o el contacto con el público; con excepción, en el comercio minorista, de los productos de la pesca frescos y descongelados, con indicación de esta última circunstancia, y de las frutas, verduras y hortalizas.

27. c) Existirán dispositivos dosificadores o envolturas individuales, para servilletas, palillos, azúcar y condimentos

Condiciones higiénicas y de mantenimiento generales:

- *No se permitirá la entrada a las dependencias de elaboración o zonas de manipulación de alimentos de personas ajenas a dicha actividad.*
- *No está autorizada la utilización de serrín o productos con idéntica finalidad en todas las dependencias.*

[...]

28. c) Sí, el menaje de gran tamaño, siempre que se consiga su adecuada limpieza y desinfección

El menaje de gran tamaño podrá higienizarse con agua potable corriente caliente y métodos manuales, siempre que se consiga su adecuada limpieza y desinfección.

29. b) Los alimentos descongelados no se podrán recongelar, excepto que no se haya producido su descongelación total

Los alimentos descongelados no se podrán recongelar.

30. a) Equivaldrán a una ración individual de un peso aproximado de ciento cincuenta gramos

Las comidas testigo se conservarán en recipientes limpios e higienizados y durante un periodo de cinco días a temperaturas de cero a cuatro grados centígrados. Estarán claramente identificados y fechados, siendo la cantidad a conservar la correspondiente, al menos, a una ración individual de un peso aproximado de ciento cincuenta gramos.

TEST 16

Ordenanza de Movilidad Sostenible

1. Según dispone la Ordenanza de Movilidad Sostenible, ¿qué órgano instrumenta el control tecnológico de los paneles informativos, las cámaras, las espiras, los sensores y otros elementos técnicos y funcionalidades que permita el desarrollo de la ciencia y la tecnología?

a) El Centro de Gestión de la Movilidad (CGM)

b) El Centro de Control de Tráfico (CCT)

c) El Centro de Observación y Respuesta de Tráfico (CORT)

2. Según dispone la Ordenanza de Movilidad Sostenible, salvo regulación específica, u ordenación de un determinado límite de velocidad en la vía o tramo de la misma mediante señalización instalada al efecto, el límite máximo de velocidad será, en vías urbanas que dispongan de plataforma única de calzada y acera siempre y cuando existan elementos separadores entre la calzada y la acera de:

a) 15 km/h

b) 20 km/h

c) 30 km/h

3. Según dispone la Ordenanza de Movilidad Sostenible, salvo regulación específica, u ordenación de un determinado límite de velocidad en la vía o tramo de la misma mediante señalización instalada al efecto, el límite máximo de velocidad será, de forma genérica de:

a) 15 km/h

b) 20 km/h

c) 30 km/h

4. Según dispone la Ordenanza de Movilidad Sostenible, salvo regulación específica, u ordenación de un determinado límite de velocidad en la vía o tramo de la misma mediante señalización instalada al efecto, el límite máximo de velocidad será, en las calles escolares de:

a) 15 km/h

b) 20 km/h

c) 30 km/h

5. Según dispone la Ordenanza de Movilidad Sostenible, las ZBEDEP se crean para satisfacer ¿qué objetivo?

a) Disminuir la intensidad y, en su caso, la velocidad del tráfico de vehículos motorizados emisores de contaminantes

b) Proteger la salud pública frente a las causas de mortalidad y morbilidad que provoca y agrava la contaminación ambiental urbana

c) Las respuestas a) y b) son correctas

6. Según dispone la Ordenanza de Movilidad Sostenible, no es una de las vías que delimitan la ZBEDEP Distrito Centro:

a) Cuesta de la Vega

b) Paseo de la Reina Cristina

c) Calle Serrano Jover

7. Señale la respuesta incorrecta. Según dispone la Ordenanza de Movilidad Sostenible, los autotaxis y arrendamiento de vehículos de turismo con conductor:

a) Los vehículos turismo de arrendamiento con conductor podrán realizar parada en carril bus con el fin de esperar dentro del mismo al cliente

b) Los autotaxis esperarán viajeros en los situados debidamente señalizados

c) Los autotaxis podrán realizar paradas en los carriles bus por los que estén autorizados a circular, por el tiempo que sea imprescindible para la subida y bajada de quienes utilicen sus servicios y el acomodo de bultos y equipaje en condiciones de seguridad

8. Según dispone la Ordenanza de Movilidad Sostenible, los autotaxis podrán realizar paradas en los carriles bus por los que estén autorizados a circular, por el tiempo que sea imprescindible para la subida y bajada de quienes utilicen sus servicios y el acomodo de bultos y equipaje en condiciones de seguridad, que no deberá superar el plazo de:

a) Un minuto

b) Dos minutos

c) Tres minutos

9. Según dispone la Ordenanza de Movilidad Sostenible, los vehículos encargados de realizar el suministro de productos farmacéuticos y de laboratorio a farmacias podrán realizar paradas durante:

a) Cinco minutos

b) El tiempo mínimo imprescindible para garantizar su abastecimiento

c) Diez minutos

10. Según dispone la Ordenanza de Movilidad Sostenible, el incumplimiento de la obligación de apagar el motor desde el inicio del estacionamiento, aun cuando permanezca en el interior del vehículo se sancionará con una multa de hasta:

a) 100 euros

b) 50 euros

c) 200 euros

11. Según dispone la Ordenanza de Movilidad Sostenible, se prohíbe el estacionamiento de los vehículos de motosharing en las aceras cuando exista una reserva específica para estos vehículos a menos de:

a) 100 metros

b) 200 metros

c) 400 metros

12. Según dispone la Ordenanza de Movilidad Sostenible, las plazas de alta rotación se señalizarán horizontalmente mediante:

a) Rectángulos de veinte por treinta centímetros de colores azul y verde alternos

b) Rectángulos de treinta por veinte centímetros de colores azul y blanco alternos

c) Rectángulos de veinte por treinta centímetros de colores azul y blanco alternos

13. Según dispone la Ordenanza de Movilidad Sostenible, salvo ordenación específica mediante señalización vertical, el tiempo máximo autorizado de estacionamiento en las plazas de alta rotación será de:

a) 30 minutos

b) 45 minutos

c) 60 minutos

14. Según dispone la Ordenanza de Movilidad Sostenible, la velocidad máxima de circulación en el interior de los aparcamientos municipales y en sus rampas de acceso será de:

a) 5 km/h

b) 10 km/h

c) 15 km/h

15. Según dispone la Ordenanza de Movilidad Sostenible, en las calles residenciales se establecerá una velocidad máxima de circulación de:

a) 25 km/h

b) 20 km/h

c) 15 km/h

16. Según dispone la Ordenanza de Movilidad Sostenible, ¿podrá un ciclista acceder a una acera?

a) No, en ningún caso

b) Sí, si reduce su velocidad hasta los 5 km/h

c) Sí, desmontando de la bicicleta y transitando con ella en mano hasta su destino o lugar de estacionamiento, actuando a todos los efectos como peatón

17. Según dispone la Ordenanza de Movilidad Sostenible, la edad mínima permitida para circular con un vehículo de movilidad urbana por las vías y espacios públicos es de:

a) 14 años

b) 15 años

c) 16 años

18. Según dispone la Ordenanza de Movilidad Sostenible, los VMP podrán circular exclusivamente por:

a) Acera bici, siempre que circulen a una velocidad no superior a los 5 kilómetros por hora

b) Sendas ciclables, no pudiendo exceder de los 15 kilómetros por hora

c) Pistas bici, no pudiendo exceder de los 10 kilómetros por hora

19. Según dispone la Ordenanza de Movilidad Sostenible, en ausencia de determinación expresa en la señalización de las reservas de carga y descarga el tiempo máximo para su uso será de:

a) Cuarenta y cinco minutos

b) Treinta minutos

c) Quince minutos

20. Según dispone la Ordenanza de Movilidad Sostenible, se entiende que un evento es de afluencia masiva cuando la afluencia sea igual o superior a:

a) Veinte mil asistentes equivalentes

b) Diez mil asistentes equivalentes

c) Cinco mil asistentes equivalentes

SOLUCIONES TEST 16

1. a) El Centro de Gestión de la Movilidad (CGM)

El Centro de Gestión de la Movilidad (CGM) instrumenta el control tecnológico de los paneles informativos, las cámaras, las espiras, los sensores y otros elementos técnicos y funcionalidades que permita el desarrollo de la ciencia y la tecnología.

2. b) 20 km/h

Salvo regulación específica, u ordenación de un determinado límite de velocidad en la vía o tramo de la misma mediante señalización instalada al efecto, el límite máximo de velocidad será:

a) De veinte kilómetros por hora en vías urbanas que dispongan de plataforma única de calzada y acera siempre y cuando existan elementos separadores entre la calzada y la acera. En caso de que no existan, la velocidad será de quince kilómetros por hora.

[...]

3. c) 30 km/h

Salvo regulación específica, u ordenación de un determinado límite de velocidad en la vía o tramo de la misma mediante señalización instalada al efecto, el límite máximo de velocidad será:

[...]

b) De treinta kilómetros por hora de forma genérica. No obstante, podrá mantenerse un límite de velocidad superior (de hasta cincuenta kilómetros por hora) en aquellas vías que formen parte de la Red Básica de Transportes en las que la limitación prevista en el párrafo anterior pueda suponer perjuicios a los servicios de transporte público colectivo urbano regular de uso general.

[...]

4. b) 20 km/h

Salvo regulación específica, u ordenación de un determinado límite de velocidad en la vía o tramo de la misma mediante señalización instalada al efecto, el límite máximo de velocidad será:

[...]

g) De veinte kilómetros hora en las calles escolares.

5. c) Las respuestas a) y b) son correctas

Las ZBEDEP se crean para satisfacer los siguientes objetivos:

a) Proteger la salud pública frente a las causas de mortalidad y morbilidad que provoca y agrava la contaminación ambiental urbana.

b) Reducir los niveles de contaminación ambiental y posibilitar el cumplimiento de los valores límite y umbrales de calidad del aire establecidos en la normativa comunitaria y estatal en materia de calidad del aire y protección del medio ambiente.

c) Disminuir la intensidad y, en su caso, la velocidad del tráfico de vehículos motorizados emisores de contaminantes.

[...]

6. b) Paseo de la Reina Cristina

La ZBEDEP Distrito Centro queda delimitada por las siguientes vías: calle Alberto Aguilera, glorieta de Ruiz Jiménez, calle Carranza, glorieta de Bilbao, calle Sagasta, plaza de Alonso Martínez, calle Génova, plaza de Colón, paseo de Recoletos, plaza de Cibeles, paseo del Prado, plaza de Cánovas del Castillo, plaza del Emperador Carlos V, ronda de Atocha, ronda de Valencia, glorieta de Embajadores, ronda de Toledo, glorieta de la Puerta de Toledo, ronda de Segovia, cuesta de la Vega, calle Mayor, calle Bailén, plaza de España, (lateral continuación de la cuesta de San Vicente), calle Princesa y calle Serrano Jover.

7. a) Los vehículos turismo de arrendamiento con conductor podrán realizar parada en carril bus con el fin de esperar dentro del mismo al cliente

Los autotaxis esperarán viajeros en los situados debidamente señalizados y, en su defecto, con estricta sujeción a las normas que con carácter general se establecen en la presente Ordenanza para regular las paradas y estacionamientos.

Los autotaxis podrán realizar paradas en los carriles bus por los que estén autorizados a circular, por el tiempo que sea imprescindible para la subida y bajada de quienes utilicen sus servicios y el acomodo de bultos y equipaje en condiciones de seguridad, que no deberá superar el plazo de dos minutos, sin que puedan realizar parada en carril bus con el fin de esperar dentro del mismo al cliente.

Los vehículos turismo de arrendamiento con conductor no podrán realizar parada en carril bus con el fin de esperar dentro del mismo al cliente.

8. b) Dos minutos

Los autotaxis podrán realizar paradas en los carriles bus por los que estén autorizados a circular, por el tiempo que sea imprescindible para la subida y bajada de quienes utilicen sus servicios y el acomodo de bultos y equipaje en condiciones de seguridad, que no deberá superar el plazo de dos minutos, sin que puedan realizar parada en carril bus con el fin de esperar dentro del mismo al cliente.

9. b) El tiempo mínimo imprescindible para garantizar su abastecimiento

Los vehículos encargados de realizar el suministro de productos farmacéuticos y de laboratorio a farmacias podrán realizar paradas durante el tiempo mínimo imprescindible para garantizar su abastecimiento.

10. a) 100 euros

El incumplimiento de la obligación contenida en el apartado anterior se considerará infracción leve y se sancionará con multa de hasta 100 €, de acuerdo con lo previsto en la normativa estatal de aplicación.

11. a) 100 metros

Se prohíbe el estacionamiento de los vehículos de motosharing en las aceras cuando exista una reserva específica para estos vehículos a menos de 100 metros.

12. c) Rectángulos de veinte por treinta centímetros de colores azul y blanco alternos

Las plazas de alta rotación se señalizarán horizontalmente mediante rectángulos de veinte por treinta centímetros de colores azul y blanco alternos.

13. b) 45 minutos

Salvo ordenación específica mediante señalización vertical, el tiempo máximo autorizado de estacionamiento será de cuarenta y cinco minutos, que una vez cumplido impedirá estacionar en plazas de alta rotación del mismo barrio hasta que hayan transcurrido treinta minutos desde el momento en que finalizara la autorización.

14. b) 10 km/h

La velocidad máxima de circulación en el interior de los aparcamientos municipales y en sus rampas de acceso será de diez kilómetros por hora, que se limitará a cinco kilómetros por hora en las zonas así señalizadas con plazas accesibles para las personas con movilidad reducida o con espacios reservados para estacionar bicicletas o vehículos de movilidad urbana.

15. b) 20 km/h

En estas zonas se establecerá una velocidad máxima de circulación de 20 kilómetros por hora. Quienes conduzcan deberán conceder prioridad a los peatones teniendo preferencia tanto el tránsito como la estancia y esparcimiento de los mismos, y los vehículos no podrán estacionarse más que en los lugares designados por señales o marcas viales.

16. c) Sí, desmontando de la bicicleta y transitando con ella en mano hasta su destino o lugar de estacionamiento, actuando a todos los efectos como peatón

Con carácter general y salvo lo expresamente indicado en esta Ordenanza, se prohíbe la circulación de bicicletas por las aceras, calles y zonas peatonales.

Cuando el ciclista precise acceder a estas y a cruces de peatones señalizados, deberá hacerlo desmontando de la bicicleta y transitando con ella en mano hasta su destino o lugar de estacionamiento, actuando a todos los efectos como peatón.

17. b) 15 años

La edad mínima permitida para circular con un vehículo de movilidad urbana por las vías y espacios públicos es de 15 años.

18. b) Sendas ciclables, no pudiendo exceder de los 15 kilómetros por hora

Los VMP podrán circular exclusivamente por:

a) Ciclocalles.

b) Carriles bici.

c) Acera bici, siempre que circulen a una velocidad no superior a los diez kilómetros por hora, debiendo respetar la prioridad de paso de los peatones en los cruces señalizados y extremando la precaución ante una posible irrupción de peatones y, muy especialmente, de menores, de personas mayores y de personas con discapacidad.

d) Sendas ciclables, no pudiendo exceder de los quince kilómetros por hora, debiendo respetar la prioridad de paso de los peatones en los cruces señalizados y extremando la precaución ante una posible irrupción de peatones y, muy especialmente, de menores, de personas mayores y de personas con discapacidad. Los fines de semana y días festivos, así como el resto de días durante los horarios con mayor intensidad de tránsito peatonal los VMP deberán limitar su velocidad máxima a cinco kilómetros por hora.

e) Pistas bici, no pudiendo exceder de los veinte kilómetros por hora.

f) Por la calzada en las calles de plataforma única de velocidad limitada a veinte kilómetros por hora.

[...]

19. a) Cuarenta y cinco minutos

En ausencia de determinación expresa en la señalización de las reservas de carga y descarga el tiempo máximo para su uso será de cuarenta y cinco minutos.

20. a) Veinte mil asistentes equivalentes

Se entiende que un evento es de afluencia masiva cuando la afluencia sea igual o superior a veinte mil asistentes equivalentes.

TEST 17

Ordenanza del Taxi. Ordenanza Reguladora de Señalización y Balizamiento de las Ocupaciones de las Vías Públicas por la Realización de Obras y Trabajos

1. **Según determina la Ordenanza Reguladora del Taxi, es un modo de fijación del precio del servicio de taxi:**

   a) Precio según taxímetro

   b) Precio cerrado

   c) Las respuestas a) y b) son correctas

2. **Según determina la Ordenanza Reguladora del Taxi, la persona que transmita una licencia municipal de autotaxi no podrá volver a obtener otra hasta transcurridos:**

   a) Dos años

   b) Tres años

   c) Un año

3. **Según determina la Ordenanza Reguladora del Taxi, en caso de fallecimiento del titular de la licencia los herederos deberán comunicarlo al Ayuntamiento de Madrid y entregar en depósito el original de la licencia y de la/s tarjeta/s de identificación de conductor en el plazo de:**

   a) Quince días

   b) Un mes

   c) Tres meses

4. Según determina la Ordenanza Reguladora del Taxi, cuando se produzca una circunstancia que impida la prestación del servicio por plazo superior a treinta días consecutivos o sesenta alternos, el Ayuntamiento de Madrid podrá autorizar la suspensión temporal de la licencia, previa solicitud justificada de su titular,, por plazo máximo de:

a) Seis meses

b) Nueve meses

c) Un año

5. Según determina la Ordenanza Reguladora del Taxi, el titular de una licencia de autotaxi podrá solicitar el pase a la situación de excedencia, que deberá ser concedida por el Ayuntamiento de Madrid, siempre que ello no suponga un deterioro grave en la atención global del servicio. Las excedencias se concederán por plazo:

a) Mínimo de un año y máximo de tres años

b) Mínimo de un año y máximo de cinco años

c) Mínimo de un año y máximo de diez años

6. Según determina la Ordenanza Reguladora del Taxi, los vehículos no podrán superar la antigüedad de:

a) 5 años contados desde su primera matriculación en España

b) 5 años contados desde su primera matriculación, cualquiera que sea el país donde esta se hubiere producido

c) 10 años contados desde su primera matriculación, cualquiera que sea el país donde esta se hubiere producido

7. Según determina la Ordenanza Reguladora del Taxi, los vehículos con mampara de seguridad tendrán una capacidad mínima para:

a) Cuatro plazas, contando con la del conductor, ampliable cuando el conductor autorice la utilización de los asientos contiguos al suyo

b) Cuatro plazas, sin contar con la del conductor, ampliable cuando el conductor autorice la utilización de los asientos contiguos al suyo

c) Cinco plazas, contando con la del conductor, ampliable cuando el conductor autorice la utilización de los asientos contiguos al suyo

8. Según determina la Ordenanza Reguladora del Taxi, se admitirá un máximo de:

a) Cinco anuncios de marca, producto, servicio o actividad, uno por cada lateral, el tercero en la parte trasera de la carrocería, el cuarto en la luneta trasera y el quinto en el capó delantero

b) Cuatro anuncios de marca, producto, servicio o actividad, uno por cada lateral, el tercero en la parte trasera de la carrocería y el cuarto en la luneta trasera

c) Tres anuncios de marca, producto, servicio o actividad, uno por cada lateral, y el tercero en la parte trasera de la carrocería

9. Según determina la Ordenanza Reguladora del Taxi, las licencias cuyos ordinales terminen en los números 7 y 8 descansarán:

a) Los viernes

b) Los miércoles

c) Los lunes

10. Según determina la Ordenanza Reguladora del Taxi, los conductores de vehículos autotaxi no podrán negarse a prestar servicio salvo que concurra alguna de las siguientes causas:

a) Que sean requeridos para transportar un número de personas superior al de plazas autorizadas para el vehículo o se haya de sobrepasar su masa máxima autorizada

b) Que alguno de los demandantes del servicio se halle en estado de manifiesta embriaguez o intoxicación por estupefacientes, excepto en los casos de peligro grave e inminente para su vida o integridad física

c) Las respuestas a) y b) son correctas

11. Según establece la Ordenanza Reguladora de la Señalización y Balizamiento de las Ocupaciones de las Vías públicas por Realización de Obras y Trabajos, en un mismo poste no podrán colocarse más de:

a) Una señal reglamentaria

b) Dos señales reglamentarias

c) Tres señales reglamentarias

12. Según establece la Ordenanza Reguladora de la Señalización y Balizamiento de las Ocupaciones de las Vías públicas por Realización de Obras y Trabajos, el borde inferior de la señal que se coloque en un poste deberá quedarse:

a) A un metro del suelo como mínimo

b) A dos metros del suelo como mínimo

c) A medio metro del suelo como mínimo

13. Según establece la Ordenanza Reguladora de la Señalización y Balizamiento de las Ocupaciones de las Vías públicas por Realización de Obras y Trabajos, ¿quién es el responsable del mantenimiento y buena visibilidad de la señalización vertical existente en la calle y que quede afectada por la zona de obra?

a) Los Servicios Técnicos

b) El peticionario de la ocupación

c) El Ayuntamiento de Madrid

14. Según establece la Ordenanza Reguladora de la Señalización y Balizamiento de las Ocupaciones de las Vías públicas por Realización de Obras y Trabajos, toda actuación por obras o trabajos llevada a cabo en la vía pública, cualquiera que sea su naturaleza, deberá venir advertida por la señal:

a) Precaución, obras

b) Atención, obras

c) Peligro, obras

15. Según establece la Ordenanza Reguladora de la Señalización y Balizamiento de las Ocupaciones de las Vías públicas por Realización de Obras y Trabajos, las vallas que se utilicen no tendrán, en ningún caso, una altura inferior a:

a) Medio metro

b) Un metro

c) Dos metros

16. Según establece la Ordenanza Reguladora de la Señalización y Balizamiento de las Ocupaciones de las Vías públicas por Realización de Obras y Trabajos, las vallas que se utilicen no tendrán, en ningún caso, una longitud menor de:

a) 1,25 metros

b) 1,50 metros

c) 1,75 metros

17. Según establece la Ordenanza Reguladora de la Señalización y Balizamiento de las Ocupaciones de las Vías públicas por Realización de Obras y Trabajos, las vallas de las obras promovidas por el Ayuntamiento serán de color:

a) Blanco

b) Azul

c) Amarillo

18. Según establece la Ordenanza Reguladora de la Señalización y Balizamiento de las Ocupaciones de las Vías públicas por Realización de Obras y Trabajos, la limitación progresiva de velocidad se hará en escalones de:

a) 10 km/h

b) 5 km/h

c) 20 km/h

19. Según establece la Ordenanza Reguladora de la Señalización y Balizamiento de las Ocupaciones de las Vías públicas por Realización de Obras y Trabajos, ninguna calle de sentido único podrá quedar con una anchura inferior a:

a) Dos metros libres para el tráfico

b) Tres metros libres para el tráfico

c) Cuatro metros libres para el tráfico

20. Según establece la Ordenanza Reguladora de la Señalización y Balizamiento de las Ocupaciones de las Vías públicas por Realización de Obras y Trabajos, la anchura mínima del paso para peatones será de:

a) 1,50 metros, medido desde la parte más saliente de las vallas o de los elementos de balizamiento

b) 2 metros, medido desde la parte más saliente de las vallas o de los elementos de balizamiento

c) 2,50 metros, medido desde la parte más saliente de las vallas o de los elementos de balizamiento

SOLUCIONES TEST 17

1. c) Las respuestas a) y b) son correctas

Modos de fijación del precio del servicio de taxi:

a) Precio según taxímetro: precio de un servicio de taxi calculado mediante el taxímetro, de acuerdo con las tarifas vigentes, incluida la tarifa fija.

b) Precio cerrado: precio de un servicio de taxi calculado mediante los parámetros oficiales facilitados por el Ayuntamiento de Madrid, de acuerdo con las tarifas vigentes que tendrán carácter de máximas.

2. a) Dos años

La persona que transmita una licencia municipal de autotaxi no podrá volver a obtener otra hasta transcurridos dos años.

3. b) Un mes

En caso de fallecimiento del titular de la licencia, en el plazo de un mes los herederos deberán comunicarlo al Ayuntamiento de Madrid y entregar en depósito el original de la licencia y de la/s tarjeta/s de identificación de conductor.

4. c) Un año

Cuando se produzca una circunstancia que impida la prestación del servicio por plazo superior a treinta días consecutivos o sesenta alternos, el Ayuntamiento de Madrid podrá autorizar la suspensión temporal de la licencia, por plazo máximo de un año, previa solicitud justificada de su titular.

5. b) Mínimo de un año y máximo de cinco años

El titular de una licencia de autotaxi podrá solicitar el pase a la situación de excedencia, que deberá ser concedida por el Ayuntamiento de Madrid, siempre que ello no suponga un deterioro grave en la atención global del servicio.

Las excedencias se concederán por plazo mínimo de un año y máximo de cinco años, debiendo retornar a la prestación del servicio al término del mismo. En caso de no retornar a la actividad en el plazo establecido, se procederá a la revocación de la licencia, de acuerdo con lo dispuesto en el artículo 14.

6. c) 10 años contados desde su primera matriculación, cualquiera que sea el país donde esta se hubiere producido

Los vehículos no podrán superar la antigüedad de 10 años contados desde su primera matriculación, cualquiera que sea el país donde esta se hubiere producido.

7. a) Cuatro plazas, contando con la del conductor, ampliable cuando el conductor autorice la utilización de los asientos contiguos al suyo

Los vehículos con mampara de seguridad tendrán una capacidad mínima para cuatro plazas, contando con la del conductor, ampliable cuando el conductor autorice la utilización de los asientos contiguos al suyo.

8. b) Cuatro anuncios de marca, producto, servicio o actividad, uno por cada lateral, el tercero en la parte trasera de la carrocería y el cuarto en la luneta trasera

Se admitirá un máximo de cuatro anuncios de marca, producto, servicio o actividad, uno por cada lateral, el tercero en la parte trasera de la carrocería y el cuarto en la luneta trasera.

9. c) Los lunes

Las licencias de autotaxi tendrán el siguiente régimen general de descanso:

a) De lunes a viernes, un día, con la siguiente distribución:

1. *Las licencias cuyos ordinales terminen en los números 7 y 8, los lunes.*
2. *Las licencias cuyos ordinales terminen en los números 9 y 0, los martes.*
3. *Las licencias cuyos ordinales terminen en los números 1 y 2, los miércoles.*
4. *Las licencias cuyos ordinales terminen en los números 3 y 4, los jueves.*
5. *Las licencias cuyos ordinales terminen en los números 5 y 6, los viernes.*

[...]

10. c) Las respuestas a) y b) son correctas

Los conductores de vehículos autotaxi no podrán negarse a prestar servicio salvo que concurra alguna de las siguientes causas:

a) Que sean requeridos para transportar un número de personas superior al de plazas autorizadas para el vehículo o se haya de sobrepasar su masa máxima autorizada.

b) Que alguno de los demandantes del servicio se halle en estado de manifiesta embriaguez o intoxicación por estupefacientes, excepto en los casos de peligro grave e inminente para su vida o integridad física.

c) Que por su naturaleza o carácter los bultos, equipajes, utensilios, animales, excepto perros de asistencia o silla de ruedas que los viajeros lleven consigo, puedan deteriorar o causar daños en el interior del vehículo, no quepan en el maletero o infrinjan con ello disposiciones en vigor.

d) Que sean requeridos para prestar servicio por vías intransitables, que ofrezcan peligro para la seguridad de los viajeros, del conductor o del vehículo.

e) Que sean requeridos por personas perseguidas por los cuerpos y fuerzas de seguridad.

f) Cuando el destino solicitado esté fuera del ámbito territorial de aplicación de las licencias de autotaxi de la ciudad de Madrid.

11. b) Dos señales reglamentarias

En un mismo poste no podrán colocarse más de dos señales reglamentarias, debiendo quedarse el borde inferior de la más baja a un metro del suelo como mínimo.

12. a) A un metro del suelo como mínimo

En un mismo poste no podrán colocarse más de dos señales reglamentarias, debiendo quedarse el borde inferior de la más baja a un metro del suelo como mínimo.

13. b) El peticionario de la ocupación

El peticionario de la ocupación viene obligado y es responsable del mantenimiento y buena visibilidad de la señalización vertical existente en la calle y que quede afectada por la zona de obra, debiendo comunicar a los Servicios Técnicos correspondientes las posibles modificaciones necesarias en la señalización.

14. c) Peligro, obras

Toda actuación por obras o trabajos llevada a cabo en la vía pública, cualquiera que sea su naturaleza, deberá venir advertida por la señal de "peligro, obras".

15. b) Un metro

Las vallas que se utilicen no tendrán, en ningún caso, una altura inferior a un metro, ni una longitud menor de 1,25 metros. La totalidad de las vallas y palenques utilizados en el término municipal de Madrid, deberán corresponder a modelos homologados.

16. a) 1,25 metros

Las vallas que se utilicen no tendrán, en ningún caso, una altura inferior a un metro, ni una longitud menor de 1,25 metros. La totalidad de las vallas y palenques utilizados en el término municipal de Madrid, deberán corresponder a modelos homologados.

17. c) Amarillo

Las vallas de las obras promovidas por el Ayuntamiento serán de color amarillo, con elementos reflectantes.

18. c) 20 km/h

La limitación progresiva de velocidad se hará en escalones de 20 kilómetros/hora, desde la velocidad autorizada en la calle hasta la máxima que se determine en la señalización de la ocupación.

19. b) Tres metros libres para el tráfico

Ninguna calle de sentido único podrá quedar con una anchura inferior a tres metros libres para el tráfico.

20. a) 1,50 metros, medido desde la parte más saliente de las vallas o de los elementos de balizamiento

La anchura mínima del paso para peatones será de 1,50 metros, medido desde la parte más saliente de las vallas o de los elementos de balizamiento. Garantizándose la misma en una altura de 2,10 metros.

TEST 18

Ordenanza de Consumo de la Ciudad de Madrid. Ordenanza de Mercados Municipales. Ordenanza Municipal Reguladora de la Venta Ambulante. Ordenanza de Terrazas y Quioscos de Hostelería y Restauración

1. Es uno de los principios informadores de la Ordenanza de Consumo:

a) Fomento de la autorregulación de los sectores empresariales

b) Colaboración institucional

c) Las respuestas a) y b) son correctas

2. Según determina la Ordenanza de Consumo, el Instituto Municipal de Consumo elaborará un plan municipal en materia de consumo con periodicidad:

a) Trimestral

b) Anual

c) Semestral

3. Según determina la Ordenanza de Consumo, las medidas provisionales en el control oficial deberán ser confirmadas, modificadas o levantadas por el órgano municipal competente:

a) Dentro de los diez días hábiles siguientes a su adopción

b) Dentro de los quince días hábiles siguientes a su adopción

c) Dentro de los treinta días hábiles siguientes a su adopción

4. Según determina la Ordenanza de Consumo, a fin de garantizar la eficacia de las resoluciones que eleven a definitivas las medidas provisionales, el órgano municipal competente podrá imponer multas coercitivas que no podrán exceder de:

a) 3.000 euros

b) 1.000 euros

c) 5.000 euros

5. Según determina la Ordenanza de Consumo, como norma general, las tomas de muestras se realizarán:

a) Por duplicado

b) Por triplicado

c) Por cuadruplicado

6. Según determina la Ordenanza de Consumo, la revisión de los códigos de buenas prácticas de consumo y autocontrol se llevará a cabo una vez transcurrido su periodo de vigencia de:

a) Dos años desde su aprobación o siempre que se produzca alguna modificación normativa que afecte sustancialmente a su contenido

b) Cuatro años desde su aprobación o siempre que se produzca alguna modificación normativa que afecte sustancialmente a su contenido

c) Cinco años desde su aprobación o siempre que se produzca alguna modificación normativa que afecte sustancialmente a su contenido

7. Según determina la Ordenanza de Consumo, la concesión del distintivo de calidad "Buenas Prácticas" se realizará por el órgano competente en materia de consumo en el plazo de:

a) Seis meses desde la fecha en que haya tenido entrada la solicitud en el registro del órgano competente para su tramitación

b) Tres meses desde la fecha en que haya tenido entrada la solicitud en el registro del órgano competente para su tramitación

c) Un año desde la fecha en que haya tenido entrada la solicitud en el registro del órgano competente para su tramitación

8. Según determina la Ordenanza de Consumo, es una de las funciones de la Oficina Municipal de Información al Consumidor del Ayuntamiento de Madrid:

a) Atención y orientación a los consumidores sobre la normativa vigente en materia de consumo para el adecuado ejercicio de sus derechos

b) Recepción y respuesta a las solicitudes de información y consultas formuladas por los consumidores

c) Las respuestas a) y b) son correctas

9. Según determina la Ordenanza de Consumo, el órgano de naturaleza consultiva encargado de prestar al Ayuntamiento de Madrid asesoramiento consistente en el examen de legalidad de las condiciones generales en los contratos utilizados en los diversos sectores del consumo que, por sus peculiares características, tienen una mayor incidencia sobre los consumidores es:

a) La Comisión de Control de Consumo

b) La Comisión de Condiciones Generales de la Contratación

c) La Comisión de Cláusulas Abusivas

10. Según determina la Ordenanza de Consumo, las infracciones leves en materia de defensa del consumidor serán sancionadas con multas de hasta:

a) 3.005,06 euros

b) 6.000,12 euros

c) 15.025,30 euros

11. A tenor de lo dispuesto en la Ordenanza de Mercados Municipales, la persona física o jurídica que asume a través de la adjudicación de un contrato administrativo, la responsabilidad de la gestión de un mercado municipal a su riesgo y ventura recibe el nombre de:

a) Concesionario

b) Usuario

c) Contratista

12. A tenor de lo dispuesto en la Ordenanza de Mercados Municipales, la superficie mínima de venta de los locales de nueva creación destinados al comercio minorista de la alimentación no será inferior a:

a) 15 m^2

b) 12 m^2

c) 18 m^2

13. A tenor de lo dispuesto en la Ordenanza de Mercados Municipales, la tarifa se pagará por mensualidades, debiendo hacerse efectiva dentro de:

a) Los primeros tres días de cada mes natural

b) Los primeros cinco días de cada mes natural

c) Los primeros diez días de cada mes natural

14. A tenor de lo dispuesto en la Ordenanza de Mercados Municipales, los concesionarios comunicarán al órgano competente el Documento de Condiciones Técnicas y el Reglamento de Régimen Interior y, en su caso, las revisiones de los mismos, como mínimo:

a) Un mes antes de su aplicación

b) Tres meses antes de su aplicación

c) Dos meses antes de su aplicación

15. A tenor de lo dispuesto en la Ordenanza de Mercados Municipales, los concesionarios presentarán al órgano municipal competente la memoria de gestión del ejercicio económico inmediatamente anterior:

a) En el primer trimestre del año

b) En el primer cuatrimestre del año

c) En el primer semestre del año

16. A tenor de lo dispuesto en la Ordenanza de Mercados Municipales, la negligencia en la limpieza del mercado o los locales es una infracción:

a) Muy grave

b) Grave

c) Leve

17. A tenor de lo dispuesto en la Ordenanza de Mercados Municipales, es una infracción grave:

a) El ejercicio de una actividad distinta de la autorizada para el local

b) La venta de productos distintos de los autorizados para cada local

c) La modificación de las tarifas sin sujeción a los procedimientos establecidos en la ordenanza

18. A tenor de lo dispuesto en la Ordenanza de Mercados Municipales, las infracciones leves se sancionarán con multa de hasta:

a) 750 euros

b) 1.500 euros

c) 3.000 euros

19. A tenor de lo dispuesto en la Ordenanza de Mercados Municipales, si impuesta la multa coercitiva el titular de la actividad persistiera en su conducta, se procederá a reiterarla, previo trámite de audiencia:

a) Por cuantos períodos de 10 días sean necesarios para cumplir el requerimiento

b) Por cuantos períodos de 15 días sean necesarios para cumplir el requerimiento

c) Por cuantos períodos de 30 días sean necesarios para cumplir el requerimiento

20. A tenor de lo dispuesto en la Ordenanza de Mercados Municipales, a efectos de determinar la cuantía de las sanciones, el Ayuntamiento de Madrid garantizará la adecuación entre la gravedad de la acción u omisión constitutiva de infracción y la sanción aplicada, considerando especialmente, entre otros, el criterio de la reincidencia, por comisión de más de una infracción de la misma naturaleza cuando así haya sido declarado por resolución firme en el término de:

a) Seis meses

b) Un año

c) Dos años

21. En relación con la Ordenanza Municipal Reguladora de la Venta Ambulante, el plazo de presentación de solicitudes de autorización municipal, será con carácter general, el comprendido entre:

a) El 1 de diciembre y el 31 de enero de cada año

b) El 1 de noviembre y el 31 de enero de cada año

c) El 1 de noviembre y el 31 de diciembre de cada año

22. En relación con la Ordenanza Municipal Reguladora de la Venta Ambulante, en los supuestos excepcionales y debidamente justificados en los que resulte imposible aportar la documentación requerida junto con la primera solicitud, se dispondrá de un plazo para su acreditación de:

a) 10 días

b) 15 días

c) 20 días

23. En relación con la Ordenanza Municipal Reguladora de la Venta Ambulante, las autorizaciones serán individuales e intransferibles. Sus titulares serán personas físicas o jurídicas y su duración será de:

a) Un año natural, contado desde la concesión, prorrogable por idénticos periodos, salvo denuncia expresa de alguna de las partes, o modificación de alguna de las circunstancias que motivaron la autorización

b) Dos años naturales, contados desde la concesión, prorrogable por idénticos periodos, salvo denuncia expresa de alguna de las partes, o modificación de alguna de las circunstancias que motivaron la autorización

c) Tres años naturales, contados desde la concesión, prorrogable por idénticos periodos, salvo denuncia expresa de alguna de las partes, o modificación de alguna de las circunstancias que motivaron la autorización

24. En relación con la Ordenanza Municipal Reguladora de la Venta Ambulante, ¿puede cederse una autorización?

a) No, en ningún caso

b) Sí, en caso de enfermedad grave suficientemente acreditada o fallecimiento del titular así como durante el cumplimiento de obligaciones de carácter inexcusable debidamente justificadas

c) Sí, en cualquier momento

25. En relación con la Ordenanza Municipal Reguladora de la Venta Ambulante, en los supuestos de nueva implantación de mercadillos, ninguna persona física o jurídica podrá ser titular:

a) De más del 5 por 100 de los puestos autorizados en dicho mercadillo

b) De más del 3 por 100 de los puestos autorizados en dicho mercadillo

c) De más del 10 por 100 de los puestos autorizados en dicho mercadillo

26. En relación con la Ordenanza Municipal Reguladora de la Venta Ambulante, con carácter general, los mercadillos tendrán un horario de funcionamiento:

a) De 09:30 a 14:30

b) De 09:00 a 15:00

c) De 09:00 a 14:00

27. En relación con la Ordenanza Municipal Reguladora de la Venta Ambulante, el día o días de celebración de los mercadillos periódicos podrá alterarse por coincidencia con alguna festividad o acontecimiento, comunicándose a los vendedores el día en que haya de celebrarse el mercadillo, con una antelación mínima de:

a) 7 días

b) 15 días

c) 30 días

28. En relación con la Ordenanza Municipal Reguladora de la Venta Ambulante, la suspensión temporal por razón de obras en la vía pública o en los servicios, tráfico u otras causas de interés público:

a) En ningún caso generará derecho a indemnización por daños y perjuicios a los titulares de los puestos afectados

b) Solo en los casos determinados en la ordenanza generará derecho a indemnización por daños y perjuicios a los titulares de los puestos afectados

c) En cualquier caso generará derecho a indemnización por daños y perjuicios a los titulares de los puestos afectados

29. En relación con la Ordenanza Municipal Reguladora de la Venta Ambulante, los puestos tendrán, con carácter general, unas dimensiones mínimas de:

a) 5 metros de frente y 3 metros de fondo, separados entre sí por 1 metro lineal

b) 5 metros de frente y 2 metros de fondo, separados entre sí por 1 metro lineal

c) 3 metros de frente y 2 metros de fondo, separados entre sí por 1 metro lineal

30. En relación con la Ordenanza Municipal Reguladora de la Venta Ambulante, los vendedores de alimentos dispondrán de instalaciones de exposición, venta y almacenamiento situadas a una distancia del suelo no inferior a:

a) 50 cm

b) 60 cm

c) 75 cm

31. Según determina la Ordenanza de Terrazas y Quioscos de Hostelería y Restauración, ¿pueden los servicios de restauración de los hoteles instalar terrazas?

a) No, en ningún caso

b) No, salvo licencia extraordinaria

c) Sí

32. Según determina la Ordenanza de Terrazas y Quioscos de Hostelería y Restauración, en las terrazas, la anchura libre de paso para los peatones no puede ser inferior a:

a) 2,00 metros

b) 2,25 metros

c) 2,50 metros

33. Según determina la Ordenanza de Terrazas y Quioscos de Hostelería y Restauración, las construcciones ligeras solo pueden instalarse en terrenos con más de:

a) 5 metros de ancho

b) 3 metros de ancho

c) 10 metros de ancho

34. Según determina la Ordenanza de Terrazas y Quioscos de Hostelería y Restauración, el espacio entre terrazas consecutivas ha de ser como mínimo de:

a) 1,50 metros

b) 2,00 metros

c) 2,50 metros

35. Según determina la Ordenanza de Terrazas y Quioscos de Hostelería y Restauración, en calles peatonales, solo se admite la instalación de terrazas en aquellas que tengan al menos:

a) 10 metros, y que estén dispuestas de forma que permitan el paso de los vehículos autorizados por una banda de anchura mínima de 3,50 metros

b) 8 metros, y que estén dispuestas de forma que permitan el paso de los vehículos autorizados por una banda de anchura mínima de 3,50 metros

c) 5 metros, y que estén dispuestas de forma que permitan el paso de los vehículos autorizados por una banda de anchura mínima de 3,50 metros

36. Según determina la Ordenanza de Terrazas y Quioscos de Hostelería y Restauración, el horario máximo de funcionamiento de las terrazas en periodo estacional, será:

a) Hasta la 01:30 de domingo a jueves y, hasta las 02:30 los viernes, sábados y vísperas de festivo

b) Hasta la 01:00 de domingo a jueves y, hasta las 02:30 los viernes, sábados y vísperas de festivo

c) Hasta la 01:00 de domingo a jueves y, hasta las 02:00 los viernes, sábados y vísperas de festivo

37. Según determina la Ordenanza de Terrazas y Quioscos de Hostelería y Restauración, la superficie del quiosco no puede exceder de:

a) Doce metros cuadrados, no contabilizando a estos efectos el espacio destinado a servicios higiénicos

b) Quince metros cuadrados, no contabilizando a estos efectos el espacio destinado a servicios higiénicos

c) Veinte metros cuadrados, no contabilizando a estos efectos el espacio destinado a servicios higiénicos

38. Según determina la Ordenanza de Terrazas y Quioscos de Hostelería y Restauración, el plazo máximo de vigencia de las concesiones será determinado por el órgano competente para su otorgamiento. Dicho plazo no puede ser superior, incluidas las prórrogas, al plazo máximo de:

a) 25 años previsto en la normativa sobre patrimonio de las administraciones públicas

b) 50 años previsto en la normativa sobre patrimonio de las administraciones públicas

c) 75 años previsto en la normativa sobre patrimonio de las administraciones públicas

39. Según determina la Ordenanza de Terrazas y Quioscos de Hostelería y Restauración, la falta de exposición en lugar visible de la autorización para la instalación y del plano de detalle de la terraza es una falta:

a) Leve

b) Grave

c) Muy grave

40. Según determina la Ordenanza de Terrazas y Quioscos de Hostelería y Restauración, las infracciones graves se sancionan con multa de hasta:

a) 1.000 euros

b) 1.500 euros

c) 3.500 euros

SOLUCIONES TEST 18

1. c) Las respuestas a) y b) son correctas

La regulación contenida en esta ordenanza se ajusta a los siguientes principios:

a) Buena fe y equilibrio de las relaciones entre consumidores y empresarios.

b) Protección eficiente y gratuita para los consumidores.

c) Divulgación de la información de forma adecuada a las características y necesidades de los consumidores.

d) Fomento de la autorregulación de los sectores empresariales.

e) Promoción de la resolución extrajudicial de los conflictos de consumo.

f) Impulso del consumo responsable en la ciudad de Madrid.

g) Colaboración de los empresarios y participación de estos en la protección de los consumidores.

h) Colaboración institucional

2. b) Anual

El Instituto Municipal de Consumo elaborará, con periodicidad anual, un plan municipal en materia de consumo en el que se fijen los objetivos a alcanzar en este ámbito por el Ayuntamiento de Madrid durante el ejercicio inmediatamente siguiente.

3. a) Dentro de los diez días hábiles siguientes a su adopción

Dentro de los diez días hábiles siguientes a su adopción, las medidas provisionales deberán ser confirmadas, modificadas o levantadas por el órgano municipal competente. El levantamiento de las medidas tendrá lugar cuando no fuese confirmada la existencia de los riesgos apreciados, fueran subsanados los hechos que motivaron su adopción o el órgano competente no haya adoptado su preceptiva decisión respecto de la medida provisional adoptada por el inspector.

4. a) 3.000 euros

A fin de garantizar la eficacia de las resoluciones que eleven a definitivas las medidas provisionales contempladas en el artículo 23, el órgano municipal competente podrá imponer multas coercitivas que no podrán exceder de 3.000 euros.

5. b) Por triplicado

Como norma general, las tomas de muestras se realizarán por triplicado y cada uno de los ejemplares de muestra tendrá el tamaño suficiente que garantice la representatividad de los productos objeto de control oficial.

6. b) Cuatro años desde su aprobación o siempre que se produzca alguna modificación normativa que afecte sustancialmente a su contenido

La revisión de los códigos se llevará a cabo una vez transcurrido su periodo de vigencia de cuatro años desde su aprobación o siempre que se produzca alguna modificación normativa que afecte sustancialmente a su contenido.

7. a) Seis meses desde la fecha en que haya tenido entrada la solicitud en el registro del órgano competente para su tramitación

La concesión del distintivo de calidad "Buenas Prácticas" se realizará por el órgano competente en materia de consumo en el plazo de seis meses desde la fecha en que haya tenido entrada la solicitud en el registro del órgano competente para su tramitación.

8. c) Las respuestas a) y b) son correctas

La Oficina Municipal de Información al Consumidor del Ayuntamiento de Madrid desarrollará las siguientes funciones:

a) Atención y orientación a los consumidores sobre la normativa vigente en materia de consumo para el adecuado ejercicio de sus derechos.

b) Recepción y respuesta a las solicitudes de información y consultas formuladas por los consumidores.

c) Recepción y tramitación de las denuncias que se le presenten, valorando las presuntas infracciones de la normativa de protección del consumidor y trasladándolas al órgano competente para su tramitación.

[...]

9. c) La Comisión de Cláusulas Abusivas

La Comisión de cláusulas abusivas es un órgano de naturaleza consultiva encargado de prestar al Ayuntamiento de Madrid asesoramiento consistente en el examen de legalidad de las condiciones generales en los contratos utilizados en los diversos sectores del consumo que, por sus peculiares características, tienen una mayor incidencia sobre los consumidores.

10. a) 3.005,06 euros

Las infracciones en materia de defensa del consumidor serán sancionadas con multas que no podrán superar los siguientes límites económicos:

a) Las infracciones leves, hasta 3.005,06 euros.

b) Las graves, hasta 15.025,30 euros.

11. a) Concesionario

Concesionario: persona física o jurídica que asume a través de la adjudicación de un contrato administrativo, la responsabilidad de la gestión de un mercado municipal a su riesgo y ventura.

12. a) 15 m^2

La superficie mínima de venta de los locales de nueva creación destinados al comercio minorista de la alimentación no será inferior a 15 m^2*. Esta superficie incluye el espacio destinado a mostradores, vitrinas y góndolas de exposición de productos y el espacio libre de 1,5 metros de ancho delante del mostrador destinado a la permanencia del público.*

El espacio libre anterior, que corresponde a zona común del mercado, no constituye objeto de cesión y no supone derechos ni obligaciones para los usuarios.

13. b) Los primeros cinco días de cada mes natural

La tarifa se pagará por mensualidades, debiendo hacerse efectiva dentro de los primeros cinco días de cada mes natural. No será necesario requerimiento previo del pago de la tarifa para que su importe sea debido y exigible.

14. c) Dos meses antes de su aplicación

Los concesionarios comunicarán al órgano competente el Documento de Condiciones Técnicas y el Reglamento de Régimen Interior y, en su caso, las revisiones de los mismos, como mínimo dos meses antes de su aplicación.

En dicho plazo, el órgano competente podrá imponer modificaciones a su contenido, para asegurar la adecuada prestación del servicio.

15. c) En el primer semestre del año

Los concesionarios presentarán al órgano municipal competente, en el primer semestre del año, la memoria de gestión del ejercicio económico inmediatamente anterior, que contendrá, como mínimo, la relación de usuarios de los locales del mercado a 31 de diciembre indicando las cesiones, traspasos y bajas del derecho de uso de los locales, las inversiones de conservación o mejora de locales, instalaciones y zonas comunes, las campañas de promoción realizadas y las utilizaciones de espacios comunes del mercado.

16. c) Leve

Son infracciones leves:

a) La negligencia en la limpieza del mercado o los locales.

b) La adopción de actitudes incorrectas con el público, o con el personal de la administración del mercado.

c) La venta de productos distintos de los autorizados para cada local.

d) La colocación de envases, género u otra clase de objetos en lugares no autorizados.

17. a) El ejercicio de una actividad distinta de la autorizada para el local

Son infracciones graves:

a) La falta de comunicación al órgano competente del Reglamento de Régimen Interior o del Documento de Condiciones Técnicas, o de sus modificaciones.

b) La falta de presentación en el plazo establecido del informe de cuentas anuales y de la memoria de gestión del mercado.

c) La realización de campañas de promoción y publicidad, así como actos de promoción, comunicación o publicidad en las instalaciones del mercado municipal sin comunicación previa al órgano competente.

d) El ejercicio de una actividad distinta de la autorizada para el local.

18. a) 750 euros

Las infracciones leves se sancionarán con multa de hasta 750 euros.

19. b) Por cuantos períodos de 15 días sean necesarios para cumplir el requerimiento

Si impuesta la multa coercitiva el titular de la actividad persistiera en su conducta, se procederá a reiterarla, previo trámite de audiencia, por cuantos períodos de 15 días sean necesarios para cumplir el requerimiento, incrementándose en un 20 por 100 el importe respecto a la impuesta anteriormente, sin que pueda superarse el importe máximo de 3.000 euros por multa. La cuantía de las multas coercitivas se actualizará automáticamente tomando en cuenta la evolución anual del Índice de Precios al Consumo.

20. b) Un año

A efectos de determinar la cuantía de las sanciones, el Ayuntamiento de Madrid garantizará la adecuación entre la gravedad de la acción u omisión constitutiva de infracción y la sanción aplicada, considerando especialmente, de forma conjunta o separada, los siguientes criterios:

a) La existencia de intencionalidad o reiteración.

b) La naturaleza de los perjuicios causados.

c) La reincidencia, por comisión en el término de un año de más de una infracción de la misma naturaleza cuando así haya sido declarado por resolución firme.

d) El beneficio obtenido por la comisión de la infracción.

e) La subsanación posterior de los hechos, realizada antes de dictarse la resolución del procedimiento sancionador.

21. b) El 1 de noviembre y el 31 de enero de cada año

El plazo de presentación de solicitudes de autorización municipal, será con carácter general, el comprendido entre el 1 de noviembre y el 31 de enero de cada año, a excepción de supuestos excepcionales, justificados por la naturaleza del producto objeto de venta, para los que sea preciso establecer un plazo distinto, que será determinado por la Junta Municipal de Distrito.

22. b) 15 días

En los supuestos excepcionales y debidamente justificados en los que resulte imposible aportar la documentación requerida junto con la solicitud, se dispondrá de un plazo de 15 días para su acreditación, contados desde la adjudicación de la autorización. En estos casos, la correspondiente resolución vendrá condicionada por la efectiva acreditación de la documentación conforme al procedimiento establecido para ello.

23. a) Un año natural, contado desde la concesión, prorrogable por idénticos periodos, salvo denuncia expresa de alguna de las partes, o modificación de alguna de las circunstancias que motivaron la autorización

Las autorizaciones serán individuales e intransferibles. Sus titulares serán personas físicas o jurídicas y su duración será de un año natural, contado desde la concesión, prorrogable por idénticos periodos, salvo denuncia expresa de alguna de las partes, o modificación de alguna de las circunstancias que motivaron la autorización.

24. b) Sí, en caso de enfermedad grave suficientemente acreditada o fallecimiento del titular así como durante el cumplimiento de obligaciones de carácter inexcusable debidamente justificadas

No obstante lo establecido en el artículo anterior, y en caso de enfermedad grave suficientemente acreditada o fallecimiento del titular así como durante el cumplimiento de obligaciones de carácter inexcusable debidamente justificadas, la autorización podrá ser cedida al cónyuge, a descendientes directos o a ascendientes directos, por el período que restase de su aprovechamiento.

25. a) De más del 5 por 100 de los puestos autorizados en dicho mercadillo

En los supuestos de nueva implantación de mercadillos, ninguna persona física o jurídica podrá ser titular de más del 5 por 100 de los puestos autorizados en dicho mercadillo, sin perjuicio de lo establecido para las cooperativas de comercio ambulante en la Ley 4/1999, de 30 de marzo, de Cooperativas de la Comunidad de Madrid.

26. c) De 09:00 a 14:00

Con carácter general, los mercadillos tendrán un horario de funcionamiento desde las 9'00 a las 14'00 horas, salvo que en la autorización se señale otro horario.

27. b) 15 días

El día o días de celebración de los mercadillos periódicos podrá alterarse por coincidencia con alguna festividad o acontecimiento, comunicándose a los vendedores el día en que haya de celebrarse el mercadillo, con una antelación mínima de quince días.

28. a) En ningún caso generará derecho a indemnización por daños y perjuicios a los titulares de los puestos afectados

Dicha suspensión temporal podrá afectar a la totalidad de las autorizaciones de un mercadillo o a parte de ellas, en función de las necesidades y del interés general, sin que en ningún caso se genere derecho a indemnización por daños y perjuicios a los titulares de los puestos afectados.

29. b) 5 metros de frente y 2 metros de fondo, separados entre sí por 1 metro lineal

Los puestos tendrán, con carácter general, unas dimensiones mínimas de 5 metros de frente y 2 metros de fondo, separados entre sí por 1 metro lineal. Excepcionalmente, y cuando la naturaleza del producto comercializado así lo aconseje, se podrán autorizar puestos de dimensiones inferiores a las anteriores, pero nunca con menos de 3 metros de frente de mostrador. La anchura mínima del pasillo central será de 5 metros.

30. b) 60 cm

Los vendedores de alimentos dispondrán de instalaciones de exposición, venta y almacenamiento situadas a una distancia del suelo no inferior a 60 centímetros.

31. c) Sí

Los servicios de restauración de los hoteles también pueden instalar terrazas.

32. c) 2,50 metros

La anchura libre de paso para los peatones no puede ser inferior a 2,50 metros, respetándose un itinerario de forma continua, evitando quiebros a lo largo de una línea de manzana.

33. a) 5 metros de ancho

Las construcciones ligeras solo pueden instalarse en terrenos con más de 5 metros de ancho.

34. a) 1,50 metros

El espacio entre terrazas consecutivas ha de ser como mínimo de 1,50 metros.

35. c) 5 metros, y que estén dispuestas de forma que permitan el paso de los vehículos autorizados por una banda de anchura mínima de 3,50 metros

En calles peatonales, solo se admite la instalación de terrazas en aquellas que tengan al menos 5 metros, y que estén dispuestas de forma que permitan el paso de los vehículos autorizados por una banda de anchura mínima de 3,50 metros.

36. b) Hasta la 01:00 de domingo a jueves y, hasta las 02:30 los viernes, sábados y vísperas de festivo

El horario máximo de funcionamiento de las terrazas en periodo estacional, será hasta la una a.m de domingo a jueves y, hasta las dos horas y treinta minutos a.m, los viernes, sábados y vísperas de festivo. El resto del año, para aquellas que tengan autorización para un periodo de funcionamiento anual, será hasta las veinticuatro horas. En ambos supuestos, el montaje y funcionamiento de la terraza no podrá iniciarse antes de la hora establecida por la normativa correspondiente.

37. a) Doce metros cuadrados, no contabilizando a estos efectos el espacio destinado a servicios higiénicos

La superficie del quiosco no puede exceder de doce metros cuadrados, no contabilizando a estos efectos el espacio destinado a servicios higiénicos.

38. c) 75 años previsto en la normativa sobre patrimonio de las administraciones públicas

El plazo máximo de vigencia de las concesiones será determinado por el órgano competente para su otorgamiento. Dicho plazo no puede ser superior, incluidas las prórrogas, al plazo máximo de 75 años previsto en la normativa sobre patrimonio de las administraciones públicas.

39. a) Leve

Son infracciones leves:

a) La falta de exposición en lugar visible de la autorización para la instalación y del plano de detalle de la terraza.

b) El almacenamiento o apilamiento de productos, envases o residuos en la zona de la terraza o en cualquier otro espacio de la vía pública.

c) La ocupación de superficie mayor a la autorizada hasta un diez por ciento.

d) La producción de molestias debidamente acreditadas a los vecinos o transeúntes derivadas del funcionamiento, montaje o desmontaje de la instalación.

40. b) 1.500 euros

Las infracciones graves se sancionan con multa de hasta 1.500 euros.

TEST 19

Establecimientos, espectáculos y actividades recreativas. Competencias municipales y actuación policial. Normativa aplicable

1. **¿Qué ley regula los espectáculos públicos y actividades recreativas de la Comunidad de Madrid?**

   a) Ley 17/1997, de 4 julio

   b) Ley 163/2008, de 29 de diciembre

   c) Ley 163/2008, de 29 de diciembre

2. **¿De cuántos artículos consta la Ley de espectáculos públicos y actividades recreativas de la Comunidad de Madrid?**

   a) 47

   b) 45

   c) 37

3. **¿En qué capítulo del Título II de la Ley de espectáculos públicos y actividades recreativas de la Comunidad de Madrid se regula las autorizaciones?**

   a) II

   b) III

   c) IV

4. En el Título II de la Ley de espectáculos públicos y actividades recreativas de la Comunidad de Madrid, se regulan:

a) Las disposiciones generales

b) Las licencias y autorizaciones

c) Los locales y establecimientos

5. ¿De cuántas Disposiciones Adicionales consta la Ley de espectáculos públicos y actividades recreativas de la Comunidad de Madrid?

a) 10

b) 9

c) 8

6. ¿Cuál es el ámbito de aplicación fundamental de la Ley de espectáculos públicos y actividades recreativas de la Comunidad de Madrid?

a) Los espectáculos públicos con finalidad lucrativa

b) Los espectáculos públicos sin finalidad lucrativa

c) Las respuestas a) y b) son correctas

7. ¿Qué se entenderá por espectáculos públicos?

a) Aquellos organizados con el fin de congregar al público en general

b) Aquellos organizados para presenciar actividades, representaciones o exhibiciones

c) Las respuestas a) y b) son correctas

8. Son actividades recreativas:

a) Las dirigidas a una parte específica de la sociedad

b) Las dirigidas al público en general

c) Aquella cuyo fin es únicamente el cultural

9. ¿Quién podrá ejercer el derecho de admisión?

a) Solamente los titulares de los establecimientos

b) Únicamente los organizadores de espectáculo o actividades recreativas

c) Personas en quienes se deleguen los titulares de establecimientos y los organizadores de espectáculos o actividades recreativas

10. El derecho de admisión no podrá utilizarse:

a) Para restringir el acceso de manera arbitraria o discriminatoria

b) Para impedir el acceso a personas que se comporten de manera violenta

c) Para impedir el acceso a personas que puedan producir molestias al público

11. ¿Dónde deben constar las condiciones para el ejercicio del derecho de admisión?

a) En el interior del local, establecimiento o recinto

b) En el lugar reservado para la atención e información al público

c) En lugar visible a la entrada de los locales, establecimientos y recintos

12. El ejercicio del derecho de admisión de forma arbitraria o abusiva se considera:

a) Un objetivo fundamental del derecho de admisión

b) Una infracción muy grave

c) Una simple falta, que conlleva multa económica

13. La admisión o participación de menores en espectáculos donde tengan prohibida su entrada se considera una infracción:

a) Muy grave

b) Grave

c) Leve

14. Tener a disposición del público Libros de Reclamaciones es:

a) Una opción

b) Una obligación

c) Un derecho

15. ¿Cuántos Libros de Reclamaciones deben tener los locales y establecimientos con un aforo superior a 700 personas?

a) 3

b) Uno en cada puerta de acceso

c) 5

16. Es una falta grave:

a) El incumplimiento de la obligación de tener a disposición del público los Libros de Reclamaciones

b) No tener expuesta al público la documentación preceptiva

c) Las respuestas a) y b) son correctas

17. El libro de Reclamaciones debe estar compuesto de:

a) Apartado de Reclamaciones y otro de Sugerencias

b) Un número oficial identificativo del libro

c) Hojas autocopiativas

18. ¿A quién se remiten las hojas del Libro de Reclamaciones una vez cumplimentadas?

a) Administración competente

b) Reclamante

c) Las respuestas a) y b) son correctas

19. ¿Cuál es el ámbito de aplicación del Real Decreto 2816/1982, de 27 de agosto por el que se aprueba el Reglamento de Policía de Espectáculos públicos y actividades recreativas?

a) Actividades de titularidad pública únicamente

b) Espectáculos destinados al público

c) Espectáculos exclusivamente con finalidad lucrativas

20. La aplicación del Reglamento de policía de Espectáculos Públicos y Actividades Recreativas tiene carácter:

a) Supletorio

b) Complementario

c) General

21. La edad de admisión de los artistas o ejecutantes de ambos sexo, se fija, por razones de protección de la infancia y juventud para trabajos diurnos en:

a) 16 años

b) 17 años

c) 18 años

22. Se consideran trabajos nocturnos, aquellos que se realicen a partir de las:

a) 22 horas

b) 20 horas

c) 24 horas

23. ¿Qué se entiende por personal de control de acceso?

a) Aquel que ejerce las funciones de admisión y control de acceso del público al interior de establecimiento

b) Aquel que se encuentra bajo la dependencia de la persona titular u organizadora de estas actividades

c) Las respuestas a) y b) son correctas

24. Es una función del personal de control de acceso:

a) Dirigir y asegurar la pacífica entrada de personas al establecimiento público

b) Comprobar la edad de las personas que pretendan acceder al local cuando sea procedente

c) Las respuestas a) y b) son correctas

25. No es un requisito para desempeñar las funciones de personal de control de acceso:

a) Tener la nacionalidad española o de alguno de los países que integran la Unión Europea

b) Carecer de antecedentes penales

c) Tener estudios superiores

SOLUCIONES TEST 19

1. a) Ley 17/1997, de 4 julio

Ley 17/1997, de 4 de julio, de Espectáculos Públicos y Actividades Recreativas.

2. a) 47

La Ley 17/1997, de 4 de julio, de Espectáculos Públicos y Actividades Recreativas, está formada por 47 artículos.

3. b) III

Título II. Licencias y autorizaciones:

- *Capítulo I. Locales y establecimientos*
- *Capítulo II. Instalaciones eventuales, espacios abiertos y vía pública*
- *Capítulo III. Autorizaciones*

4. b) Las licencias y autorizaciones

Título II. Licencias y autorizaciones:

- *Capítulo I. Locales y establecimientos*
- *Capítulo II. Instalaciones eventuales, espacios abiertos y vía pública*
- *Capítulo III. Autorizaciones*

5. b) 9

La Ley 17/1997, de 4 de julio, de Espectáculos Públicos y Actividades Recreativas, tiene 9 disposiciones adicionales.

6. c) Las respuestas a) y b) son correctas

La presente Ley será de aplicación a los espectáculos públicos y actividades recreativas que se desarrollen en el territorio de la Comunidad de Madrid, tengan o no finalidad lucrativa, se realicen de forma habitual o esporádica y con independencia de que sus titulares u organizadores sean entidades públicas, o personas físicas o jurídicas privadas.

7. c) Las respuestas a) y b) son correctas

A los efectos de la presente Ley se entenderá por espectáculos públicos aquellos organizados con el fin de congregar al público en general para presenciar actividades, representaciones o exhibiciones de naturaleza artística, cultural o deportiva.

8. b) Las dirigidas al público en general

Son actividades recreativas, a los efectos de esta Ley, aquellas dirigidas al público en general cuyo fin sea el esparcimiento, ocio, recreo y diversión del mismo.

9. c) Personas en quienes se deleguen los titulares de establecimientos y los organizadores de espectáculos o actividades recreativas

Los titulares de establecimientos y los organizadores de espectáculos o actividades recreativas o personas en quienes deleguen podrán ejercer el derecho de admisión. Este derecho no podrá utilizarse para restringir el acceso de manera arbitraria o discriminatoria, ni situar al usuario en condiciones de inferioridad, indefensión o agravio comparativo. El derecho de Admisión deberá tener por finalidad impedir el acceso de personas que se comporten de manera violenta, que puedan producir molestias al público o usuarios o puedan alterar el normal desarrollo del espectáculo o actividad. Las condiciones para el ejercicio del derecho de admisión deberán constar en lugar visible a la entrada de los locales, establecimientos y recintos.

Se prohíbe el acceso a los establecimientos, espectáculos públicos y actividades recreativas portando prendas o símbolos que inciten a la violencia, el racismo y la xenofobia.

10. a) Para restringir el acceso de manera arbitraria o discriminatoria

Los titulares de establecimientos y los organizadores de espectáculos o actividades recreativas o personas en quienes deleguen podrán ejercer el derecho de admisión. Este derecho no podrá utilizarse para restringir el acceso de manera arbitraria o discriminatoria, ni situar al usuario en condiciones de inferioridad, indefensión o agravio comparativo. El derecho de Admisión deberá tener por finalidad impedir el acceso de personas que se comporten de manera violenta, que puedan producir molestias al público o usuarios o puedan alterar el normal desarrollo del espectáculo o actividad. Las condiciones para el ejercicio del derecho de admisión deberán constar en lugar visible a la entrada de los locales, establecimientos y recintos.

Se prohíbe el acceso a los establecimientos, espectáculos públicos y actividades recreativas portando prendas o símbolos que inciten a la violencia, el racismo y la xenofobia.

11. c) En lugar visible a la entrada de los locales, establecimientos y recintos

Las condiciones para el ejercicio del derecho de admisión deberán constar en lugar visible a la entrada de los locales, establecimientos y recintos.

12. b) Una infracción muy grave

Se consideran infracciones muy graves en materia de espectáculos públicos y actividades recreativas:

[...]

14. El ejercicio del derecho de admisión de forma arbitraria o abusiva con infracción de las disposiciones que lo regulan.

[...]

13. b) Grave

Serán infracciones graves:

[...]

6. La admisión o participación de menores en espectáculos, actividades y establecimientos donde tengan prohibida su entrada o participación.

[...]

14. b) Una obligación

Los locales y establecimientos regulados en la presente Ley deberán tener a disposición del público Libros de Reclamaciones.

15. b) Uno en cada puerta de acceso

En los locales y establecimientos, con un aforo superior a 700 personas deberá existir un Libro de Reclamaciones en cada una de las puertas de acceso a los mismos.

16. c) Las respuestas a) y b) son correctas

Serán infracciones graves:

[...]

16. El incumplimiento de la obligación de tener a disposición del público los Libros de Reclamaciones así como de los requisitos que deban cumplir los mismos, y el no tener expuesta al público la documentación preceptiva o la falta de posesión en el local, o de exhibición a los Agentes de la Autoridad, de la documentación obligatoria.

[...]

17. c) Hojas autocopiativas

Reglamentariamente, a propuesta de los Órganos de la Comunidad competentes al efecto, se regularán las características de las hojas que componen el Libro de Reclamaciones, así como la obligatoriedad del titular del local o establecimiento de transmitir al Órgano competente de la Comunidad de Madrid las reclamaciones recibidas. El Libro de Reclamaciones deberá estar compuesto de hojas autocopiativas por triplicado, de las cuales, una vez cumplimentadas, una se remitirá a la Administración competente, otra quedará en poder del reclamante y la tercera en manos del titular del local o establecimiento.

18. c) Las respuestas a) y b) son correctas

Reglamentariamente, a propuesta de los Órganos de la Comunidad competentes al efecto, se regularán las características de las hojas que componen el Libro de Reclamaciones, así como la obligatoriedad del titular del local o establecimiento de transmitir al Órgano competente de la Comunidad de Madrid las reclamaciones recibidas. El Libro de Reclamaciones deberá estar compuesto de hojas autocopiativas por triplicado, de las cuales, una vez cumplimentadas, una se remitirá a la Administración competente, otra quedará en poder del reclamante y la tercera en manos del titular del local o establecimiento.

19. b) Espectáculos destinados al público

Serán aplicables los preceptos del presente Reglamento a los espectáculos, deportes, juegos, recreos y establecimientos destinados al público, enumerados en el Anexo y a las demás actividades de análogas características, con independencia de que sean de titularidad pública o privada y de que se propongan o no finalidades lucrativas.

20. a) Supletorio

La aplicación del presente Reglamento tendrá carácter supletorio respecto de las disposiciones especiales dictadas, en relación con todas o alguna de las actividades enumeradas en el Anexo, para garantizar la higiene y sanidad pública y la seguridad ciudadana, proteger a la infancia y a la juventud y defender los intereses del público en general, así como para la prevención de incendios y otros riesgos colectivos.

21. a) 16 años

La edad de admisión de los artistas o ejecutantes de ambos sexos, se fija, por razones de protección de la infancia y juventud, en los dieciséis años para trabajos diurnos y en los dieciocho para los nocturnos, teniendo esta última consideración los que se realicen a partir de las veintidós horas.

22. a) 22 horas

La edad de admisión de los artistas o ejecutantes de ambos sexos, se fija, por razones de protección de la infancia y juventud, en los dieciséis años para trabajos diurnos y en los dieciocho para los nocturnos, teniendo esta última consideración los que se realicen a partir de las veintidós horas.

23. c) Las respuestas a) y b) son correctas

Se entiende por personal de control de acceso aquel que ejerce las funciones de admisión y control de acceso del público al interior de determinados establecimientos públicos, espectáculos públicos o actividades recreativas y que se encuentra bajo la dependencia de la persona titular u organizadora de estas actividades.

24. c) Las respuestas a) y b) son correctas

El personal de control de acceso podrá desarrollar las siguientes funciones:

a) Dirigir y asegurar la pacífica entrada de personas al establecimiento público, espectáculo público o actividad recreativa, con el fin de que no perturben el desarrollo del espectáculo o la actividad recreativa que se realice.

b) Comprobar la edad de las personas que pretendan acceder al local cuando sea procedente.

[...]

25. c) Tener estudios superiores

Para desempeñar las funciones de personal de control de acceso será necesario reunir los siguientes requisitos:

a) Ser mayor de edad.

b) Tener la nacionalidad española o de alguno de los países que integran la Unión Europea o estar en posesión del permiso de residencia y trabajo correspondientes.

c) Carecer de antecedentes penales.

d) Haber superado en la Academia de Policía Local de la Comunidad de Madrid las pruebas consistentes en la realización de un test psicológico y un test de conocimiento en materia de derechos fundamentales, derecho de admisión, medidas de seguridad en los establecimientos, horarios de cierre y régimen jurídico de los menores de edad.

TEST 20

Estructura, organización y funcionamiento de los Tribunales en el sistema judicial español. Jurisdicción y competencia de los Juzgados y Tribunales Penales. Los procedimientos penales

1. Conforme a la Constitución Española, la Justicia emana:

a) Del Estado

b) Del Rey

c) Del Pueblo

2. ¿Qué órdenes integran la jurisdicción ordinaria?

a) Los órdenes civil, penal, contencioso-administrativo y social

b) Los órdenes civil, mercantil, penal, contencioso-administrativo y social

c) Los órdenes civil, penal, contencioso-administrativo, social y militar

3. Son clases de competencia:

a) La objetiva, funcional y territorial

b) La objetiva, material, formal y territorial

c) La objetiva, material y territorial

4. La competencia para la instrucción y enjuiciamiento de las causas contra Magistrados de la Audiencia Nacional o de un Tribunal Superior de Justicia corresponde, de conformidad con la Ley Orgánica 6/1985, de 1 de julio, a:

a) Los Juzgados de Instrucción

b) La Sala de lo Penal del Tribunal Supremo

c) Los Juzgados Centrales de Instrucción

5. Según la Ley Orgánica 6/1985, de 1 de julio, de los recursos de apelación contra las resoluciones dictadas por la Sala de lo Penal de la Audiencia Nacional conoce:

a) La Sala de lo Penal del Tribunal Supremo

b) La Sala de Apelaciones del Tribunal Supremo

c) La Sala de Apelaciones de la Audiencia Nacional

6. La decisión de las cuestiones de competencia entre Juzgados de Menores de distintas provincias de la comunidad autónoma corresponde, de acuerdo con la Ley Orgánica 6/1985, de 1 de julio:

a) A la Sala de lo Penal de la Audiencia Nacional

b) A los Juzgados Centrales de Instrucción

c) A la Sala de lo Civil y de lo Penal de los Tribunales Superiores de Justicia

7. ¿Según qué tipo de competencia se distribuye la jurisdicción con base en la gravedad de los hechos a enjuiciar?

a) Objetiva

b) Funcional

c) Territorial

8. ¿Cuál de los siguientes delitos es competencia del Tribunal del Jurado de conformidad con la Ley Orgánica 5/1995, de 22 de mayo?

a) El aborto

b) El allanamiento de morada

c) Las lesiones

9. Atendiendo a la Ley de Enjuiciamiento Criminal, la fase del juicio oral, salvo en delitos menos graves, tiene lugar ante:

a) El Juzgado de lo Penal, el Juzgado Central de lo Penal, la Audiencia Provincial o la Sala de lo Penal de la Audiencia Nacional, sin perjuicio de la competencia del Juez de Instrucción de Guardia del lugar de comisión del delito para dictar sentencia de conformidad, del Juez de Violencia sobre la Mujer competente en su caso y de los Juzgados de Instrucción competentes para dictar sentencia en el proceso por aceptación de decreto

b) El Juzgado de lo Penal o la Audiencia Provincial, sin perjuicio de la competencia del Juez de Instrucción de Guardia del lugar de comisión del delito para dictar sentencia de conformidad, del Juez de Violencia sobre la Mujer competente en su caso y de los Juzgados de Instrucción competentes para dictar sentencia en el proceso por aceptación de decreto

c) El Juzgado de lo Penal, la Sala de lo Penal de la Audiencia Provincial o la Sala de lo Penal de la Audiencia Nacional, sin perjuicio de la competencia del Juez de Instrucción de Guardia del lugar de comisión del delito para dictar sentencia de conformidad, del Juez de Violencia sobre la Mujer competente en su caso y de los Juzgados de Instrucción competentes para dictar sentencia en el proceso por aceptación de decreto

10. ¿Basándonos en qué premisas se atribuye a los órganos jurisdiccionales el ejercicio de la potestad jurisdiccional?

a) Unidad y legitimidad

b) Decisión y ejecución

c) Exclusividad e integridad

11. De acuerdo con la Ley de Enjuiciamiento Criminal, no están obligados a denunciar los hechos delictivos de los que tuvieren conocimiento:

a) Los funcionarios públicos

b) Las autoridades

c) Los eclesiásticos y ministros de cultos disidentes respecto de las noticias que se les hubieren revelado en el ejercicio de las funciones de su ministerio

12. Conforme a la Ley de Enjuiciamiento Criminal, la denuncia:

a) Ha de presentarse siempre de forma escrita

b) Puede presentarse de forma verbal o escrita

c) Ha de presentarse siempre de forma verbal

13. A la vista de la Ley Orgánica 6/1985, de 1 de julio, ¿cuál de los siguientes órganos jurisdiccionales no tiene jurisdicción en todo el territorio nacional?

a) El Tribunal Supremo

b) Los Juzgados Centrales de lo Penal

c) Los Juzgados de Vigilancia Penitenciaria

14. De acuerdo con la Ley Orgánica 6/1985, de 1 de julio, la Sala de lo Penal del Tribunal Superior de Justicia no conocerá de:

a) La instrucción y el fallo de las causas penales contra jueces, magistrados y miembros del Ministerio Fiscal por delitos o faltas cometidos en el ejercicio de su cargo en la comunidad autónoma, siempre que esta atribución no corresponda al Tribunal Supremo

b) Los recursos de apelación contra las resoluciones dictadas en primera instancia por las Audiencias Provinciales, así como el de todos aquellos previstos por las leyes

c) Los recursos de casación contra las resoluciones dictadas por las Audiencias Provinciales en segunda instancia

15. De conformidad con la Ley 23/2014, de 20 de noviembre, la autoridad judicial competente para ejecutar una orden europea de detención será:

a) El Juez Central de Instrucción de la Audiencia Nacional

b) Las Audiencias Provinciales

c) Los Juzgados de lo Penal

16. Según establece la Ley Orgánica 6/1985, el órgano superior en todos los órdenes es:

a) El Tribunal Supremo

b) El Tribunal Constitucional

c) El Tribunal de la Unión Europea, excepto en materias excluidas del Derecho de la Unión, en donde lo será el Tribunal Supremo

17. La ejecución de las sentencias dictadas en causas por delito grave o menos grave por los Juzgados Centrales de Instrucción corresponde, de acuerdo con la Ley Orgánica 6/1985, de 1 de julio, a:

a) El Tribunal Superior de Justicia

b) La Sala de lo penal de la Audiencia Nacional

c) Los Juzgados Centrales de lo Penal

18. La ejecución de las sentencias dictadas en causas por delito grave o menos grave por los Juzgados de Instrucción, y el reconocimiento y ejecución de las resoluciones que impongan sanciones pecuniarias transmitidas por las autoridades competentes de otros Estados miembros de la Unión Europea, cuando las mismas deban cumplirse en territorio español corresponderá, según la Ley Orgánica 6/1985, de 1 de julio:

a) A los Juzgados Centrales de lo Penal

b) A los Juzgados de lo Penal

c) A las Audiencias Provinciales

19. Señale la respuesta incorrecta conforme a lo establecido en la Ley de Enjuiciamiento Criminal. No está/n obligado/s a denunciar:

a) El cónyuge del delincuente no separado legalmente o de hecho o la persona que conviva con él en análoga relación de afectividad

b) Los ascendientes y descendientes del delincuente

c) Los parientes colaterales del delincuente hasta el tercer grado inclusive

20. Señale la respuesta incorrecta a la vista de lo dispuesto en la Ley Orgánica 6/1985, de 1 de julio, en lo que se refiere a los Juzgados de Vigilancia Penitenciaria:

a) Podrán establecerse Juzgados de Vigilancia penitenciaria que extiendan su jurisdicción a dos o más provincias de la misma Comunidad Autónoma

b) Podrán crearse Juzgados de Vigilancia penitenciaria cuya jurisdicción no se extienda a toda la provincia

c) El cargo de Juez de Vigilancia penitenciaria no será compatible con el desempeño de un órgano del orden jurisdiccional penal

21. ¿En cuántas fases se divide el proceso en el sistema mixto o acusatorio formal?

a) Tres

b) Dos

c) Cuatro

22. ¿El qué artículo de la Constitución Española se prohíben los Tribunales de excepción?

a) En el artículo 117

b) En el artículo 120

c) En ninguno

23. De conformidad con la Ley Orgánica 6/1985, de 1 de julio, la jurisdicción es única y se ejerce por los Juzgados y Tribunales previstos en esta Ley, sin perjuicio de:

a) Las potestades jurisdiccionales del Tribunal Constitucional, el Tribunal de Cuentas, los Tribunales Consuetudinarios tradicionalmente reconocidos y los tribunales internacionales a los que España se someta mediante tratado o convenio

b) Las potestades jurisdiccionales reconocidas por la misma a otros órganos

c) Las potestades jurisdiccionales reconocidas por la Constitución a otros órganos

24. La Sala de Gobierno de la Audiencia Nacional estará constituida, conforme a la Ley Orgánica 6/1985, de 1 de julio, por:

a) El Presidente, que la presidirá, y por los Presidentes de las Salas en ella existentes

b) El Presidente, que la presidirá, por los Presidentes de las Salas en ella existentes y por dos magistrados de estas, el más joven y el más antiguo de cada una

c) El Presidente, que la presidirá, por los Presidentes de las Salas en ella existentes y por un número de magistrados igual al de estos

25. ¿A quién corresponde la adscripción de magistrados de la Sala de Apelación de la Audiencia Nacional a otras Salas de la misma, conforme a la Ley Orgánica 6/1985, de 1 de julio?

a) Al Presidente de la Audiencia Nacional

b) Al Consejo General del Poder Judicial

c) A la Sala de Gobierno de la Audiencia Nacional

26. Conforme a la Ley Orgánica 6/1985, de 1 de julio, las defraudaciones y maquinaciones para alterar el precio de las cosas que produzcan o puedan producir grave repercusión en la seguridad del tráfico mercantil, en la economía nacional o perjuicio patrimonial en una generalidad de personas en el territorio de más de una Audiencia serán enjuiciadas, salvo que su enjuiciamiento corresponda a los Juzgados Centrales de lo Penal, por:

a) Los Tribunales Superiores de Justicia

b) La Sala de lo Penal de la Audiencia Nacional

c) El Tribunal Supremo

27. ¿Cuál es la sede de los Juzgados Centrales de Vigilancia Penitenciaria, según lo dispuesto en la Ley Orgánica 6/1985, de 1 de julio?

a) Cada una de las capitales de provincia

b) La ciudad en que tenga su sede un Tribunal Superior de Justicia

c) La Villa de Madrid

28. Según establece la Ley Orgánica 2/1986, de 13 de marzo, las Unidades orgánicas de Policía Judicial podrán adscribirse, en todo o en parte, por el Ministerio del Interior, a determinados Juzgados y Tribunales:

a) Oído el Consejo General del Poder Judicial

b) Oído el Consejo General de la Policía

c) Oído el Ministerio de Justicia

29. Respecto del abogado del turno de oficio, la Ley de Enjuiciamiento Criminal establece que el designado acudirá al centro de detención con la máxima premura, siempre dentro del plazo máximo de:

a) Una hora desde la recepción del encargo

b) Tres horas desde la recepción del encargo

c) Seis horas desde la recepción del encargo

30. De conformidad con la Ley 23/2014, de 20 de noviembre, ¿quién comunicará al Ministerio de Justicia los incumplimientos de plazos en la entrega del detenido que fueran imputables al Estado de ejecución, así como las denegaciones o dificultades reiteradas al reconocimiento y ejecución de las órdenes europeas de detención y entrega emitidas por España?

a) La autoridad judicial española

b) El Ministerio Fiscal

c) La Oficina de enlace creada al efecto

SOLUCIONES TEST 20

1. c) Del Pueblo

Según el artículo 117.1 de la Constitución Española, la justicia emana del pueblo y se administra en nombre del Rey por Jueces y Magistrados integrantes del poder judicial, independientes, inamovibles, responsables y sometidos únicamente al imperio de la ley.

2. a) Los órdenes civil, penal, contencioso-administrativo y social

Los órganos de la Jurisdicción Ordinaria se agrupan en distintos órdenes:

- *Orden Jurisdiccional Civil*
- *Orden Jurisdiccional Penal*
- *Orden Jurisdiccional Contencioso-administrativo*
- *Orden Jurisdiccional Social*

3. a) La objetiva, funcional y territorial

La competencia:

- *Competencia objetiva*
- *Competencia funcional*
- *Competencia territorial*

4. b) La Sala de lo Penal del Tribunal Supremo

Según el artículo 57.1. 2º de la Ley Orgánica 6/1985, de 1 de julio, del Poder Judicial, la Sala de lo Penal del Tribunal Supremo conocerá: De la instrucción y enjuiciamiento de las causas contra el Presidente del Gobierno, Presidentes del Congreso y del Senado, Presidente del Tribunal Supremo y del Consejo General del Poder Judicial, Presidente del Tribunal Constitucional, miembros del Gobierno, Diputados y Senadores, Vocales del Consejo General del Poder Judicial, Magistrados del Tribunal Constitucional y del Tribunal Supremo, Presidente de la Audiencia Nacional y de cualquiera de sus Salas y de los Tribunales Superiores de Justicia, Fiscal General del Estado, Fiscales de Sala del Tribunal Supremo, Fiscal Europeo, Presidente y Consejeros del Tribunal de Cuentas, Presidente y Consejeros del Consejo de Estado y Defensor del Pueblo, así como de las causas que, en su caso, determinen los Estatutos de Autonomía.

5. c) La Sala de Apelaciones de la Audiencia Nacional

Según el artículo 64 bis.1 de la Ley Orgánica 6/1985, de 1 de julio, la Sala de Apelación de la Audiencia Nacional conocerá de los recursos de esta clase que establezca la ley contra las resoluciones de la Sala de lo Penal.

6. c) A la Sala de lo Civil y de lo Penal de los Tribunales Superiores de Justicia

Según el artículo 73. 5 de la Ley Orgánica 6/1985, de 1 de julio, a la Sala de lo Civil y Penal del Tribunal Superior de Justicia, le corresponde, igualmente, la decisión de las cuestiones de competencia entre Juzgados de Menores de distintas provincias de la comunidad autónoma.

7. a) Objetiva

Según la competencia objetiva se distribuye la jurisdicción con base en la gravedad de los hechos a enjuiciar y según las personas a quien se enjuicie. Es decir, según sea la gravedad y los autores de los hechos.

8. b) El allanamiento de morada

Según el artículo 1.2 d) de la Ley Orgánica 5/1995, de 22 de mayo, del Tribunal del Jurado, dentro del ámbito de enjuiciamiento previsto en el apartado anterior, el Tribunal del Jurado será competente para el conocimiento y fallo de las causas por los delitos tipificados en los siguientes preceptos del Código Penal: Del allanamiento de morada (artículos 202 y 204).

9. a) El Juzgado de lo Penal, el Juzgado Central de lo Penal, la Audiencia Provincial o la Sala de lo Penal de la Audiencia Nacional, sin perjuicio de la competencia del Juez de Instrucción de Guardia del lugar de comisión del delito para dictar sentencia de conformidad, del Juez de Violencia sobre la Mujer competente en su caso y de los Juzgados de Instrucción competentes para dictar sentencia en el proceso por aceptación de decreto

Según el artículo 14.3 del Real Decreto de 14 de septiembre de 1882 por el que se aprueba la Ley de Enjuiciamiento Criminal, serán competentes para el conocimiento y fallo de las causas por delitos a los que la Ley señale pena privativa de libertad de duración no superior a cinco años o pena de multa cualquiera que sea su cuantía, o cualesquiera otras de distinta naturaleza, bien sean únicas, conjuntas o alternativas, siempre que la duración de estas no exceda de diez años, así como por delitos leves, sean o no incidentales, imputables a los autores de estos delitos o a otras personas, cuando la comisión del delito leve o su prueba estuviesen relacionadas con aquellos, el Juez de lo Penal de la circunscripción donde el delito fue cometido, o el Juez de lo Penal correspondiente a la circunscripción del Juzgado de Violencia sobre la Mujer en su caso, o el Juez Central de lo Penal en el ámbito que le es propio, sin perjuicio de la competencia del Juez de Instrucción de Guardia del lugar de comisión del delito para dictar sentencia de conformidad, del Juez de Violencia sobre la Mujer competente en su caso, en los términos establecidos en el artículo 801, así como de los Juzgados de Instrucción competentes para dictar sentencia en el proceso por aceptación de decreto.

10. c) Exclusividad e integridad

Según el artículo 2 de la Ley Orgánica 6/1985, de 1 de julio, (en concordancia con el artículo 117 de la Constitución), el ejercicio de la potestad jurisdiccional, juzgando y haciendo ejecutar lo juzgado, corresponde exclusivamente a los Juzgados y Tribunales determinados en las leyes y en los tratados internacionales. Los Juzgados y Tribunales no ejercerán más funciones que las señaladas en el párrafo anterior, y las demás que expresamente les sean atribuidas por ley en garantía de cualquier derecho.

En consecuencia conforme a este artículo descubrimos que el ejercicio de la potestad jurisdiccional se atribuye a los órganos jurisdiccionales con base en dos premisas:

- *Exclusividad, pues ningún otro órgano o autoridad que no sea jurisdiccional puede juzgar, es decir, han de ser órganos especialmente instituidos (Juzgados y Tribunales) los que lleven a cabo esta función.*
- *Integridad, pues los órganos jurisdiccionales no ejercerán más funciones que las indicadas en los artículos 2 de la Ley Orgánica 6/1985, de 1 de julio, del Poder Judicial y 117 de la Constitución y las que expresamente les confieran las leyes.*

11. c) Los eclesiásticos y ministros de cultos disidentes respecto de las noticias que se les hubieren revelado en el ejercicio de las funciones de su ministerio

Según el artículo 263 de la Ley de Enjuiciamiento Criminal, la obligación [de denunciar] no comprenderá a los Abogados ni a los Procuradores respecto de las instrucciones o explicaciones que recibieren de sus clientes. Tampoco comprenderá a los eclesiásticos y ministros de cultos disidentes respecto de las noticias que se les hubieren revelado en el ejercicio de las funciones de su ministerio.

12. b) Puede presentarse de forma verbal o escrita

Según el artículo 265 de la Ley de Enjuiciamiento Criminal, las denuncias podrán hacerse por escrito o de palabra, personalmente o por medio de mandatario con poder especial.

13. c) Los Juzgados de Vigilancia Penitenciaria

Según el artículo 94.1 de la Ley Orgánica 6/1985, de 1 de julio, en cada provincia, y dentro del orden jurisdiccional penal, habrá uno o varios Juzgados de Vigilancia Penitenciaria, que tendrán las funciones jurisdiccionales previstas en la Ley General Penitenciaria en materia de ejecución de penas privativas de libertad y medidas de seguridad, emisión y ejecución de los instrumentos de reconocimiento mutuo de resoluciones penales en la Unión Europea que les atribuya la ley, control jurisdiccional de la potestad disciplinaria de las autoridades penitenciarias, amparo de los derechos y beneficios de los internos en los establecimientos penitenciarios y demás que señale la ley.

14. c) Los recursos de casación contra las resoluciones dictadas por las Audiencias Provinciales en segunda instancia

Según el artículo 73.3 de la Ley Orgánica 6/1985, de 1 de julio, al Tribunal Superior de Justicia, Como Sala de lo Penal, le corresponde:

- *El conocimiento de las causas penales que los Estatutos de Autonomía reservan al conocimiento de los Tribunales Superiores de Justicia*
- *La instrucción y el fallo de las causas penales contra jueces, magistrados y miembros del Ministerio Fiscal por delitos o faltas (entiéndase delito leve) cometidos en el ejercicio de su cargo en la comunidad autónoma, siempre que esta atribución no corresponda al Tribunal Supremo*
- *El conocimiento de los recursos de apelación contra las resoluciones dictadas en primera instancia por las Audiencias Provinciales, así como el de todos aquellos previstos por las leyes.*

15. a) El Juez Central de Instrucción de la Audiencia Nacional

Según el artículo 35.2 de la Ley 23/2014, de 20 de noviembre, la autoridad judicial competente para ejecutar una orden europea de detención será el Juez Central de Instrucción de la Audiencia Nacional. Cuando la orden se refiera a un menor la competencia corresponderá al Juez Central de Menores.

16. c) El Tribunal de la Unión Europea, excepto en materias excluidas del Derecho de la Unión, en donde lo será el Tribunal Supremo

Según el artículo 53 de la Ley Orgánica 6/1985, de 1 de julio, el Tribunal Supremo, con sede en la villa de Madrid, es el órgano jurisdiccional superior en todos los órdenes, salvo lo dispuesto en materia de garantías Constitucionales. Tendrá jurisdicción en toda España y ningún otro podrá tener el título de Supremo.

17. c) Los Juzgados Centrales de lo Penal

Según el artículo 89.3 de la Ley Orgánica 6/1985, de 1 de julio, corresponde asimismo a los Juzgados Centrales de lo Penal la ejecución de las sentencias dictadas en causas por delito grave o menos grave por los Juzgados Centrales de Instrucción, y los procedimientos de decomiso autónomo por los delitos para cuyo conocimiento sean competentes.

18. b) A los Juzgados de lo Penal

Según el artículo 89 bis.2 de la Ley Orgánica 6/1985, de 1 de julio, corresponde asimismo a los Juzgados de lo Penal la ejecución de las sentencias dictadas en causas por delito grave o menos grave por los Juzgados de Instrucción, el reconocimiento y ejecución de las resoluciones que impongan sanciones pecuniarias transmitidas por las autoridades competentes de otros Estados miembros de la Unión Europea, cuando las mismas deban cumplirse en territorio español, y los procedimientos de decomiso autónomo por los delitos para cuyo conocimiento sean competentes.

19. c) Los parientes colaterales del delincuente hasta el tercer grado inclusive

Según el artículo 261 de la Ley de Enjuiciamiento Criminal, tampoco estarán obligados a denunciar:

1.º El cónyuge del delincuente no separado legalmente o de hecho o la persona que conviva con él en análoga relación de afectividad.

2.º Los ascendientes y descendientes del delincuente y sus parientes colaterales hasta el segundo grado inclusive.

20. c) El cargo de Juez de Vigilancia penitenciaria no será compatible con el desempeño de un órgano del orden jurisdiccional penal

Según el artículo 94.5 de la Ley Orgánica 6/1985, de 1 de julio, el cargo de Juez de Vigilancia penitenciaria será compatible con el desempeño de un órgano del orden jurisdiccional penal.

21. b) Dos

En el sistema mixto o sistema acusatorio formal, se divide el proceso en dos fases:

a) Instructora

b) Juicio oral

22. a) En el artículo 117

Según el artículo 117.6 de la Constitución Española, se prohíben los Tribunales de excepción.

23. c) Las potestades jurisdiccionales reconocidas por la Constitución a otros órganos

Según el artículo 3.1 de la Ley Orgánica 6/1985, de 1 de julio, la jurisdicción es única y se ejerce por los Juzgados y Tribunales previstos en esta Ley, sin perjuicio de las potestades jurisdiccionales reconocidas por la Constitución a otros órganos.

24. c) El Presidente, que la presidirá, por los Presidentes de las Salas en ella existentes y por un número de magistrados igual al de estos

Según el artículo 149.1 de la Ley Orgánica 6/1985, de 1 de julio, la Sala de Gobierno de la Audiencia Nacional estará constituida por el Presidente, que la presidirá, por los Presidentes de las Salas en ella existentes y por un número de magistrados igual al de estos.

25. b) Al Consejo General del Poder Judicial

Según el artículo 64 bis.2 de la Ley Orgánica 6/1985, de 1 de julio, cuando la sensible y continuada diferencia en el volumen de trabajo lo aconseje, los magistrados de esta Sala, con el acuerdo favorable de la Sala de Gobierno, previa propuesta del Presidente del Tribunal, podrán ser ads-

critos por el Consejo General del Poder Judicial, total o parcialmente, y sin que ello signifique incremento retributivo alguno, a otra Sala de diferente orden.

26. b) La Sala de lo Penal de la Audiencia Nacional

Según el artículo 65 1º c) de la Ley Orgánica 6/1985, de 1 de julio, la Sala de lo Penal de la Audiencia Nacional conocerá: Del enjuiciamiento, salvo que corresponda en primera instancia a los Juzgados Centrales de lo Penal, de las causas por los siguientes delitos: c) Defraudaciones y maquinaciones para alterar el precio de las cosas que produzcan o puedan producir grave repercusión en la seguridad del tráfico mercantil, en la economía nacional o perjuicio patrimonial en una generalidad de personas en el territorio de más de una Audiencia.

27. c) La Villa de Madrid

Según el artículo 89 bis.3 de la Ley Orgánica 6/1985, de 1 de julio, en la Villa de Madrid, con jurisdicción en toda España, habrá uno o varios Juzgados Centrales de lo Penal que conocerán, en los casos en que así lo establezcan las leyes procesales, de las causas por los delitos a que se refiere el artículo 65 y de los demás asuntos que señalen las leyes.

28. a) Oído el Consejo General del Poder Judicial

Según el artículo 30.2 de la Ley Orgánica 2/1986, de 13 de marzo, de Fuerzas y Cuerpos de Seguridad, las referidas Unidades orgánicas de Policía Judicial podrán adscribirse, en todo o en parte, por el Ministerio del Interior, oído el Consejo General del Poder Judicial, a determinados Juzgados y Tribunales. De igual manera podrán adscribirse al Ministerio Fiscal, oído el Fiscal General del Estado.

29. b) Tres horas desde la recepción del encargo

Según el artículo 520.5 de la Ley de Enjuiciamiento Criminal, el abogado designado acudirá al centro de detención con la máxima premura, siempre dentro del plazo máximo de tres horas desde la recepción del encargo. Si en dicho plazo no compareciera, el Colegio de Abogados designará un nuevo abogado del turno de oficio que deberá comparecer a la mayor brevedad y siempre dentro del plazo indicado, sin perjuicio de la exigencia de la responsabilidad disciplinaria en que haya podido incurrir el incompareciente.

30. a) La autoridad judicial española

Según el artículo 46 de la Ley 23/2014, de 20 de noviembre, de reconocimiento mutuo de resoluciones penales en la Unión Europea, la autoridad judicial española comunicará al Ministerio de Justicia los incumplimientos de plazos en la entrega del detenido que fueran imputables al Estado de ejecución, así como las denegaciones o dificultades reiteradas al reconocimiento y ejecución de las órdenes europeas de detención y entrega emitidas por España.

TEST 21

Consideraciones generales sobre el Derecho Penal. Concepto. Principios fundamentales. Especial referencia a la Constitución. El Código Penal y las leyes penales especiales

1. El principio *"nullum crimen sine lege"* implica una garantía:

a) Personal

b) Penitenciaria

c) Criminal

2. ¿En qué artículo del Código Penal se establece que son delitos las acciones y omisiones dolosas o imprudentes penadas por la Ley?

a) En el artículo 8

b) En el artículo 9

c) En el artículo 10

3. El derecho penal se aplicará:

a) Siempre, por ser derecho principal

b) Solo cuando los demás medios de sanción y tutela resulten ineficaces

c) Siempre, por ser de aplicación preferente

4. El principio de legalidad implica:

a) Que nadie puede ser sancionado por acciones u omisiones que en el momento de producirse no constituyan infracción administrativa

b) Que nadie puede ser condenado por acciones u omisiones que en el momento de cometerse no constituyan delito

c) Todas las respuestas anteriores son correctas

5. La antijuridicidad implica:

a) Que no pueden concurrir causas excluyentes

b) Una acción u omisión

c) Que las acciones están penadas por la ley

6. Atendiendo a la punibilidad o perseguibilidad, ¿cómo puede ser clasificado el delito?

a) Como delito semiprivado

b) Como delito privado

c) Todas las respuestas anteriores son correctas

7. El principio de audiencia implica:

a) Que las dos partes disponen de las mismas posibilidades de defensa

b) Que las dos partes tienen la posibilidad de defenderse

c) Que el juez que instruye no puede decidir

8. Según la Constitución española, ¿cuál es el plazo máximo de duración de la detención preventiva?

a) Un día

b) Setenta y dos horas

c) Cinco días

9. Señale cuál de los siguientes no es un rasgo de la naturaleza jurídica del Derecho Procesal Penal:

a) Goza de total independencia

b) Es el instrumento para aplicar el Derecho Penal

c) Es un Derecho público o privado según, a su vez, la naturaleza del delito

10. En el sistema inquisitivo, ¿qué condiciones concurren en la persona del juez?

a) Es imparcial y dual

b) Es acusador y decisor

c) Es investigador e imparcial

11. Según establece la Constitución española, la Policía Judicial en sus funciones de averiguación del delito y descubrimiento y aseguramiento del delincuente:

a) Depende de los Jueces y Tribunales

b) Depende del Consejo General del Poder Judicial

c) Depende de los Jueces, de los Tribunales y del Ministerio Fiscal

12. Las leyes penales son irretroactivas:

a) Siempre

b) Siempre, salvo que sean más favorables para el reo

c) Nunca

13. El principio del hecho, que informa el Derecho Penal, implica:

a) Que no se pene la conducta delictiva mientras esta no se exteriorice

b) Que la responsabilidad solo puede exigirse a personas naturales por actos propios

c) Que el derecho penal solo protegerá los bienes jurídicos más fundamentales para la vida social

14. Según el principio de irretroactividad:

a) Las normas jurídicas no se pueden aplicar, en ningún caso, después de su entrada en vigor

b) Las normas jurídicas no se aplican si son restrictivas de derechos para el interesado

c) Las normas jurídicas son aplicables desde el momento de su entrada en vigor hasta su derogación

15. Las obligaciones civiles que nazcan de los delitos se regirán por las disposiciones de:

a) El Código Civil

b) El Código Penal

c) La Constitución Española

16. Conforme al principio del bien jurídico:

a) El Derecho Penal solo protegerá los bienes jurídicos fundamentales para la vida social

b) No cabe penar sin existir culpa

c) Las normas jurídicas son aplicables desde el momento de su entrada en vigor hasta su derogación

17. ¿Cuál de las siguientes definiciones corresponde al concepto "derecho penal objetivo"?

a) Derecho del Estado a establecer normas penales y aplicarlas cuando se cumplan los requisitos en ellas prevenido

b) Conjunto de reglas jurídicas establecidas por el Estado, que asocian al crimen o delito como hecho la pena como legítima consecuencia

c) Conjunto sistemático de conocimientos relativos a los conceptos humanos - culturales del delito y de la pena

18. ¿Cuál de las siguientes definiciones corresponde al concepto "derecho penal subjetivo"?

a) Derecho del Estado a establecer normas penales y aplicarlas cuando se cumplan los requisitos en ellas prevenido

b) Conjunto de reglas jurídicas establecidas por el Estado, que asocian al crimen o delito como hecho la pena como legítima consecuencia

c) Conjunto sistemático de conocimientos relativos a los conceptos humanos - culturales del delito y de la pena

19. El Derecho penal como ciencia es el:

a) Derecho del Estado a establecer normas penales y aplicarlas cuando se cumplan los requisitos en ellas prevenido

b) Conjunto de reglas jurídicas establecidas por el Estado, que asocian al crimen o delito como hecho la pena como legítima consecuencia

c) Conjunto sistemático de conocimientos relativos a los conceptos humanos - culturales del delito y de la pena

20. No es uno de los principios informadores del Derecho penal:

a) Principio de culpabilidad

b) Principio de inviolabilidad

c) Principio de resocialización

SOLUCIONES TEST 21

1. c) Criminal

Según este principio, la responsabilidad por la realización del hecho delictivo inicialmente solo puede exigirse a personas naturales por actos propios, siempre que hayan tenido la intención de cometer el acto u omisión (es decir, será necesario dolo o culpa) y el sujeto sea imputable cuando practicó el hecho delictivo. Se basa en el principio "nullum crimen sine culpae", es decir no cabe penar sin existir culpa.

2. c) En el artículo 10

Por tanto, los delitos constituyen las infracciones penales. Así, el Código Penal en su art. 10, establece que "son delitos las acciones y omisiones dolosas o imprudentes penadas por la ley".

3. b) Solo cuando los demás medios de sanción y tutela resulten ineficaces

Conforme al mismo, el Derecho Penal debe proteger solo el mínimo.

Ello implica un doble carácter del Derecho Penal:

- *Carácter subsidiario: es decir, el derecho solo debe intervenir cuando los demás medios de sanción y tutela resultan ineficaces.*
- *Carácter fragmentario: implica que el Derecho Penal protegerá únicamente los bienes jurídicos más fundamentales para el individuo y la sociedad frente a los ataques más intensos. Ello conlleva la despenalización de determinadas conductas (como el adulterio) y la sanción de otras (como los delitos contra el medio ambiente).*

4. c) Todas las respuestas anteriores son correctas

La Constitución Española dedica a este principio los arts. 9.3 (que lo reconoce) y 25 (nadie puede ser condenado o sancionado por acciones u omisiones que en el momento de producirse no constituyan delito, falta o infracción administrativa, según la legislación vigente en aquel momento). De este principio derivan cuatro garantías:

Hay que tener también en cuenta que el artículo 4 del Código Penal establece que las leyes penales no se aplicarán a casos distintos de los comprendidos expresamente en ellas.

- *La criminal: así, el artículo 1.1 del Código Penal establece que no será castigada ninguna acción ni omisión que no esté prevista como delito por ley anterior a su perpetración.*
- *La penal o personal: así, el artículo 2.1 del Código Penal establece no será castigado ningún delito con pena que no se halle prevista por ley anterior a su perpetración.*

- *La procesal o judicial: así el artículo 3.1 del Código Penal establece que no podrá ejecutarse pena ni medida de seguridad sino en virtud de sentencia firme dictada por el Juez o Tribunal competente, de acuerdo con las leyes procesales.*
- *La de ejecución: en este mismo sentido el artículo 3.2 del Código Penal establece que tampoco podrá ejecutarse pena ni medida de seguridad en otra forma que la prescrita por la Ley y reglamentos que la desarrollan, ni con otras circunstancias o accidentes que los expresados en su texto.*

5. c) Que las acciones están penadas por la ley

Antijuridicidad: implica que la acción es antijurídica, es decir, que no existe una causa de justificación que la ampare.

6. c) Todas las respuestas anteriores son correctas

Atendiendo a la punibilidad o perseguibilidad:

a) Delitos públicos o perseguibles de oficio. Son la mayoría.

b) Delitos privados o perseguibles a instancia de parte; exigen la interposición de una querella por el ofendido (ej., delitos contra el honor).

c) Delitos semiprivados en los que es necesaria la presentación de una denuncia por parte del agraviado.

7. b) Que las dos partes tienen la posibilidad de defenderse

Principio de audiencia y de igualdad

Audiencia supone que las dos partes tienen la posibilidad de defenderse.

8. b) Setenta y dos horas

Según el artículo 17.2 de la Constitución, la detención preventiva no podrá durar más del tiempo estrictamente necesario para la realización de las averiguaciones tendentes al esclarecimiento de los hechos, y, en todo caso, en el plazo máximo de setenta y dos horas, el detenido deberá ser puesto en libertad o a disposición de la autoridad judicial.

9. c) Es un Derecho público o privado según, a su vez, la naturaleza del delito

Naturaleza jurídica

- *Se trata de un Derecho Público, que sirve al Estado para administrar la justicia.*
- *Goza de total independencia.*
- *Es el instrumento para aplicar el Derecho Penal.*

10. b) Es acusador y decisor

En el sistema inquisitivo (s. IV - s. XIX), en la persona del juez concurren tres condiciones: investigador, acusador y decisor.

11. c) Depende de los Jueces, de los Tribunales y del Ministerio Fiscal

Según el artículo 126 de la Constitución Española, la Policía Judicial depende de los Jueces, de los Tribunales y del Ministerio Fiscal en sus funciones de averiguación del delito y descubrimiento y aseguramiento del delincuente, en los términos que la ley establezca.

12. b) Siempre, salvo que sean más favorables para el reo

Así lo establece el art. 9.3 de la Constitución española.

13. a) Que no se pene la conducta delictiva mientras esta no se exteriorice

El resto de respuestas se refieren a otros principios. El principio del hecho significa que no se penen conductas como la preparación mental del delito, etc.

14. c) Las normas jurídicas son aplicables desde el momento de su entrada en vigor hasta su derogación

Las normas jurídicas son aplicables desde el momento de su entrada en vigor hasta su derogación, debiendo respetar, en principio, el estado jurídico aplicable con anterioridad a ellas. Es decir, el principio general en nuestro derecho es el de la irretroactividad de las normas, es decir, no se pueden aplicar a situaciones surgidas con anterioridad a su promulgación, ni a hechos realizados después de su derogación.

15. b) El Código Penal

El artículo 1092 del Código Civil así lo recoge: "Las obligaciones civiles que nazcan de los delitos o faltas se regirán por las disposiciones del Código Penal".

16. a) El Derecho Penal solo protegerá los bienes jurídicos fundamentales para la vida social

El Derecho Penal solo protegerá los bienes jurídicos fundamentales para la vida social. La infracción penal sólo se concibe cuando supone la lesión de un bien jurídico protegido.

17. b) Conjunto de reglas jurídicas establecidas por el Estado, que asocian al crimen o delito como hecho la pena como legítima consecuencia

Derecho penal objetivo: "conjunto de reglas jurídicas establecidas por el Estado, que asocian al crimen o delito como hecho la pena como legítima consecuencia".

18. a) Derecho del Estado a establecer normas penales y aplicarlas cuando se cumplan los requisitos en ellas prevenido

Derecho penal subjetivo: "derecho del Estado a establecer normas penales y aplicarlas cuando se cumplan los requisitos en ellas prevenidos".

19. a) Derecho del Estado a establecer normas penales y aplicarlas cuando se cumplan los requisitos en ellas prevenido

Derecho penal como ciencia es el conjunto sistemático de conocimientos relativos a los conceptos humanos-culturales del delito y de la pena.

20. b) Principio de inviolabilidad

Entre los principios informadores del Derecho penal, destacan los siguientes:

- *Principio de legalidad.*
- *Principio de intervención mínima.*
- *Principio de audiencia.*
- *Principio del hecho.*
- *Principio del bien jurídico.*
- *Principio de culpabilidad.*
- *Principio de proporcionalidad.*
- *Principio de resocialización.*
- *Principio de igualdad.*
- *Principio de irretroactividad.*

TEST 22

De la infracción penal y las personas criminalmente responsables de los delitos. Las penas. Las medidas de seguridad

1. **Según la Ley Orgánica 10/1995, de 23 de noviembre, pueden ser responsables criminalmente:**

   a) Las personas naturales

   b) Las personas jurídicas

   c) Las personas naturales y las personas jurídicas

2. **De acuerdo con la Ley Orgánica 10/1995, de 23 de noviembre, son delitos:**

   a) Solo las acciones y omisiones imprudentes penadas por ley

   b) Solo las acciones dolosas penadas por ley

   c) Solo las acciones y omisiones, dolosas o imprudentes, penadas por ley

3. **Conforme a la Ley Orgánica 10/1995, de 23 de noviembre, son autores de un delito:**

   a) Los que toman parte directa en la ejecución del hecho

   b) Los que fuerzan o inducen directamente a otros a ejecutarlo

   c) Las respuestas a) y b) son correctas

4. Según la Ley Orgánica 10/1995, de 23 de noviembre, ¿quiénes son cómplices en un delito?

a) Los que no participan en él, pero auxilian a los autores para que se beneficien del provecho, producto o precio del delito, sin ánimo de lucro propio

b) Los que ocultan o inutilizan el cuerpo del delito para impedir su descubrimiento

c) Ninguna de las respuestas anteriores es correcta

5. De acuerdo con la Ley Orgánica 10/1995, de 23 de noviembre, el encubrimiento será castigado con pena de prisión de:

a) Seis meses a tres años

b) Seis meses a cuatro años

c) Uno a tres años

6. Conforme a la Ley Orgánica 10/1995, de 23 de noviembre, la pena de localización permanente:

a) Es una pena leve

b) Es una pena grave

c) Puede ser una pena grave o leve, en función de su duración

7. Según la Ley Orgánica 10/1995, de 23 de noviembre, los que no toman parte directa en la ejecución del hecho, pero son partícipes en el acto ejecutado por otro, tienen la consideración penal formal de:

a) Autores necesarios

b) Cooperadores necesarios

c) Partícipes responsables penales

8. Conforme a la Ley Orgánica 10/1995, de 23 de noviembre, la suspensión de empleo o cargo público hasta cinco años es una pena:

a) Grave

b) Menos grave

c) Leve

9. De acuerdo con la Ley Orgánica 10/1995, de 23 de noviembre, son penas privativas de libertad:

a) La prisión permanente revisable, la prisión, la localización permanente y la responsabilidad personal subsidiaria por impago de multa

b) La prisión permanente revisable, la prisión, la localización permanente, el arresto de fin de semana y la responsabilidad personal subsidiaria por impago de multa

c) La prisión permanente revisable, la prisión, la localización permanente, el arresto menor y la responsabilidad personal subsidiaria por impago de multa

10. Según la Ley Orgánica 10/1995, de 23 de noviembre, la pena de multa, salvo que sea sustitutiva, tiene una duración de:

a) Cinco días a dos años

b) Diez días a dos años

c) Un día a dos años

11. De acuerdo con la Ley Orgánica 10/1995, de 23 de noviembre, en relación al cómputo de las penas, la duración de las mismas comenzará a computarse, en el caso de que el reo no estuviere preso:

a) Desde que la sentencia condenatoria hubiere quedado firme

b) Desde que ingrese en el establecimiento adecuado para su cumplimiento

c) Dependerá de las circunstancias del caso

12. Señale la respuesta correcta respecto a la pena:

a) Debe ser proporcional a la gravedad del hecho cometido

b) No podrá consistir en trabajos forzados

c) Las respuestas a) y b) son correctas

13. Atendiendo a la punibilidad o perseguibilidad, ¿cómo puede ser clasificado el delito?

a) Como delito público

b) Como delito privado

c) Las respuestas a) y b) son correctas

14. De acuerdo con la Ley Orgánica 10/1995, de 23 de noviembre, la responsabilidad personal subsidiaria aparece prevista por el Código Penal:

a) Para el caso de que el reo no satisficiere voluntariamente las costas procesales

b) Para el caso de que el reo no satisficiere voluntariamente el importe de la responsabilidad civil derivada de delito

c) Para el caso de que el reo no satisficiere voluntariamente la pena de multa

15. Conforme a la Ley Orgánica 10/1995, de 23 de noviembre, la aplicación de las medidas de seguridad exige:

a) Que de las circunstancias personales del sujeto pueda deducirse un pronóstico de comportamiento futuro que revele la probabilidad de comisión de delitos, aunque no los haya cometido aún

b) Que el sujeto tenga plena capacidad para responder penalmente de sus actos

c) Que el sujeto haya cometido un hecho previsto como delito

16. Según la Ley Orgánica 10/1995, de 23 de noviembre, cuando un menor de dieciocho años cometa un hecho delictivo:

a) Estará exento de responsabilidad penal

b) Solo podrá exigírsele responsabilidad penal una vez cumpla dieciocho años

c) Podrá ser responsable con arreglo a lo dispuesto en la ley que regule la responsabilidad penal del menor

17. De acuerdo con la Ley Orgánica 10/1995, de 23 de noviembre, la proposición para delinquir existe:

a) Cuando dos o más personas se conciertan para la ejecución de un delito y resuelven ejecutarlo

b) Cuando directamente se incita por medio de la imprenta, la radiodifusión o cualquier otro medio de eficacia semejante, que facilite la publicidad, o ante una concurrencia de personas, a la perpetración de un delito

c) Cuando el que ha resuelto cometer un delito invita a otra u otras personas a ejecutarlo

18. Entre las medidas de seguridad no privativas de libertad previstas en el Código Penal no se encuentra:

a) La inhabilitación profesional

b) La expulsión del territorio nacional de extranjeros residentes legalmente en España

c) La custodia familiar

19. Según la Ley Orgánica 10/1995, de 23 de noviembre, atendiendo a su gravedad, los delitos son calificados como leves cuando:

a) La infracción es castigada por la Ley con una pena menos grave

b) El Código Penal lo cataloga como tal

c) La infracción es castigada por la Ley con una pena leve

20. De acuerdo con la Ley Orgánica 10/1995, de 23 de noviembre, la conspiración existe:

a) Cuando el que ha resuelto cometer un delito invita a otra u otras personas a ejecutarlo

b) Cuando dos o más personas se conciertan para la ejecución de un delito y resuelven ejecutarlo

c) Cuando dos o más personas han resuelto cometer un delito e invitan a otra u otras personas a ejecutarlo

21. De acuerdo con lo establecido al respecto en el Código Penal, resulta/n punible/s:

a) El delito consumado

b) La tentativa de delito

c) Las respuestas a) y b) son correctas

22. Según la Ley Orgánica 10/1995, de 23 de noviembre, en relación al cómputo de las penas, cuando el reo estuviere preso, la duración de las penas empezará a computarse:

a) Desde que la sentencia condenatoria hubiera quedado firme

b) Desde que ingrese en el establecimiento adecuado para su cumplimiento

c) Desde la publicación de la Sentencia condenatoria

23. El término culpabilidad implica:

a) Que no pueden concurrir causas excluyentes

b) Que las acciones están tipificadas y penadas por la ley sin que concurra ninguna circunstancia que excluya la antijuridicidad y justifique la conducta

c) Que las conductas han de ser culposas o dolosas y que se puede reprochar a su autor el haberlas cometido

24. Conforme a la Ley Orgánica 10/1995, de 23 de noviembre, son penas graves:

a) Las inhabilitaciones especiales por tiempo superior a cinco años

b) La suspensión de empleo o cargo público hasta cinco años

c) La multa de más de dos meses

25. Según la Ley Orgánica 10/1995, de 23 de noviembre, conforme a la regla general en materia de responsabilidad civil derivada del delito, si son dos o más los responsables de un delito, los jueces o tribunales:

a) Decidirán, en función de la participación mayoritaria en el delito, quién es el responsable civil principal y único

b) Repartirán la responsabilidad proporcionalmente al número de responsables

c) Señalarán la cuota de que deba responder cada uno

26. De acuerdo con la Ley Orgánica 10/1995, de 23 de noviembre, podrán considerarse circunstancias atenuantes de la responsabilidad penal de las personas jurídicas haber realizado, con posterioridad a la comisión del delito y a través de sus representantes legales:

a) Haber procedido, antes de conocer que el procedimiento judicial se dirige contra ella, a confesar la infracción a las autoridades

b) Haber colaborado en la investigación del hecho aportando pruebas de cualquier clase, en cualquier momento del proceso, para esclarecer las responsabilidades penales dimanantes de los hechos

c) Haber procedido en cualquier momento del procedimiento a reparar o disminuir el daño causado por el delito

27. Conforme a la Ley Orgánica 10/1995, de 23 de noviembre, respecto a las penas de multa, resulta correcto afirmar que:

a) Su extensión mínima será de diez días y la máxima de dos años

b) Las penas de multa tendrán una extensión máxima de cinco años

c) La pena de multa se impondrá, en todo caso, por el sistema de días-multa

28. Según la Ley Orgánica 10/1995, de 23 de noviembre, las penas de multa imponibles a personas jurídicas tendrán una extensión máxima de:

a) Dos años

b) Cinco años

c) Siete años

29. De acuerdo con la Ley Orgánica 10/1995, de 23 de noviembre, el hecho de que no puedan ejecutarse penas ni medidas de seguridad sino en la forma prescrita por la Ley y reglamentos que la desarrollan, constituye una garantía:

a) De ejecución

b) Judicial

c) Penal

30. Nuestro Código, para clasificar las infracciones penales, adopta:

a) Criterios cualitativos

b) Criterios cuantitativos

c) División tripartita

31. En el dolo directo:

a) La voluntad no contiene el resultado previsible y evitable

b) La voluntad del sujeto se dirige directamente al resultado propuesto

c) Se requiere la acción y resultado, aunque este se represente solo como probable

32. Son requisitos de la imprudencia:

a) Acción inicial, consciente y libre

b) Resultado lesivo no querido

c) Todas las respuestas anteriores son correctas

33. La figura del agraviado:

a) Es el sujeto activo

b) Es el sujeto pasivo

c) En ocasiones puede coincidir con la del sujeto pasivo

34. Según la Ley Orgánica 10/1995, de 23 de noviembre, la cooperación necesaria:

a) Es un delito autónomo

b) Es una forma de autoría

c) Es una circunstancia modificativa de la responsabilidad criminal

35. De acuerdo con la Ley Orgánica 10/1995, de 23 de noviembre, los que inducen directamente a otros a ejecutar un delito son:

a) Autores

b) Cómplices

c) Encubridores

36. Conforme a la Ley Orgánica 10/1995, de 23 de noviembre, el que coopera a la realización de un hecho delictivo con actos anteriores o simultáneos es:

a) Autor

b) Cómplice

c) Cooperador necesario

37. Según la Ley Orgánica 10/1995, de 23 de noviembre, cometer el hecho mediante precio, recompensa o promesa es:

a) Una circunstancia atenuante

b) Una circunstancia agravante

c) Una circunstancia mixta

38. De acuerdo con la Ley Orgánica 10/1995, de 23 de noviembre, la circunstancia mixta de parentesco:

a) Atenúa la responsabilidad exclusivamente

b) Agrava la responsabilidad exclusivamente

c) Ninguna de las respuestas anteriores es correcta

39. Conforme a la Ley Orgánica 10/1995, de 23 de noviembre, en la reincidencia:

a) Se computan los antecedentes penales cancelados

b) No se computan los antecedentes penales cancelados

c) Se computan los antecedentes no cancelados pero que debieran estarlo

40. Según la Ley Orgánica 10/1995, de 23 de noviembre, prevalerse del carácter público que tenga el culpable es:

a) Una circunstancia eximente

b) Una circunstancia atenuante

c) Una circunstancia agravante

SOLUCIONES TEST 22

1. c) Las personas naturales y las personas jurídicas

El artículo 27 del Código Penal establece que son responsables criminalmente de los delitos los autores y los cómplices. Por su parte, el artículo 31 bis dispone que, en los supuestos previstos en el Código Penal, las personas jurídicas serán penalmente responsables:

a) De los delitos cometidos en nombre o por cuenta de las mismas, y en su beneficio directo o indirecto, por sus representantes legales o por aquellos que actuando individualmente o como integrantes de un órgano de la persona jurídica, están autorizados para tomar decisiones en nombre de la persona jurídica u ostentan facultades de organización y control dentro de la misma.

b) De los delitos cometidos, en el ejercicio de actividades sociales y por cuenta y en beneficio directo o indirecto de las mismas, por quienes, estando sometidos a la autoridad de las personas físicas mencionadas en el párrafo anterior, han podido realizar los hechos por haberse incumplido gravemente por aquellos los deberes de supervisión, vigilancia y control de su actividad atendidas las concretas circunstancias del caso.

2. c) Solo las acciones y omisiones, dolosas o imprudentes, penadas por ley

El artículo 10 del Código Penal establece que son delitos las acciones y omisiones dolosas o imprudentes penadas por la ley.

3. c) Las respuestas a) y b) son correctas

El artículo 28 del Código Penal establece que son autores quienes realizan el hecho por sí solos, conjuntamente o por medio de otro del que se sirven como instrumento. También serán considerados autores:

a) Los que inducen directamente a otro u otros a ejecutarlo.

b) Los que cooperan a su ejecución con un acto sin el cual no se habría efectuado.

4. c) Ninguna de las respuestas anteriores es correcta

El artículo 451 del Código Penal está dedicado al delito de encubrimiento. Según dicho artículo, será castigado con la pena de prisión de seis meses a tres años el que, con conocimiento de la comisión de un delito y sin haber intervenido en el mismo como autor o cómplice, interviniere con posterioridad a su ejecución, de alguno de los modos siguientes:

1.º Auxiliando a los autores o cómplices para que se beneficien del provecho, producto o precio del delito, sin ánimo de lucro propio.

2.º Ocultando, alterando o inutilizando el cuerpo, los efectos o los instrumentos de un delito, para impedir su descubrimiento.

3.º Ayudando a los presuntos responsables de un delito a eludir la investigación de la autoridad o de sus agentes, o a sustraerse a su busca o captura, siempre que concurra alguna de las circunstancias siguientes:

a) Que el hecho encubierto sea constitutivo de traición, homicidio del Rey o de la Reina o de cualquiera de sus ascendientes o descendientes, de la Reina consorte o del consorte de la Reina, del Regente o de algún miembro de la Regencia, o del Príncipe o de la Princesa de Asturias, genocidio, delito de lesa humanidad, delito contra las personas y bienes protegidos en caso de conflicto armado, rebelión, terrorismo, homicidio, piratería, trata de seres humanos o tráfico ilegal de órganos.

b) Que el favorecedor haya obrado con abuso de funciones públicas. En este caso se impondrá, además de la pena de privación de libertad, la de inhabilitación especial para empleo o cargo público por tiempo de dos a cuatro años si el delito encubierto fuere menos grave, y la de inhabilitación absoluta por tiempo de seis a doce años si aquel fuera grave.

5. a) Seis meses a tres años

El artículo 451 del Código Penal está dedicado al delito de encubrimiento. Según dicho artículo, será castigado con la pena de prisión de seis meses a tres años.

6. a) Es una pena leve

El artículo 33.4 del Código Penal dispone que son penas leves:

a) La privación del derecho a conducir vehículos a motor y ciclomotores de tres meses a un año.

b) La privación del derecho a la tenencia y porte de armas de tres meses a un año.

c) Inhabilitación especial para el ejercicio de profesión, oficio o comercio que tenga relación con los animales y para la tenencia de animales de tres meses a un año.

d) La privación del derecho a residir en determinados lugares o acudir a ellos, por tiempo inferior a seis meses.

e) La prohibición de aproximarse a la víctima o a aquellos de sus familiares u otras personas que determine el juez o tribunal, por tiempo de un mes a menos de seis meses.

f) La prohibición de comunicarse con la víctima o con aquellos de sus familiares u otras personas que determine el juez o tribunal, por tiempo de un mes a menos de seis meses.

g) La multa de hasta tres meses.

h) La localización permanente de un día a tres meses.

i) Los trabajos en beneficio de la comunidad de uno a treinta días.

7. b) Cooperadores necesarios

Los cooperadores necesarios no toman parte directa en la ejecución del hecho, aunque son partícipes en el acto ejecutado por otro.

8. b) Menos grave

Conforme al artículo 33.3 del Código Penal, son penas menos graves:

a) La prisión de tres meses hasta cinco años.

b) Las inhabilitaciones especiales hasta cinco años.

c) La suspensión de empleo o cargo público hasta cinco años.

d) La privación del derecho a conducir vehículos a motor y ciclomotores de un año y un día a ocho años.

e) La privación del derecho a la tenencia y porte de armas de un año y un día a ocho años.

f) Inhabilitación especial para el ejercicio de profesión, oficio o comercio que tenga relación con los animales y para la tenencia de animales de un año y un día a cinco años.

g) La privación del derecho a residir en determinados lugares o acudir a ellos, por tiempo de seis meses a cinco años.

h) La prohibición de aproximarse a la víctima o a aquellos de sus familiares u otras personas que determine el juez o tribunal, por tiempo de seis meses a cinco años.

i) La prohibición de comunicarse con la víctima o con aquellos de sus familiares u otras personas que determine el juez o tribunal, por tiempo de seis meses a cinco años.

j) La multa de más de tres meses.

k) La multa proporcional, cualquiera que fuese su cuantía, salvo lo dispuesto en el apartado 7 de este artículo.

l) Los trabajos en beneficio de la comunidad de treinta y un días a un año.

9. a) La prisión permanente revisable, la prisión, la localización permanente y la responsabilidad personal subsidiaria por impago de multa

Según dispone el artículo 35 del Código Penal, son penas privativas de libertad la prisión permanente revisable, la prisión, la localización permanente y la responsabilidad personal subsidiaria por impago de multa. Su cumplimiento, así como los beneficios penitenciarios que supongan acortamiento de la condena, se ajustarán a lo dispuesto en las leyes y en el Código Penal.

10. b) Diez días a dos años

Conforme el artículo 50.3 del Código Penal que prevé que su extensión mínima será de diez días y la máxima de dos años.

11. b) Desde que ingrese en el establecimiento adecuado para su cumplimiento

Según establece el artículo 38.2 del Código Penal, cuando el reo no estuviere preso, la duración de las penas empezará a contarse desde que ingrese en el establecimiento adecuado para su cumplimiento.

12. c) Las respuestas a) y b) son correctas

Así se deriva de los principios de proporcionalidad y de resocialización. El artículo 25.2 de la Constitución señala que las penas privativas de libertad y las medidas de seguridad estarán orientadas hacia la reeducación y reinserción social y no podrán consistir en trabajos forzados.

13. c) Las respuestas a) y b) son correctas

Atendiendo a la punibilidad o perseguibilidad, los delitos pueden clasificarse en:

a) Delitos públicos o perseguibles de oficio. Son la mayoría.

b) Delitos privados o perseguibles a instancia de parte y exigen la interposición de una querella por el ofendido (ej., delitos contra el honor).

c) Delitos semiprivados en los que es necesaria la presentación de una denuncia por parte del agraviado.

14. c) Para el caso de que el reo no satisficiere voluntariamente la pena de multa

De acuerdo al artículo 53 del Código Penal, si el condenado no satisficiere, voluntariamente o por vía de apremio, la multa impuesta, quedará sujeto a una responsabilidad personal subsidiaria de un día de privación de libertad por cada dos cuotas diarias no satisfechas, que, tratándose de delitos leves, podrá cumplirse mediante localización permanente. En este caso, no regirá la limitación que en su duración establece el apartado 1 del artículo 37. También podrá el juez o tribunal, previa conformidad del penado, acordar que la responsabilidad subsidiaria se cumpla mediante trabajos en beneficio de la comunidad. En este caso, cada día de privación de libertad equivaldrá a una jornada de trabajo.

15. c) Que el sujeto haya cometido un hecho previsto como delito

El artículo 95.1 del Código Penal establece que las medidas de seguridad se aplicarán por el Juez o Tribunal, previos los informes que estime convenientes, a las personas que se encuentren en los supuestos previstos en el capítulo siguiente del Código Penal, siempre que concurran estas circunstancias:

1.ª Que el sujeto haya cometido un hecho previsto como delito.

2.ª Que del hecho y de las circunstancias personales del sujeto pueda deducirse un pronóstico de comportamiento futuro que revele la probabilidad de comisión de nuevos delitos.

16. c) Podrá ser responsable con arreglo a lo dispuesto en la ley que regule la responsabilidad penal del menor

Conforme al artículo 19 del Código Penal, los menores de dieciocho años no serán responsables criminalmente con arreglo al Código Penal. Cuando un menor de dicha edad cometa un hecho delictivo podrá ser responsable con arreglo a lo dispuesto en la ley que regule la responsabilidad penal del menor.

17. c) Cuando el que ha resuelto cometer un delito invita a otra u otras personas a ejecutarlo

Conforme al artículo 17.2 del Código Penal, la proposición existe cuando el que ha resuelto cometer un delito invita a otra u otras personas a participar en él.

18. b) La expulsión del territorio nacional de extranjeros residentes legalmente en España

Según el artículo 96.3 del Código Penal, son medidas no privativas de libertad:

1.ª) La inhabilitación profesional.

2.ª) La expulsión del territorio nacional de extranjeros no residentes legalmente en España.

3.ª) La libertad vigilada.

4.ª) La custodia familiar. El sometido a esta medida quedará sujeto al cuidado y vigilancia del familiar que se designe y que acepte la custodia, quien la ejercerá en relación con el Juez de Vigilancia Penitenciaria y sin menoscabo de las actividades escolares o laborales del custodiado.

5.ª) La privación del derecho a conducir vehículos a motor y ciclomotores.

6.ª) La privación del derecho a la tenencia y porte de armas.

19. c) La infracción es castigada por la Ley con una pena leve

Conforme al artículo 13 del Código Penal, son delitos leves las infracciones que la ley castiga con pena leve.

20. b) Cuando dos o más personas se conciertan para la ejecución de un delito y resuelven ejecutarlo

De acuerdo con el artículo 17.1 del Código Penal, la conspiración existe cuando dos o más personas se conciertan para la ejecución de un delito y resuelven ejecutarlo.

21. c) Las respuestas a) y b) son correctas

Según establece el artículo 15 del Código Penal, son punibles el delito consumado y la tentativa de delito.

22. a) Desde que la sentencia condenatoria hubiera quedado firme

Según lo que establece el artículo 38 del Código Penal, cuando el reo estuviere preso, la duración de las penas empezará a computarse desde el día en que la sentencia condenatoria haya quedado firme. Cuando el reo no estuviere preso, la duración de las penas empezará a contarse desde que ingrese en el establecimiento adecuado para su cumplimiento.

23. c) Que las conductas han de ser culposas o dolosas y que se puede reprochar a su autor el haberlas cometido

La culpabilidad exige que las conductas sean dolosas o culposas (no hay pena sin dolo ni culpa) y que pueda reprochársele a su autor el haberlas cometido.

24. a) Las inhabilitaciones especiales por tiempo superior a cinco años

Según el artículo 33.3 del Código Penal, son penas graves:

a) La prisión permanente revisable.

b) La prisión superior a cinco años.

c) La inhabilitación absoluta.

d) Las inhabilitaciones especiales por tiempo superior a cinco años.

e) La suspensión de empleo o cargo público por tiempo superior a cinco años.

f) La privación del derecho a conducir vehículos a motor y ciclomotores por tiempo superior a ocho años.

g) La privación del derecho a la tenencia y porte de armas por tiempo superior a ocho años.

h) La privación del derecho a residir en determinados lugares o acudir a ellos, por tiempo superior a cinco años.

i) La prohibición de aproximarse a la víctima o a aquellos de sus familiares u otras personas que determine el juez o tribunal, por tiempo superior a cinco años.

j) La prohibición de comunicarse con la víctima o con aquellos de sus familiares u otras personas que determine el juez o tribunal, por tiempo superior a cinco años.

k) La privación de la patria potestad.

25. c) Señalarán la cuota de que deba responder cada uno

La regla general establecida por el artículo 116 del Código Penal es la de que toda persona criminalmente responsable de un delito lo es también civilmente si del hecho se derivaren daños o perjuicios. Si son dos o más los responsables de un delito los jueces o tribunales señalarán la cuota de que deba responder cada uno.

26. a) Haber procedido, antes de conocer que el procedimiento judicial se dirige contra ella, a confesar la infracción a las autoridades

De acuerdo con el artículo 21 del Código Penal, son circunstancias atenuantes:

1.ª Las causas expresadas en el capítulo anterior, cuando no concurrieren todos los requisitos necesarios para eximir de responsabilidad en sus respectivos casos.

2.ª La de actuar el culpable a causa de su grave adicción a las sustancias mencionadas en el número 2.º del artículo anterior.

3.ª La de obrar por causas o estímulos tan poderosos que hayan producido arrebato, obcecación u otro estado pasional de entidad semejante.

4.ª La de haber procedido el culpable, antes de conocer que el procedimiento judicial se dirige contra él, a confesar la infracción a las autoridades.

5.ª La de haber procedido el culpable a reparar el daño ocasionado a la víctima, o disminuir sus efectos, en cualquier momento del procedimiento y con anterioridad a la celebración del acto del juicio oral.

6.ª La dilación extraordinaria e indebida en la tramitación del procedimiento, siempre que no sea atribuible al propio inculpado y que no guarde proporción con la complejidad de la causa.

7.ª Cualquier otra circunstancia de análoga significación que las anteriores.

27. a) Su extensión mínima será de diez días y la máxima de dos años

Según establece el artículo 50 del Código Penal, la pena de multa consistirá en la imposición al condenado de una sanción pecuniaria. La pena de multa se impondrá, salvo que la Ley disponga otra cosa, por el sistema de días-multa.

28. b) Cinco años

El artículo 50.3 del Código Penal. señala que las penas de multa imponibles a personas jurídicas tendrán una extensión máxima de cinco años.

29. a) De ejecución

Según el artículo 3 del Código Penal, no podrá ejecutarse pena ni medida de seguridad sino en virtud de sentencia firme dictada por el Juez o Tribunal competente, de acuerdo con las leyes procesales. Tampoco podrá ejecutarse pena ni medida de seguridad en otra forma que la prescrita por la Ley y reglamentos que la desarrollan, ni con otras circunstancias o accidentes que los expresados en su texto. La ejecución de la pena o de la medida de seguridad se realizará bajo el control de los Jueces y Tribunales competentes.

30. c) División tripartita

Como consecuencia de la clasificación tripartita de la infracción penal contenida en el artículo 13, entre los delitos graves, menos graves y leves, resulta la de las penas en graves, menos graves y leves.

31. b) La voluntad del sujeto se dirige directamente al resultado propuesto

Suele distinguirse también entre dolo directo (de primer grado y de segundo, o de consecuencias necesarias, en que las mismas, no perseguidas, se representan como consecuencia necesaria del actuar) y dolo eventual o indirecto. Existe dolo directo cuando de manera consciente y querida, la voluntad del sujeto se dirige directamente al resultado propuesto, incluidas las consecuencias necesarias del acto que se asumen, en tanto que el denominado dolo eventual concurre si habiéndose representado un resultado dañoso de posible y no necesaria originación, no directamente querido y deseado, y se acepta ello no obstante, sin renunciar a la ejecución de los actos pensados.

32. c) Todas las respuestas anteriores son correctas

Así, una infracción imprudente está integrada por los siguientes elementos:

- *Una acción inicial, consciente y libre.*
- *Resultado lesivo, típicamente delictivo, no querido ni consentido por el sujeto.*
- *Relación de causalidad entre acción y resultado que permita la imputación objetiva de este a la situación del riesgo creada por aquella.*
- *La infracción de una norma de cuidado que impone dos deberes sucesivos, el de advertir la inminencia y gravedad del peligro que suscita la propia conducta y el de comportarse de acuerdo con unos requerimientos que o la situación de riesgo plantea.*

33. c) En ocasiones puede coincidir con la del sujeto pasivo

La figura del agraviado no siempre va a coincidir con la del sujeto pasivo. Por ejemplo, en el delito de lesiones son la misma persona; en cambio, no ocurre lo mismo en el delito de homicidio.

34. b) Es una forma de autoría

El apartado b) del artículo 28 del Código Penal, considera autores a los que cooperan en la ejecución del hecho con un acto sin el cual no se habría efectuado.

Los cooperadores necesarios no toman parte directa en la ejecución del hecho, aunque son partícipes en el acto ejecutado por otro.

35. a) Autores

El apartado a) del artículo 28 del Código Penal, considera autores a los que inducen directamente a otro u otros a ejecutar el hecho.

36. b) Cómplice

El artículo 29 del Código Penal establece que "son cómplices los que, no hallándose comprendidos en el artículo anterior, cooperan a la ejecución del hecho con actos anteriores o simultáneos".

37. b) Una circunstancia agravante

De acuerdo con el artículo 22 del Código Penal, son circunstancias agravantes:

1.ª Ejecutar el hecho con alevosía.

2.ª Ejecutar el hecho mediante disfraz, con abuso de superioridad o aprovechando las circunstancias de lugar, tiempo o auxilio de otras personas que debiliten la defensa del ofendido o faciliten la impunidad del delincuente.

3.ª Ejecutar el hecho mediante precio, recompensa o promesa.

4.ª Cometer el delito por motivos racistas, antisemitas u otra clase de discriminación referente a la ideología, religión o creencias de la víctima, la etnia, raza o nación a la que pertenezca, su sexo, edad, orientación o identidad sexual o de género, razones de género, de aporofobia o de exclusión social, la enfermedad que padezca o su discapacidad, con independencia de que tales condiciones o circunstancias concurran efectivamente en la persona sobre la que recaiga la conducta.

5.ª Aumentar deliberada e inhumanamente el sufrimiento de la víctima, causando a esta padecimientos innecesarios para la ejecución del delito.

6.ª Obrar con abuso de confianza.

7.ª Prevalerse del carácter público que tenga el culpable.

8.ª Ser reincidente.

38. c) Ninguna de las respuestas anteriores es correcta

Según el artículo 23 del Código Penal, la circunstancia mixta de parentesco puede atenuar o agravar la responsabilidad, según la naturaleza, los motivos y los efectos del delito, ser o haber sido el agraviado cónyuge o persona que esté o haya estado ligada de forma estable por análoga relación de afectividad, o ser ascendiente, descendiente o hermano por naturaleza o adopción del ofensor o de su cónyuge o conviviente.

39. b) No se computan los antecedentes penales cancelados

Conforme al artículo 22 del Código Penal, Hay reincidencia cuando, al delinquir, el culpable haya sido condenado ejecutoriamente por un delito comprendido en el mismo título del Código Penal, siempre que sea de la misma naturaleza. A tales efectos, no se computarán los antecedentes penales cancelados o que debieran serlo, ni los que correspondan a delitos leves. Las condenas firmes de jueces o tribunales impuestas en otros Estados de la Unión Europea producirán los efectos de reincidencia salvo que el antecedente penal haya sido cancelado o pudiera serlo con arreglo al Derecho español.

40. c) Una circunstancia agravante

De acuerdo con el artículo 22 del Código Penal, son circunstancias agravantes:

1.ª Ejecutar el hecho con alevosía.

2.ª Ejecutar el hecho mediante disfraz, con abuso de superioridad o aprovechando las circunstancias de lugar, tiempo o auxilio de otras personas que debiliten la defensa del ofendido o faciliten la impunidad del delincuente.

3.ª Ejecutar el hecho mediante precio, recompensa o promesa.

4.ª Cometer el delito por motivos racistas, antisemitas u otra clase de discriminación referente a la ideología, religión o creencias de la víctima, la etnia, raza o nación a la que pertenezca, su sexo, edad, orientación o identidad sexual o de género, razones de género, de aporofobia o de exclusión social, la enfermedad que padezca o su discapacidad, con independencia de que tales condiciones o circunstancias concurran efectivamente en la persona sobre la que recaiga la conducta.

5.ª *Aumentar deliberada e inhumanamente el sufrimiento de la víctima, causando a esta padecimientos innecesarios para la ejecución del delito.*

6.ª *Obrar con abuso de confianza.*

7.ª *Prevalerse del carácter público que tenga el culpable.*

8.ª *Ser reincidente.*

TEST 23

Delitos de homicidio y lesiones. Delitos contra la libertad. Delitos contra libertad e indemnidad moral. Delitos contra la salud pública

1. **De conformidad con el Código Penal, el que matare a otro será castigado, como reo de homicidio, con la pena de prisión de:**

   a) Diez a quince años

   b) Doce a quince años

   c) Doce a veinte años

2. **Señale la respuesta incorrecta. El Código Penal establece que será castigado como reo de asesinato el que matare a otro concurriendo, entre otras, alguna de las circunstancias siguientes:**

   a) Con odio hacia la persona por razón de su condición personal o social

   b) Por precio, recompensa o promesa

   c) Para facilitar la comisión de otro delito o para evitar que se descubra

3. **La pena de prisión para el asesinato en el Código Penal es de:**

   a) Quince a veinticinco años

   b) Veinte a veinticinco años

   c) Veinte a treinta años

4. A la vista del Código Penal, cuando en un asesinato concurran más de una de las circunstancias previstas para su calificación, ¿qué ocurrirá?

a) Que se impondrá la pena superior en grado

b) Que se impondrá la pena en su mitad superior

c) Que se impondrá la pena de prisión permanente revisable

5. Señale la respuesta incorrecta. Conforme al Código Penal, la pena de prisión permanente revisable se impondrá en el asesinato cuando concurra, entre otras circunstancias:

a) Que la víctima sea menor de dieciocho años de edad

b) Que el delito se hubiera cometido por quien perteneciere a un grupo u organización criminal

c) Que el hecho fuera subsiguiente a un delito contra la libertad sexual que el autor hubiera cometido sobre la víctima

6. De conformidad con el Código Penal, al reo de asesinato que hubiera sido condenado por la muerte de más de dos personas, ¿se le podrá imponer una pena de prisión permanente revisable?

a) No

b) Sí, cuando una de las muertes pueda ser calificada como asesinato

c) Sí

7. Según el Código Penal, a las personas condenadas por la comisión de uno o más delitos comprendidos en el título I, de su Libro II, se les podrá imponer además una medida de:

a) Prohibición de residir en determinados lugares

b) Libertad vigilada

c) Libertad vigilada y prohibición de residir en determinados lugares

8. El Código Penal establece que si la víctima y quien sea autor de un delito de asesinato tuvieran un hijo o hija en común, la autoridad judicial impondrá, respecto de este, la pena de:

a) Privación de la patria potestad

b) Prohibición de comunicarse con los familiares de la víctima

c) Privación de la patria potestad y la prohibición de comunicarse con los familiares de la víctima

9. Conforme al Código Penal, la provocación, la conspiración y la proposición para cometer un delito de asesinato, será castigada con:

a) Pena de prisión de tres a cinco años

b) La pena inferior en un grado a la señalada en su caso

c) La pena inferior en uno o dos grados a la señalada en su caso

10. De acuerdo con el Código Penal, ¿quién será castigado, como reo de homicidio imprudente?

a) El que por imprudencia causare la muerte de otro

b) El que por imprudencia grave causare la muerte de otro

c) El que sin intervenir dolo alguno causare la muerte de otro

11. De acuerdo con el Código Penal, ¿cuál es la pena prevista para el homicidio imprudente?

a) La pena de prisión de uno a cuatro años

b) La pena de prisión de dos a cuatro años

c) La pena de prisión de tres a cinco años

12. Según el Código Penal, si el homicidio imprudente se hubiera cometido utilizando un vehículo a motor o un ciclomotor, se impondrá, junto a la pena principal, la pena de privación del derecho a conducir vehículos a motor y ciclomotores de:

a) Seis meses a tres años

b) Uno a seis años

c) Tres a nueve años

13. El Código Penal, establece que si el homicidio se hubiera cometido por imprudencia profesional, se impondrá además la pena de inhabilitación especial para el ejercicio de la profesión, oficio o cargo por un período de:

a) Uno a seis años

b) Tres a seis años

c) Tres a nueve años

14. Según el Código Penal, el que por imprudencia menos grave causare la muerte de otro, será castigado con la pena de:

a) Prisión de tres meses a un año

b) Prisión de seis meses a un año

c) Multa de tres meses a dieciocho meses

15. De conformidad con el Código Penal, si el homicidio por imprudencia menos grave se hubiera cometido utilizando un vehículo a motor o un ciclomotor, se podrá imponer también, junto a la pena principal, la pena de privación del derecho a conducir vehículos a motor y ciclomotores de:

a) Un mes a tres meses

b) Tres a dieciocho meses

c) Doce a dieciocho meses

16. De conformidad con el Código Penal, el homicidio por imprudencia menos grave será perseguible:

a) Solo a instancia del Ministerio Fiscal

b) Tanto de oficio como a instancia de parte

c) Solo mediante denuncia de la persona agraviada o de su representante legal

17. Según el Código Penal, en los casos de homicidio por imprudencia menos grave, el Juez o Tribunal podrá imponer motivadamente la pena superior en dos grados, en la extensión que estime conveniente:

a) Según su prudente arbitrio

b) Si el número de fallecidos fuere muy elevado

c) Si el hecho revistiere notoria gravedad, en atención a la singular entidad y relevancia del riesgo creado y del deber normativo de cuidado infringido, y hubiere provocado la muerte de dos o más personas

18. ¿Con qué pena se castiga en el Código Penal, al que induzca al suicidio de otro?

a) Con la pena de prisión de dos a cuatro años

b) Con la pena de prisión de cuatro a ocho años

c) La simple inducción no se pena si no lleva aparejada actos de cooperación

19. De acuerdo con lo dispuesto en el Código Penal, al que coopere con actos necesarios al suicidio de una persona se le impondrá pena de:

a) Prisión de dos a cinco años

b) Prisión de cuatro a ocho años

c) Prisión de seis a diez años

20. Dispone el Código Penal que, si la cooperación al suicidio llegara hasta el punto de ejecutar la muerte, el reo será castigado con pena de:

a) Prisión de seis a diez años

b) Prisión de ocho a doce años

c) Prisión de diez a doce años

21. La distribución o difusión pública a través de Internet, del teléfono o de cualquier otra tecnología de la información o de la comunicación de contenidos específicamente destinados a promover, fomentar o incitar al suicidio de personas menores de edad o personas con discapacidad necesitadas de especial protección será castigada conforme al Código Penal, con la pena de:

a) Prisión de uno a dos años

b) Prisión de uno a cuatro años

c) Prisión de dos a cuatro años

22. Conforme al Código Penal, el que produzca el aborto de una mujer, sin su consentimiento, será castigado con la pena de prisión de:

a) Diez a quince años

b) Seis a diez años

c) Cuatro a ocho años

23. Conforme al Código Penal, el que produzca el aborto de una mujer, sin su consentimiento, será castigado con pena de inhabilitación especial para:

a) Ejercer cualquier profesión sanitaria, o para prestar servicios de toda índole en clínicas, establecimientos o consultorios socio-sanitarios, públicos o privados

b) Ejercer cualquier profesión sanitaria, o para prestar servicios de índole asistencial en clínicas, establecimientos o consultorios sanitarios, públicos o privados

c) Ejercer cualquier profesión sanitaria, o para prestar servicios de toda índole en clínicas, establecimientos o consultorios ginecológicos, públicos o privados

24. La pena de inhabilitación especial prevista en el Código Penal, para el que produzca el aborto de una mujer, sin su consentimiento, es de:

a) Tres a seis años

b) Tres a diez años

c) Seis a diez años

25. ¿Cuál es la duración de la pena de prisión prevista en el Código Penal, para el que practique el aborto habiendo obtenido la anuencia de la mujer mediante violencia, amenaza o engaño?

a) De cuatro a ocho años

b) De cinco a siete años

c) De seis a diez años

26. ¿Cuál es la duración de la pena de inhabilitación especial prevista en el Código Penal, para el que practique el aborto habiendo obtenido la anuencia de la mujer mediante violencia, amenaza o engaño?

a) De uno a cinco años

b) De dos a seis años

c) De tres a diez años

27. De acuerdo con el Código Penal, el que produzca el aborto de una mujer, con su consentimiento, fuera de los casos permitidos por la ley será castigado con la pena de prisión de:

a) Uno a dos años

b) Uno a tres años

c) Uno a cinco años

28. De acuerdo con el Código Penal, el que produzca el aborto de una mujer, con su consentimiento, fuera de los casos permitidos por la ley será castigado con la pena de inhabilitación especial de:

a) Uno a tres años

b) Uno a cuatro años

c) Uno a seis años

29. Según el Código Penal, la mujer que produjere su aborto o consintiere que otra persona se lo cause, fuera de los casos permitidos por la ley, será castigada con la pena de:

a) Prisión de seis a dieciocho meses

b) Multa de seis a dieciocho meses

c) Multa de seis a veinticuatro meses

30. De acuerdo con el Código Penal, en relación al delito de aborto con consentimiento, el juez o tribunal impondrá las penas respectivamente previstas en su mitad superior cuando la conducta se llevare a cabo a partir de:

a) La vigésima semana de gestación

b) La vigésimo segunda semana de gestación

c) La vigésimo cuarta semana de gestación

31. Señale la respuesta incorrecta. Dispone el Código Penal, que será castigado con la pena de multa de seis a doce meses e inhabilitación especial para prestar servicios de toda índole en clínicas, establecimientos o consultorios ginecológicos, públicos o privados, por tiempo de seis meses a dos años, el que, dentro de los casos contemplados en la ley, practique un aborto:

a) Transcurrido el período de espera contemplado en la legislación

b) Sin contar con los dictámenes previos preceptivos

c) Sin haber comprobado que la mujer haya recibido la información previa relativa a los derechos, prestaciones y ayudas públicas de apoyo a la maternidad

32. De acuerdo con el Código Penal, el que por imprudencia grave ocasionare un aborto será castigado con:

a) Multa de seis a doce meses

b) Pena de prisión de tres a cinco meses

c) Mula de seis a dieciocho meses

33. Establece el Código Penal que cuando el aborto fuere cometido por imprudencia profesional se impondrá, además de la pena prevista para la imprudencia grave, la pena de inhabilitación especial para el ejercicio de la profesión, oficio o cargo por un período de:

a) Uno a tres años

b) Uno a seis años

c) Tres a seis años

34. ¿A tenor de qué preceptos de los que regulan el delito de aborto en el Código Penal no será castigada la mujer embarazada?

a) De los artículos 145 y 146

b) De los artículos 145 bis y 146

c) De los artículos 145, 145 bis y 146

35. El Código Penal castiga como reo de un delito de lesiones al que, por cualquier medio o procedimiento, causare a otro:

a) Una lesión que menoscabe su integridad corporal o su salud física

b) Una lesión que menoscabe su integridad corporal o su salud física o mental

c) Una lesión que menoscabe su integridad moral o corporal o, su salud física o mental

36. Para que pueda apreciarse el delito de lesiones en los términos del Código Penal, es necesario que:

a) La lesión requiera objetivamente para su sanidad una asistencia facultativa

b) La lesión requiera objetivamente para su sanidad, además de una primera asistencia facultativa, tratamiento médico o quirúrgico

c) La lesión requiera objetivamente para su sanidad, además de una primera asistencia facultativa, tratamiento médico, psicológico o quirúrgico

37. La pena prevista en el Código Penal para el tipo básico del delito de lesiones es de:

a) Prisión de tres meses a un año o multa de seis a doce meses

b) Prisión de seis meses a tres años o multa de tres a doce meses

c) Prisión de tres meses a tres años o multa de seis a doce meses

38. De conformidad con el Código Penal, el que, por cualquier medio o procedimiento, causare a otro una lesión que no reúna los requisitos exigidos por el tipo básico de las mismas, será castigado con la pena de:

a) Multa de uno a tres meses

b) Multa de tres a seis meses

c) Multa de uno a seis meses

39. De acuerdo con el Código Penal, ¿el que golpeare o maltratare de obra a otro sin causarle lesión, será castigado conforme a la misma?

a) Sí, con pena de multa de uno a dos meses

b) Sí, pero solo cuando concurran motivos de odio, con pena de multa de uno a tres meses

c) No, dicha conducta no está tipificada

40. Según el Código Penal, ¿cuál de las conductas típicas de delitos de lesiones será perseguible mediante denuncia o querella del Ministerio Fiscal?

a) Las lesiones del tipo básico

b) Las lesiones que no requieran intervención médica o quirúrgica

c) Los golpes sin lesión

41. De acuerdo con el Código Penal, las lesiones del tipo básico serán castigadas con pena de prisión de dos a cinco años, atendiendo al resultado causado o riesgo producido:

a) Si la víctima fuere menor de dieciocho años

b) Si la víctima fuere menor de dieciséis años

c) Si la víctima fuere menor de catorce años

42. Según el Código Penal, será castigado con la pena de prisión de seis a doce años:

a) El que causara a otro, por cualquier medio o procedimiento, la pérdida o la inutilidad de un órgano o miembro vital

b) El que causara a otro, por cualquier medio o procedimiento, la pérdida o la inutilidad de un órgano o miembro corporal

c) El que causara a otro, por cualquier medio o procedimiento, la pérdida o la inutilidad de un órgano o miembro principal

43. A tenor del Código Penal, el que causara a otro una mutilación genital en cualquiera de sus manifestaciones será castigado con la pena de prisión de:

a) Seis a diez años

b) Seis a doce años

c) Ocho a doce años

44. Según dispone el Código Penal, el que causare a otro la deformidad, será castigado con la pena de prisión de:

a) Tres a seis años

b) Tres a nueve años

c) Seis a nueve años

45. El Código Penal establece que la provocación, la conspiración y la proposición para cometer los delitos de lesiones, será castigada con la pena inferior en:

a) Un grado a la del delito correspondiente

b) Dos grados a la del delito correspondiente

c) Uno o dos grados a la del delito correspondiente

46. Si los hechos determinantes de una lesión por imprudencia grave se hubieran cometido utilizando un vehículo a motor o un ciclomotor, el Código Penal establece que se impondrá, además de la pena que corresponda por la imprudencia, la pena de privación del derecho a conducir vehículos a motor y ciclomotores de:

a) Uno a dos años

b) Uno a tres años

c) Uno a cuatro años

47. A la vista del Código Penal, ¿quiénes de entre los que riñeren entre sí serán castigados por su participación en la riña?

a) Todos los que puedan ser identificados

b) Quienes se acredite que iniciaron la riña

c) Quienes se acometieren tumultuariamente, y utilizando medios o instrumentos que pongan en peligro la vida o integridad de las personas

48. Según el Código Penal, en los delitos de lesiones, si ha mediado el consentimiento válida, libre, espontánea y expresamente emitido del ofendido:

a) La conducta quedará impune

b) La conducta quedará impune, salvo que se trate de lesiones de las enumeradas en el tipo básico, en cuyo caso se impondrá la pena en su mitad inferior

c) Se impondrá la pena inferior en uno o dos grados

49. De acuerdo con el Código Penal, en las lesiones, no será válido el consentimiento otorgado por:

a) Un menor de edad o una persona con discapacidad necesitada de especial protección

b) Un menor de dieciséis años o una persona con discapacidad necesitada de especial protección

c) Un menor de catorce años o una persona con discapacidad necesitada de especial protección

50. De conformidad con el Código Penal, los que de cualquier modo promovieren, favorecieren, facilitaren, publicitaren o ejecutaren el tráfico de órganos humanos serán castigados con la pena de:

a) Prisión de seis a diez años tratándose del órgano de una persona viva y de prisión de tres a seis años tratándose del órgano de una persona fallecida

b) Prisión de seis a doce años tratándose del órgano de una persona viva y de prisión de tres a seis años tratándose del órgano de una persona fallecida

c) Prisión de tres a seis años tratándose del órgano de una persona viva y de prisión de uno a tres años tratándose del órgano de una persona fallecida

51. A la vista del Código Penal, la distribución o difusión pública a través de Internet, del teléfono o de cualquier otra tecnología de la información o de la comunicación de contenidos específicamente destinados a promover, fomentar o incitar a la autolesión de las personas, ¿es delictiva?

a) No

b) Sí, en todo caso y previéndose una agravación cuando se trate de menores de edad o personas con discapacidad necesitadas de especial protección

c) Sí, tratándose de menores de edad o personas con discapacidad necesitadas de especial protección

52. De conformidad con el Código Penal, si al culpable de un delito de detención ilegal se le impondrá la pena inferior en grado si:

a) Diera libertad al encerrado o detenido dentro de las veinticuatro horas de su detención, sin haber logrado el objeto que se había propuesto

b) Diera libertad al encerrado o detenido dentro de los tres primeros días de su detención, sin haber logrado el objeto que se había propuesto

c) Diera libertad al encerrado o detenido dentro de los siete primeros días de su detención, sin haber logrado el objeto que se había propuesto

53. De acuerdo con el Código Penal, en el delito de detención ilegal, se impondrá la pena de prisión de cinco a ocho años si el encierro o detención ha durado más de:

a) Diez días

b) Quince días

c) Veinte días

54. De acuerdo con el Código Penal, el particular que, fuera de los casos permitidos por las leyes, aprehendiere a una persona para presentarla inmediatamente a la autoridad, ¿será castigado por ello?

a) No, pues se entiende que obró de buena fe

b) Sí, con la pena de multa de tres a seis meses

c) Sí, con la pena de prisión de uno a tres meses

55. El elemento del tipo de secuestro en el Código Penal requiere:

a) Exigir alguna condición para poner a la persona secuestrada en libertad

b) Violencia, intimidación o engaño

c) Violencia, intimidación o engaño y exigir alguna condición para poner a la persona secuestrada en libertad

56. Las amenazas de un mal que no constituya delito, atendidas la gravedad y circunstancias del hecho, serán castigadas con la pena de prisión:

a) De seis meses a tres años o multa de seis a doce meses

b) De dos a cuatro años o multa de doce a dieciocho meses

c) De tres meses a un año o multa de seis a veinticuatro meses

57. El que sin estar legítimamente autorizado impidiere a otro con violencia hacer lo que la Ley no prohíbe, será castigado con pena de prisión de seis meses a tres años o con multa de doce a veinticuatro meses, según:

a) La gravedad de la coacción o de los medios empleados

b) La gravedad de la amenaza y circunstancias del hecho

c) El resultado o la gravedad de la coacción

58. El secuestro de una persona exigiendo alguna condición para ponerla en libertad, será castigado con la pena de:

a) Prisión de tres a seis años

b) Prisión de seis a diez años

c) Prisión de seis a quince años

59. De acuerdo con lo establecido en el artículo 173 del Código Penal, será castigado con pena de prisión de seis meses a dos años:

a) El que infligiere a otra persona un trato degradante o vejatorio, menoscabando su integridad moral

b) El que infligiere a otra persona un trato vejatorio, menoscabando su integridad moral

c) El que infligiere a otra persona un trato degradante, menoscabando gravemente su integridad moral

60. La imputación de un delito hecha con conocimiento de su falsedad o temerario desprecio a la verdad, es el tipo básico del delito de:

a) Calumnia

b) Injuria

c) Ninguna de las respuestas anteriores es correcta

SOLUCIONES TEST 23

1. a) Diez a quince años

Según el artículo 138.1 del Código Penal, el que matare a otro será castigado, como reo de homicidio, con la pena de prisión de diez a quince años.

2. a) Con odio hacia la persona por razón de su condición personal o social

Según el artículo 139.1 del Código Penal, será castigado con la pena de prisión de quince a veinticinco años, como reo de asesinato, el que matare a otro concurriendo alguna de las circunstancias siguientes:

1.ª Con alevosía.

2.ª Por precio, recompensa o promesa.

3.ª Con ensañamiento, aumentando deliberada e inhumanamente el dolor del ofendido.

4.ª Para facilitar la comisión de otro delito o para evitar que se descubra.

3. a) Quince a veinticinco años

Según el artículo 139.1 del Código Penal, será castigado con la pena de prisión de quince a veinticinco años, como reo de asesinato, el que matare a otro concurriendo alguna de las circunstancias siguientes:

1.ª Con alevosía.

2.ª Por precio, recompensa o promesa.

3.ª Con ensañamiento, aumentando deliberada e inhumanamente el dolor del ofendido.

4.ª Para facilitar la comisión de otro delito o para evitar que se descubra.

4. b) Que se impondrá la pena en su mitad superior

Según el artículo 139.2 del Código Penal, cuando en un asesinato concurran más de una de las circunstancias previstas en el apartado anterior, se impondrá la pena en su mitad superior.

5. a) Que la víctima sea menor de dieciocho años de edad

Según el artículo 140.1 del Código Penal, el asesinato será castigado con pena de prisión permanente revisable cuando concurra alguna de las siguientes circunstancias:

1.ª Que la víctima sea menor de dieciséis años de edad, o se trate de una persona especialmente vulnerable por razón de su edad, enfermedad o discapacidad.

2.ª Que el hecho fuera subsiguiente a un delito contra la libertad sexual que el autor hubiera cometido sobre la víctima.

3.ª Que el delito se hubiera cometido por quien perteneciere a un grupo u organización criminal.

6. c) Sí

Según el artículo 140.2 del Código Penal, al reo de asesinato que hubiera sido condenado por la muerte de más de dos personas se le impondrá una pena de prisión permanente revisable.

7. b) Libertad vigilada

Según el artículo 140 bis.1 del Código Penal, a las personas condenadas por la comisión de uno o más delitos comprendidos en este título se les podrá imponer además una medida de libertad vigilada.

8. a) Privación de la patria potestad

Según el artículo 140 bis.2 del Código Penal, si la víctima y quien sea autor de los delitos previstos en los tres artículos precedentes tuvieran un hijo o hija en común, la autoridad judicial impondrá, respecto de este, la pena de privación de la patria potestad.

9. c) La pena inferior en uno o dos grados a la señalada en su caso

Según el artículo 141 del Código Penal, la provocación, la conspiración y la proposición para cometer los delitos previstos en los tres artículos precedentes, será castigada con la pena inferior en uno o dos grados a la señalada en su caso en los artículos anteriores.

10. b) El que por imprudencia grave causare la muerte de otro

Según el artículo 142.1 del Código Penal, el que por imprudencia grave causare la muerte de otro, será castigado, como reo de homicidio imprudente, con la pena de prisión de uno a cuatro años.

11. a) La pena de prisión de uno a cuatro años

Según el artículo 142.1 del Código Penal, el que por imprudencia grave causare la muerte de otro, será castigado, como reo de homicidio imprudente, con la pena de prisión de uno a cuatro años.

12. b) Uno a seis años

Según el artículo 142.1 del Código Penal, si el homicidio imprudente se hubiera cometido utilizando un vehículo a motor o un ciclomotor, se impondrá asimismo la pena de privación del derecho a conducir vehículos a motor y ciclomotores de uno a seis años.

13. b) Tres a seis años

Según el artículo 142.1 del Código Penal, si el homicidio se hubiera cometido por imprudencia profesional, se impondrá además la pena de inhabilitación especial para el ejercicio de la profesión, oficio o cargo por un período de tres a seis años.

14. c) Multa de tres meses a dieciocho meses

Según el artículo 142.2 del Código Penal, el que por imprudencia menos grave causare la muerte de otro, será castigado con la pena de multa de tres meses a dieciocho meses.

15. b) Tres a dieciocho meses

Según el artículo 142.2 del Código Penal, si el homicidio se hubiera cometido utilizando un vehículo a motor o un ciclomotor, se podrá imponer también la pena de privación del derecho a conducir vehículos a motor y ciclomotores de tres a dieciocho meses.

16. c) Solo mediante denuncia de la persona agraviada o de su representante legal

Según el artículo 142.2 del Código Penal, el delito previsto en este apartado solo será perseguible mediante denuncia de la persona agraviada o de su representante legal.

17. b) Si el número de fallecidos fuere muy elevado

Según el artículo 142 bis del Código Penal, en los casos previstos en el número 1 del artículo anterior, el Juez o Tribunal podrá imponer motivadamente la pena superior en un grado, en la extensión que estime conveniente, si el hecho revistiere notoria gravedad, en atención a la singular entidad y relevancia del riesgo creado y del deber normativo de cuidado infringido, y hubiere provocado la muerte de dos o más personas o la muerte de una y lesiones constitutivas de delito del artículo 152.1.2.º o 3.º en las demás, y en dos grados si el número de fallecidos fuere muy elevado.

18. b) Con la pena de prisión de cuatro a ocho años

Según el artículo 143.1 del Código Penal, el que induzca al suicidio de otro será castigado con la pena de prisión de cuatro a ocho años.

19. a) Prisión de dos a cinco años

Según el artículo 143.2 del Código Penal, se impondrá la pena de prisión de dos a cinco años al que coopere con actos necesarios al suicidio de una persona.

20. a) Prisión de seis a diez años

Según el artículo 143.3 del Código Penal, será castigado con la pena de prisión de seis a diez años si la cooperación llegara hasta el punto de ejecutar la muerte.

21. b) Prisión de uno a cuatro años

Según el artículo 143 bis del Código Penal, la distribución o difusión pública a través de Internet, del teléfono o de cualquier otra tecnología de la información o de la comunicación de contenidos específicamente destinados a promover, fomentar o incitar al suicidio de personas menores de edad o personas con discapacidad necesitadas de especial protección será castigada con la pena de prisión de uno a cuatro años.

22. c) Cuatro a ocho años

Según el artículo 144 del Código Penal, el que produzca el aborto de una mujer, sin su consentimiento, será castigado con la pena de prisión de cuatro a ocho años e inhabilitación especial para ejercer cualquier profesión sanitaria, o para prestar servicios de toda índole en clínicas, establecimientos o consultorios ginecológicos, públicos o privados, por tiempo de tres a diez años.

23. c) Ejercer cualquier profesión sanitaria, o para prestar servicios de toda índole en clínicas, establecimientos o consultorios ginecológicos, públicos o privados

Según el artículo 144 del Código Penal, el que produzca el aborto de una mujer, sin su consentimiento, será castigado con la pena de prisión de cuatro a ocho años e inhabilitación especial para ejercer cualquier profesión sanitaria, o para prestar servicios de toda índole en clínicas, establecimientos o consultorios ginecológicos, públicos o privados, por tiempo de tres a diez años.

24. b) Tres a diez años

Según el artículo 144 del Código Penal, el que produzca el aborto de una mujer, sin su consentimiento, será castigado con la pena de prisión de cuatro a ocho años e inhabilitación especial para ejercer cualquier profesión sanitaria, o para prestar servicios de toda índole en clínicas, establecimientos o consultorios ginecológicos, públicos o privados, por tiempo de tres a diez años.

25. a) De cuatro a ocho años

Según el artículo 144 del Código Penal, el que produzca el aborto de una mujer, sin su consentimiento, será castigado con la pena de prisión de cuatro a ocho años e inhabilitación especial para ejercer cualquier profesión sanitaria, o para prestar servicios de toda índole en clínicas, establecimientos o consultorios ginecológicos, públicos o privados, por tiempo de tres a diez años. Las mismas penas se impondrán al que practique el aborto habiendo obtenido la anuencia de la mujer mediante violencia, amenaza o engaño.

26. c) De tres a diez años

Según el artículo 144 del Código Penal, el que produzca el aborto de una mujer, sin su consentimiento, será castigado con la pena de prisión de cuatro a ocho años e inhabilitación especial para ejercer cualquier profesión sanitaria, o para prestar servicios de toda índole en clínicas, establecimientos o consultorios ginecológicos, públicos o privados, por tiempo de tres a diez años.

Las mismas penas se impondrán al que practique el aborto habiendo obtenido la anuencia de la mujer mediante violencia, amenaza o engaño.

27. b) Uno a tres años

Según el artículo 145.1 del Código Penal, el que produzca el aborto de una mujer, con su consentimiento, fuera de los casos permitidos por la ley será castigado con la pena de prisión de uno a tres años e inhabilitación especial para ejercer cualquier profesión sanitaria, o para prestar servicios de toda índole en clínicas, establecimientos o consultorios ginecológicos, públicos o privados, por tiempo de uno a seis años. El juez podrá imponer la pena en su mitad superior cuando los actos descritos en este apartado se realicen fuera de un centro o establecimiento público o privado acreditado.

28. c) Uno a seis años

Según el artículo 145.1 del Código Penal, el que produzca el aborto de una mujer, con su consentimiento, fuera de los casos permitidos por la ley será castigado con la pena de prisión de uno a tres años e inhabilitación especial para ejercer cualquier profesión sanitaria, o para prestar servicios de toda índole en clínicas, establecimientos o consultorios ginecológicos, públicos o privados, por tiempo de uno a seis años. El juez podrá imponer la pena en su mitad superior cuando los actos descritos en este apartado se realicen fuera de un centro o establecimiento público o privado acreditado.

29. c) Multa de seis a veinticuatro meses

Según el artículo 145.2 del Código Penal, la mujer que produjere su aborto o consintiere que otra persona se lo cause, fuera de los casos permitidos por la ley, será castigada con la pena de multa de seis a veinticuatro meses.

30. b) La vigésimo segunda semana de gestación

Según el artículo 145.3 del Código Penal, en todo caso, el juez o tribunal impondrá las penas respectivamente previstas en este artículo en su mitad superior cuando la conducta se llevare a cabo a partir de la vigésimo segunda semana de gestación.

31. a) Transcurrido el período de espera contemplado en la legislación

Según el artículo 145 bis.1 del Código Penal, será castigado con la pena de multa de seis a doce meses e inhabilitación especial para prestar servicios de toda índole en clínicas, establecimientos o consultorios ginecológicos, públicos o privados, por tiempo de seis meses a dos años, el que, dentro de los casos contemplados en la ley, practique un aborto:

- *sin haber comprobado que la mujer haya recibido la información previa relativa a los derechos, prestaciones y ayudas públicas de apoyo a la maternidad;*
- *sin haber transcurrido el período de espera contemplado en la legislación;*
- *sin contar con los dictámenes previos preceptivos;*

- *fuera de un centro o establecimiento público o privado acreditado. En este caso, el juez podrá imponer la pena en su mitad superior.*

32. b) Pena de prisión de tres a cinco meses

Según el artículo 146 del Código Penal, el que por imprudencia grave ocasionare un aborto será castigado con la pena de prisión de tres a cinco meses o multa de seis a 10 meses.

33. a) Uno a tres años

Según el artículo 146 del Código Penal, cuando el aborto fuere cometido por imprudencia profesional se impondrá asimismo la pena de inhabilitación especial para el ejercicio de la profesión, oficio o cargo por un período de uno a tres años.

34. b) De los artículos 145 bis y 146

Según disponen los artículos 145 bis y 146 del Código Penal, la embarazada no será penada a tenor de este precepto.

35. b) Una lesión que menoscabe su integridad corporal o su salud física o mental

Según el artículo 147.1 del Código Penal, el que, por cualquier medio o procedimiento, causare a otro una lesión que menoscabe su integridad corporal o su salud física o mental, será castigado, como reo del delito de lesiones con la pena de prisión de tres meses a tres años o multa de seis a doce meses, siempre que la lesión requiera objetivamente para su sanidad, además de una primera asistencia facultativa, tratamiento médico o quirúrgico. La simple vigilancia o seguimiento facultativo del curso de la lesión no se considerará tratamiento médico.

36. b) La lesión requiera objetivamente para su sanidad, además de una primera asistencia facultativa, tratamiento médico o quirúrgico

Según el artículo 147.1 del Código Penal, el que, por cualquier medio o procedimiento, causare a otro una lesión que menoscabe su integridad corporal o su salud física o mental, será castigado, como reo del delito de lesiones con la pena de prisión de tres meses a tres años o multa de seis a doce meses, siempre que la lesión requiera objetivamente para su sanidad, además de una primera asistencia facultativa, tratamiento médico o quirúrgico. La simple vigilancia o seguimiento facultativo del curso de la lesión no se considerará tratamiento médico.

37. c) Prisión de tres meses a tres años o multa de seis a doce meses

Según el artículo 147.1 del Código Penal, el que, por cualquier medio o procedimiento, causare a otro una lesión que menoscabe su integridad corporal o su salud física o mental, será castigado, como reo del delito de lesiones con la pena de prisión de tres meses a tres años o multa de seis a doce meses, siempre que la lesión requiera objetivamente para su sanidad, además de una primera asistencia facultativa, tratamiento médico o quirúrgico. La simple vigilancia o seguimiento facultativo del curso de la lesión no se considerará tratamiento médico.

38. a) Multa de uno a tres meses

Según el artículo 147.2 del Código Penal, el que, por cualquier medio o procedimiento, causare a otro una lesión no incluida en el apartado anterior, será castigado con la pena de multa de uno a tres meses.

39. a) Sí, con pena de multa de uno a dos meses

Según el artículo 147.3 del Código Penal, el que golpeare o maltratare de obra a otro sin causarle lesión, será castigado con la pena de multa de uno a dos meses.

40. a) Las lesiones del tipo básico

Según el artículo 147.4 del Código Penal, los delitos previstos en los dos apartados anteriores solo serán perseguibles mediante denuncia de la persona agraviada o de su representante legal.

41. c) Si la víctima fuere menor de catorce años

Según el artículo 148 del Código Penal, las lesiones previstas en el apartado 1 del artículo anterior podrán ser castigadas con la pena de prisión de dos a cinco años, atendiendo al resultado causado o riesgo producido:

1.º Si en la agresión se hubieren utilizado armas, instrumentos, objetos, medios, métodos o formas concretamente peligrosas para la vida o salud, física o psíquica, del lesionado.

2.º Si hubiere mediado ensañamiento o alevosía.

3.º Si la víctima fuere menor de catorce años o persona con discapacidad necesitada de especial protección.

4.º Si la víctima fuere o hubiere sido esposa, o mujer que estuviere o hubiere estado ligada al autor por una análoga relación de afectividad, aun sin convivencia.

5.º Si la víctima fuera una persona especialmente vulnerable que conviva con el autor.

42. c) El que causara a otro, por cualquier medio o procedimiento, la pérdida o la inutilidad de un órgano o miembro principal

Según el artículo 149.1 del Código Penal, el que causara a otro, por cualquier medio o procedimiento, la pérdida o la inutilidad de un órgano o miembro principal, o de un sentido, la impotencia, la esterilidad, una grave deformidad, o una grave enfermedad somática o psíquica, será castigado con la pena de prisión de seis a 12 años.

43. b) Seis a doce años

Según el artículo 149.2 del Código Penal, el que causara a otro una mutilación genital en cualquiera de sus manifestaciones será castigado con la pena de prisión de seis a 12 años.

44. a) Tres a seis años

Según el artículo 150 del Código Penal, el que causare a otro la pérdida o la inutilidad de un órgano o miembro no principal, o la deformidad, será castigado con la pena de prisión de tres a seis años.

45. c) Uno o dos grados a la del delito correspondiente

Según el artículo 151 del Código Penal, la provocación, la conspiración y la proposición para cometer los delitos previstos en los artículos precedentes de este Título, será castigada con la pena inferior en uno o dos grados a la del delito correspondiente.

46. c) Uno a cuatro años

Según el artículo 152.1 del Código Penal, si los hechos se hubieran cometido utilizando un vehículo a motor o un ciclomotor, se impondrá asimismo la pena de privación del derecho a conducir vehículos a motor y ciclomotores de uno a cuatro años.

47. c) Quienes se acometieren tumultuariamente, y utilizando medios o instrumentos que pongan en peligro la vida o integridad de las personas

Según el artículo 154 del Código Penal, quienes riñeren entre sí, acometiéndose tumultuariamente, y utilizando medios o instrumentos que pongan en peligro la vida o integridad de las personas, serán castigados por su participación en la riña con la pena de prisión de tres meses a un año o multa de seis a 24 meses.

48. c) Se impondrá la pena inferior en uno o dos grados

Según el artículo 155 del Código Penal, en los delitos de lesiones, si ha mediado el consentimiento válida, libre, espontánea y expresamente emitido del ofendido, se impondrá la pena inferior en uno o dos grados.

49. a) Un menor de edad o una persona con discapacidad necesitada de especial protección

Según el artículo 155 del Código Penal, no será válido el consentimiento otorgado por un menor de edad o una persona con discapacidad necesitada de especial protección.

50. b) Prisión de seis a doce años tratándose del órgano de una persona viva y de prisión de tres a seis años tratándose del órgano de una persona fallecida

Según el artículo 156 bis.1 del Código Penal, los que de cualquier modo promovieren, favorecieren, facilitaren, publicitaren o ejecutaren el tráfico de órganos humanos serán castigados con la pena de prisión de seis a doce años tratándose del órgano de una persona viva y de prisión de tres a seis años tratándose del órgano de una persona fallecida.

51. c) Sí, tratándose de menores de edad o personas con discapacidad necesitadas de especial protección

Según el artículo 156 ter del Código Penal, la distribución o difusión pública a través de Internet, del teléfono o de cualquier otra tecnología de la información o de la comunicación de contenidos específicamente destinados a promover, fomentar o incitar a la autolesión de personas menores de edad o personas con discapacidad necesitadas de especial protección será castigada con la pena de prisión de seis meses a tres años.

52. b) Diera libertad al encerrado o detenido dentro de los tres primeros días de su detención, sin haber logrado el objeto que se había propuesto

Según el artículo 163.2 del Código Penal, si el culpable diera libertad al encerrado o detenido dentro de los tres primeros días de su detención, sin haber logrado el objeto que se había propuesto, se impondrá la pena inferior en grado.

53. b) Quince días

Según el artículo 163.3 del Código Penal, se impondrá la pena de prisión de cinco a ocho años si el encierro o detención ha durado más de quince días.

54. b) Sí, con la pena de multa de tres a seis meses

Según el artículo 163.4 del Código Penal, el particular que, fuera de los casos permitidos por las leyes, aprehendiere a una persona para presentarla inmediatamente a la autoridad, será castigado con la pena de multa de tres a seis meses.

55. a) Exigir alguna condición para poner a la persona secuestrada en libertad

Según el artículo 164 del Código Penal, el secuestro de una persona exigiendo alguna condición para ponerla en libertad, será castigado con la pena de prisión de seis a diez años.

56. c) De tres meses a un año o multa de seis a veinticuatro meses

Según el artículo 171 del Código Penal, las amenazas de un mal que no constituya delito serán castigadas con pena de prisión de tres meses a un año o multa de seis a 24 meses, atendidas la gravedad y circunstancia del hecho, cuando la amenaza fuere condicional y la condición no consistiere en una conducta debida. Si el culpable hubiere conseguido su propósito se le impondrá la pena en su mitad superior.

57. a) La gravedad de la coacción o de los medios empleados

Según el artículo 172 del Código Penal, el que sin estar legítimamente autorizado impidiere a otro con violencia hacer lo que la Ley no prohíbe, o le compeliere a efectuar lo que no quiere, sea justo o injusto, será castigado con la pena de prisión de seis meses a tres años o multa de doce a veinticuatro meses, según la gravedad de la coacción o de los medios empleados.

58. b) Prisión de seis a diez años

Según el artículo 164 del Código Penal, el secuestro de una persona exigiendo alguna condición para ponerla en libertad, será castigado con la pena de prisión de seis a diez años.

59. c) El que infligiere a otra persona un trato degradante, menoscabando gravemente su integridad moral

Según el artículo 173 del Código Penal, el que infligiera a otra persona un trato degradante, menoscabando gravemente su integridad moral, será castigado con la pena de prisión de seis meses a dos años.

60. a) Calumnia

Según el artículo 205 del Código Penal, es calumnia la imputación de un delito hecha con conocimiento de su falsedad o temerario desprecio a la verdad.

TEST 24

Delitos contra el patrimonio. Delitos contra los derechos de los ciudadanos extranjeros. Delitos relativos al medio ambiente

1. **Según la Ley Orgánica 10/1995, de 23 de noviembre, los que derriben o alteren gravemente edificios singularmente protegidos por su interés histórico, artístico, cultural o monumental serán castigados con la pena de prisión de:**

    a) Seis meses a un año

    b) Seis meses a dos años

    c) Seis meses a tres años

2. **De acuerdo con la Ley Orgánica 10/1995, de 23 de noviembre, el que, contraviniendo las leyes u otras disposiciones de carácter general protectoras del medio ambiente, provoque o realice directa o indirectamente emisiones, vertidos, radiaciones, extracciones o excavaciones, aterramientos, ruidos, vibraciones, inyecciones o depósitos, en la atmósfera, el suelo, el subsuelo o las aguas terrestres, subterráneas o marítimas, incluido el alta mar, será castigado con la pena de prisión de:**

    a) Seis meses a un año

    b) Seis meses a dos años

    c) Seis meses a tres años

3. **Conforme a la Ley Orgánica 10/1995, de 23 de noviembre, el que cause daños en bienes de valor histórico, artístico, científico, cultural o monumental, o en yacimientos arqueológicos, terrestres o subacuáticos será castigado con la pena de prisión de:**

    a) Seis meses a un año

    b) Seis meses a dos años

    c) Seis meses a tres años

4. Según la Ley Orgánica 10/1995, de 23 de noviembre, será castigado con la pena de multa de tres a dieciocho meses, el que por imprudencia grave cause daños en un archivo, registro, museo, biblioteca, centro docente, gabinete científico, institución análoga o en bienes de valor artístico, histórico, cultural, científico o monumental, en cuantía superior a:

a) 1000 euros

b) 800 euros

c) 400 euros

5. De acuerdo con la Ley Orgánica 10/1995, de 23 de noviembre, los que derriben o alteren gravemente edificios singularmente protegidos por su interés histórico, artístico, cultural o monumental serán castigados con la pena de inhabilitación especial para profesión u oficio por tiempo de:

a) Uno a tres años

b) Uno a cinco años

c) Uno a siete años

6. Conforme a la Ley Orgánica 10/1995, de 23 de noviembre, el que, contraviniendo las leyes u otras disposiciones de carácter general protectoras del medio ambiente, provoque o realice directa o indirectamente emisiones, vertidos, radiaciones, extracciones o excavaciones, aterramientos, ruidos, vibraciones, inyecciones o depósitos, en la atmósfera, el suelo, el subsuelo o las aguas terrestres, subterráneas o marítimas, incluido el alta mar, será castigado con la pena de inhabilitación especial para profesión u oficio por tiempo de:

a) Uno a dos años

b) Uno a cuatro años

c) Uno a seis años

7. Según la Ley Orgánica 10/1995, de 23 de noviembre, el que intencionadamente ayude a una persona que no sea nacional de un Estado miembro de la Unión Europea a entrar en territorio español o a transitar a través del mismo de un modo que vulnere la legislación sobre entrada o tránsito de extranjeros, será castigado con una pena de multa de:

a) Tres a cuatro meses

b) Tres a seis meses

c) Tres a doce meses

8. De acuerdo con la Ley Orgánica 10/1995, de 23 de noviembre, el que intencionadamente ayude a una persona que no sea nacional de un Estado miembro de la Unión Europea a entrar en territorio español o a transitar a través del mismo de un modo que vulnere la legislación sobre entrada o tránsito de extranjeros, será castigado con una pena de prisión de:

a) Tres meses a un año

b) Tres meses a dos años

c) Tres meses a tres años

9. Conforme a la Ley Orgánica 10/1995, de 23 de noviembre, el que intencionadamente ayude, con ánimo de lucro, a una persona que no sea nacional de un Estado miembro de la Unión Europea a permanecer en España, vulnerando la legislación sobre estancia de extranjeros será castigado con una pena de multa de:

a) Tres meses a cuatro meses

b) Tres meses a seis meses

c) Tres meses a doce meses

10. Según la Ley Orgánica 10/1995, de 23 de noviembre, el que intencionadamente ayude, con ánimo de lucro, a una persona que no sea nacional de un Estado miembro de la Unión Europea a permanecer en España, vulnerando la legislación sobre estancia de extranjeros será castigado con una pena de prisión de:

a) Tres meses a un año

b) Tres meses a dos años

c) Tres meses a tres años

11. De acuerdo con la Ley Orgánica 10/1995, de 23 de noviembre, la autoridad o funcionario público que, a sabiendas de su injusticia, haya informado favorablemente proyectos de derribo o alteración de edificios singularmente protegidos será castigado con pena de prisión de:

a) Seis meses a un año

b) Seis meses a dos años

c) Seis meses a tres años

12. Conforme a la Ley Orgánica 10/1995, de 23 de noviembre, la autoridad o funcionario público que, a sabiendas de su injusticia, haya informado favorablemente proyectos de derribo o alteración de edificios singularmente protegidos será castigado con pena de multa de:

a) Tres a seis meses

b) Seis a doce meses

c) Doce a veinticuatro meses

13. Según la Ley Orgánica 10/1995, de 23 de noviembre, quien traslade una cantidad no desdeñable de residuos, tanto en el caso de uno como en el de varios traslados que aparezcan vinculados, en alguno de los supuestos a que se refiere el Derecho de la Unión Europea relativo a los traslados de residuos, será castigado con una pena de prisión de:

a) Tres meses a un año

b) Tres meses a dos años

c) Tres meses a tres años

14. De acuerdo con la Ley Orgánica 10/1995, de 23 de noviembre, cuando una persona jurídica sea responsable de los delitos contra los recursos naturales y el medio ambiente, si el delito cometido por la persona física tiene previsto una pena de más de dos años de privación de libertad, se le impondrá una pena de multa de:

a) Seis meses a dos años

b) Seis meses a un año

c) Uno a tres años

15. Conforme a la Ley Orgánica 10/1995, de 23 de noviembre, cuando una persona, contraviniendo las leyes u otras disposiciones de carácter general protectoras del medio ambiente, provoque o realice directa o indirectamente emisiones, vertidos, radiaciones, extracciones o excavaciones, aterramientos, ruidos, vibraciones, inyecciones o depósitos, en la atmósfera, el suelo, el subsuelo o las aguas terrestres, subterráneas o marítimas, incluido el alta mar, si tal conducta, por sí misma o juntamente con otras, pudiera perjudicar gravemente el equilibrio de los sistemas naturales, se impondrá una pena de prisión de:

a) Dos a tres años

b) Dos a cinco años

c) Tres a siete años

16. Indique la respuesta incorrecta. Según la Ley Orgánica 10/1995, de 23 de noviembre, en los delitos contra los derechos de los ciudadanos extranjeros, los tribunales podrán imponer la pena inferior en un grado a la respectivamente señalada, teniendo en cuenta:

a) La gravedad del hecho y sus circunstancias

b) Las condiciones del culpable

c) El perdón del afectado

17. De acuerdo con la Ley Orgánica 10/1995, de 23 de noviembre, quien traslade una cantidad no desdeñable de residuos, tanto en el caso de uno como en el de varios traslados que aparezcan vinculados, en alguno de los supuestos a que se refiere el Derecho de la Unión Europea relativo a los traslados de residuos, será castigado con una pena de multa de:

a) Seis a doce meses

b) Seis a dieciocho meses

c) Doce a dieciocho meses

18. Conforme a la Ley Orgánica 10/1995, de 23 de noviembre, el que cause daños en bienes de valor histórico, artístico, científico, cultural o monumental, o en yacimientos arqueológicos, terrestres o subacuáticos será castigado con multa de:

a) Seis a doce meses

b) Seis a doce meses

c) Doce a veinticuatro meses

19. Según la Ley Orgánica 10/1995, de 23 de noviembre, el que, contraviniendo las leyes u otras disposiciones de carácter general protectoras del medio ambiente, provoque o realice directa o indirectamente emisiones, vertidos, radiaciones, extracciones o excavaciones, aterramientos, ruidos, vibraciones, inyecciones o depósitos, en la atmósfera, el suelo, el subsuelo o las aguas terrestres, subterráneas o marítimas, incluido el alta mar, será castigado con multa de:

a) Diez a doce meses

b) Diez a catorce meses

c) Doce a veinticuatro meses

20. De acuerdo con la Ley Orgánica 10/1995, de 23 de noviembre, los que derriben o alteren gravemente edificios singularmente protegidos por su interés histórico, artístico, cultural o monumental serán castigados con multa de:

a) Diez a doce meses

b) Diez a catorce meses

c) Doce a veinticuatro meses

SOLUCIONES TEST 24

1. c) Seis meses a tres años

Los que derriben o alteren gravemente edificios singularmente protegidos por su interés histórico, artístico, cultural o monumental serán castigados con las penas de prisión de seis meses a tres años, multa de doce a veinticuatro meses y, en todo caso, inhabilitación especial para profesión u oficio por tiempo de uno a cinco años.

2. b) Seis meses a dos años

Será castigado con las penas de prisión de seis meses a dos años, multa de diez a catorce meses e inhabilitación especial para profesión u oficio por tiempo de uno a dos años el que, contraviniendo las leyes u otras disposiciones de carácter general protectoras del medio ambiente, provoque o realice directa o indirectamente emisiones, vertidos, radiaciones, extracciones o excavaciones, aterramientos, ruidos, vibraciones, inyecciones o depósitos, en la atmósfera, el suelo, el subsuelo o las aguas terrestres, subterráneas o marítimas, incluido el alta mar, con incidencia incluso en los espacios transfronterizos, así como las captaciones de aguas que, por sí mismos o conjuntamente con otros, cause o pueda causar daños sustanciales a la calidad del aire, del suelo o de las aguas, o a animales o plantas.

3. c) Seis meses a tres años

Será castigado con la pena de prisión de seis meses a tres años o multa de doce a veinticuatro meses el que cause daños en bienes de valor histórico, artístico, científico, cultural o monumental, o en yacimientos arqueológicos, terrestres o subacuáticos. Con la misma pena se castigarán los actos de expolio en estos últimos.

4. c) 400 euros

El que por imprudencia grave cause daños, en cuantía superior a 400 euros, en un archivo, registro, museo, biblioteca, centro docente, gabinete científico, institución análoga o en bienes de valor artístico, histórico, cultural, científico o monumental, así como en yacimientos arqueológicos, será castigado con la pena de multa de tres a dieciocho meses, atendiendo a la importancia de los mismos.

5. b) Uno a cinco años

Los que derriben o alteren gravemente edificios singularmente protegidos por su interés histórico, artístico, cultural o monumental serán castigados con las penas de prisión de seis meses a tres años, multa de doce a veinticuatro meses y, en todo caso, inhabilitación especial para profesión u oficio por tiempo de uno a cinco años.

6. a) Uno a dos años

Será castigado con las penas de prisión de seis meses a dos años, multa de diez a catorce meses e inhabilitación especial para profesión u oficio por tiempo de uno a dos años el que, contraviniendo las leyes u otras disposiciones de carácter general protectoras del medio ambiente, provoque o realice directa o indirectamente emisiones, vertidos, radiaciones, extracciones o excavaciones, aterramientos, ruidos, vibraciones, inyecciones o depósitos, en la atmósfera, el suelo, el subsuelo o las aguas terrestres, subterráneas o marítimas, incluido el alta mar, con incidencia incluso en los espacios transfronterizos, así como las captaciones de aguas que, por sí mismos o conjuntamente con otros, cause o pueda causar daños sustanciales a la calidad del aire, del suelo o de las aguas, o a animales o plantas.

7. c) Tres a doce meses

El que intencionadamente ayude a una persona que no sea nacional de un Estado miembro de la Unión Europea a entrar en territorio español o a transitar a través del mismo de un modo que vulnere la legislación sobre entrada o tránsito de extranjeros, será castigado con una pena de multa de tres a doce meses o prisión de tres meses a un año.

8. a) Tres meses a un año

El que intencionadamente ayude a una persona que no sea nacional de un Estado miembro de la Unión Europea a entrar en territorio español o a transitar a través del mismo de un modo que vulnere la legislación sobre entrada o tránsito de extranjeros, será castigado con una pena de multa de tres a doce meses o prisión de tres meses a un año.

9. c) Tres meses a doce meses

El que intencionadamente ayude, con ánimo de lucro, a una persona que no sea nacional de un Estado miembro de la Unión Europea a permanecer en España, vulnerando la legislación sobre estancia de extranjeros será castigado con una pena de multa de tres a doce meses o prisión de tres meses a un año.

10. a) Tres meses a un año

El que intencionadamente ayude, con ánimo de lucro, a una persona que no sea nacional de un Estado miembro de la Unión Europea a permanecer en España, vulnerando la legislación sobre estancia de extranjeros será castigado con una pena de multa de tres a doce meses o prisión de tres meses a un año.

11. b) Seis meses a dos años

La autoridad o funcionario público que, a sabiendas de su injusticia, haya informado favorablemente proyectos de derribo o alteración de edificios singularmente protegidos será castigado además de con la pena establecida en el artículo 404 de este Código con la de prisión de seis meses a dos años o la de multa de doce a veinticuatro meses.

12. c) Doce a veinticuatro meses

La autoridad o funcionario público que, a sabiendas de su injusticia, haya informado favorablemente proyectos de derribo o alteración de edificios singularmente protegidos será castigado además de con la pena establecida en el artículo 404 de este Código con la de prisión de seis meses a dos años o la de multa de doce a veinticuatro meses.

13. a) Tres meses a un año

Quien, fuera del supuesto a que se refiere el apartado anterior, traslade una cantidad no desdeñable de residuos, tanto en el caso de uno como en el de varios traslados que aparezcan vinculados, en alguno de los supuestos a que se refiere el Derecho de la Unión Europea relativo a los traslados de residuos, será castigado con una pena de tres meses a un año de prisión, o multa de seis a dieciocho meses e inhabilitación especial para profesión u oficio por tiempo de tres meses a un año.

14. c) Uno a tres años

Cuando una persona jurídica sea responsable de los delitos contra los recursos naturales y el medio ambiente, se le impondrán las siguientes penas:

a) Multa de uno a tres años, o del doble al cuádruple del perjuicio causado cuando la cantidad resultante fuese más elevada, si el delito cometido por la persona física tiene prevista una pena de más de dos años de privación de libertad.

b) Multa de seis meses a dos años, o del doble al triple del perjuicio causado si la cantidad resultante fuese más elevada, en el resto de los casos.

15. b) Dos a cinco años

Será castigado con las penas de prisión de seis meses a dos años, multa de diez a catorce meses e inhabilitación especial para profesión u oficio por tiempo de uno a dos años el que, contraviniendo las leyes u otras disposiciones de carácter general protectoras del medio ambiente, provoque o realice directa o indirectamente emisiones, vertidos, radiaciones, extracciones o excavaciones, aterramientos, ruidos, vibraciones, inyecciones o depósitos, en la atmósfera, el suelo, el subsuelo o las aguas terrestres, subterráneas o marítimas, incluido el alta mar, con incidencia incluso en los espacios transfronterizos, así como las captaciones de aguas que, por sí mismos o conjuntamente con otros, cause o pueda causar daños sustanciales a la calidad del aire, del suelo o de las aguas, o a animales o plantas.

Si las anteriores conductas, por sí mismas o conjuntamente con otras, pudieran perjudicar gravemente el equilibrio de los sistemas naturales, se impondrá una pena de prisión de dos a cinco años, multa de ocho a veinticuatro meses e inhabilitación especial para profesión u oficio por tiempo de uno a tres años.

16. c) El perdón del afectado

Los tribunales, teniendo en cuenta la gravedad del hecho y sus circunstancias, las condiciones del culpable y la finalidad perseguida por este, podrán imponer la pena inferior en un grado a la respectivamente señalada.

17. b) Seis a dieciocho meses

Quien, fuera del supuesto a que se refiere el apartado anterior, traslade una cantidad no desdeñable de residuos, tanto en el caso de uno como en el de varios traslados que aparezcan vinculados, en alguno de los supuestos a que se refiere el Derecho de la Unión Europea relativo a los traslados de residuos, será castigado con una pena de tres meses a un año de prisión, o multa de seis a dieciocho meses e inhabilitación especial para profesión u oficio por tiempo de tres meses a un año.

18. c) Doce a veinticuatro meses

Será castigado con la pena de prisión de seis meses a tres años o multa de doce a veinticuatro meses el que cause daños en bienes de valor histórico, artístico, científico, cultural o monumental, o en yacimientos arqueológicos, terrestres o subacuáticos. Con la misma pena se castigarán los actos de expolio en estos últimos.

19. b) Diez a catorce meses

Será castigado con las penas de prisión de seis meses a dos años, multa de diez a catorce meses e inhabilitación especial para profesión u oficio por tiempo de uno a dos años el que, contraviniendo las leyes u otras disposiciones de carácter general protectoras del medio ambiente, provoque o realice directa o indirectamente emisiones, vertidos, radiaciones, extracciones o excavaciones, aterramientos, ruidos, vibraciones, inyecciones o depósitos, en la atmósfera, el suelo, el subsuelo o las aguas terrestres, subterráneas o marítimas, incluido el alta mar, con incidencia incluso en los espacios transfronterizos, así como las captaciones de aguas que, por sí mismos o conjuntamente con otros, cause o pueda causar daños sustanciales a la calidad del aire, del suelo o de las aguas, o a animales o plantas.

20. c) Doce a veinticuatro meses

Los que derriben o alteren gravemente edificios singularmente protegidos por su interés histórico, artístico, cultural o monumental serán castigados con las penas de prisión de seis meses a tres años, multa de doce a veinticuatro meses y, en todo caso, inhabilitación especial para profesión u oficio por tiempo de uno a cinco años.

TEST 25

Delitos contra la Administración pública. Delitos contra la Administración de Justicia. De los delitos cometidos con ocasión del ejercicio de los derechos fundamentales y de las libertades públicas garantizados por la Constitución

1. La Ley Orgánica 10/1995, de 23 de noviembre, castiga la prevaricación, es decir, a la autoridad o funcionario público que dicta una resolución arbitraria en un asunto administrativo:

a) A sabiendas de su injusticia

b) Con imprudencia

c) Culpablemente

2. Según la Ley Orgánica 10/1995, de 23 de noviembre, el delito de prevaricación se castiga con la pena de:

a) Multa de tres a ocho meses y suspensión de empleo o cargo público por tiempo de seis a diez años

b) Inhabilitación especial para empleo o cargo público y para el ejercicio del derecho de sufragio pasivo por tiempo de nueve a quince años

c) Multa de tres a ocho meses y suspensión de empleo o cargo público por tiempo de tres a seis años

3. **De acuerdo con la Ley Orgánica 10/1995, de 23 de noviembre, el delito de abandono de destino para no impedir un delito contra la Constitución será castigado con la pena de:**

a) Prisión de uno a tres años

b) Inhabilitación especial por tiempo de seis meses a dos años

c) Prisión de uno a cuatro años e inhabilitación absoluta para empleo o cargo público por tiempo de seis a diez años

4. **Conforme a la Ley Orgánica 10/1995, de 23 de noviembre, el delito de nombramiento ilegal ¿admite la modalidad imprudente?:**

a) Sí, si quien aceptó hubiere realizado todos los actos suficientes que evitaran su nombramiento

b) Sí

c) No

5. **Según la Ley Orgánica 10/1995, de 23 de noviembre, la autoridad o funcionario público que, faltando a la obligación de su cargo, dejare intencionadamente de promover la persecución de los delitos de que tenga noticia:**

a) Será castigado con pena de multa de tres a ocho meses y suspensión de empleo o cargo por tiempo de seis meses a dos años

b) Incurrirá en la pena de inhabilitación especial para empleo o cargo público por tiempo de seis meses a dos años

c) Incurrirá en la pena de suspensión de empleo o cargo público por tiempo de seis meses a diez años

6. **De acuerdo con la Ley Orgánica 10/1995, de 23 de noviembre, a los funcionarios públicos que promovieren el abandono colectivo y manifiestamente ilegal de un servicio público, se les castigará con la pena de:**

a) Multa de seis a doce meses y suspensión de empleo o cargo público por tiempo de seis meses a dos años

b) Multa de ocho a doce meses y suspensión de empleo o cargo público por tiempo de seis meses a dos años

c) Multa de tres a ocho meses y suspensión de empleo o cargo público por tiempo de seis meses a dos años

7. **Conforme a la Ley Orgánica 10/1995, de 23 de noviembre, para que las autoridades o funcionarios públicos que meramente tomasen parte en el abandono colectivo y manifiestamente ilegal de un servicio público sean castigados con pena de multa de ocho a doce meses, será preciso que:**

   a) Se trate de un servicio público, aunque no sea esencial

   b) Se trate de un servicio privado esencial y se haya causado perjuicio de este o de la comunidad

   c) Se trate de un servicio público esencial y se haya causado grave perjuicio de este o de la comunidad

8. **Según la Ley Orgánica 10/1995, de 23 de noviembre, para que las autoridades o funcionarios que no den cumplimiento a un mandato no incurran en responsabilidad criminal, es preciso que dicho mandato:**

   a) Se interprete en sentido contrario a un precepto de Ley o de cualquier otra disposición de carácter general

   b) Constituya una manifestación tácita o presunta que contradiga lo estipulado en un precepto o disposición general

   c) Constituya una infracción manifiesta, clara y terminante de un precepto de Ley o de cualquier otra disposición general

9. **De acuerdo con la Ley Orgánica 10/1995, de 23 de noviembre, las autoridades o funcionarios públicos que se negaren abiertamente a dar el debido cumplimiento a resoluciones judiciales, dictadas dentro del ámbito de su respectiva competencia y revestidas de las formalidades legales, incurrirán:**

   a) En la pena de multa de tres a doce meses e inhabilitación especial para empleo o cargo público por tiempo de seis meses a dos años

   b) En la pena de multa de ocho a doce meses y suspensión de empleo o cargo público por tiempo de seis meses a dos años

   c) En la pena de multa de tres a doce meses e inhabilitación absoluta para empleo o cargo público por tiempo de seis meses a dos años

10. Conforme a la Ley Orgánica 10/1995, de 23 de noviembre, la autoridad o funcionario público que, habiendo suspendido la ejecución de las órdenes de sus superiores, las desobedeciere después de que aquellos hubieren desaprobado la suspensión, será castigado con:

a) Multa de ocho a doce meses e inhabilitación especial para empleo o cargo público por tiempo de uno a tres años

b) Multa de ocho a doce meses e inhabilitación especial para empleo o cargo público por tiempo de seis meses a dos años

c) Multa de doce a veinticuatro meses e inhabilitación especial para empleo o cargo público por tiempo de uno a tres años

11. Según la Ley Orgánica 10/1995, de 23 de noviembre, el funcionario público que, requerido por la autoridad competente, no prestase el auxilio debido para la Administración de Justicia u otro servicio público, incurrirá:

a) En las penas de multa de tres a doce meses y suspensión de empleo o cargo público por tiempo de seis meses a dos años

b) En las penas de multa de tres a doce meses e inhabilitación especial para empleo o cargo público por tiempo de seis meses a dos años

c) En las penas de multa de ocho a doce meses y suspensión de empleo o cargo público por tiempo de seis meses a dos años

12. De acuerdo con la Ley Orgánica 10/1995, de 23 de noviembre, si el requerido para prestar el auxilio debido fuera autoridad, jefe o responsable de una fuerza pública o agente de la autoridad, y no lo prestare se le podrán imponer las penas de:

a) Multa de doce a veinticuatro meses e inhabilitación especial para empleo o cargo público por tiempo de uno a tres años

b) Multa de doce a dieciocho meses y suspensión de empleo o cargo público por tiempo de dos a tres años

c) Multa de doce a veinticuatro meses e inhabilitación especial para empleo o cargo público por tiempo de dos a tres años

13. Conforme a la Ley Orgánica 10/1995, de 23 de noviembre, la autoridad o funcionario público que, requerido por un particular a prestar algún auxilio a que venga obligado por razón de su cargo para evitar un delito contra la vida de las personas, se abstuviera de prestarlo, será castigado con:

a) Multa de doce a veinticuatro meses e inhabilitación especial para empleo o cargo público por tiempo de uno a tres años

b) Multa de doce a veinticuatro meses e inhabilitación especial para empleo o cargo público por tiempo de dos a tres años

c) Multa de dieciocho a veinticuatro meses e inhabilitación especial para empleo o cargo público por tiempo de tres a seis años

14. Según la Ley Orgánica 10/1995, de 23 de noviembre, la autoridad o funcionario público que, requerido por un particular a prestar algún auxilio a que venga obligado por razón de su cargo, se abstuviera de prestarlo, será castigado con la pena de multa de doce a dieciocho meses y suspensión de empleo o cargo público de uno a tres años, cuando se trate de evitar un delito:

a) Contra las relaciones familiares y el patrimonio

b) Contra la integridad, libertad sexual, salud o libertad de las personas

c) Contra la intimidad, el honor o el derecho a la propia imagen

15. De acuerdo con la Ley Orgánica 10/1995, de 23 de noviembre, ¿qué modalidades de culpabilidad admite el delito de prevaricación judicial?

a) Solo la dolosa

b) Solo la imprudente

c) La dolosa y la imprudente, que están tipificadas en distintos artículos

16. Conforme a la Ley Orgánica 10/1995, de 23 de noviembre, en el delito de retraso malicioso en la Administración de Justicia, ¿quiénes pueden ser sujetos activos?

a) Los Jueces, Fiscales y Magistrados

b) Los Jueces, Magistrados y Letrados de la Administración de Justicia

c) Los Jueces y Fiscales

17. Según la Ley Orgánica 10/1995, de 23 de noviembre, la omisión del deber de impedir un delito, regulada en el art. 450 del Código Penal, será delito:

a) Cuando la intervención del sujeto no implique riesgo propio o ajeno

b) Cuando el delito que se debe impedir afecte a las personas en su vida

c) Todas las respuestas anteriores son correctas

18. De acuerdo con la Ley Orgánica 10/1995, de 23 de noviembre, por el delito de encubrimiento, en ningún caso podrá imponerse:

a) Multa

b) Pena privativa de libertad que exceda a la del delito encubierto

c) Pena de prisión

19. Conforme a la Ley Orgánica 10/1995, de 23 de noviembre, ¿qué ocurre si el autor del hecho que se encubre está exento de responsabilidad?

a) Que se exime de responsabilidad también al encubridor

b) Que se rebaja la pena a la mitad al encubridor

c) Que se aplicarán igualmente las disposiciones del Código Penal relativas al encubrimiento

20. Según la Ley Orgánica 10/1995, de 23 de noviembre, están exentos de las penas impuestas a los encubridores los que lo sean de:

a) Su cónyuge

b) Su hermano

c) Todas las respuestas anteriores son correctas

21. De acuerdo con la Ley Orgánica 10/1995, de 23 de noviembre, en el delito de realización arbitraria del propio derecho, ¿existe un tipo atenuado?

a) Sí y uno agravado

b) No, pero sí uno agravado

c) Sí, cuando no existe intimidación ni violencia

22. Conforme a la Ley Orgánica 10/1995, de 23 de noviembre, la acusación y denuncia falsas solo constituyen delito cuando:

a) Se realizan ante un funcionario judicial o administrativo que tenga el deber de proceder a su averiguación

b) Se trata de un delito ofensivo

c) Se imputa un delito muy grave

23. Según la Ley Orgánica 10/1995, de 23 de noviembre, en el delito de acusación y denuncia falsas, ¿cuándo se podrá proceder contra el denunciante?

a) Tras la denuncia falsa

b) Tras la sentencia firme o auto también firme, de sobreseimiento o archivo del Juez o Tribunal que haya conocido de la infracción imputada

c) Tras la querella falsa

24. De acuerdo con la Ley Orgánica 10/1995, de 23 de noviembre, quienes produzcan, elaboren, posean con la finalidad de distribuir, faciliten a terceras personas el acceso, distribuyan, difundan o vendan escritos o cualquier otra clase de material o soportes que por su contenido sean idóneos para fomentar, promover, o incitar directa o indirectamente al odio, hostilidad, discriminación o violencia contra un grupo, una parte del mismo, o contra una persona determinada por razón de su pertenencia a aquel, por motivos racistas, antisemitas u otros referentes a la ideología, religión o creencias, situación familiar, la pertenencia de sus miembros a una etnia, raza o nación, su origen nacional, su sexo, orientación o identidad sexual, por razones de género, enfermedad o discapacidad, serán castigados con una pena de prisión de:

a) Seis meses a dos años

b) Uno a dos años

c) Uno a cuatro años

25. Conforme a la Ley Orgánica 10/1995, de 23 de noviembre, quienes enaltezcan o justifiquen por cualquier medio de expresión pública o de difusión los delitos que hubieran sido cometidos contra un grupo, una parte del mismo, o contra una persona determinada por razón de su pertenencia a aquel por motivos racistas, antisemitas u otros referentes a la ideología, religión o creencias, situación familiar, la pertenencia de sus miembros a una etnia, raza o nación, su origen nacional, su sexo, orientación o identidad sexual, por razones de género, enfermedad o discapacidad, o a quienes hayan participado en su ejecución, serán castigados con la pena de prisión de:

a) Seis meses a dos años

b) Uno a dos años

c) Uno a cuatro años

SOLUCIONES TEST 25

1. a) A sabiendas de su injusticia

A la autoridad o funcionario público que, a sabiendas de su injusticia, dictare una resolución arbitraria en un asunto administrativo se le castigará con la pena de inhabilitación especial para empleo o cargo público y para el ejercicio del derecho de sufragio pasivo por tiempo de nueve a quince años.

2. b) Inhabilitación especial para empleo o cargo público y para el ejercicio del derecho de sufragio pasivo por tiempo de nueve a quince años

A la autoridad o funcionario público que, a sabiendas de su injusticia, dictare una resolución arbitraria en un asunto administrativo se le castigará con la pena de inhabilitación especial para empleo o cargo público y para el ejercicio del derecho de sufragio pasivo por tiempo de nueve a quince años.

3. c) Prisión de uno a cuatro años e inhabilitación absoluta para empleo o cargo público por tiempo de seis a diez años

A la autoridad o funcionario público que abandonare su destino con el propósito de no impedir o no perseguir cualquiera de los delitos contra la Constitución, el orden público, traición, contra la paz e independencia del Estado y defensa nacional y contra la comunidad internacional (Títulos XXI, XXII, XXIII y XXIV) se le castigará con la pena de prisión de uno a cuatro años e inhabilitación absoluta para empleo o cargo público por tiempo de seis a diez años. Si hubiera realizado el abandono para no impedir o no perseguir cualquier otro delito, se le impondrá la pena de inhabilitación especial para empleo o cargo público por tiempo de uno a tres años. Las mismas penas se impondrán, respectivamente, cuando el abandono tenga por objeto no ejecutar las penas correspondientes a estos delitos impuestas por la autoridad judicial competente.

4. c) No

A la autoridad o funcionario público que, en el ejercicio de su competencia y a sabiendas de su ilegalidad, propusiere, nombrare o diere posesión para el ejercicio de un determinado cargo público a cualquier persona sin que concurran los requisitos legalmente establecidos para ello, se le castigará con las penas de multa de tres a ocho meses y suspensión de empleo o cargo público por tiempo de uno a tres años.

5. b) Incurrirá en la pena de inhabilitación especial para empleo o cargo público por tiempo de seis meses a dos años

La autoridad o funcionario que, faltando a la obligación de su cargo, dejare intencionadamente de promover la persecución de los delitos de que tenga noticia o de sus responsables, incurrirá en la pena de inhabilitación especial para empleo o cargo público por tiempo de seis meses a dos años.

6. b) Multa de ocho a doce meses y suspensión de empleo o cargo público por tiempo de seis meses a dos años

A las autoridades o funcionarios públicos que promovieren, dirigieren u organizaren el abandono colectivo y manifiestamente ilegal de un servicio público, se les castigará con la pena de multa de ocho a doce meses y suspensión de empleo o cargo público por tiempo de seis meses a dos años. Las autoridades o funcionarios públicos que meramente tomaren parte en el abandono colectivo o manifiestamente ilegal de un servicio público esencial y con grave perjuicio de este o de la comunidad, serán castigados con la pena de multa de ocho a doce meses.

7. c) Se trate de un servicio público esencial y se haya causado grave perjuicio de este o de la comunidad

A las autoridades o funcionarios públicos que promovieren, dirigieren u organizaren el abandono colectivo y manifiestamente ilegal de un servicio público, se les castigará con la pena de multa de ocho a doce meses y suspensión de empleo o cargo público por tiempo de seis meses a dos años. Las autoridades o funcionarios públicos que meramente tomaren parte en el abandono colectivo o manifiestamente ilegal de un servicio público esencial y con grave perjuicio de este o de la comunidad, serán castigados con la pena de multa de ocho a doce meses.

8. c) Constituya una infracción manifiesta, clara y terminante de un precepto de Ley o de cualquier otra disposición general

Las autoridades o funcionarios públicos que se negaren abiertamente a dar el debido cumplimiento a resoluciones judiciales, decisiones u órdenes de la autoridad superior, dictadas dentro del ámbito de su respectiva competencia y revestidas de las formalidades legales, incurrirán en la pena de multa de tres a doce meses e inhabilitación especial para empleo o cargo público por tiempo de seis meses a dos años. No obstante lo anterior, no incurrirán en responsabilidad criminal las autoridades o funcionarios por no dar cumplimiento a un mandato que constituya una infracción manifiesta, clara y terminante de un precepto de Ley o de cualquier otra disposición general.

9. a) En la pena de multa de tres a doce meses e inhabilitación especial para empleo o cargo público por tiempo de seis meses a dos años

Las autoridades o funcionarios públicos que se negaren abiertamente a dar el debido cumplimiento a resoluciones judiciales, decisiones u órdenes de la autoridad superior, dictadas dentro del ámbito de su respectiva competencia y revestidas de las formalidades legales, incurrirán en la pena de multa de tres a doce meses e inhabilitación especial para empleo o cargo público por tiempo de seis meses a dos años. No obstante lo anterior, no incurrirán en responsabilidad criminal las autoridades o funcionarios por no dar cumplimiento a un mandato que constituya una infracción manifiesta, clara y terminante de un precepto de Ley o de cualquier otra disposición general.

10. c) Multa de doce a veinticuatro meses e inhabilitación especial para empleo o cargo público por tiempo de uno a tres años

La autoridad o funcionario público que, habiendo suspendido, por cualquier motivo que no sea el expresado en el apartado segundo del artículo anterior, la ejecución de las órdenes de sus superiores, las desobedeciere después de que aquellos hubieren desaprobado la suspensión, incurrirá en las penas de multa de doce a veinticuatro meses, e inhabilitación especial para empleo o cargo público por tiempo de uno a tres años.

11. a) En las penas de multa de tres a doce meses y suspensión de empleo o cargo público por tiempo de seis meses a dos años

El funcionario público que, requerido por autoridad competente, no prestare el auxilio debido para la Administración de Justicia u otro servicio público, incurrirá en las penas de multa de tres a doce meses, y suspensión de empleo o cargo público por tiempo de seis meses a dos años.

12. b) Multa de doce a dieciocho meses y suspensión de empleo o cargo público por tiempo de dos a tres años

El funcionario público que, requerido por autoridad competente, no prestare el auxilio debido para la Administración de Justicia u otro servicio público, incurrirá en las penas de multa de tres a doce meses, y suspensión de empleo o cargo público por tiempo de seis meses a dos años. Si el requerido fuera autoridad, jefe o responsable de una fuerza pública o un agente de la autoridad, se impondrán las penas de multa de doce a dieciocho meses y suspensión de empleo o cargo público por tiempo de dos a tres años.

13. c) Multa de dieciocho a veinticuatro meses e inhabilitación especial para empleo o cargo público por tiempo de tres a seis años

La autoridad o funcionario público que, requerido por un particular a prestar algún auxilio a que venga obligado por razón de su cargo para evitar un delito contra la vida de las personas, se abstuviera de prestarlo, será castigado con la pena de multa de dieciocho a veinticuatro meses e inhabilitación especial para empleo o cargo público por tiempo de tres a seis años. Si se tratase de un delito contra la integridad, libertad sexual, salud o libertad de las personas, será castigado con la pena de multa de doce a dieciocho meses y suspensión de empleo o cargo público de uno a tres años. En el caso de que tal requerimiento lo fuera para evitar cualquier otro delito u otro mal, se castigará con la pena de multa de tres a doce meses y suspensión de empleo o cargo público por tiempo de seis meses a dos años.

14. b) Contra la integridad, libertad sexual, salud o libertad de las personas

La autoridad o funcionario público que, requerido por un particular a prestar algún auxilio a que venga obligado por razón de su cargo para evitar un delito contra la vida de las personas, se abstuviera de prestarlo, será castigado con la pena de multa de dieciocho a veinticuatro meses e inhabilitación especial para empleo o cargo público por tiempo de tres a seis años. Si se tratase de un delito contra la integridad, libertad sexual, salud o libertad de las personas, será castigado con la pena de multa de doce a dieciocho meses y suspensión de empleo o cargo público de uno a tres años. En el caso de que tal requerimiento lo fuera para evitar cualquier otro delito u otro mal, se castigará con la pena de multa de tres a doce meses y suspensión de empleo o cargo público por tiempo de seis meses a dos años.

15. c) La dolosa y la imprudente, que están tipificadas en distintos artículos

La modalidad dolosa se encuentra regulada en el artículo 446 del Código Penal y la imprudente en el artículo 447. El artículo 446 establece que el juez o magistrado que, a sabiendas, dictare sentencia o resolución injusta será castigado:

1.º Con la pena de prisión de uno a cuatro años si se trata de sentencia injusta contra el reo en causa criminal por delito grave o menos grave y la sentencia no hubiera llegado a ejecutarse, y con la misma pena en su mitad superior y multa de doce a veinticuatro meses si se ha ejecutado. En ambos casos se impondrá, además, la pena de inhabilitación absoluta por tiempo de diez a veinte años.

2.º Con la pena de multa de seis a doce meses e inhabilitación especial para empleo o cargo público por tiempo de seis a diez años, si se tratara de una sentencia injusta contra el reo dictada en proceso por delito leve.

3.º Con la pena de multa de doce a veinticuatro meses e inhabilitación especial para empleo o cargo público por tiempo de diez a veinte años, cuando dictara cualquier otra sentencia o resolución injustas.

Por su parte, el artículo 447 dispone que el Juez o Magistrado que por imprudencia grave o ignorancia inexcusable dictara sentencia o resolución manifiestamente injusta incurrirá en la pena de inhabilitación especial para empleo o cargo público por tiempo de dos a seis años.

16. b) Los Jueces, Magistrados y Letrados de la Administración de Justicia

El Juez o Magistrado que se negase a juzgar, sin alegar causa legal, o so pretexto de oscuridad, insuficiencia o silencio de la Ley, será castigado con la pena de inhabilitación especial para empleo o cargo público por tiempo de seis meses a cuatro años. En la misma pena incurrirá el Juez, Magistrado o Letrado de la Administración de Justicia culpable de retardo malicioso en la Administración de Justicia. Se entenderá por malicioso el retardo provocado para conseguir cualquier finalidad ilegítima. Cuando el retardo sea imputable a funcionario distinto de los mencionados, se le impondrá la pena indicada, en su mitad inferior.

17. c) Todas las respuestas anteriores son correctas

El que, pudiendo hacerlo con su intervención inmediata y sin riesgo propio o ajeno, no impidiere la comisión de un delito que afecte a las personas en su vida, integridad o salud, libertad o libertad sexual, será castigado con la pena de prisión de seis meses a dos años si el delito fuera contra la vida, y la de multa de seis a veinticuatro meses en los demás casos, salvo que al delito no impedido le correspondiera igual o menor pena, en cuyo caso se impondrá la pena inferior en grado a la de aquel.

18. b) Pena privativa de libertad que exceda a la del delito encubierto

En ningún caso podrá imponerse pena privativa de libertad que exceda de la señalada al delito encubierto. Si este estuviera castigado con pena de otra naturaleza, la pena privativa de libertad será sustituida por la de multa de seis a veinticuatro meses, salvo que el delito encubierto tenga asignada pena igual o inferior a esta, en cuyo caso se impondrá al culpable la pena de aquel delito en su mitad inferior.

19. c) Que se aplicarán igualmente las disposiciones del Código Penal relativas al encubrimiento

Según el artículo 453 del Código Penal, las disposiciones descritas para el delito de encubrimiento se aplicarán aun cuando el autor del hecho encubierto sea irresponsable o esté personalmente exento de pena.

20. c) Todas las respuestas anteriores son correctas

Están exentos de las penas impuestas a los encubridores los que lo sean de su cónyuge o de persona a quien se hallen ligados de forma estable por análoga relación de afectividad, de sus ascendientes, descendientes, hermanos, por naturaleza, por adopción, o afines en los mismos grados, con la sola excepción de los encubridores que se hallen comprendidos en el art. 451, número 1 (es decir, el que auxilia a los autores o cómplices para que se beneficien del provecho, producto, precio del delito, sin ánimo de lucro propio).

21. b) No, pero sí uno agravado

El tipo agravado se encuentra regulado en el artículo 455.2, según el cual se castigará con la pena superior en grado a la del tipo básico cuando para la intimidación o violencia se hiciera uso de armas u objetos peligrosos.

22. a) Se realizan ante un funcionario judicial o administrativo que tenga el deber de proceder a su averiguación

Los que, con conocimiento de su falsedad o temerario desprecio hacia la verdad, imputaren a alguna persona hechos que, de ser ciertos, constituirían infracción penal, si esta imputación se hiciera ante funcionario judicial o administrativo que tenga el deber de proceder a su averiguación, serán sancionados con las penas previstas en el artículo 456.1 del Código Penal.

23. b) Tras la sentencia firme o auto también firme, de sobreseimiento o archivo del Juez o Tribunal que haya conocido de la infracción imputada

No podrá procederse contra el denunciante o acusador sino tras sentencia firme o auto también firme, de sobreseimiento o archivo del Juez o Tribunal que haya conocido de la infracción imputada. Estos mandarán proceder de oficio contra el denunciante o acusador siempre que de la causa principal resulten indicios bastantes de la falsedad de la imputación, sin perjuicio de que el hecho pueda también perseguirse previa denuncia del ofendido.

24. c) Uno a cuatro años

Serán castigados con una pena de prisión de uno a cuatro años y multa de seis a doce meses:

a) Quienes públicamente fomenten, promuevan o inciten directa o indirectamente al odio, hostilidad, discriminación o violencia contra un grupo, una parte del mismo o contra una persona determinada por razón de su pertenencia a aquel, por motivos racistas, antisemitas u otros referentes a la ideología, religión o creencias, situación familiar, la pertenencia de sus miembros a una etnia, raza o nación, su origen nacional, su sexo, orientación o identidad sexual, por razones de género, enfermedad o discapacidad.

b) Quienes produzcan, elaboren, posean con la finalidad de distribuir, faciliten a terceras personas el acceso, distribuyan, difundan o vendan escritos o cualquier otra clase de material o soportes que por su contenido sean idóneos para fomentar, promover, o incitar directa o indirectamente al odio, hostilidad, discriminación o violencia contra un grupo, una parte del mismo, o contra una persona determinada por razón de su pertenencia a aquel, por motivos racistas, antisemitas u otros referentes a la ideología, religión o creencias, situación familiar, la pertenencia de sus miembros a una etnia, raza o nación, su origen nacional, su sexo, orientación o identidad sexual, por razones de género, enfermedad o discapacidad.

c) Públicamente nieguen, trivialicen gravemente o enaltezcan los delitos de genocidio, de lesa humanidad o contra las personas y bienes protegidos en caso de conflicto armado, o enaltezcan a sus autores, cuando se hubieran cometido contra un grupo o una parte del mismo, o contra una persona determinada por razón de su pertenencia al mismo, por motivos racistas, antisemitas u otros referentes a la ideología, religión o creencias, la situación familiar o la pertenencia de sus miembros a una etnia, raza o nación, su origen nacional, su sexo, orientación o identidad sexual, por razones de género, enfermedad o discapacidad, cuando de este modo se promueva o favorezca un clima de violencia, hostilidad, odio o discriminación contra los mismos.

25. a) Seis meses a dos años

Serán castigados con la pena de prisión de seis meses a dos años y multa de seis a doce meses:

a) Quienes lesionen la dignidad de las personas mediante acciones que entrañen humillación, menosprecio o descrédito de alguno de los grupos a que se refiere el apartado anterior, o de una parte de los mismos, o de cualquier persona determinada por razón de su pertenencia a ellos por motivos racistas, antisemitas u otros referentes a la ideología, religión o creencias, situación familiar, la pertenencia de sus miembros a una etnia, raza o nación, su origen nacional, su sexo, orientación o identidad sexual, por razones de género, enfermedad o discapacidad, o produzcan, elaboren, posean con la finalidad de distribuir, faciliten a terceras personas el acceso, distribuyan, difundan o vendan escritos o cualquier otra clase de material o soportes que por su contenido sean idóneos para lesionar la dignidad de las personas por representar una grave humillación, menosprecio o descrédito de alguno de los grupos mencionados, de una parte de ellos, o de cualquier persona determinada por razón de su pertenencia a los mismos.

b) Quienes enaltezcan o justifiquen por cualquier medio de expresión pública o de difusión los delitos que hubieran sido cometidos contra un grupo, una parte del mismo, o contra una persona determinada por razón de su pertenencia a aquel por motivos racistas, antisemitas u otros referentes a la ideología, religión o creencias, situación familiar, la pertenencia de sus miembros a una etnia, raza o nación, su origen nacional, su sexo, orientación o identidad sexual, por razones de género, enfermedad o discapacidad, o a quienes hayan participado en su ejecución.

TEST 26

Delitos contra la Seguridad Vial. Especial referencia a su reforma por Ley Orgánica 15/2007

1. Según la Ley Orgánica 10/1995, de 23 de noviembre, el que condujere un vehículo de motor o un ciclomotor a velocidad superior en sesenta kilómetros por hora en vía urbana o en ochenta kilómetros por hora en vía interurbana a la permitida reglamentariamente, será castigado con la pena de prisión de:

a) Dos a cuatro meses

b) Tres a seis meses

c) Seis a doce meses

2. De acuerdo con la Ley Orgánica 10/1995, de 23 de noviembre, el que condujere un vehículo de motor o un ciclomotor a velocidad superior en sesenta kilómetros por hora en vía urbana o en ochenta kilómetros por hora en vía interurbana a la permitida reglamentariamente, será castigado con la pena de multa de:

a) Dos a cuatro meses

b) Tres a seis meses

c) Seis a doce meses

3. Conforme a la Ley Orgánica 10/1995, de 23 de noviembre, el que condujere un vehículo de motor o un ciclomotor a velocidad superior en sesenta kilómetros por hora en vía urbana o en ochenta kilómetros por hora en vía interurbana a la permitida reglamentariamente, será castigado con la pena de trabajos en beneficio de la comunidad de:

a) Treinta y uno a sesenta días

b) Treinta y uno a noventa días

c) Treinta y uno a ciento veinte días

4. Según la Ley Orgánica 10/1995, de 23 de noviembre, el que condujere un vehículo de motor o ciclomotor bajo la influencia de drogas tóxicas, estupefacientes, sustancias psicotrópicas o de bebidas alcohólicas, será castigado con la pena de prisión de:

a) Dos a cuatro meses

b) Tres a seis meses

c) Seis a doce meses

5. De acuerdo con la Ley Orgánica 10/1995, de 23 de noviembre, el que condujere un vehículo de motor o ciclomotor bajo la influencia de drogas tóxicas, estupefacientes, sustancias psicotrópicas o de bebidas alcohólicas, será castigado con la pena de multa de:

a) Dos a cuatro meses

b) Tres a seis meses

c) Seis a doce meses

6. Conforme a la Ley Orgánica 10/1995, de 23 de noviembre, el que condujere un vehículo de motor o ciclomotor bajo la influencia de drogas tóxicas, estupefacientes, sustancias psicotrópicas o de bebidas alcohólicas, será castigado con la pena de trabajos en beneficio de la comunidad de:

a) Treinta y uno a sesenta días

b) Treinta y uno a noventa días

c) Treinta y uno a ciento veinte días

7. Según la Ley Orgánica 10/1995, de 23 de noviembre, el que condujere con una tasa de alcohol en aire espirado superior a 0,60 miligramos por litro o con una tasa de alcohol en sangre superior a 1,2 gramos por litro, será castigado con la pena de prisión de:

a) Dos a cuatro meses

b) Tres a seis meses

c) Seis a doce meses

8. De acuerdo con la Ley Orgánica 10/1995, de 23 de noviembre, el que condujere con una tasa de alcohol en aire espirado superior a 0,60 miligramos por litro o con una tasa de alcohol en sangre superior a 1,2 gramos por litro, será castigado con la pena de multa de:

a) Dos a cuatro meses

b) Tres a seis meses

c) Seis a doce meses

9. Conforme a la Ley Orgánica 10/1995, de 23 de noviembre, el que condujere con una tasa de alcohol en aire espirado superior a 0,60 miligramos por litro o con una tasa de alcohol en sangre superior a 1,2 gramos por litro, será castigado con la pena de trabajos en beneficio de la comunidad de:

a) Treinta y uno a sesenta días

b) Treinta y uno a noventa días

c) Treinta y uno a ciento veinte días

10. Según la Ley Orgánica 10/1995, de 23 de noviembre, el que condujere un vehículo a motor o un ciclomotor con temeridad manifiesta y pusiere en concreto peligro la vida o la integridad de las personas será castigado con la pena de prisión de:

a) Seis meses a un año

b) Seis meses a dos años

c) Uno a dos años

11. De acuerdo con la Ley Orgánica 10/1995, de 23 de noviembre, el que condujere un vehículo a motor o un ciclomotor con temeridad manifiesta y pusiere en concreto peligro la vida o la integridad de las personas será castigado con la privación del derecho a conducir vehículos a motor y ciclomotores por tiempo superior a:

a) Uno y hasta tres años

b) Uno y hasta cuatro años

c) Uno y hasta seis años

12. Conforme a la Ley Orgánica 10/1995, de 23 de noviembre, el conductor que, requerido por un agente de la autoridad, se negare a someterse a las pruebas legalmente establecidas para la comprobación de las tasas de alcoholemia y la presencia de las drogas tóxicas, estupefacientes y sustancias psicotrópicas será castigado con pena de prisión de:

a) Seis meses a un año

b) Seis meses a dos años

c) Uno a dos años

13. Según la Ley Orgánica 10/1995, de 23 de noviembre, el conductor que, requerido por un agente de la autoridad, se negare a someterse a las pruebas legalmente establecidas para la comprobación de las tasas de alcoholemia y la presencia de las drogas tóxicas, estupefacientes y sustancias psicotrópicas será castigado con la privación del derecho a conducir vehículos a motor y ciclomotores por tiempo superior a:

a) Uno y hasta tres años

b) Uno y hasta cuatro años

c) Uno y hasta seis años

14. De acuerdo con la Ley Orgánica 10/1995, de 23 de noviembre, el que condujere un vehículo de motor o ciclomotor en los casos de pérdida de vigencia del permiso o licencia por pérdida total de los puntos asignados legalmente, será castigado con la pena de prisión de:

a) Dos a cuatro meses

b) Tres a seis meses

c) Seis a doce meses

15. Conforme a la Ley Orgánica 10/1995, de 23 de noviembre, el que condujere un vehículo de motor o ciclomotor en los casos de pérdida de vigencia del permiso o licencia por pérdida total de los puntos asignados legalmente, será castigado con la pena de multa de:

a) Seis a doce meses

b) Doce a veinticuatro meses

c) Veinticuatro a treinta meses

16. Según la Ley Orgánica 10/1995, de 23 de noviembre, el que condujere un vehículo de motor o ciclomotor en los casos de pérdida de vigencia del permiso o licencia por pérdida total de los puntos asignados legalmente, será castigado con la pena de trabajos en beneficio de la comunidad de:

a) Treinta y uno a sesenta días

b) Treinta y uno a noventa días

c) Treinta y uno a ciento veinte días

17. De acuerdo con la Ley Orgánica 10/1995, de 23 de noviembre, el que originare un grave riesgo para la circulación colocando en la vía obstáculos imprevisibles, derramando sustancias deslizantes o inflamables o mutando, sustrayendo o anulando la señalización o por cualquier otro medio será castigado con la pena de prisión de:

a) Seis meses a un año

b) Seis meses a dos años

c) Uno a dos años

18. Conforme a la Ley Orgánica 10/1995, de 23 de noviembre, el que originare un grave riesgo para la circulación colocando en la vía obstáculos imprevisibles, derramando sustancias deslizantes o inflamables o mutando, sustrayendo o anulando la señalización o por cualquier otro medio será castigado con la pena de multa de:

a) Seis a doce meses

b) Doce a veinticuatro meses

c) Veinticuatro a treinta meses

19. Según la Ley Orgánica 10/1995, de 23 de noviembre, el que originare un grave riesgo para la circulación no restableciendo la seguridad de la vía, cuando haya obligación de hacerlo será castigado con la pena de trabajos en beneficio de la comunidad de:

a) Diez a veinte días

b) Diez a cuarenta días

c) Veinte a cuarenta días

20. De acuerdo con la Ley Orgánica 10/1995, de 23 de noviembre, comportará la pérdida de vigencia del permiso o licencia que habilite para la conducción la pena de privación del derecho a conducir vehículos a motor y ciclomotores sea impuesta por un tiempo superior a:

a) Un año

b) Dos años

c) Tres años

SOLUCIONES TEST 26

1. b) Tres a seis meses

El que condujere un vehículo de motor o un ciclomotor a velocidad superior en sesenta kilómetros por hora en vía urbana o en ochenta kilómetros por hora en vía interurbana a la permitida reglamentariamente, será castigado con la pena de prisión de tres a seis meses o con la de multa de seis a doce meses o con la de trabajos en beneficio de la comunidad de treinta y uno a noventa días, y, en cualquier caso, con la de privación del derecho a conducir vehículos a motor y ciclomotores por tiempo superior a uno y hasta cuatro años.

2. c) Seis a doce meses

El que condujere un vehículo de motor o un ciclomotor a velocidad superior en sesenta kilómetros por hora en vía urbana o en ochenta kilómetros por hora en vía interurbana a la permitida reglamentariamente, será castigado con la pena de prisión de tres a seis meses o con la de multa de seis a doce meses o con la de trabajos en beneficio de la comunidad de treinta y uno a noventa días, y, en cualquier caso, con la de privación del derecho a conducir vehículos a motor y ciclomotores por tiempo superior a uno y hasta cuatro años.

3. b) Treinta y uno a noventa días

El que condujere un vehículo de motor o un ciclomotor a velocidad superior en sesenta kilómetros por hora en vía urbana o en ochenta kilómetros por hora en vía interurbana a la permitida reglamentariamente, será castigado con la pena de prisión de tres a seis meses o con la de multa de seis a doce meses o con la de trabajos en beneficio de la comunidad de treinta y uno a noventa días, y, en cualquier caso, con la de privación del derecho a conducir vehículos a motor y ciclomotores por tiempo superior a uno y hasta cuatro años.

4. b) Tres a seis meses

El que condujere un vehículo de motor o un ciclomotor a velocidad superior en sesenta kilómetros por hora en vía urbana o en ochenta kilómetros por hora en vía interurbana a la permitida reglamentariamente, será castigado con la pena de prisión de tres a seis meses o con la de multa de seis a doce meses o con la de trabajos en beneficio de la comunidad de treinta y uno a noventa días, y, en cualquier caso, con la de privación del derecho a conducir vehículos a motor y ciclomotores por tiempo superior a uno y hasta cuatro años. Con las mismas penas será castigado el que condujere un vehículo de motor o ciclomotor bajo la influencia de drogas tóxicas, estupefacientes, sustancias psicotrópicas o de bebidas alcohólicas. En todo caso será condenado con dichas penas el que condujere con una tasa de alcohol en aire espirado superior a 0,60 miligramos por litro o con una tasa de alcohol en sangre superior a 1,2 gramos por litro.

5. c) Seis a doce meses

El que condujere un vehículo de motor o un ciclomotor a velocidad superior en sesenta kilómetros por hora en vía urbana o en ochenta kilómetros por hora en vía interurbana a la permitida reglamentariamente, será castigado con la pena de prisión de tres a seis meses o con la de multa de seis a doce meses o con la de trabajos en beneficio de la comunidad de treinta y uno a noventa días, y, en cualquier caso, con la de privación del derecho a conducir vehículos a motor y ciclomotores por tiempo superior a uno y hasta cuatro años. Con las mismas penas será castigado el que condujere un vehículo de motor o ciclomotor bajo la influencia de drogas tóxicas, estupefacientes, sustancias psicotrópicas o de bebidas alcohólicas. En todo caso será condenado con dichas penas el que condujere con una tasa de alcohol en aire espirado superior a 0,60 miligramos por litro o con una tasa de alcohol en sangre superior a 1,2 gramos por litro.

6. b) Treinta y uno a noventa días

El que condujere un vehículo de motor o un ciclomotor a velocidad superior en sesenta kilómetros por hora en vía urbana o en ochenta kilómetros por hora en vía interurbana a la permitida reglamentariamente, será castigado con la pena de prisión de tres a seis meses o con la de multa de seis a doce meses o con la de trabajos en beneficio de la comunidad de treinta y uno a noventa días, y, en cualquier caso, con la de privación del derecho a conducir vehículos a motor y ciclomotores por tiempo superior a uno y hasta cuatro años. Con las mismas penas será castigado el que condujere un vehículo de motor o ciclomotor bajo la influencia de drogas tóxicas, estupefacientes, sustancias psicotrópicas o de bebidas alcohólicas. En todo caso será condenado con dichas penas el que condujere con una tasa de alcohol en aire espirado superior a 0,60 miligramos por litro o con una tasa de alcohol en sangre superior a 1,2 gramos por litro.

7. b) Tres a seis meses

El que condujere un vehículo de motor o un ciclomotor a velocidad superior en sesenta kilómetros por hora en vía urbana o en ochenta kilómetros por hora en vía interurbana a la permitida reglamentariamente, será castigado con la pena de prisión de tres a seis meses o con la de multa de seis a doce meses o con la de trabajos en beneficio de la comunidad de treinta y uno a noventa días, y, en cualquier caso, con la de privación del derecho a conducir vehículos a motor y ciclomotores por tiempo superior a uno y hasta cuatro años. Con las mismas penas será castigado el que condujere un vehículo de motor o ciclomotor bajo la influencia de drogas tóxicas, estupefacientes, sustancias psicotrópicas o de bebidas alcohólicas. En todo caso será condenado con dichas penas el que condujere con una tasa de alcohol en aire espirado superior a 0,60 miligramos por litro o con una tasa de alcohol en sangre superior a 1,2 gramos por litro.

8. c) Seis a doce meses

El que condujere un vehículo de motor o un ciclomotor a velocidad superior en sesenta kilómetros por hora en vía urbana o en ochenta kilómetros por hora en vía interurbana a la permitida reglamentariamente, será castigado con la pena de prisión de tres a seis meses o con la de multa de seis a doce meses o con la de trabajos en beneficio de la comunidad de treinta y uno a noventa días, y, en cualquier caso, con la de privación del derecho a conducir vehículos a motor y ciclomotores por tiempo superior a uno y hasta cuatro años. Con las mismas penas será castigado el que condujere un vehículo de motor o ciclomotor bajo la influencia de drogas tóxicas, estupefacientes, sustancias psicotrópicas o de bebidas alcohólicas. En todo caso será condenado con dichas penas el que condujere con una tasa de alcohol en aire espirado superior a 0,60 miligramos por litro o con una tasa de alcohol en sangre superior a 1,2 gramos por litro.

9. b) Treinta y uno a noventa días

El que condujere un vehículo de motor o un ciclomotor a velocidad superior en sesenta kilómetros por hora en vía urbana o en ochenta kilómetros por hora en vía interurbana a la permitida reglamentariamente, será castigado con la pena de prisión de tres a seis meses o con la de multa de seis a doce meses o con la de trabajos en beneficio de la comunidad de treinta y uno a noventa días, y, en cualquier caso, con la de privación del derecho a conducir vehículos a motor y ciclomotores por tiempo superior a uno y hasta cuatro años. Con las mismas penas será castigado el que condujere un vehículo de motor o ciclomotor bajo la influencia de drogas tóxicas, estupefacientes, sustancias psicotrópicas o de bebidas alcohólicas. En todo caso será condenado con dichas penas el que condujere con una tasa de alcohol en aire espirado superior a 0,60 miligramos por litro o con una tasa de alcohol en sangre superior a 1,2 gramos por litro.

10. b) Seis meses a dos años

El que condujere un vehículo a motor o un ciclomotor con temeridad manifiesta y pusiere en concreto peligro la vida o la integridad de las personas será castigado con las penas de prisión de seis meses a dos años y privación del derecho a conducir vehículos a motor y ciclomotores por tiempo superior a uno y hasta seis años.

11. c) Uno y hasta seis años

El que condujere un vehículo a motor o un ciclomotor con temeridad manifiesta y pusiere en concreto peligro la vida o la integridad de las personas será castigado con las penas de prisión de seis meses a dos años y privación del derecho a conducir vehículos a motor y ciclomotores por tiempo superior a uno y hasta seis años.

12. a) Seis meses a un año

El conductor que, requerido por un agente de la autoridad, se negare a someterse a las pruebas legalmente establecidas para la comprobación de las tasas de alcoholemia y la presencia de las drogas tóxicas, estupefacientes y sustancias psicotrópicas a que se refieren los artículos anteriores, será castigado con las penas de prisión de seis meses a un año y privación del derecho a conducir vehículos a motor y ciclomotores por tiempo superior a uno y hasta cuatro años.

13. b) Uno y hasta cuatro años

El conductor que, requerido por un agente de la autoridad, se negare a someterse a las pruebas legalmente establecidas para la comprobación de las tasas de alcoholemia y la presencia de las drogas tóxicas, estupefacientes y sustancias psicotrópicas a que se refieren los artículos anteriores, será castigado con las penas de prisión de seis meses a un año y privación del derecho a conducir vehículos a motor y ciclomotores por tiempo superior a uno y hasta cuatro años.

14. b) Tres a seis meses

El que condujere un vehículo de motor o ciclomotor en los casos de pérdida de vigencia del permiso o licencia por pérdida total de los puntos asignados legalmente, será castigado con la pena de prisión de tres a seis meses o con la de multa de doce a veinticuatro meses o con la de trabajos en beneficio de la comunidad de treinta y uno a noventa días.

15. b) Doce a veinticuatro meses

El que condujere un vehículo de motor o ciclomotor en los casos de pérdida de vigencia del permiso o licencia por pérdida total de los puntos asignados legalmente, será castigado con la pena de prisión de tres a seis meses o con la de multa de doce a veinticuatro meses o con la de trabajos en beneficio de la comunidad de treinta y uno a noventa días.

16. b) Treinta y uno a noventa días

El que condujere un vehículo de motor o ciclomotor en los casos de pérdida de vigencia del permiso o licencia por pérdida total de los puntos asignados legalmente, será castigado con la pena de prisión de tres a seis meses o con la de multa de doce a veinticuatro meses o con la de trabajos en beneficio de la comunidad de treinta y uno a noventa días.

17. b) Seis meses a dos años

Será castigado con la pena de prisión de seis meses a dos años o a las de multa de doce a veinticuatro meses y trabajos en beneficio de la comunidad de diez a cuarenta días, el que originare un grave riesgo para la circulación de alguna de las siguientes formas:

1.ª Colocando en la vía obstáculos imprevisibles, derramando sustancias deslizantes o inflamables o mutando, sustrayendo o anulando la señalización o por cualquier otro medio.

2.ª No restableciendo la seguridad de la vía, cuando haya obligación de hacerlo.

18. b) Doce a veinticuatro meses

Será castigado con la pena de prisión de seis meses a dos años o a las de multa de doce a veinticuatro meses y trabajos en beneficio de la comunidad de diez a cuarenta días, el que originare un grave riesgo para la circulación de alguna de las siguientes formas:

1.ª Colocando en la vía obstáculos imprevisibles, derramando sustancias deslizantes o inflamables o mutando, sustrayendo o anulando la señalización o por cualquier otro medio.

2.ª No restableciendo la seguridad de la vía, cuando haya obligación de hacerlo.

19. b) Diez a cuarenta días

Será castigado con la pena de prisión de seis meses a dos años o a las de multa de doce a veinticuatro meses y trabajos en beneficio de la comunidad de diez a cuarenta días, el que originare un grave riesgo para la circulación de alguna de las siguientes formas:

1.ª Colocando en la vía obstáculos imprevisibles, derramando sustancias deslizantes o inflamables o mutando, sustrayendo o anulando la señalización o por cualquier otro medio.

2.ª No restableciendo la seguridad de la vía, cuando haya obligación de hacerlo.

20. b) Dos años

La imposición de la pena de privación del derecho a conducir vehículos a motor y ciclomotores inhabilitará al penado para el ejercicio de ambos derechos durante el tiempo fijado en la sentencia.

La imposición de la pena de privación del derecho a la tenencia y porte de armas inhabilitará al penado para el ejercicio de este derecho por el tiempo fijado en la sentencia.

Cuando la pena impuesta lo fuere por un tiempo superior a dos años comportará la pérdida de vigencia del permiso o licencia que habilite para la conducción o la tenencia y porte, respectivamente.

TEST 27

Normas y leyes de circulación en España. Textos legales. Organismos oficiales en materia de tráfico. Competencias. Requisitos reglamentarios para circular respecto a los conductores y los vehículos

1. **Según el Real Decreto Legislativo 6/2015, de 30 de octubre, por el que se aprueba el texto refundido de la Ley sobre Tráfico, Circulación de Vehículos a Motor y Seguridad Vial, ¿a quién corresponde la competencia de la expedición y revisión de los permisos y licencias para conducir vehículos a motor?**

   a) Al Ministerio del interior

   b) Al Director de la Dirección General de Tráfico

   c) A la Secretaría de Estado de Seguridad

2. **De acuerdo con el Real Decreto Legislativo 6/2015, de 30 de octubre, ¿cuál es el órgano de consulta y participación para el impulso y mejora del tráfico, la seguridad vial y la movilidad sostenible y para promover la concertación de las distintas Administraciones Públicas y entidades que desarrollan actividades en esos ámbitos?**

   a) La Dirección General de Tráfico

   b) El Consejo Superior de Tráfico, Seguridad Vial y Movilidad Sostenible

   c) La Junta Central de Tráfico, Movilidad y Medio Ambiente

3. Conforme al Real Decreto Legislativo 6/2015, de 30 de octubre, para el ejercicio de las competencias atribuidas al Ministerio del Interior en materia de regulación, ordenación, gestión y vigilancia del tráfico, así como para la denuncia de las infracciones a las normas contenidas en la Ley de Tráfico, y para las labores de protección y auxilio en las vías públicas o de uso público, actuará, en los términos que reglamentariamente se determine:

a) La Subdirección General de Gestión de la Movilidad

b) El Consejo Superior de Tráfico y Seguridad de la Circulación Vial

c) La Guardia Civil, especialmente su Agrupación de Tráfico, que a estos efectos depende específicamente del organismo autónomo Jefatura Central de Tráfico

4. Según el Real Decreto Legislativo 6/2015, de 30 de octubre, arrojar a la vía o en sus inmediaciones objetos que puedan producir incendios o accidentes, ¿qué tipo de infracción constituye?

a) Muy grave

b) Grave

c) Leve

5. De acuerdo con el Real Decreto Legislativo 6/2015, de 30 de octubre, las infracciones leves, según la Ley sobre Tráfico, serán sancionadas con multa de hasta:

a) 350 euros

b) 100 euros

c) 600 euros

6. Conforme al Real Decreto Legislativo 6/2015, de 30 de octubre, ¿cuál de la siguientes una competencia del Ministerio del Interior?

a) Las autorizaciones o permisos temporales y provisionales para la circulación de vehículos

b) La aprobación de la normativa técnica básica que afecte de manera directa a la seguridad vial

c) La coordinación de la prestación de la asistencia sanitaria en las vías públicas o de uso público

7. **Según el Real Decreto Legislativo 6/2015, de 30 de octubre, informar sobre la publicidad de los vehículos a motor es una función que ejerce:**

   a) El Consejo Superior de Tráfico, Seguridad Vial y Movilidad Sostenible

   b) El Ministerio del Interior

   c) La Administración General del Estado

8. **De acuerdo con el Real Decreto Legislativo 6/2015, de 30 de octubre, queda prohibido circular en ciclomotores o motocicletas, con o sin sidecar, por cualquier clase de vía, con pasajeros menores de:**

   a) Quince años

   b) Catorce años

   c) Doce años

9. **Conforme al Real Decreto Legislativo 6/2015, de 30 de octubre, en las calzadas con doble sentido de circulación y tres carriles, separados por marcas longitudinales discontinuas, debe circular:**

   a) Por la derecha

   b) Por el carril central únicamente

   c) Por el carril de la izquierda

10. **Según el Real Decreto Legislativo 6/2015, de 30 de octubre, podrán circular por los arcenes de las autovías, salvo que, por razones de seguridad vial, se prohíba mediante la señalización correspondiente:**

   a) Los vehículos de tracción animal

   b) Las bicicletas

   c) Los vehículos para personas de movilidad reducida

11. De acuerdo con el Real Decreto Legislativo 6/2015, de 30 de octubre, las infracciones muy graves serán sancionadas con multa de:

a) 1000 euros

b) 800 euros

c) 500 euros

12. Conforme al Real Decreto Legislativo 6/2015, de 30 de octubre, el régimen de parada y estacionamiento en vías urbanas se regulará por:

a) La Ley sobre Tráfico, Circulación de Vehículos a Motor y Seguridad Vial

b) El Reglamento General de Circulación

c) Ordenanza Municipal

13. Según el Real Decreto 1428/2003, de 21 de noviembre, por el que se aprueba el Reglamento General de Circulación, los conductores que circulen por un carril reversible:

a) Deberán llevar encendida, al menos, la luz de corto alcance o de cruce en sus vehículos tanto al amanecer como en el ocaso

b) La iluminación en los carriles reversibles será empleada como si de una vía convencional se tratase

c) Deberán llevar encendida, al menos, la luz de corto alcance o de cruce en sus vehículos tanto de día como de noche

14. De acuerdo con el Real Decreto 1428/2003, de 21 de noviembre, se entienden por tramos de gran pendiente los que tienen:

a) Una inclinación mínima del 7 %

b) Una inclinación mínima del 3 %

c) Una parábola máxima del 11 %

15. Conforme al Real Decreto 1428/2003, de 21 de noviembre, los usuarios de los carriles habilitados para la circulación en sentido contrario al habitual circularán siempre a una velocidad máxima de:

a) 40 km/h

b) 60 km/h

c) 80 km/h

16. Según el Real Decreto Legislativo 6/2015, de 30 de octubre, las infracciones menos graves, según la Ley sobre Tráfico, serán sancionadas con multa de:

a) 350 euros

b) 100 euros

c) No existen en la Ley sobre Tráfico las infracciones menos graves

17. De acuerdo con el Real Decreto Legislativo 6/2015, de 30 de octubre, los vehículos con masa máxima superior a la que reglamentariamente se determine y los vehículos o conjuntos de vehículos de más de 10 metros de longitud total deben guardar una separación mínima de seguridad con el vehículo de delante de:

a) 20 metros

b) 30 metros

c) 50 metros

18. Conforme al Real Decreto Legislativo 6/2015, de 30 de octubre, instalar inhibidores de radares, ¿qué tipo de infracción constituye?

a) Muy grave

b) Grave

c) Menos grave

19. Según el Real Decreto Legislativo 6/2015, de 30 de octubre, al titular de un permiso o licencia de conducción que, tras perder su asignación total de puntos, ha obtenido nuevamente el permiso o la licencia de conducción se le asignará un crédito inicial:

a) Doce puntos

b) Diez puntos

c) Ocho puntos

20. De acuerdo con el Real Decreto Legislativo 6/2015, de 30 de octubre, las infracciones graves serán sancionadas con multa de:

a) 300 euros

b) 250 euros

c) 200 euros

SOLUCIONES TEST 27

1. a) Al Ministerio del interior

De acuerdo con el artículo 5 del Real Decreto Legislativo 6/2015, de 30 de octubre, por el que se aprueba el texto refundido de la Ley sobre Tráfico, Circulación de Vehículos a Motor y Seguridad Vial, sin perjuicio de las competencias que tengan asumidas las comunidades autónomas y de las previstas en el subepígrafe anterior, corresponde al Ministerio del Interior:

a) La expedición y revisión de los permisos y licencias para conducir vehículos a motor y ciclomotores y de la autorización especial para conducir vehículos que transporten mercancías peligrosas, con los requisitos sobre conocimientos, aptitudes técnicas y psicofísicas y periodicidad que se determinen reglamentariamente, así como la declaración de la nulidad, lesividad o pérdida de vigencia de aquellos.

[…]

2. b) El Consejo Superior de Tráfico, Seguridad Vial y Movilidad Sostenible

Conforme al artículo 8 del Real Decreto Legislativo 6/2015, de 30 de octubre, el Consejo Superior de Tráfico, Seguridad Vial y Movilidad Sostenible es el órgano de consulta y participación para el impulso y mejora del tráfico, la seguridad vial y la movilidad sostenible y para promover la concertación de las distintas Administraciones Públicas y entidades que desarrollan actividades en esos ámbitos, sin perjuicio de las competencias de las comunidades autónomas que hayan recibido el traspaso de funciones y servicios en materia de tráfico y circulación de vehículos a motor.

3. c) La Guardia Civil, especialmente su Agrupación de Tráfico, que a estos efectos depende específicamente del organismo autónomo Jefatura Central de Tráfico

Según el artículo 6 del Real Decreto Legislativo 6/2015, de 30 de octubre, para el ejercicio de las competencias atribuidas al Ministerio del Interior en materia de regulación, ordenación, gestión y vigilancia del tráfico, así como para la denuncia de las infracciones a las normas contenidas en esta ley, y para las labores de protección y auxilio en las vías públicas o de uso público, actuará, en los términos que reglamentariamente se determine, la Guardia Civil, especialmente su Agrupación de Tráfico, que a estos efectos depende específicamente del organismo autónomo Jefatura Central de Tráfico.

4. b) Grave

De acuerdo con el artículo 77 del Real Decreto Legislativo 6/2015, de 30 de octubre, son infracciones graves, cuando no sean constitutivas de delito, las conductas tipificadas en esta ley referidas a:

[…]

x) Arrojar a la vía o sus inmediaciones objetos que puedan producir incendios o accidentes.

[...]

5. b) 100 euros

Conforme al artículo 80 del Real Decreto Legislativo 6/2015, de 30 de octubre, las infracciones leves serán sancionadas con multa de hasta 100 euros; las graves, con multa de 200 euros, y las muy graves, con multa de 500 euros. No obstante, las infracciones consistentes en no respetar los límites de velocidad se sancionarán en la cuantía prevista en el anexo IV.

6. a) Las autorizaciones o permisos temporales y provisionales para la circulación de vehículos

Según el artículo 5 del Real Decreto Legislativo 6/2015, de 30 de octubre, sin perjuicio de las competencias que tengan asumidas las comunidades autónomas y de las previstas en el subepígrafe anterior, corresponde al Ministerio del Interior:

[...]

e) Las autorizaciones o permisos temporales y provisionales para la circulación de vehículos.

[...]

7. a) El Consejo Superior de Tráfico, Seguridad Vial y Movilidad Sostenible

De acuerdo con el artículo 8 del Real Decreto Legislativo 6/2015, de 30 de octubre, el Consejo Superior de Tráfico, Seguridad Vial y Movilidad Sostenible ejerce las siguientes funciones:

[...]

e) Informar sobre la publicidad de los vehículos a motor.

[...]

8. c) Doce años

Conforme al artículo 13 del Real Decreto Legislativo 6/2015, de 30 de octubre, queda prohibido circular con menores de doce años como pasajeros de ciclomotores o motocicletas, con o sin sidecar, por cualquier clase de vía. Excepcionalmente, se permite esta circulación a partir de los siete años, siempre que los conductores sean el padre, la madre, el tutor o una persona mayor de edad autorizada por ellos, utilicen casco homologado y se cumplan las condiciones específicas de seguridad establecidas reglamentariamente.

9. a) Por la derecha

Según el artículo 16 del Real Decreto Legislativo 6/2015, de 30 de octubre, en las calzadas con doble sentido de circulación y tres carriles, separados por marcas longitudinales discontinuas, debe circular también por el de su derecha, y en ningún caso por el situado más a su izquierda.

10. b) Las bicicletas

De acuerdo con el artículo 20 del Real Decreto Legislativo 6/2015, de 30 de octubre, se prohíbe circular por autopistas y autovías con vehículos de tracción animal, bicicletas, ciclomotores, vehículos de movilidad personal y vehículos para personas de movilidad reducida. No obstante, los conductores de bicicletas podrán circular por los arcenes de las autovías, salvo que, por razones de seguridad vial, se prohíba mediante la señalización correspondiente

11. c) 500 euros

Conforme al artículo 80 del Real Decreto Legislativo 6/2015, de 30 de octubre, las infracciones leves serán sancionadas con multa de hasta 100 euros; las graves, con multa de 200 euros, y las muy graves, con multa de 500 euros. No obstante, las infracciones consistentes en no respetar los límites de velocidad se sancionarán en la cuantía prevista en el anexo IV.

12. c) Ordenanza Municipal

Según el artículo 39 del Real Decreto Legislativo 6/2015, de 30 de octubre, el régimen de parada y estacionamiento en vías urbanas se regulará por ordenanza municipal, y podrán adoptarse las medidas necesarias para evitar el entorpecimiento del tráfico, entre ellas limitaciones horarias de duración del estacionamiento, así como las medidas correctoras precisas, incluida la retirada del vehículo o su inmovilización cuando no se halle provisto de título que habilite el estacionamiento en zonas limitadas en tiempo o excedan de la autorización concedida hasta que se logre la identificación del conductor.

13. c) Deberán llevar encendida, al menos, la luz de corto alcance o de cruce en sus vehículos tanto de día como de noche

De acuerdo con el artículo 40 del Real Decreto 1428/2003, de 21 de noviembre, en las calzadas con doble sentido de la circulación, cuando las marcas dobles discontinuas delimiten un carril por ambos lados, indican que este es reversible, es decir, que en él la circulación puede estar regulada en uno o en otro sentido mediante semáforos de carril u otros medios. Los conductores que circulen por dicho carril deberán llevar encendida, al menos, la luz de corto alcance o de cruce en sus vehículos tanto de día como de noche.

14. a) Una inclinación mínima del 7 %

Conforme al artículo 63 del Real Decreto 1428/2003, de 21 de noviembre, se entienden por tramos de gran pendiente los que tienen una inclinación mínima del siete por ciento.

15. c) 80 km/h

Según el artículo 41 del Real Decreto 1428/2003, de 21 de noviembre, la utilización de los carriles habilitados para la circulación en sentido contrario al habitual queda limitada a las motocicletas y turismos, y está prohibida, por lo tanto, al resto de los vehículos, incluidos los turismos con remolque. Los usuarios de este tipo de carriles circularán siempre, al menos, con la luz de corto alcance o de cruce encendida, tanto de día como de noche, a una velocidad máxima de 80 kilómetros por hora y a una mínima de 60, o inferiores si así estuviera establecido o específicamente señalizado, y no podrán desplazarse lateralmente invadiendo el carril o carriles destinados al sentido normal de la circulación, ni siquiera para adelantar

16. c) No existen en la Ley sobre Tráfico las infracciones menos graves

De acuerdo con el artículo 74 del Real Decreto Legislativo 6/2015, de 30 de octubre, las infracciones se clasifican en leves, graves y muy graves.

17. c) 50 metros

Conforme al artículo 22 del Real Decreto Legislativo 6/2015, de 30 de octubre, la separación que debe guardar el conductor de un vehículo que circule detrás de otro sin señalar su propósito de adelantamiento debe ser tal que permita al que a su vez le siga adelantarlo con seguridad, excepto si se trata de ciclistas que circulan en grupo. Los vehículos con masa máxima superior a la que reglamentariamente se determine y los vehículos o conjuntos de vehículos de más de 10 metros de longitud total deben guardar, a estos efectos, una separación mínima de 50 metros.

18. a) Muy grave

Según el artículo 77 del Real Decreto Legislativo 6/2015, de 30 de octubre, son infracciones muy graves, cuando no sean constitutivas de delito, las conductas tipificadas en esta ley referidas a:

[…]

p) Instalar inhibidores de radares o cinemómetros en los vehículos o cualesquiera otros mecanismos encaminados a interferir en el correcto funcionamiento de los sistemas de vigilancia del tráfico.

[…]

19. c) Ocho puntos

De acuerdo con el artículo 63 del Real Decreto Legislativo 6/2015, de 30 de octubre, excepcionalmente se asignará un crédito inicial de ocho puntos en los siguientes casos:

- *Titular de un permiso o licencia de conducción con una antigüedad no superior a tres años, salvo que ya fuera titular de otro permiso de conducción con aquella antigüedad.*
- *Titular de un permiso o licencia de conducción que, tras perder su asignación total de puntos, ha obtenido nuevamente el permiso o la licencia de conducción.*

20. c) 200 euros

Conforme al artículo 80 del Real Decreto Legislativo 6/2015, de 30 de octubre, las infracciones leves serán sancionadas con multa de hasta 100 euros; las graves, con multa de 200 euros, y las muy graves, con multa de 500 euros. No obstante, las infracciones consistentes en no respetar los límites de velocidad se sancionarán en la cuantía prevista en el anexo IV.

TEST 28

Señalización. Normas generales sobre señales. Tipos y clases. Descripción y significado de las señales. El control automático del tráfico

1. Según el Real Decreto 1428/2003, de 21 de noviembre, por el que se aprueba el Reglamento General de Circulación, las señales de confirmación pertenecen a las señales:

a) De reglamentación

b) De indicación

c) De orientación

2. De acuerdo con el Real Decreto 1428/2003, de 21 de noviembre, la señal de indicación S-1 indica:

a) El principio de una autovía y, por tanto, el lugar a partir del cual se aplican las reglas especiales de circulación en este tipo de vía

b) El final de una autovía

c) El principio de una autopista y, por tanto, el lugar a partir del cual se aplican las reglas especiales de circulación en este tipo de vía

3. Indique cuál de los siguientes elementos no forma parte del concepto de señalización:

a) Órdenes de los agentes de circulación

b) Marcas viales de carácter vertical

c) Señales de balizamiento fijo

4. Según el Real Decreto 1428/2003, de 21 de noviembre, ¿quién tiene la obligación de mantener la vía en las mejores condiciones posibles de seguridad para la circulación?

a) El titular de la vía

b) El Ministerio del Interior

c) El Ministerio de Transportes, Movilidad y Agenda Urbana

5. De acuerdo con el Real Decreto 1428/2003, de 21 de noviembre, ¿quién podrá ordenar la retirada de una señal?

a) La Jefatura Central de Tráfico

b) El titular de la vía

c) El titular de la vía o, en su caso, la Autoridad encargada de la regulación del tráfico

6. Conforme al Real Decreto 1428/2003, de 21 de noviembre, la señal R-1, ¿qué significa?

a) Ceda el paso

b) Detención obligatoria

c) Circulación prohibida

7. Según el Real Decreto 1428/2003, de 21 de noviembre, la señal R-2, ¿qué significa?

a) Calzada con prioridad

b) Detención obligatoria

c) Circulación prohibida

8. De acuerdo con el Real Decreto 1428/2003, de 21 de noviembre, la señal R-101, ¿qué significa?

a) Prioridad en sentido contrario

b) Detención obligatoria

c) Entrada prohibida

9. **Conforme al Real Decreto 1428/2003, de 21 de noviembre, la señal R-100, ¿qué significa?**

   a) Entrada prohibida a motocicletas

   b) Limitación de masa

   c) Circulación prohibida

10. **Según el Real Decreto 1428/2003, de 21 de noviembre, la señal P-4, ¿qué significa?**

    a) Intersección con circulación giratoria

    b) Curva peligrosa

    c) Circulación en los dos sentidos

11. **De acuerdo con el Real Decreto 1428/2003, de 21 de noviembre, la señal R-506, ¿qué significa?**

    a) Fin de prohibiciones

    b) Fin de la limitación de velocidad

    c) Fin de velocidad mínima

12. **Conforme al Real Decreto 1428/2003, de 21 de noviembre, la señal S-119, ¿qué significa?**

    a) Merendero

    b) Coto de pesca

    c) Monumento

13. **Según el Real Decreto 1428/2003, de 21 de noviembre, la señal R-406, ¿qué significa?**

    a) Calzada para camiones, furgones y furgonetas

    b) Paso obligatorio

    c) Adelantamiento prohibido

14. De acuerdo con el Real Decreto 1428/2003, de 21 de noviembre, son señales de reglamentación:

a) Las de prohibición de entrada

b) Las de prioridad

c) Todas las respuestas anteriores son correctas

15. Conforme al Real Decreto 1428/2003, de 21 de noviembre, la señal S-51, ¿qué significa?

a) Separación máxima

b) Carril reservado para autobuses

c) Fin de calle residencial

16. Según el Real Decreto 1428/2003, de 21 de noviembre, la señal P-8, ¿qué significa?

a) Puente móvil

b) Pavimento deslizante

c) Paso a nivel sin barreras

17. De acuerdo con el Real Decreto 1428/2003, de 21 de noviembre, las marcas viales blancas pueden ser:

a) Longitudinales discontinuas

b) Longitudinales continuas

c) Todas las respuestas anteriores son correctas

18. Conforme al Real Decreto 1428/2003, de 21 de noviembre, ¿qué significa la señal P-18?

a) Badén

b) Resalto

c) Obras

19. Según el Real Decreto 1428/2003, de 21 de noviembre, ¿qué significa la señal R-303?

a) Giro a la izquierda prohibido

b) Parada y estacionamiento prohibido

c) Giro a la derecha prohibido

20. De acuerdo con el Real Decreto 1428/2003, de 21 de noviembre, ¿qué significa la señal R-417?

a) Cadenas para nieve

b) Uso obligatorio del cinturón de seguridad

c) Advertencias acústicas prohibidas

21. Conforme al Real Decreto 1428/2003, de 21 de noviembre, toda señal se aplicará:

a) A toda la anchura del carril de la derecha, exclusivamente

b) A toda la anchura de la calzada exceptuando el arcén

c) A toda la anchura de la calzada que estén autorizados a utilizar los conductores a quienes se dirija esa señal

22. Según el Real Decreto 1428/2003, de 21 de noviembre, ¿qué indica la marca amarilla zigzag?

a) El lugar donde empieza una zona de frenado de emergencia y prohíbe la parada, el estacionamiento o la utilización de esta parte de la calzada con otros fines

b) El lugar de la calzada en que el estacionamiento está prohibido a los vehículos en general, por estar reservado para algún uso especial que no implique larga permanencia de ningún vehículo

c) Que ningún conductor debe entrar con su vehículo o animal en la citada zona, excepto los obligados a circular por el arcén

23. De acuerdo con el Real Decreto 1428/2003, de 21 de noviembre, el personal de obras que regule el paso de vehículos deberá utilizar prendas de colores llamativos y dispositivos o elementos retrorreflectantes que permitan a los conductores y demás usuarios de la vía que se aproximen distinguirlos a una distancia mínima de:

a) 200 metros

b) 190 metros

c) 150 metros

24. Conforme al Real Decreto 1428/2003, de 21 de noviembre, son dispositivos de guía:

a) Los captafaros horizontales

b) Los conos

c) Las luces amarillas fijas o intermitentes

25. Según el Real Decreto 1428/2003, de 21 de noviembre, el elemento cuya finalidad primordial es balizar los bordes de las carreteras principalmente durante las horas nocturnas o de baja visibilidad, se denomina:

a) Panel direccional provisional

b) Hito de arista

c) Captafaro de barrera

26. De acuerdo con el Real Decreto 1428/2003, de 21 de noviembre, la situación de un paso a nivel sin barreras se representa mediante la señal:

a) P-10

b) P-11

c) P-12

27. Conforme al Real Decreto 1428/2003, de 21 de noviembre, la señal P-15 b indica:

a) Resalto

b) Badén

c) Bajada con fuerte pendiente

28. Según el Real Decreto 1428/2003, de 21 de noviembre, la señal de ceda el paso es:

a) Una señal de prioridad

b) Una señal de restricción

c) Una señal de prohibición

29. De acuerdo con el Real Decreto 1428/2003, de 21 de noviembre, la señal R-102 indica:

a) Circulación prohibida

b) Entrada prohibida

c) Entrada prohibida a vehículos de motor

30. Conforme al Real Decreto 1428/2003, de 21 de noviembre, la entrada a España se indica mediante la señal:

a) S-900

b) S-910

c) S-920

31. Según el Real Decreto 1428/2003, de 21 de noviembre, ¿qué señal indica el lugar reservado a la parada y al estacionamiento de taxis libres y en servicio?

a) S-18

b) S-19

c) S-20

32. De acuerdo con el Real Decreto 1428/2003, de 21 de noviembre, ¿qué indica el brazo extendido de un agente de la circulación moviéndolo alternativamente de arriba abajo?

a) Obliga a detenerse a todos los usuarios de la vía que se acerquen al agente, salvo a los conductores que no puedan hacerlo en condiciones de seguridad suficiente

b) Obliga a disminuir la velocidad de su vehículo a los conductores que se acerquen al agente por el lado correspondiente al brazo que ejecuta la señal y perpendicularmente a dicho brazo

c) Obliga a detenerse a todos los usuarios de la vía que se acerquen al agente desde direcciones que corten la indicada por el brazo extendido y cualquiera que sea el sentido de su marcha

33. Conforme al Real Decreto 1428/2003, de 21 de noviembre, ¿qué significa la señal S-430?

a) Carretera de la red general del Estado

b) Carretera autonómica de primer nivel

c) Carretera autonómica de segundo nivel

34. Según el Real Decreto 1428/2003, de 21 de noviembre, las señales de fin de prohibición o restricción son:

a) Señales de orientación

b) Señales de obligación

c) Señales de reglamentación

35. De acuerdo con el Real Decreto 1428/2003, de 21 de noviembre, los paneles complementarios son:

a) Señales de indicación

b) Señales de orientación

c) Señales de advertencia de peligro

36. Conforme al Real Decreto 1428/2003, de 21 de noviembre, ¿qué significa la señal S-105?

a) Cafetería

b) Surtidor de carburante

c) Restauración

37. Según el Real Decreto 1428/2003, de 21 de noviembre, ¿qué señal identifica una autopista de peaje?

a) R-400

b) S-410

c) S-410 a

38. De acuerdo con el Real Decreto 1428/2003, de 21 de noviembre, ¿cuál de los siguientes tipos de señales de circulación tiene prioridad sobre las demás?

a) Señales y órdenes de los agentes de circulación

b) Marcas viales

c) Semáforos

39. Conforme al Real Decreto 1428/2003, de 21 de noviembre, respecto a los dispositivos de barrera, la luz que indica que la calzada está totalmente cerrada al tránsito, es:

a) Amarilla fija

b) Roja fija

c) Amarilla intermitente

40. Según el Real Decreto 1428/2003, de 21 de noviembre, los dispositivos de balizamiento implantados con vistas a guiar y señalar a los usuarios un peligro puntual, mediante el cual se informa sobre el sentido de circulación, son:

a) Paneles direccionales permanentes

b) Captafaros de barrera

c) Barreras laterales

41. De acuerdo con el Real Decreto 1428/2003, de 21 de noviembre, ¿en qué casos se puede instalar, retirar, trasladar, ocultar o modificar la señalización de una vía sin permiso de su titular?

a) Nunca

b) No es necesario el permiso del titular de la vía para modificar la señalización, aunque sí lo es en el resto de los casos

c) Cuando exista causa justificada

42. Conforme al Real Decreto 1428/2003, de 21 de noviembre, ¿a quién corresponde la autorización previa para la instalación en la vía de otras señales de circulación?

a) Al titular de la vía

b) A la Jefatura Central de Tráfico

c) A todos los usuarios

43. Según el Real Decreto 1428/2003, de 21 de noviembre, la realización y señalización de las obras que incumpla las instrucciones dictadas tendrá la consideración de infracción:

a) Muy grave

b) Grave

c) Leve

44. De acuerdo con el Real Decreto 1428/2003, de 21 de noviembre, cuando se señalicen tramos de obras, las marcas viales serán de color:

a) Amarillo

b) Naranja

c) Blanco

45. Conforme al Real Decreto 1428/2003, de 21 de noviembre, ¿qué significa la señal S-104?

a) Vehículo largo

b) Teléfono

c) Agua

46. Según el Real Decreto 1428/2003, de 21 de noviembre, la transitabilidad en tramo o puerto de montaña se representa mediante la señal:

a) S-20

b) S-21

c) S-22

47. De acuerdo con el Real Decreto 1428/2003, de 21 de noviembre, el pavimento deslizante por hielo o nieve se representa mediante la señal:

a) P-32

b) P-33

c) P-34

48. Conforme al Real Decreto 1428/2003, de 21 de noviembre, cuando se señalicen tramos de obras, tendrá el fondo amarillo la señal de advertencia de peligro:

a) P-15

b) P-17

c) Todas las respuestas anteriores son correctas

49. Según el Real Decreto 1428/2003, de 21 de noviembre, ¿qué significa la señal S-250?

a) Área de servicio

b) Preseñalización de itinerario

c) Lugares de interés por carretera convencional

50. De acuerdo con el Real Decreto 1428/2003, de 21 de noviembre, las señales de carriles son:

a) Señales de indicación

b) Señales de advertencia de peligro

c) Señales de reglamentación

SOLUCIONES TEST 28

1. c) De orientación

Las señales de orientación se subdividen en: señales de preseñalización, señales de dirección, señales de identificación de carreteras, señales de localización, señales de confirmación y señales de uso específico en poblado.

2. c) El principio de una autopista y, por tanto, el lugar a partir del cual se aplican las reglas especiales de circulación en este tipo de vía

S-1. Autopista. Indica el principio de una autopista y, por tanto, el lugar a partir del cual se aplican las reglas especiales de circulación en este tipo de vía. El símbolo de esta señal puede anunciar la proximidad de una autopista o indicar el ramal de una intersección que conduce a una autopista.

3. b) Marcas viales de carácter vertical

La señalización es el conjunto de señales y órdenes de los agentes de circulación, señales circunstanciales que modifican el régimen normal de utilización de la vía y señales de balizamiento fijo, semáforos, señales verticales de circulación y marcas viales, destinadas a los usuarios de la vía y que tienen por misión advertir e informar a éstos u ordenar o reglamentar su comportamiento con la necesaria antelación de determinadas circunstancias de la vía o de la circulación.

4. a) El titular de la vía

Corresponde al titular de la vía la responsabilidad de su mantenimiento en las mejores condiciones posibles de seguridad para la circulación y la instalación y conservación en ella de las adecuadas señales y marcas viales. También corresponde al titular de la vía la autorización previa para la instalación en ella de otras señales de circulación. En caso de emergencia, los agentes de la autoridad podrán instalar señales circunstanciales sin autorización previa.

5. c) El titular de la vía o, en su caso, la Autoridad encargada de la regulación del tráfico

El titular de la vía o, en su caso, la autoridad encargada de la regulación del tráfico ordenará la inmediata retirada y, en su caso, la sustitución por las que sean adecuadas de las señales antirreglamentariamente instaladas, de las que hayan perdido su objeto y de las que no lo cumplan por causa de su deterioro.

6. a) Ceda el paso

R-1. Ceda el paso. Obligación para todo conductor de ceder el paso en la próxima intersección a los vehículos que circulen por la vía a la que se aproxime o al carril al que pretende incorporarse.

7. b) Detención obligatoria

R-2. Detención obligatoria o stop. Obligación para todo conductor de detener su vehículo ante la próxima línea de detención o, si no existe, inmediatamente antes de la intersección, y ceder el paso en ella a los vehículos que circulen por la vía a la que se aproxime.

8. c) Entrada prohibida

R-101. Entrada prohibida. Prohibición de acceso a toda clase de vehículos.

9. c) Circulación prohibida

R-100. Circulación prohibida. Prohibición de circulación de toda clase de vehículos en ambos sentidos.

10. a) Intersección con circulación giratoria

P-4. Intersección con circulación giratoria. Peligro por la proximidad de una intersección donde la circulación se efectúa de forma giratoria en el sentido de las flechas.

11. c) Fin de velocidad mínima

R-506. Fin de velocidad mínima. Señala el lugar desde donde deja de ser aplicable una anterior señal de velocidad mínima.

12. b) Coto de pesca

S-119. Coto de pesca. Indica un tramo del río o lago en el que la pesca está sujeta a autorización especial.

13. a) Calzada para camiones, furgones y furgonetas

R-406. Calzada para camiones, furgones y furgonetas. Obligación para los conductores de toda clase de camiones y furgones, independientemente de su masa, de circular por la calzada a cuya entrada esté situada. La inscripción de una cifra de tonelaje, ya sea sobre la silueta del vehículo, ya sea en otra placa suplementaria, significa que la obligación sólo se aplica cuando la masa máxima autorizada del vehículo o del conjunto de vehículos supere la citada cifra.

14. c) Todas las respuestas anteriores son correctas

Las señales de reglamentación se subdividen en:

a) Señales de prioridad.

b) Señales de prohibición de entrada.

c) Señales de restricción de paso.

d) Otras señales de prohibición o restricción.

e) Señales de obligación.
f) Señales de fin de prohibición o restricción.

15. b) Carril reservado para autobuses

S-51. Carril reservado para autobuses. Indica la prohibición a los conductores de los vehículos que no sean de transporte colectivo de circular por el carril indicado. La mención taxi autoriza también a los taxis la utilización de este carril. En los tramos en que la marca blanca longitudinal esté constituida, en el lado exterior de este carril, por una línea discontinua, se permite su utilización general exclusivamente para realizar alguna maniobra que no sea la de parar, estacionar, cambiar el sentido de la marcha o adelantar, dejando siempre preferencia a los autobuses y, en su caso, a los taxis.

16. c) Paso a nivel sin barreras

P-8. Paso a nivel sin barreras. Peligro por la proximidad de un paso a nivel no provisto de barreras o semibarreras.

17. c) Todas las respuestas anteriores son correctas

Las marcas viales pueden ser: marcas blancas longitudinales, marcas blancas transversales, señales horizontales de circulación, otras marcas e inscripciones de color blanco y marcas de otros colores.

18. c) Obras

P-18. Obras. Peligro por la proximidad de un tramo de vía en obras.

19. a) Giro a la izquierda prohibido

R-303. Giro a la izquierda prohibido. Prohibición de girar a la izquierda. Incluye, también, la prohibición del cambio de sentido de marcha.

20. b) Uso obligatorio del cinturón de seguridad

R-417. Uso obligatorio del cinturón de seguridad. Obligación de utilización del cinturón de seguridad.

21. c) A toda la anchura de la calzada que estén autorizados a utilizar los conductores a quienes se dirija esa señal

Toda señal se aplicará a toda la anchura de la calzada que estén autorizados a utilizar los conductores a quienes se dirija esa señal. No obstante, su aplicación podrá limitarse a uno o más carriles, mediante marcas en la calzada.

22. b) El lugar de la calzada en que el estacionamiento está prohibido a los vehículos en general, por estar reservado para algún uso especial que no implique larga permanencia de ningún vehículo

Marca amarilla zigzag. Indica el lugar de la calzada en que el estacionamiento está prohibido a los vehículos en general, por estar reservado para algún uso especial que no implique larga permanencia de ningún vehículo. Generalmente se utilizará en zonas de parada (no estacionamiento) de autobuses o destinadas a la carga y descarga de vehículos.

23. c) 150 metros

Tanto los agentes de la autoridad que regulen la circulación como la Policía Militar, el personal de obras y el de acompañamiento de los vehículos en régimen de transporte especial, que regulen el paso de vehículos y, en su caso, las patrullas escolares, el personal de protección civil y el de organizaciones de actividades deportivas o de cualquier otro acto deberán utilizar prendas de colores llamativos y dispositivos o elementos retrorreflectantes que permitan a los conductores y demás usuarios de la vía que se aproximen distinguirlos a una distancia mínima de 150 metros.

24. a) Los captafaros horizontales

Dispositivos de guía

- *Hito de vértice*
- *Hito de arista*
- *Paneles direccionales permanentes.*
- *Captafaros horizontales (ojos de gato)*
- *Captafaros de barrera*
- *Balizas planas*
- *Balizas cilíndricas*
- *Barreras laterales*

25. b) Hito de arista

Hito de arista: elemento cuya finalidad primordial es balizar los bordes de las carreteras principalmente durante las horas nocturnas o de baja visibilidad.

26. b) P-11

P-11. Situación de un paso a nivel sin barreras. Peligro por la presencia inmediata de un paso a nivel sin barreras.

27. b) Badén

P-15 b. Badén. Peligro por la proximidad de un badén en la vía.

28. a) Una señal de prioridad

R-1. Ceda el paso. Obligación para todo conductor de ceder el paso en la próxima intersección a los vehículos que circulen por la vía a la que se aproxime o al carril al que pretende incorporarse.

29. c) Entrada prohibida a vehículos de motor

R-102. Entrada prohibida a vehículos de motor. Prohibición de acceso a vehículos de motor.

30. c) S-920

S-920. Entrada a España. Indica que se ha entrado en territorio español por una carretera procedente de otro país.

31. a) S-18

S-18. Lugar reservado para taxis. Indica el lugar reservado a la parada y al estacionamiento de taxis libres y en servicio. La inscripción de un número indica el número total de espacios reservados a este fin.

32. b) Obliga a disminuir la velocidad de su vehículo a los conductores que se acerquen al agente por el lado correspondiente al brazo que ejecuta la señal y perpendicularmente a dicho brazo

Brazo extendido moviéndolo alternativamente de arriba abajo: esta señal obliga a disminuir la velocidad de su vehículo a los conductores que se acerquen al agente por el lado correspondiente al brazo que ejecuta la señal y perpendicularmente a dicho brazo.

33. b) Carretera autonómica de primer nivel

S-430. Carretera autonómica de primer nivel. Identifica una carretera del primer nivel, que no sea autopista o autovía, de la red autonómica de la comunidad a la que corresponden las siglas de identificación.

34. c) Señales de reglamentación

Las señales de reglamentación se subdividen en:

a) Señales de prioridad.

b) Señales de prohibición de entrada.

c) Señales de restricción de paso.

d) Otras señales de prohibición o restricción.

e) Señales de obligación.

f) Señales de fin de prohibición o restricción.

35. a) Señales de indicación

Las señales de indicación pueden ser:

a) Señales de indicaciones generales.

b) Señales de carriles.

c) Señales de servicio.

d) Señales de orientación.

e) Paneles complementarios.

f) Otras señales.

36. b) Surtidor de carburante

S-105. Surtidor de carburante. Indica la situación de un surtidor o estación de servicio de carburante.

37. c) S-410 a

S-410 a. Autopista de peaje. Identifica una autopista de peaje.

38. a) Señales y órdenes de los agentes de circulación

El orden de prioridad entre los distintos tipos de señales de circulación es el siguiente:

a) Señales y órdenes de los agentes de circulación.

b) Señalización circunstancial que modifique el régimen normal de utilización de la vía y señales de balizamiento fijo.

c) Semáforos.

d) Señales verticales de circulación.

e) Marcas viales.

39. b) Roja fija

Luz roja fija: indica que la calzada está totalmente cerrada al tránsito.

40. a) Paneles direccionales permanentes

Paneles direccionales permanentes: dispositivos de balizamiento implantados con vistas a guiar y señalar a los usuarios un peligro puntual, mediante el cual se informa sobre el sentido de circulación.

41. c) Cuando exista causa justificada

Salvo por causa justificada, nadie debe instalar, retirar, trasladar, ocultar o modificar la señalización de una vía sin permiso de su titular o, en su caso, de la autoridad encargada de la regulación del tráfico o de la responsable de las instalaciones.

42. a) Al titular de la vía

Corresponde al titular de la vía la responsabilidad de su mantenimiento en las mejores condiciones posibles de seguridad para la circulación y la instalación y conservación en ella de las adecuadas señales y marcas viales. También corresponde al titular de la vía la autorización previa para la instalación en ella de otras señales de circulación. En caso de emergencia, los agentes de la autoridad podrán instalar señales circunstanciales sin autorización previa.

43. b) Grave

La realización y señalización de las obras que incumpla las instrucciones dictadas tendrá la consideración de infracción grave, de conformidad con lo establecido en el texto articulado de la Ley sobre tráfico, circulación de vehículos a motor y seguridad vial.

44. a) Amarillo

Cuando se señalicen tramos de obras, las marcas viales serán de color amarillo.

45. b) Teléfono

S-104. Teléfono. Indica la situación de un aparato telefónico.

46. b) S-21

S-21. Transitabilidad en tramo o puerto de montaña. Indica la situación de transitabilidad del puerto o tramo definido en la parte superior de la señal.

47. c) P-34

P-34. Pavimento deslizante por hielo o nieve. Peligro por la proximidad de una zona de calzada cuyo pavimento puede resultar especialmente deslizante a causa del hielo o nieve.

48. c) Todas las respuestas anteriores son correctas

Las obras que dificulten de cualquier modo la circulación vial deberán hallarse señalizadas, tanto de día como de noche, y balizadas luminosamente durante las horas nocturnas, o cuando las condiciones meteorológicas o ambientales lo exijan, a cargo del realizador de la obra, según la regulación básica establecida a estos fines por el Ministerio de Transportes, Movilidad y Agenda Urbana. Cuando se señalicen tramos de obras, las marcas viales serán de color amarillo. Asimismo tendrán el fondo amarillo las señales verticales siguientes:

a) Las señales de advertencia de peligro P-1, P-2, P-3, P-4, P-13, P-14, P-15, P-17, P-18, P-19, P-25, P-26, P-28, P-30 y P-50.

b) Las señales de reglamentación R-5, R-102, R-103, R-104, R-105, R-106, R-107, R-200, R-201, R-202, R-203, R-204, R-205, R-300, R-301, R-302, R-303, R-304, R-305, R-306, R-500, R-501, R-502 y R-503.

c) Las señales de indicación: todas las señales de carriles y de orientación.

Su significado será el mismo que el de las equivalentes que se utilizan cuando no hay obras.

49. b) Preseñalización de itinerario

S-250. Preseñalización de itinerario. Indica el itinerario que es preciso seguir para tomar la dirección que señala la flecha.

50. a) Señales de indicación

Las señales de indicación: todas las señales de carriles y de orientación.

TEST 29

Denuncias por infracciones en materia de circulación. Concepto de infracción y sanción. Procedimiento sancionador. Recursos. Ejecución y apremio. Inmovilización y retirada de vehículos en la vía pública. Vehículos abandonados, inmovilizados y depositados: modo de actuar en cada caso

1. Según el Real Decreto Legislativo 6/2015, de 30 de octubre, por el que se aprueba el texto refundido de la Ley sobre Tráfico, Circulación de Vehículos a Motor y Seguridad Vial, en el caso de que se pague la multa en un plazo de veinte días desde el momento en el que se reciba la notificación, ¿qué tipo de procedimiento sancionador se seguirá?

a) Procedimiento sancionador abreviado

b) Procedimiento sancionador ordinario

c) Procedimiento sancionador rápido

2. De acuerdo con el Real Decreto Legislativo 6/2015, de 30 de octubre, en el caso de un conductor habitual que no utiliza el vehículo con el que se comete una infracción, ¿de qué plazo dispone para informar quién era el conductor en el momento de cometerse la infracción?

a) El conductor habitual no está obligado a identificar a otro conductor, tiene que hacerlo el titular

b) Quince días naturales

c) Veinte días naturales

3. Conforme al Real Decreto Legislativo 6/2015, de 30 de octubre, si se diera el caso de que el titular de un vehículo deba identificar al conductor que comete la infracción, ¿debe hacerlo por medios telemáticos?

a) No, deberá hacerlo siempre por correo o personándose en la Jefatura Provincial de Tráfico correspondiente

b) Podrá hacerlo a través de la página web del Boletín Oficial del Estado

c) Estará obligado a hacerlo por medios telemáticos en el caso de que la notificación se hubiera realizado por la Dirección Electrónica Vial

4. Según el Real Decreto Legislativo 6/2015, de 30 de octubre, en el caso de que se incumpla la obligación de asegurar el vehículo, ¿qué procedimiento sancionador se utilizará?

a) El procedimiento sancionador abreviado.

b) El procedimiento sancionador ordinario

c) Puede sancionarse utilizando el procedimiento abreviado o el ordinario

5. De acuerdo con el Real Decreto Legislativo 6/2015, de 30 de octubre, si se llega a pagar voluntariamente la multa en el acto de entrega de la denuncia, ¿se daría por concluido el procedimiento sancionador?

a) Sí

b) No

c) No podrá pagarse la multa en el momento en el que se recibe la denuncia por parte del agente

6. Conforme al Real Decreto Legislativo 6/2015, de 30 de octubre, en el caso de que se pague la multa dentro del plazo de veinte días naturales contados desde el día siguiente al de su notificación, como forma general se producirá el siguiente efecto:

a) Se reducirá el 50 % del importe de la sanción

b) Se reducirá el 30 % del importe de la sanción

c) Tendrá que pagarse en el plazo de 15 días para que se pueda dar la reducción

7. Según el Real Decreto Legislativo 6/2015, de 30 de octubre, en el caso de que se pague una multa con descuento, pero no se esté conforme con la sanción, ¿se podrá recurrir por vía judicial?

a) Sí, ante el orden jurisdiccional penal

b) Sí, ante el orden jurisdiccional contencioso-administrativo

c) No, ya que una vez pagada se renuncia a todo tipo de reclamación por vía judicial

8. De acuerdo con el Real Decreto Legislativo 6/2015, de 30 de octubre, en el caso de que se dé una sanción en el procedimiento sancionador abreviado, ¿podrá quedar registrada como antecedente en el Registro de Conductores e infractores?

a) Todas las sanciones incluidas las leves podrán quedar registradas

b) Todas las sanciones graves y muy graves quedarán registradas

c) No computarán como antecedentes las infracciones graves que no lleven aparejada la pérdida de puntos

9. Conforme al Real Decreto Legislativo 6/2015, de 30 de octubre, ¿de cuánto tiempo dispone el interesado para formular las alegaciones que estime oportunas?

a) Veinte días naturales

b) Veinte días hábiles

c) Un mes

10. Según el Real Decreto Legislativo 6/2015, de 30 de octubre, en el caso de que en las alegaciones el conductor ponga en duda las afirmaciones del agente denunciante, ¿deberá el agente informar al instructor del expediente sancionador?

a) Solo en el momento en el que se aporten datos nuevos o distintos en las alegaciones y lo estime necesario el instructor y el agente debe informar en el plazo de 15 días

b) Los agentes de tráfico tendrán presunción de veracidad y no tienen que ratificarse sobre lo dicho

c) Los agentes deben informar antes de 10 días, una vez recibidas las alegaciones

11. De acuerdo con el Real Decreto Legislativo 6/2015, de 30 de octubre, si el denunciado por una infracción leve no formula alegaciones ni abona el importe de la multa en el plazo de veinte días naturales siguientes al de la notificación de la denuncia, esta:

a) Surtirá el efecto de acto resolutorio del procedimiento sancionador y podrá ejecutarse la sanción transcurridos treinta días naturales desde la denuncia

b) Se notificará al interesado de que se va a iniciar el procedimiento sancionador ordinario

c) Después de transcurridos el plazo de veinte días para hacer las alegaciones habrá un plazo de un mes para ejecutar la sanción

12. Conforme al Real Decreto Legislativo 6/2015, de 30 de octubre, ¿ante qué organismo se puede interponer un recurso de reposición en el procedimiento sancionador ordinario?

a) Siempre se interpondrá ante el Director General de Tráfico

b) Siempre se interpondrá ante el Jefe Provincial de Tráfico

c) Siempre se interpondrá ante el órgano que dictó la resolución sancionadora

13. Según el Real Decreto Legislativo 6/2015, de 30 de octubre, ¿en cuánto tiempo se debe dictar resolución expresa a un recurso de reposición en el procedimiento sancionador ordinario?

a) En el plazo de un mes y, en caso contrario, se entenderá desestimado

b) En el plazo de veinte días

c) En el plazo de tres meses

14. De acuerdo con el Real Decreto Legislativo 6/2015, de 30 de octubre, en el supuesto de que la DGT intercambie información con un organismo similar de otro país de la Unión Europea en el caso de una infracción de tráfico, el tratamiento de los datos de carácter personal, ¿qué normativa deberá respetar?

a) La Ley de Tráfico y Seguridad Vial

b) La normativa sobre protección de datos de carácter personal

c) La Ley de Publicidad

15. Conforme al Real Decreto Legislativo 6/2015, de 30 de octubre, en los siguientes casos señale cuál de las siguientes infracciones no se considerará como objeto de intercambio transfronterizo de información:

a) Carencia del seguro

b) Conducción en el caso de que se tengan drogas en el organismo

c) No detenerse ante un semáforo en rojo o una señal de stop

16. Según el Real Decreto Legislativo 6/2015, de 30 de octubre, se podrá retirar en todo caso un vehículo en el momento en el que:

a) Permanezca estacionado en una plaza reservada a discapacitados

b) Permanezca estacionado en un carril bus

c) Se mantenga en una zona reservada a carga y descarga

17. De acuerdo con el Real Decreto Legislativo 6/2015, de 30 de octubre, se podrá retirar un vehículo:

a) En el momento en el que se esté estacionado en una zona azul

b) Si se da el caso de que se haya pagado 0,50 € por media hora de estacionamiento y lleve estacionado 1 hora y 45 minutos

c) En el caso de que dificulten la circulación salvo que no supongan un peligro para la misma

18. Conforme al Real Decreto Legislativo 6/2015, de 30 de octubre, en el caso de los gastos ocasionados por la retirada de un vehículo, ¿quién deberá hacerse cargo de los gastos ocasionados por la misma?

a) Siempre correrán a cuenta del titular

b) Los gastos que se originen como consecuencia de la retirada serán por cuenta del titular, del arrendatario o del conductor habitual

c) Los gastos que se originen como consecuencia de la retirada serán por cuenta del titular, del arrendatario o del conductor habitual, salvo en los casos de sustracción u otras formas de utilización del vehículo en contra de la voluntad de su titular

19. Según el Real Decreto Legislativo 6/2015, de 30 de octubre, ¿se obligará a la Administración a comunicar la retirada y depósito del vehículo?

a) Sí, y deberá realizar dicha comunicación en un plazo de 48 horas

b) Sí, y deberá hacerlo siempre en un plazo de 72 horas

c) Sí, y deberá hacerlo en un plazo de 24 horas

20. De acuerdo con el Real Decreto Legislativo 6/2015, de 30 de octubre, ¿en qué supuestos podrá la administración encargada de la ordenación y la gestión del tráfico enviar un vehículo a un Centro Autorizado de Tratamiento de Vehículos de cara a su destrucción y descontaminación?

a) Cuando hayan transcurrido más de dos meses desde que el vehículo fuera inmovilizado o retirado de la vía pública y depositado por la Administración y su titular no hubiera formulado alegaciones

b) Cuando permanezca estacionado por un período superior a dos meses en el mismo lugar y presente desperfectos que hagan imposible su desplazamiento por sus propios medios o le falten las placas de matrícula

c) Cuando recogido un vehículo como consecuencia de avería o accidente del mismo en un recinto privado su titular no lo hubiese retirado en el plazo de un mes

21. Conforme al Real Decreto Legislativo 6/2015, de 30 de octubre, en el caso de que el titular de un vehículo lo lleve a un taller para arreglarlo y, posteriormente, no se le pueda localizar, ¿qué podrá hacer el dueño del mismo?

a) Al cabo de dos meses lo puede enviar a un Centro de Tratamiento de Vehículos

b) Lo anterior es cierto, pero antes avisará a la Jefatura Provincial de Tráfico para que informe al titular de que, si en el plazo de un mes no lo retira, será trasladado a aquella instalación

c) Puede venderlo a cualquier persona interesada

22. Según el Real Decreto Legislativo 6/2015, de 30 de octubre, en el caso de que un alcalde sea informado de que un vehículo lleve más de dos meses en el depósito municipal y que convendría deshacerse de él, ¿cuál será la manera más sencilla de proceder del Alcalde?

a) Firmar la autorización del traslado a un Centro de Tratamiento de Vehículos

b) Advertir al conductor del vehículo de que se va a proceder en el plazo de un mes a enviarlo a un Centro de Tratamiento de Vehículos

c) Solicitar a la Jefatura Provincial de Tráfico autorización para el tratamiento residual del vehículo adjuntándole el requerimiento enviado al titular del vehículo de que si en el plazo de un mes no lo retiraba sería enviado a un Centro de Tratamiento de Vehículos

23. De acuerdo con el Real Decreto Legislativo 6/2015, de 30 de octubre, en el caso de que un vehículo no se retire del depósito municipal, ¿qué podrá hacer el alcalde?

a) Utilizar sus partes y piezas como recambio para los propios vehículos municipales

b) Debe limitarse a enviarlo a un Centro de Tratamiento de Vehículos

c) Puede asignarlo a la policía local para que lo utilice para la vigilancia del tráfico

24. Conforme al Real Decreto Legislativo 6/2015, de 30 de octubre, en el caso de que un conductor quiera transferir un vehículo, la Jefatura Provincial de Tráfico le podrá informar que no podrá hacerlo por:

a) Por no haber pagado cuatro sanciones firmes por infracciones leves, graves y muy graves

b) Por no haber pagado dos sanciones graves y dos muy graves

c) La Jefatura Provincial de Tráfico le ha informado mal, ya que la imposibilidad de transferir un vehículo por la existencia de sanciones sin pagar no afecta al conductor sino al titular del vehículo

25. Según el Real Decreto Legislativo 6/2015, de 30 de octubre, en el caso de que un conductor quiera dar de baja temporal un vehículo y en la Jefatura Provincial le informen de que no puede hacerlo porque tiene pendiente el pago de una serie de sanciones firmes:

a) La Jefatura Provincial de Tráfico le ha informado correctamente

b) La Jefatura Provincial de Tráfico le ha informado mal ya dar de baja temporal no se ve afectado por las sanciones pendientes de pago

c) La Jefatura Provincial de Tráfico le informa que en estos casos puede dar de baja definitiva un vehículo, pero no puede darlo de baja temporal

26. De acuerdo con el Real Decreto Legislativo 6/2015, de 30 de octubre, en el caso de que un centro de reconocimiento de conductores se sancione con la suspensión de actividades durante 9 meses, ¿en qué momento se inicia el cumplimiento de esa sanción desde que adquiere firmeza la misma?

a) Las sanciones de suspensión de actividades de un centro de reconocimiento de conductores son siempre por el período de un año

b) El cumplimiento de la sanción de suspensión se inicia al cabo de un mes desde que sea firme

c) Los centros de reconocimiento de conductores no se sancionan con la suspensión de actividades sino con una multa

27. Conforme al Real Decreto Legislativo 6/2015, de 30 de octubre, en el caso de que un conductor de un vehículo sea informado de que una sanción adquiere firmeza, ¿de cuánto tiempo se dispone para pagar la multa?

a) Un mes

b) Quince días naturales

c) Quince días hábiles

28. Según el Real Decreto Legislativo 6/2015, de 30 de octubre, el plazo de prescripción de una infracción leve de tráfico es:

a) Seis meses

b) Cuatro meses

c) Tres meses

29. De acuerdo con el Real Decreto Legislativo 6/2015, de 30 de octubre, el plazo de prescripción de una infracción grave de tráfico es:

a) Seis meses

b) Cuatro meses

c) Tres meses

30. Conforme al Real Decreto Legislativo 6/2015, de 30 de octubre, de cara a hablar de la distribución del importe de las sanciones económicas que se obtengan por infracciones a la ley de tráfico y seguridad vial:

a) Si son sanciones impuestas por la Guardia Civil de Tráfico se destinarán íntegramente a la financiación de actuaciones y servicios en materia de seguridad vial, prevención de accidentes de tráfico y ayuda a las víctimas.

b) Si son impuestas por la Guardia Civil de Tráfico se destinarán a seguridad vial y al colegio de huérfanos de la Guardia Civil.

c) Si son impuestas por la Guardia Civil de Tráfico se destinará un 20% a la mejora del conjunto de los cuarteles de la Guardia Civil y el resto se destinará a mejorar la seguridad vial.

SOLUCIONES TEST 29

1. a) Procedimiento sancionador abreviado

Notificada la denuncia, ya sea en el acto o en un momento posterior, el denunciado dispondrá de un plazo de veinte días naturales para realizar el pago voluntario con reducción de la sanción de multa, o para formular las alegaciones y proponer o aportar las pruebas que estime oportunas. Si se efectúa el pago de la multa en tales condiciones, se seguirá el procedimiento sancionador abreviado, y en caso de no hacerlo, el procedimiento sancionador ordinario.

2. c) Veinte días naturales

Notificada la denuncia, ya sea en el acto o en un momento posterior, el denunciado dispondrá de un plazo de veinte días naturales para realizar el pago voluntario con reducción de la sanción de multa, o para formular las alegaciones y proponer o aportar las pruebas que estime oportunas. En el supuesto de que no se haya producido la detención del vehículo, el titular, el arrendatario a largo plazo o el conductor habitual, en su caso, dispondrán de un plazo de veinte días naturales para identificar al conductor responsable de la infracción, contra el que se iniciará el procedimiento sancionador.

3. c) Estará obligado a hacerlo por medios telemáticos en el caso de que la notificación se hubiera realizado por la Dirección Electrónica Vial

Notificada la denuncia, ya sea en el acto o en un momento posterior, el denunciado dispondrá de un plazo de veinte días naturales para realizar el pago voluntario con reducción de la sanción de multa, o para formular las alegaciones y proponer o aportar las pruebas que estime oportunas. En el supuesto de que no se haya producido la detención del vehículo, el titular, el arrendatario a largo plazo o el conductor habitual, en su caso, dispondrán de un plazo de veinte días naturales para identificar al conductor responsable de la infracción, contra el que se iniciará el procedimiento sancionador. Esta identificación se efectuará por medios telemáticos si la notificación se hubiese realizado a través de la Dirección Electrónica Vial (DEV).

4. c) Puede sancionarse utilizando el procedimiento abreviado o el ordinario

El incumplimiento de la obligación de asegurar el vehículo que se establece en la normativa sobre responsabilidad civil y seguro en la circulación de vehículos a motor podrá sancionarse conforme a uno de los dos procedimientos sancionadores que se establecen en la Ley sobre Tráfico, Circulación de Vehículos a Motor y Seguridad Vial.

5. a) Sí

Una vez realizado el pago voluntario de la multa, ya sea en el acto de entrega de la denuncia o dentro del plazo de veinte días naturales contados desde el día siguiente al de su notificación, concluirá el procedimiento sancionador.

6. a) Se reducirá el 50 % del importe de la sanción

Una vez realizado el pago voluntario de la multa, ya sea en el acto de entrega de la denuncia o dentro del plazo de veinte días naturales contados desde el día siguiente al de su notificación, concluirá el procedimiento sancionador con las siguientes consecuencias:

a) La reducción del 50 por ciento del importe de la sanción.

b) La renuncia a formular alegaciones. En el caso de que se formulen se tendrán por no presentadas.

c) La terminación del procedimiento, sin necesidad de dictar resolución expresa, el día en que se realice el pago.

d) El agotamiento de la vía administrativa, siendo recurrible únicamente ante el orden jurisdiccional contencioso-administrativo.

e) El plazo para interponer el recurso contencioso-administrativo se iniciará el día siguiente a aquel en que tenga lugar el pago.

f) La firmeza de la sanción en la vía administrativa desde el momento del pago, produciendo plenos efectos desde el día siguiente.

g) La sanción no computará como antecedente en el Registro de Conductores e Infractores del organismo autónomo Jefatura Central de Tráfico, siempre que se trate de infracciones graves que no lleven aparejada pérdida de puntos.

7. b) Sí, ante el orden jurisdiccional contencioso-administrativo

Una vez realizado el pago voluntario de la multa, ya sea en el acto de entrega de la denuncia o dentro del plazo de veinte días naturales contados desde el día siguiente al de su notificación, concluirá el procedimiento sancionador con las siguientes consecuencias:

[…]

d) El agotamiento de la vía administrativa, siendo recurrible únicamente ante el orden jurisdiccional contencioso-administrativo.

e) El plazo para interponer el recurso contencioso-administrativo se iniciará el día siguiente a aquel en que tenga lugar el pago.

[…]

8. c) No computarán como antecedentes las infracciones graves que no lleven aparejada la pérdida de puntos

Una vez realizado el pago voluntario de la multa, ya sea en el acto de entrega de la denuncia o dentro del plazo de veinte días naturales contados desde el día siguiente al de su notificación, concluirá el procedimiento sancionador con las siguientes consecuencias:

[...]

g) La sanción no computará como antecedente en el Registro de Conductores e Infractores del organismo autónomo Jefatura Central de Tráfico, siempre que se trate de infracciones graves que no lleven aparejada pérdida de puntos.

9. a) Veinte días naturales

Notificada la denuncia, el interesado dispondrá de un plazo de veinte días naturales para formular las alegaciones que tenga por conveniente y proponer o aportar las pruebas que estime oportunas.

10. a) Solo en el momento en el que se aporten datos nuevos o distintos en las alegaciones y lo estime necesario el instructor y el agente debe informar en el plazo de 15 días

Si las alegaciones formuladas aportan datos nuevos o distintos de los constatados por el agente denunciante, y siempre que se estime necesario por el instructor, se dará traslado de aquéllas al agente para que informe en el plazo de quince días naturales. En todo caso, el instructor podrá acordar que se practiquen las pruebas que estime pertinentes para la averiguación y calificación de los hechos y para la determinación de las posibles responsabilidades. La denegación de la práctica de las pruebas deberá ser motivada, dejando constancia en el procedimiento sancionador.

11. a) Surtirá el efecto de acto resolutorio del procedimiento sancionador y podrá ejecutarse la sanción transcurridos treinta días naturales desde la denuncia

Si el denunciado no formula alegaciones ni abona el importe de la multa en el plazo de veinte días naturales siguientes al de la notificación de la denuncia, ésta surtirá el efecto de acto resolutorio del procedimiento sancionador en los siguientes casos:

a) Infracciones leves en todos los casos.

b) Infracciones graves que no supongan la detracción de puntos cuya notificación no se haya podido efectuar en el acto de la denuncia.

c) Infracciones graves y muy graves cuya notificación se efectuase en el acto de la denuncia, supongan o no la detracción de puntos.

En estos supuestos, la sanción podrá ejecutarse transcurridos treinta días naturales desde la notificación de la denuncia.

12. c) Siempre se interpondrá ante el órgano que dictó la resolución sancionadora

Contra las resoluciones sancionadoras, podrá interponerse recurso de reposición, con carácter potestativo, en el plazo de un mes contado desde el día siguiente al de su notificación. El recurso se interpondrá ante el órgano que dictó la resolución sancionadora, que será el competente para resolverlo.

13. a) En el plazo de un mes y, en caso contrario, se entenderá desestimado

El recurso de reposición regulado en este artículo se entenderá desestimado si no recae resolución expresa en el plazo de un mes, quedando expedita la vía contencioso-administrativa.

14. b) La normativa sobre protección de datos de carácter personal

El tratamiento de los datos de carácter personal derivado del intercambio transfronterizo de información se efectuará conforme a lo dispuesto en la normativa sobre protección de datos de carácter personal.

15. c) No detenerse ante un semáforo en rojo o una señal de stop

El intercambio transfronterizo de información se llevará a cabo sobre las siguientes infracciones de tráfico:

a) Exceso de velocidad.

b) Conducción con tasas de alcohol superiores a las reglamentariamente establecidas.

c) No utilización del cinturón de seguridad u otros sistemas de retención homologados.

d) No detención ante un semáforo en rojo o en el lugar prescrito por la señal de «stop».

e) Circulación por un carril prohibido, circulación indebida por el arcén o por un carril reservado para determinados usuarios.

f) Conducción con presencia de drogas en el organismo.

g) No utilización del casco de protección.

h) Utilización del teléfono móvil o de cualquier otro dispositivo de comunicación durante la conducción cuando no esté permitido.

i) El impago de peaje, tasa o precio público, cuando estos fueran exigibles.

16. c) Se mantenga en una zona reservada a carga y descarga

La autoridad encargada de la gestión del tráfico podrá proceder, si el obligado a ello no lo hiciera, a la retirada del vehículo de la vía y su depósito en el lugar que se designe en los siguientes casos:

a) Siempre que constituya peligro, cause graves perturbaciones a la circulación de vehículos o peatones o deteriore algún servicio o patrimonio público.

b) En caso de accidente que impida continuar su marcha.

c) Cuando, procediendo legalmente la inmovilización del vehículo, no hubiere lugar adecuado para practicarla sin obstaculizar la circulación de vehículos o personas.

d) Cuando, inmovilizado un vehículo de acuerdo con lo dispuesto en el artículo 104, no cesasen las causas que motivaron la inmovilización.

e) Cuando un vehículo permanezca estacionado en lugares habilitados por la autoridad municipal como zonas de aparcamiento reservado para el uso de personas con discapacidad sin colocar el distintivo que lo autoriza.

f) Cuando un vehículo permanezca estacionado en los carriles o partes de las vías reservados exclusivamente para la circulación o para el servicio de determinados usuarios y en las zonas reservadas a la carga y descarga.

g) Cuando un vehículo permanezca estacionado en lugares habilitados por la autoridad municipal como de estacionamiento con limitación horaria sin colocar el distintivo que lo autoriza, o cuando se rebase el triple del tiempo abonado conforme a lo establecido en la ordenanza municipal.

h) Cuando obstaculicen, dificulten o supongan un peligro para la circulación.

17. b) Si se da el caso de que se haya pagado 0,50 € por media hora de estacionamiento y lleve estacionado 1 hora y 45 minutos

La autoridad encargada de la gestión del tráfico podrá proceder, si el obligado a ello no lo hiciera, a la retirada del vehículo de la vía y su depósito en el lugar que se designe en los siguientes casos:

[…]

g) Cuando un vehículo permanezca estacionado en lugares habilitados por la autoridad municipal como de estacionamiento con limitación horaria sin colocar el distintivo que lo autoriza, o cuando se rebase el triple del tiempo abonado conforme a lo establecido en la ordenanza municipal.

[…]

18. c) Los gastos que se originen como consecuencia de la retirada serán por cuenta del titular, del arrendatario o del conductor habitual, salvo en los casos de sustracción u otras formas de utilización del vehículo en contra de la voluntad de su titular

Salvo en los casos de sustracción u otras formas de utilización del vehículo en contra de la voluntad de su titular, debidamente justificadas, los gastos que se originen como consecuencia de la retirada serán por cuenta del titular, del arrendatario o del conductor habitual, según el caso, que deberá abonarlos como requisito previo a la devolución del vehículo, sin perjuicio del derecho de recurso y de la posibilidad de repercutirlos sobre el responsable del accidente, del abandono del vehículo o de la infracción que haya dado lugar a la retirada.

19. c) Sí, y deberá hacerlo en un plazo de 24 horas

La Administración deberá comunicar la retirada y depósito del vehículo al titular en el plazo de veinticuatro horas. La comunicación se efectuará a través de la Dirección Electrónica Vial, si el titular dispusiese de ella.

20. a) Cuando hayan transcurrido más de dos meses desde que el vehículo fuera inmovilizado o retirado de la vía pública y depositado por la Administración y su titular no hubiera formulado alegaciones

La Administración competente en materia de ordenación y gestión del tráfico podrá ordenar el traslado del vehículo a un Centro Autorizado de Tratamiento de Vehículos para su posterior destrucción y descontaminación:

a) Cuando hayan transcurrido más de dos meses desde que el vehículo fuera inmovilizado o retirado de la vía pública y depositado por la Administración y su titular no hubiera formulado alegaciones.

b) Cuando permanezca estacionado por un período superior a un mes en el mismo lugar y presente desperfectos que hagan imposible su desplazamiento por sus propios medios o le falten las placas de matrícula.

c) Cuando recogido un vehículo como consecuencia de avería o accidente del mismo en un recinto privado su titular no lo hubiese retirado en el plazo de dos meses.

21. b) Lo anterior es cierto, pero antes avisará a la Jefatura Provincial de Tráfico para que informe al titular de que, si en el plazo de un mes no lo retira, será trasladado a aquella instalación

La Administración competente en materia de ordenación y gestión del tráfico podrá ordenar el traslado del vehículo a un Centro Autorizado de Tratamiento de Vehículos para su posterior destrucción y descontaminación:

[...]

c) Cuando recogido un vehículo como consecuencia de avería o accidente del mismo en un recinto privado su titular no lo hubiese retirado en el plazo de dos meses.

22. c) Solicitar a la Jefatura Provincial de Tráfico autorización para el tratamiento residual del vehículo adjuntándole el requerimiento enviado al titular del vehículo de que si en el plazo de un mes no lo retiraba sería enviado a un Centro de Tratamiento de Vehículos

La Administración competente en materia de ordenación y gestión del tráfico podrá ordenar el traslado del vehículo a un Centro Autorizado de Tratamiento de Vehículos para su posterior destrucción y descontaminación:

[...]

c) Cuando recogido un vehículo como consecuencia de avería o accidente del mismo en un recinto privado su titular no lo hubiese retirado en el plazo de dos meses.

Con anterioridad a la orden de traslado del vehículo, la Administración requerirá al titular del mismo advirtiéndole que, de no proceder a su retirada en el plazo de un mes, se procederá a su traslado al Centro Autorizado de Tratamiento.

Igualmente, en este supuesto, el propietario o responsable del lugar o recinto deberá solicitar de la Jefatura Provincial de Tráfico autorización para el tratamiento residual del vehículo. A estos efectos deberá aportar la documentación que acredite haber solicitado al titular del vehículo la retirada de su recinto.

23. c) Puede asignarlo a la policía local para que lo utilice para la vigilancia del tráfico

En aquellos casos en que se estime conveniente, la Jefatura Provincial de Tráfico, los órganos competentes de las comunidades autónomas que hayan recibido el traspaso de funciones y servicios en materia de tráfico y circulación de vehículos a motor, y el Alcalde o autoridad correspondiente por delegación, podrán acordar la sustitución del tratamiento residual del vehículo por su adjudicación a los servicios de vigilancia del tráfico, respectivamente en cada ámbito.

24. c) La Jefatura Provincial de Tráfico le ha informado mal, ya que la imposibilidad de transferir un vehículo por la existencia de sanciones sin pagar no afecta al conductor sino al titular del vehículo

El titular de un permiso o licencia de conducción no podrá efectuar ningún trámite relativo a los vehículos de los que fuese titular en el Registro de Vehículos del organismo autónomo Jefatura Central de Tráfico cuando figuren como impagadas en su historial de conductor cuatro sanciones firmes en vía administrativa por infracciones graves o muy graves. El titular de un vehículo no podrá efectuar ningún trámite relativo al mismo cuando figuren como impagadas en el historial del vehículo cuatro sanciones firmes en vía administrativa por infracciones graves o muy graves.

25. b) La Jefatura Provincial de Tráfico le ha informado mal ya dar de baja temporal no se ve afectado por las sanciones pendientes de pago

El titular de un permiso o licencia de conducción no podrá efectuar ningún trámite relativo a los vehículos de los que fuese titular en el Registro de Vehículos del organismo autónomo Jefatura Central de Tráfico cuando figuren como impagadas en su historial de conductor cuatro sanciones firmes en vía administrativa por infracciones graves o muy graves. El titular de un vehículo no podrá efectuar ningún trámite relativo al mismo cuando figuren como impagadas en el historial del vehículo cuatro sanciones firmes en vía administrativa por infracciones graves o muy graves. Queda exceptuado de ello el trámite de baja temporal o definitiva de vehículos.

26. b) El cumplimiento de la sanción de suspensión se inicia al cabo de un mes desde que sea firme

El cumplimiento de la sanción de suspensión prevista en el artículo 80 se iniciará transcurrido un mes desde que haya adquirido firmeza en vía administrativa, y el período de suspensión de la misma se anotará en los correspondientes registros.

27. b) Quince días naturales

Una vez firme la sanción, el interesado dispondrá de un plazo final de quince días naturales para el pago de la multa. Finalizado el plazo establecido sin que se haya pagado la multa, se iniciará el procedimiento de apremio.

28. c) Tres meses

El plazo de prescripción de las infracciones previstas en la Ley sobre Tráfico, Circulación de Vehículos a Motor y Seguridad Vial será de tres meses para las infracciones leves y de seis meses para las infracciones graves y muy graves. El plazo de prescripción comenzará a contar a partir del mismo día en que los hechos se hubieran cometido.

29. a) Seis meses

El plazo de prescripción de las infracciones previstas en la Ley sobre Tráfico, Circulación de Vehículos a Motor y Seguridad Vial será de tres meses para las infracciones leves y de seis meses para las infracciones graves y muy graves. El plazo de prescripción comenzará a contar a partir del mismo día en que los hechos se hubieran cometido.

30. a) Si son sanciones impuestas por la Guardia Civil de Tráfico se destinarán íntegramente a la financiación de actuaciones y servicios en materia de seguridad vial, prevención de accidentes de tráfico y ayuda a las víctimas.

El importe de las sanciones económicas obtenidas por infracciones a la Ley sobre Tráfico, Circulación de Vehículos a Motor y Seguridad Vial, en el ámbito de la Administración General del Estado, se destinará íntegramente a la financiación de actuaciones y servicios en materia de seguridad vial, prevención de accidentes de tráfico y ayuda a las víctimas.

TEST 30

Concepto de accidente de tráfico. Unidades de tráfico. Condiciones precisas para que un accidente se considere de tráfico. Clases de accidentes de tráfico. Actuaciones respecto a los ocupantes, tráfico, público y heridos

1. **Según la Orden INT/2223/2014, de 27 de octubre, por la que se regula la comunicación de la información al Registro Nacional de Víctimas de Accidentes de Tráfico, se entiende por accidente de circulación:**

   a) Los que se produzcan o tengan su origen, en una de las vías o terrenos objeto de la legislación sobre tráfico, circulación de vehículos a motor y seguridad vial

   b) Aquellos de los que resulte a consecuencia de los mismos una o varias personas muertas o heridas; o solo daños materiales

   c) Todas las respuestas anteriores son correctas

2. **De acuerdo con el Orden INT/2223/2014, de 27 de octubre, no se considera que un vehículo está implicado en un accidente de circulación cuando:**

   a) El vehículo entra en colisión con animales

   b) El conductor o un pasajero del vehículo ha sido arrollado por otro en el momento en que subía o descendía de él

   c) El conductor o un pasajero de un vehículo ha sido arrollado por otro cuando ya se alejaba del primero

3. Conforme a la Orden INT/2223/2014, de 27 de octubre, se define como fallecido a:

a) Toda persona que, como consecuencia del accidente de tráfico, fallezca en el acto o dentro de los treinta días siguientes

b) Toda persona que, como consecuencia del accidente de tráfico, fallezca en el acto o dentro de los sesenta días siguientes

c) Toda persona que, como consecuencia del accidente de tráfico, fallezca en el acto o dentro de los cien días siguientes

4. Cuando un vehículo golpea con su parte anterior la parte posterior del vehículo precedente hablamos de:

a) Embestida

b) Topetazo

c) Alcance

5. Cuando hay un roce fuerte entre los laterales del vehículo hablamos de:

a) Topetazo

b) Alcance

c) Raspado

6. Indique la respuesta incorrecta en relación con la fase de investigación de los accidentes:

a) Consiste en la recopilación de los datos sin realizar ningún tipo de valoración sobre los mismos

b) Es la obtención de información para formar una opinión de cómo sucedió el accidente

c) Es la obtención de información para formar una explicación de por qué sucedió el accidente

7. Se distingue el firme como regular cuando:

a) Presenta buen estado y los áridos son angulosos

b) Presenta buen aspecto, pero con áridos desgastados y redondeados

c) Presenta piedras totalmente desgastadas, necesidad de bacheado, grietas notorias u ondulaciones

8. En la fase de información no se deberán recopilar datos sobre:

a) Cuando se produjo el accidente

b) Donde se produjo el accidente

c) Causas que determinaron el accidente

9. Es una actuación de urgencia de la Policía Local en caso de accidentes de tráfico:

a) Realizar medidas correctivas

b) La toma de datos

c) Todas las respuestas anteriores son correctas

10. El vuelco es un tipo de accidente:

a) Múltiple

b) Simple

c) En cadena

11. Las pruebas de alcoholemia se efectuarán:

a) Solo a los conductores implicados en el accidente

b) A todos los conductores y demás usuarios implicados en el accidente

c) Solo a los conductores que hayan provocado el accidente

12. Según la Orden INT/2223/2014, de 27 de octubre, se considera accidente mortal al accidente de tráfico con víctimas cuando:

a) Al menos, una de ellas resulte fallecida

b) Al menos, haya dos fallecidos

c) Al menos, haya tres fallecidos

13. Un atropello es un accidente:

a) No es un accidente de tráfico propiamente dicho

b) Simple

c) Múltiple

d) Doloso

14. No es una actuación técnico-administrativa de la Policía Local en accidentes de tráfico:

a) Las pruebas de alcoholemia

b) Revisar toda la documentación

c) La toma de datos

15. De acuerdo con la Orden INT/2223/2014, de 27 de octubre, se considera peatón:

a) A quienes empujan o arrastran un coche de niño

b) A los que conducen a pie un ciclo

c) Todas las respuestas anteriores son correctas

16. En caso de estar presentes en el momento de producirse un accidente no debemos:

a) Actuar con rapidez y tranquilidad

b) Hacer una rápida composición del lugar y pedir ayuda urgente

c) Prestar auxilio a quien presente menor gravedad

17. Aquella alteración que arriesgue la vida o las funciones de la víctima de manera inmediata y todas aquellas situaciones que puedan desencadenar la situación de urgencia, se denomina:

a) Urgencia real

b) Urgencia figurada

c) Urgencia relativa

18. Se denomina segunda urgencias a aquellas situaciones en las que puede demorarse su tratamiento o el transporte del paciente, precisando asistencia siempre en menos de:

a) Seis horas

b) Siete horas

c) Ocho horas

19. ¿Cuál de las siguientes opciones es una primera urgencia?:

a) Heridas torácicas

b) Aplastamientos

c) Estados de shock

20. En el código de colores del triaje, la tarjeta roja indica:

a) Que el tratamiento no puede demorarse por la sintomatología del paciente, pero no supone un riesgo vital inmediato

b) Paciente ya cadáver

c) Prioridad absoluta

SOLUCIONES TEST 30

1. c) Todas las respuestas anteriores son correctas

Deben reunir las circunstancias siguientes:

a) Producirse, o tener su origen, en una de las vías o terrenos objeto de la legislación sobre tráfico, circulación de vehículos a motor y seguridad vial.

b) Resultar a consecuencia de los mismos una o varias personas fallecidas o heridas.

c) Estar implicado, al menos, un vehículo en movimiento. La definición de vehículo será la recogida en el punto 6 del anexo I del Real Decreto Legislativo 6/2015, de 30 de octubre, por el que se aprueba el texto refundido de la Ley sobre Tráfico, Circulación de Vehículos a Motor y Seguridad Vial. Se incluirán también, por tanto, los accidentes con tranvías, trenes y demás vehículos de raíles implicados, siempre que se produzcan en vías y terrenos públicos aptos para la circulación, en los que resulte de aplicación el referido texto articulado de la Ley sobre Tráfico, Circulación de Vehículos a Motor y Seguridad Vial.

2. c) El conductor o un pasajero de un vehículo ha sido arrollado por otro cuando ya se alejaba del primero

Se considera que un vehículo está implicado en un accidente de tráfico cuando concurren una o varias de las circunstancias siguientes:

a) Entrar el vehículo en colisión con:

- *Otro u otros vehículos, en movimiento, parados o estacionados.*
- *Peatones.*
- *Animales.*
- *Otro obstáculo.*

b) Sin haber entrado en colisión, haber resultado, como consecuencia del accidente, fallecidos o heridos el conductor y/o algún pasajero del vehículo, o haberse ocasionado sólo daños materiales.

c) Estar el vehículo parado o estacionado en forma peligrosa, de modo que constituya uno de los factores del accidente.

d) Sin haber sufrido el vehículo o sus ocupantes directamente las consecuencias del accidente, constituir el comportamiento del conductor o de alguno de los pasajeros uno de los factores del accidente.

e) Haber sido arrollado el conductor o un pasajero del vehículo por otro en el momento en que subía o descendía de él, o después de haber caído desde el vehículo a la vía, en cuyo caso ambos vehículos se consideran implicados en el accidente.

3. a) Toda persona que, como consecuencia del accidente de tráfico, fallezca en el acto o dentro de los treinta días siguientes

«Fallecido»: toda persona que, como consecuencia de un accidente de tráfico, fallece en el acto o dentro de los siguientes treinta días, lo que se determinará utilizando las bases de datos de mortalidad disponibles. Se excluirán los casos confirmados de muertes naturales o en los que existan indicios de suicidio

4. c) Alcance

Alcance: cuando un vehículo golpea con su parte anterior la parte posterior del vehículo precedente.

5. c) Raspado

Raspado: cuando hay un roce fuerte entre los laterales del vehículo.

6. a) Consiste en la recopilación de los datos sin realizar ningún tipo de valoración sobre los mismos

La investigación de accidentes de tráfico es un proceso lógico en el que cronológicamente van sucediéndose operaciones o fases para, después de este proceso analítico, poder determinar con exactitud qué ocurrió, por qué, y cómo evitar que se repita. Las fases en que componen este proceso de investigación son:

1) *Recogida de Datos*

   Es la fase inicial y una de las más importantes del proceso de la investigación. En esta fase se anotan todos los datos relativos a personas, vehículos, carretera, condiciones atmosféricas y todas aquellas huellas que queden en la vía o fuera de ella.

2) *Estudio de los Datos*

   Todos los datos recogidos en la fase anterior deben ser estudiados, con el fin de establecer las posibles hipótesis sobre las causas y circunstancias del accidente.

[...]

7. b) Presenta buen aspecto, pero con áridos desgastados y redondeados

Podremos distinguir el firme como:

[...]

- *Regular: buen aspecto, pero con áridos desgastados y redondeados.*

8. c) Causas que determinaron el accidente

Investigación de los accidentes. Es la obtención de información para formar una opinión o explicación de:

1º Cómo sucedió el accidente.

2º Por qué sucedió el accidente.

3º De quién fue la responsabilidad.

9. c) Todas las respuestas anteriores son correctas

Actuaciones de urgencia

- *Transmitir sensación de serenidad evitando tumultos, confusionismo o hurtos.*
- *Minimizar los riesgos. Hay que señalizar perfectamente el lugar con las medidas a nuestro alcance para evitar nuevos incidentes. Regular la circulación, deteniéndola totalmente si es necesario.*
- *Medidas correctivas. Cerrar llaves de contacto de los vehículos; atajar el incendio si lo hubiera; limpiar manchas de aceite, grasa u otros elementos peligrosos, etc.*
- *Atender a los heridos y disponer su traslado. Es importante, si no se tiene conocimientos concretos, avisar a los servicios sanitarios correspondientes.*
- *Toma de datos. Fotografías y medidas para confeccionar el croquis. Localizar a los conductores, testigos, recogiendo la documentación de todos los implicados. No olvidar incautar el disco de diagrama de aquellos vehículos obligados a utilizar el tacógrafo.*
- *Inspección ocular pormenorizada. Intentando descubrir cualquier huella, resto, dato o indicio que permita la reconstrucción.*
- *Regulación del tráfico: tomando las medidas necesarias para minimizar los efectos de la circulación.*
- *Despejar la calzada. Los vehículos accidentados se retirarán en cuanto sea posible ya que hay que verificar varios elementos en los mismos. Dicha retirada la ordenará el equipo de investigación, posteriormente se procederá a la limpieza de la calzada por los servicios municipales correspondientes.*
- *Restablecer la circulación. Se mantendrá en el lugar del siniestro una patrulla durante un cierto tiempo hasta que la circulación vuelva a ser normal.*

10. b) Simple

Simples. Pueden deberse a las siguientes causas.

- *Despiste: salida involuntaria del vehículo de la vía.*
- *Vuelco: cuando un vehículo queda en una posición tal que no toca el suelo con ninguna de sus ruedas.*

11. b) A todos los conductores y demás usuarios implicados en el accidente

Pruebas de alcoholemia. Se efectuarán a todos los conductores y demás usuarios implicados en el accidente. Se adjuntarán recibo de etilómetro y actas.

12. a) Al menos, una de ellas resulte fallecida

«Accidente de tráfico mortal»: accidente de tráfico con víctimas cuando, al menos, una de ellas resulte fallecida.

13. c) Múltiple

Múltiples. Pueden deberse a las siguientes causas:

- *Atropello: cuando una de las unidades de tráfico es un peatón.*

14. c) La toma de datos

Actuaciones de urgencia

[...]

- *Toma de datos. Fotografías y medidas para confeccionar el croquis. Localizar a los conductores, testigos, recogiendo la documentación de todos los implicados. No olvidar incautar el disco de diagrama de aquellos vehículos obligados a utilizar el tacógrafo.*

15. c) Todas las respuestas anteriores son correctas

«Peatón»: Toda persona que, sin ser conductor ni pasajero, se ve implicada en un accidente de circulación. Se consideran peatones quienes empujan o arrastran un coche de niño o de una persona con movilidad reducida o cualquier otro vehículo sin motor de pequeñas dimensiones, los que conducen a pie un ciclo, ciclomotor o motocicleta; las personas que se desplazan en silla de ruedas, con o sin motor; las personas que se desplazan sobre patines u otros artefactos parecidos; las personas que se encuentran reparando el vehículo, empujándolo o realizando otra operación fuera del mismo; los conductores o pasajeros que, tras haber abandonado sus vehículos, son arrollados mientras se alejan de los mismos caminando. También se consideran peatones, a los solos efectos de la cumplimentación de los formularios de accidentes, y sin perjuicio de las definiciones establecidas con carácter general en el anexo I del texto articulado de la Ley sobre Tráfico, Circulación de Vehículos a Motor y Seguridad Vial, las personas que se desplazan sobre un animal de monta y las personas que guían un animal o animales.

16. c) Prestar auxilio a quien presente menor gravedad

En caso de estar presentes en el momento de producirse un accidente debemos:

- *Actuar con rapidez y tranquilidad.*
- *Hacer una rápida composición del lugar y pedir ayuda urgente.*
- *Proteger a las víctimas y a los demás de otros riesgos.*
- *Prevenir otros peligros.*
- *Prestar auxilio a quien presente mayor gravedad.*
- *Procurar un traslado adecuado a las víctimas [...]*

17. a) Urgencia real

Urgencia real: es aquella alteración que arriesgue la vida o las funciones de la víctima de manera inmediata y todas aquellas situaciones que puedan desencadenar la situación de urgencia.

18. a) Seis horas

Segunda urgencia. Son aquellas situaciones en las que puede demorarse su tratamiento o el transporte del paciente, precisando asistencia siempre en menos de 6 horas.

19. c) Estados de shock

Primera urgencia. Son aquellas urgencias que presentan cuadros clínicos susceptibles de causar un peligro de muerte al paciente: no son situaciones mortales en sí, pero pueden convertirse en ellas.

20. c) Prioridad absoluta

Tarjeta roja. Establece la prioridad absoluta.

TEST 31

Alcoholemia. Concepto. Tasa de alcoholemia. Efectos generales de las diferentes Tasas de Alcohol en Sangre (TAS). Normas para la realización de las pruebas. Alcoholímetros y Etilómetros: Descripción general. Obligación de someterse a la prueba. Pruebas de detección de drogas. Actuación policial

1. **Por sus efectos, la embriaguez puede ser:**

   a) Plena

   b) Letárgica

   c) Todas las respuestas anteriores son correctas

2. **En atención a su causa, la embriaguez puede ser:**

   a) Habitual

   b) Fortuita

   c) Accidental

3. Señale la respuesta incorrecta. Las medidas preventivas contra el alcoholismo deben ir orientadas a:

a) Disminuir el importe y gravedad de las sanciones en el caso de conducir bajo los efectos del alcohol

b) Prohibir la venta de alcohol a menores de 16 años

c) Controlar la publicidad del alcohol

4. La embriaguez no fortuita puede ser:

a) Voluntaria

b) No preordenada al delito

c) Culposa

5. Señale la proposición incorrecta. Los efectos del alcohol dependen de:

a) La constitución física

b) La edad

c) Las condiciones económicas

6. La concentración de alcohol en la sangre puede disminuir paulatinamente en el organismo a un ritmo de:

a) 0,2 gramos por hora

b) 0,5 gramos por hora

c) 0,1 gramos por hora

7. El consumo de bebidas alcohólicas lleva a:

a) Reducción del campo visual

b) Falso estado eufórico

c) Todas las respuestas anteriores son correctas

8. ¿En qué artículo del Código Penal se encuentra regulada la negativa a someterse a las pruebas de detección de drogas tóxicas, estupefacientes, sustancias psicotrópicas o bebidas alcohólicas?

a) En el artículo 379

b) En el artículo 378

c) En el artículo 383

9. Según la Ley Orgánica 10/1995, de 23 de noviembre, ¿con qué pena se castiga a los que se nieguen a someterse a las pruebas de alcoholemia?

a) Con la pena de prisión de seis meses a un año

b) Con la pena de localización permanente de dos a diez días

c) Con la pena de multa de dos meses a un año

10. De acuerdo con el Real Decreto 1428/2003, de 21 de noviembre, por el que se aprueba el Reglamento General de Circulación, a efectos de contraste, ¿se repetirán las pruebas de alcoholemia mediante un análisis de sangre?

a) No, en ningún caso

b) Sí, en todos los casos

c) Sí, a petición del interesado o por orden de la autoridad judicial

11. Conforme al Real Decreto 1428/2003, de 21 de noviembre, durante los dos años siguientes a la obtención del permiso de conducir, ningún conductor podrá superar la tasa de alcohol en sangre de:

a) 0,5 g por litro de sangre

b) 0,3 g por litro de sangre

c) 0,25 g por litro de sangre

12. Según el Real Decreto 1428/2003, de 21 de noviembre, si el resultado de la prueba de alcoholemia practicada diera un grado de impregnación alcohólica superior a 0,5 gramos de alcohol por litro de sangre, el agente someterá al interesado a la práctica de una segunda prueba de detección alcohólica por el aire espirado, debiendo mediar entre la primera y la segunda:

a) Al menos treinta minutos

b) Al menos veinte minutos

c) Al menos diez minutos

13. De acuerdo con el Real Decreto 1428/2003, de 21 de noviembre, cuando el conductor lleve un vehículo destinado al transporte de viajeros de más de nueve plazas, ¿cuál es la máxima tasa de alcohol autorizada?

a) 0,3 g por litro de sangre

b) 0,4 g por litro de sangre

c) 0,8 g por litro de sangre

14. Conforme al Real Decreto 1428/2003, de 21 de noviembre, la verificación del aire espirado para comprobar la tasa de alcoholemia se realizará mediante un:

a) Airómetro

b) Etilómetro

c) Alcoholómetro

15. Según el Real Decreto 1428/2003, de 21 de noviembre, los conductores de vehículos de servicio de urgencia tienen prohibido conducir con una tasa de alcohol en aire espirado superior a:

a) 0,4 mg por litro

b) 0,25 mg por litro

c) 0,15 mg por litro

16. Son drogas duras:

a) El hachís

b) El cannabis sativa

c) Las anfetaminas

17. De acuerdo con el Real Decreto 1428/2003, de 21 de noviembre, los agentes de la autoridad encargados de la vigilancia del tráfico podrán someter a las pruebas que se establezcan para la detección de las posibles intoxicaciones por alcohol a:

a) Quienes conduzcan cualquier vehículo con síntomas evidentes, manifestaciones que denoten o hechos que permitan razonablemente presumir que lo hacen bajo la influencia de bebidas alcohólicas

b) Cualquier usuario de la vía o conductor de vehículo, implicado directamente como posible responsable en un accidente de circulación

c) Todas las respuestas anteriores son correctas

18. Conforme al Real Decreto 1428/2003, de 21 de noviembre, como norma general, no podrá circular por las vías objeto de la legislación sobre tráfico, circulación de vehículos a motor y seguridad vial, el conductor de vehículos con una tasa de alcohol en sangre superior a:

a) 0,25 gramos por litro

b) 0,5 gramos por litro

c) 0,15 gramos por litro

19. Según el Real Decreto 1428/2003, de 21 de noviembre, como norma general, no podrá circular por las vías objeto de la legislación sobre tráfico, circulación de vehículos a motor y seguridad vial, el conductor de vehículos con una tasa de alcohol en aire espirado superior a:

a) 0,25 miligramos por litro

b) 0,5 miligramos por litro

c) 0,15 miligramos por litro

20. De acuerdo con el Real Decreto 1428/2003, de 21 de noviembre, las infracciones relativas a la obligación de someterse a las pruebas de detección alcohólica tienen la consideración de:

a) Leves

b) Muy graves

c) Graves

SOLUCIONES TEST 31

1. c) Todas las respuestas anteriores son correctas

La embriaguez puede ser:

- *Plena: se caracteriza por que se ha perdido el control sobre nuestros actos. El espíritu ya no es dueño de los movimientos del cuerpo, se produce un verdadero período de delirio, transformándose el bebedor en un sujeto terrible. En este período la embriaguez es similar a la locura.*
- *Semiplena: se caracteriza por que al aumentar las libaciones va desapareciendo el control sobre nuestros propios actos, se debilitan las facultades mentales y se relajan los frenos de la voluntad.*
- *Letárgica: a ese período de sobreexcitación durante la embriaguez plena sigue un período de completo abatimiento. Por virtud de los desordenados esfuerzos el sujeto se agota y cae en un coma profundo que se prolonga en un sueño pesado. En él cesa por completo toda actividad psíquica de movimiento alguno; solamente el delito por omisión puede presentarse como posible.*

2. b) Fortuita

La embriaguez por su causa puede ser fortuita y no fortuita, y esta última se subdivide a la vez en imprudente, voluntaria y preordenada al delito

3. a) Disminuir el importe y gravedad de las sanciones en el caso de conducir bajo los efectos del alcohol

Las medidas preventivas contra el alcoholismo deben ir orientadas a:

- *Controlar la publicidad del alcohol.*
- *Difundir propaganda antialcohólica, en especial, entre los jóvenes.*
- *Prohibir la venta de alcohol a menores de 16 años.*
- *Mejorar la alimentación.*
- *Limitar el número de establecimientos en los que se venden bebidas alcohólicas.*
- *Aumentar el importe y la gravedad de las sanciones en el caso de conducir bajo los efectos del alcohol.*
- *Gravámenes fiscales en las bebidas alcohólicas.*
- *Mejorar e incentivar el tratamiento precoz del alcoholismo.*
- *Tratamiento ambulatorio y hospitalario (abstinencia, y reinserción).*

- *Mejorar la reinserción social del enfermo desintoxicado y curado mediante programas de reinserción social, legislación laboral favorecedora, etc.*

4. a) Voluntaria

La embriaguez no fortuita puede ser:

- *Imprudente: es la que se adquiere por negligencia. Es decir, el sujeto no quiere la embriaguez, pero pudo y debió prever los efectos que la bebida había de causar.*
- *Voluntaria: es aquella que fue prevista y querida por el agente.*
- *Preordenada al delito: es aquella que no solo fue prevista y querida, sino que fue causada bien con el ánimo de cometer el delito bajo su influencia, bien con el fin de buscar en la bebida fuerzas para ejecutarlo, bien con el propósito de proporcionarse una causa de exención o de atenuación de responsabilidad.*

5. c) Las condiciones económicas

Los efectos del alcohol dependen de:

- *Condiciones personales.*
- *Constitución física.*
- *Sensibilidad al alcohol.*
- *Edad.*
- *Hábito o costumbre.*
- *Proceso de difusión del alcohol en el organismo*

6. a) 0,2 gramos por hora

La concentración de alcohol en la sangre puede disminuir paulatinamente en nuestro organismo aproximadamente a un ritmo de 0,2 gramos por hora.

7. c) Todas las respuestas anteriores son correctas

El consumo de bebidas alcohólicas lleva a:

- *Incremento del tiempo de reacción (disminución de la capacidad de reacción).*
- *Reducción del campo visual (visión túnel).*
- *Falso estado eufórico (excesiva confianza en sí mismo).*
- *Apreciación errónea (de la distancia, de la velocidad y del riesgo).*
- *Conducción agresiva (aumento del riesgo de que se produzcan accidentes)*

8. c) En el artículo 383

Según el artículo 383 de la Ley Orgánica 10/1995, de 23 de noviembre, del Código Penal, el conductor que, requerido por un agente de la autoridad, se negare a someterse a las pruebas legalmente establecidas para la comprobación de las tasas de alcoholemia y la presencia de las drogas tóxicas, estupefacientes y sustancias psicotrópicas a que se refieren los artículos anteriores, será castigado con la penas de prisión de seis meses a un año y privación del derecho a conducir vehículos a motor y ciclomotores por tiempo superior a uno y hasta cuatro años.

9. a) Con la pena de prisión de seis meses a un año

Según el artículo 383 de la Ley Orgánica 10/1995, de 23 de noviembre, del Código Penal, el conductor que, requerido por un agente de la autoridad, se negare a someterse a las pruebas legalmente establecidas para la comprobación de las tasas de alcoholemia y la presencia de las drogas tóxicas, estupefacientes y sustancias psicotrópicas a que se refieren los artículos anteriores, será castigado con la penas de prisión de seis meses a un año y privación del derecho a conducir vehículos a motor y ciclomotores por tiempo superior a uno y hasta cuatro años.

10. c) Sí, a petición del interesado o por orden de la autoridad judicial

Las pruebas para detectar la posible intoxicación por alcohol se practicarán por los agentes encargados de la vigilancia de tráfico y consistirán, normalmente, en la verificación del aire espirado mediante etilómetros que, oficialmente autorizados, determinarán de forma cuantitativa el grado de impregnación alcohólica de los interesados. A petición del interesado o por orden de la autoridad judicial, se podrán repetir las pruebas a efectos de contraste, que podrán consistir en análisis de sangre, orina u otros análogos (artículo 12.2, párrafo segundo, in fine, del texto articulado).

11. b) 0,3 g por litro de sangre

No podrán circular por las vías objeto de la legislación sobre tráfico, circulación de vehículos a motor y seguridad vial los conductores de vehículos ni los conductores de bicicletas con una tasa de alcohol en sangre superior a 0,5 gramos por litro, o de alcohol en aire espirado superior a 0,25 miligramos por litro. Cuando se trate de vehículos destinados al transporte de mercancías con una masa máxima autorizada superior a 3.500 kilogramos, vehículos destinados al transporte de viajeros de más de nueve plazas, o de servicio público, al transporte escolar y de menores, al de mercancías peligrosas o de servicio de urgencia o transportes especiales, los conductores no podrán hacerlo con una tasa de alcohol en sangre superior a 0,3 gramos por litro, o de alcohol en aire espirado superior a 0,15 miligramos por litro. Los conductores de cualquier vehículo no podrán superar la tasa de alcohol en sangre de 0,3 gramos por litro ni de alcohol en aire espirado de 0,15 miligramos por litro durante los dos años siguientes a la obtención del permiso o licencia que les habilita para conducir. A estos efectos, solo se computará la antigüedad de la licencia de conducción cuando se trate de la conducción de vehículos para los que sea suficiente dicha licencia.

12. c) Al menos diez minutos

Si el resultado de la prueba practicada diera un grado de impregnación alcohólica superior a 0,5 gramos de alcohol por litro de sangre o a 0,25 miligramos de alcohol por litro de aire espirado, o al previsto para determinados conductores en el artículo 20 o, aún sin alcanzar estos límites, presentara la persona examinada síntomas evidentes de encontrarse bajo la influencia de bebidas alcohólicas, el agente someterá al interesado, para una mayor garantía y a efecto de contraste, a la práctica de una segunda prueba de detección alcohólica por el aire espirado, mediante un procedimiento similar al que sirvió para efectuar la primera prueba, de lo que habrá de informarle previamente. De la misma forma advertirá a la persona sometida a examen del derecho que tiene a controlar, por sí o por cualquiera de sus acompañantes o testigos presentes, que entre la realización de la primera y de la segunda prueba medie un tiempo mínimo de 10 minutos.

13. a) 0,3 g por litro de sangre

Cuando se trate de vehículos destinados al transporte de mercancías con una masa máxima autorizada superior a 3.500 kilogramos, vehículos destinados al transporte de viajeros de más de nueve plazas, o de servicio público, al transporte escolar y de menores, al de mercancías peligrosas o de servicio de urgencia o transportes especiales, los conductores no podrán hacerlo con una tasa de alcohol en sangre superior a 0,3 gramos por litro, o de alcohol en aire espirado superior a 0,15 miligramos por litro.

14. b) Etilómetro

Las pruebas para detectar la posible intoxicación por alcohol se practicarán por los agentes encargados de la vigilancia de tráfico y consistirán, normalmente, en la verificación del aire espirado mediante etilómetros que, oficialmente autorizados, determinarán de forma cuantitativa el grado de impregnación alcohólica de los interesados.

15. c) 0,15 mg por litro

Cuando se trate de vehículos destinados al transporte de mercancías con una masa máxima autorizada superior a 3.500 kilogramos, vehículos destinados al transporte de viajeros de más de nueve plazas, o de servicio público, al transporte escolar y de menores, al de mercancías peligrosas o de servicio de urgencia o transportes especiales, los conductores no podrán hacerlo con una tasa de alcohol en sangre superior a 0,3 gramos por litro, o de alcohol en aire espirado superior a 0,15 miligramos por litro.

16. c) Las anfetaminas

Son drogas duras:

- *La heroína.*
- *La cocaína.*
- *El LSD.*

- *Las anfetaminas.*

17. c) Todas las respuestas anteriores son correctas

Los agentes de la autoridad encargados de la vigilancia del tráfico podrán someter a las pruebas que se establezcan para la detección de las posibles intoxicaciones por alcohol

a) A cualquier usuario de la vía o conductor de vehículo implicado directamente como posible responsable en un accidente de circulación.

b) A quienes conduzcan cualquier vehículo con síntomas evidentes, manifestaciones que denoten o hechos que permitan razonablemente presumir que lo hacen bajo la influencia de bebidas alcohólicas.

c) A los conductores que sean denunciados por la comisión de alguna de las infracciones a las normas contenidas en este reglamento.

d) A los que, con ocasión de conducir un vehículo, sean requeridos al efecto por la autoridad o sus agentes dentro de los programas de controles preventivos de alcoholemia ordenados por dicha autoridad.

18. b) 0,5 gramos por litro

No podrán circular por las vías objeto de la legislación sobre tráfico, circulación de vehículos a motor y seguridad vial los conductores de vehículos ni los conductores de bicicletas con una tasa de alcohol en sangre superior a 0,5 gramos por litro, o de alcohol en aire espirado superior a 0,25 miligramos por litro.

19. a) 0,25 miligramos por litro

No podrán circular por las vías objeto de la legislación sobre tráfico, circulación de vehículos a motor y seguridad vial los conductores de vehículos ni los conductores de bicicletas con una tasa de alcohol en sangre superior a 0,5 gramos por litro, o de alcohol en aire espirado superior a 0,25 miligramos por litro.

20. b) Muy graves

Las infracciones a las distintas normas relativas a la conducción habiendo ingerido bebidas alcohólicas o a la obligación de someterse a las pruebas de detección alcohólica, tendrán la consideración de infracciones muy graves, conforme se prevé en el artículo 77 del Real Decreto Legislativo 6/2015, de 30 de octubre, por el que se aprueba el texto refundido de la Ley sobre Tráfico, Circulación de Vehículos a Motor y Seguridad Vial.

TEST 32

El modelo policial español. Marco normativo. Las Fuerzas y Cuerpos de Seguridad del Estado. Las Policías Autonómicas. Las Policías Locales. Las Juntas Locales de Seguridad. La Protección civil y la Seguridad Ciudadana, su relación con la Policía Local

1. **Las Fuerzas y Cuerpos de Seguridad del Estado:**

    a) Tienen competencia en todo el territorio nacional

    b) Tienen competencia en todo el territorio nacional, excepto en las Comunidades Autónomas que poseen su propio Cuerpo de Policía

    c) Tienen competencia en todo el territorio nacional, excepto en el País Vasco, Cataluña y Navarra

2. **La Policía Nacional:**

    a) Depende del Ministerio del Interior en el desempeño de las funciones que le atribuye la Ley de Fuerzas y Cuerpos de Seguridad y del de Defensa en el cumplimiento de las misiones de carácter militar

    b) Depende del Ministerio del Interior, salvo en tiempo de guerra y durante el estado de sitio

    c) Depende del Ministerio del Interior

3. Según la Ley Orgánica 2/1986, de 13 de marzo, de Fuerzas y Cuerpos de Seguridad, proteger las manifestaciones y mantener el orden en las grandes concentraciones humanas:

a) Es competencia de las Policías Autonómicas con carácter de propias, en sus Comunidades Autónomas

b) Es competencia, con carácter prioritario, de las Fuerzas y Cuerpos de Seguridad del Estado

c) Es competencia, con carácter prioritario de los Cuerpos de Policía de las Comunidades Autónomas, pero pueden colaborar las Fuerzas y Cuerpos de Seguridad del Estado

4. De acuerdo con la Ley Orgánica 2/1986, de 13 de marzo, las Policías dependientes de las Comunidades Autónomas

a) Podrán portar armas para el ejercicio de sus funciones, previa autorización de sus Autoridades Comunitarias, que les concederán las correspondientes licencias

b) No podrán portar armas sin autorización del Consejo de Política de Seguridad, que concederá, oído el Consejero de Seguridad de la Comunidad, la oportuna licencia

c) Podrán portar armas en el ejercicio de sus funciones, pero la concesión de la licencia le corresponde al Gobierno de la Nación

5. Conforme a la Ley Orgánica 2/1986, de 13 de marzo, las Unidades del Cuerpo Nacional de Policía adscritas a las Comunidades Autónomas:

a) Dependerán funcionalmente de las autoridades competentes de las Comunidades Autónomas y orgánicamente del Ministerio de Interior, a través de la Dirección General de la Policía

b) Dependerán orgánicamente de la Dirección General de la Policía, y funcionalmente de las autoridades de las Comunidades Autónomas

c) Dependerán, tanto orgánica como funcionalmente, de la Dirección General de la Policía

6. **Según la Ley Orgánica 2/1986, de 13 de marzo, el Consejo de Política de Seguridad:**

   a) Estará presidido por el Presidente del Tribunal Supremo, pudiendo delegar en un Magistrado de la Sala Segunda

   b) Lo presidirá el Ministro de Interior y estará integrado por los Consejeros de Interior de las Comunidades Autónomas y por un número igual de representantes del Estado

   c) Unifica criterios e imparte instrucciones en relación con las actuaciones de los Consejos Provinciales de Seguridad

7. **De acuerdo con la Ley Orgánica 2/1986, de 13 de marzo, los Cuerpos de Policía Local son:**

   a) Institutos civiles de carácter local

   b) Institutos locales de carácter civil

   c) Institutos armados de naturaleza civil

8. **Conforme a la Ley Orgánica 2/1986, de 13 de marzo, es función de las Policías Locales:**

   a) La conducción urbana de detenidos

   b) Instruir atestados por accidentes de circulación en el término provincial

   c) Proteger a las Autoridades de las Corporaciones Locales, y vigilancia y custodia de sus edificios e instalaciones

9. **Según la Ley Orgánica 2/1986, de 13 de marzo, las Juntas Locales de Seguridad:**

   a) Se constituirán en las Capitales de Provincia sobre criterios de base territorial

   b) Pueden constituirse en los Municipios que cuenten con Cuerpo de Policía propio

   c) Se pueden constituir en los Municipios integrados en una Comunidad Autónoma con Cuerpo de Policía propio

10. A tenor de lo establecido por la Constitución, la Policía Judicial depende:

a) Orgánicamente de los Jueces, de los Tribunales y de los Fiscales a los que hayan sido asignados

b) De los Jueces, de los Tribunales y del Ministerio Fiscal, en sus misiones de protección del ejercicio de los derechos y libertades y de garantía de la seguridad ciudadana

c) De los Jueces, de los Tribunales y del Ministerio Fiscal, en sus funciones de averiguación del delito y descubrimiento y aseguramiento del delincuente

11. De acuerdo con la Ley Orgánica 2/1986, de 13 de marzo, es función de la Guardia Civil:

a) El resguardo fiscal del Estado y las actuaciones encaminadas a evitar y perseguir el contrabando

b) La vigilancia del tráfico, tránsito y transporte en las vías públicas

c) Todas las respuestas anteriores son correctas

12. Conforme a la Ley Orgánica 6/1985, de 1 de julio, es función de la Policía Judicial:

a) El auxilio a la Autoridad Judicial y Fiscal

b) La realización material de las actuaciones que exijan el ejercicio de la coerción y ordenare la Autoridad Judicial o Fiscal

c) Todas las respuestas anteriores son correctas

13. Conforme a la Ley Orgánica 2/1986, de 13 de marzo, no es competencia específica de Policía Nacional:

a) La expedición del DNI

b) La vigilancia del tráfico, tránsito y transporte en las vías públicas interurbanas

c) El control de las entidades y servicios privados de seguridad

14. Según la Ley Orgánica 2/1986, de 13 de marzo, las Unidades adscritas de Policía Judicial son asignadas por:

a) Los Jueces, Tribunales y Fiscales

b) El Ministerio del Interior

c) El Juez Decano de la Audiencia

15. De acuerdo con la Ley Orgánica 2/1986, de 13 de marzo, la función de cooperación en la resolución de conflictos privados significa:

a) Que pueden atribuirse funciones de otros poderes

b) Que no pueden atribuirse funciones de otros poderes

c) Que pueden obstaculizarse funciones de otros poderes

16. Conforme a la Ley Orgánica 2/1986, de 13 de marzo, la función de Policía administrativa está relacionada con:

a) Las Ordenanzas, Bandos y demás disposiciones municipales

b) Aquella actividad que limita los derechos de los administrados sin ejercer la coacción

c) Aquella actividad que resuelve o dirime los conflictos

17. La Policía Judicial se encuentra regulada en:

a) La Ley Orgánica del Poder Judicial, de 1 de julio de 1985

b) La Ley 2/1986, de Fuerzas y Cuerpos de Seguridad

c) Todas las respuestas anteriores son correctas

18. De acuerdo con la Ley Orgánica 2/1986, de 13 de marzo, cuando los atestados se levantan como consecuencia de accidentes de circulación acontecidos dentro del casco urbano, su instrucción corresponde a:

a) La Policía Judicial

b) La Guardia Civil

c) La Policía Local

19. Conforme a la Ley Orgánica 2/1986, de 13 de marzo, la prestación de auxilio se llevará a cabo:

a) En los casos de accidente

b) En los casos de calamidad pública

c) Todas las respuestas anteriores son correctas

20. Según el Real Decreto 769/1987, de 19 de junio, sobre regulación de la Policía Judicial, no es una función de la Comisión Nacional de Coordinación de la Policía Judicial:

a) Efectuar estudios permanentemente actualizados acerca de la evolución y desarrollo de la delincuencia

b) Unificar criterios e impartir instrucciones en relación con las actuaciones de las Comisiones Provinciales

c) Informar las propuestas de recompensas y tener conocimiento de los expedientes disciplinarios incoados

21. De acuerdo con el Real Decreto 769/1987, de 19 de junio, ¿cómo se estructuran las Unidades Orgánicas de la Policía Judicial?

a) Sobre una base provincial

b) Por distritos

c) Por municipios

22. Conforme al Real Decreto 769/1987, de 19 de junio, ¿cuál de las siguientes personas no se encuentra integrada en la Comisión Nacional de Coordinación de Policía Judicial?

a) El Presidente del Tribunal Supremo

b) El Fiscal General del Estado

c) El Presidente de la Audiencia Provincial

23. Según el Real Decreto 769/1987, de 19 de junio, ¿a quién corresponde la función de conocer las incidencias que puedan producirse en orden a la especial adscripción de funcionarios y medios?

a) A la Comisión Provincial de Policía Judicial

b) A la Unidad Orgánica de la que dependan

c) A la Comisión Nacional de Coordinación de Policía Judicial

24. De acuerdo con el Real Decreto 769/1987, de 19 de junio, las Comisiones Provinciales de Coordinación de Policía Judicial, se reunirán:

a) Una vez a la semana

b) Con periodicidad mensual

c) Trimestralmente

25. Conforme al Real Decreto 769/1987, de 19 de junio, la Comisión Nacional de Coordinación de Policía Judicial celebrará, al menos, una reunión:

a) Mensual

b) Trimestral

c) Semanal

26. Según el Real Decreto 769/1987, de 19 de junio, ¿cuál de las siguientes personas no integran las Comisiones Provinciales de Policía Judicial?

a) El Fiscal Jefe de la Audiencia Provincial

b) El Jefe de la Unidad Orgánica de Policía Judicial del Cuerpo Nacional de Policía

c) El Secretario de Estado para la Seguridad

27. De acuerdo con el Real Decreto 769/1987, de 19 de junio, ¿pueden los Jueces instar a la concesión de recompensas de los miembros de la Policía Judicial a ellos asignados?

a) No

b) Sí, si esta es monetaria

c) Sí, cuando se estime que existen méritos para ello

28. Conforme al Real Decreto 769/1987, de 19 de junio, las Unidades de la Policía Judicial:

a) Deben tener su sede en los Tribunales, Juzgados o Fiscalías

b) En lo posible, tendrán su sede en las propias dependencias, edificios judiciales o Fiscalías

c) Tendrán siempre su sede en los Juzgados de Instrucción

29. Según el Real Decreto 769/1987, de 19 de junio, a las Unidades Orgánicas de la Policía Judicial corresponderá la función de investigación criminal con carácter:

a) Permanente y especial

b) Voluntario y permanente

c) Obligatorio y temporal

30. De acuerdo con el Real Decreto 769/1987, de 19 de junio, ¿quién determina qué funcionarios habrán de asumir una u otra competencia en las Unidades adscritas a determinados Juzgados?

a) El Jefe de la respectiva Unidad

b) El coordinador

c) El Juez

31. Según la Ley 7/1985, de 2 de abril, la competencia sobre ordenación del tráfico de vehículos y personas en las vías urbanas:

a) Es típicamente local

b) Se lleva a cabo por la Policía Nacional

c) Se lleva a cabo por la Guardia civil

32. Según la Ley Orgánica 2/1986, de 13 de marzo, las competencias derivadas de la legislación vigente sobre armas y explosivos serán ejercidas por:

a) La Guardia Civil

b) La Policía Local

c) La Policía Nacional

33. Según la Ley 17/2015, de 9 de julio, del Sistema Nacional de Protección Civil, ¿quiénes están sujetos a la obligación de colaborar, personal y materialmente en la Protección Civil, en caso de requerimiento por las autoridades competentes?

a) Todos los ciudadanos, a partir de la mayoría de edad

b) Únicamente las Fuerzas y Cuerpos de Seguridad del Estado

c) Únicamente las Fuerzas de Seguridad públicas y privadas

34. De acuerdo con la Ley 17/2015, de 9 de julio, se consideran colaboradores en la Protección Civil a todos los efectos:

a) Los servicios de vigilancia y protección frente a riesgos de emergencias de las Empresas públicas

b) Los servicios de vigilancia y protección frente a riesgos de emergencias de las Empresas privadas

c) Todas las respuestas anteriores son correctas

35. Conforme a la Ley 17/2015, de 9 de julio, no es una actuación con el fin de garantizar una respuesta coordinada y eficiente en materia de Protección Civil:

a) Planificar los medios y medidas necesarias para afrontar las situaciones de riesgo

b) Prever los riesgos colectivos mediante acciones dirigidas a conocerlos anticipadamente y evitar que se produzcan o, en su caso, reducir los daños que de ellos puedan derivarse

c) La protección y socorro de personas y bienes en situaciones de grave riesgo, catástrofe o calamidad pública

SOLUCIONES TEST 32

1. a) Tienen competencia en todo el territorio nacional

Las Fuerzas y Cuerpos de Seguridad del Estado ejercen sus funciones en todo el territorio nacional y están integradas por:

- *La Policía Nacional, que es un Instituto Armado de naturaleza civil, dependiente del Ministerio del Interior.*
- *La Guardia Civil, que es un Instituto Armado de naturaleza militar, dependiente del Ministerio del Interior, en el desempeño de las funciones que esta Ley le atribuye, y del Ministerio de Defensa en el cumplimiento de las misiones de carácter militar que este o el Gobierno le encomienden. En tiempo de guerra y durante el estado de sitio, dependerá exclusivamente del Ministro de Defensa.*

2. c) Depende del Ministerio del Interior

La Policía Nacional es un Instituto Armado de naturaleza civil, dependiente del Ministerio del Interior.

3. c) Es competencia, con carácter prioritario de los Cuerpos de Policía de las Comunidades Autónomas, pero pueden colaborar las Fuerzas y Cuerpos de Seguridad del Estado

Las Comunidades Autónomas podrán ejercer, a través de sus Cuerpos de Policía, las siguientes funciones en colaboración con las Fuerzas y Cuerpos de Seguridad del Estado:

a) Velar por el cumplimiento de las Leyes y demás disposiciones del Estado y garantizar el funcionamiento de los servicios públicos esenciales.

b) Participar en las funciones de Policía Judicial.

c) Vigilar los espacios públicos, proteger las manifestaciones y mantener el orden en grandes concentraciones humanas. El ejercicio de esta función corresponderá, con carácter prioritario, a los Cuerpos de Policía de las Comunidades Autónomas, sin perjuicio de la intervención de las Fuerzas y Cuerpos de Seguridad del Estado cuando, bien a requerimiento de las Autoridades de la Comunidad Autónoma, o bien por decisión propia, lo estimen necesario las Autoridades estatales competentes.

4. c) Podrán portar armas en el ejercicio de sus funciones, pero la concesión de la licencia le corresponde al Gobierno de la Nación

Los miembros de los Cuerpos de Policía de las Comunidades Autónomas estarán dotados de los medios técnicos y operativos necesarios para el cumplimiento de sus funciones, pudiendo portar

armas de fuego. El otorgamiento de la licencia de armas competerá, en todo caso, al Gobierno de la Nación.

5. a) Dependerán funcionalmente de las autoridades competentes de las Comunidades Autónomas y orgánicamente del Ministerio de Interior, a través de la Dirección General de la Policía

Las unidades adscritas dependerán, funcionalmente, de las Autoridades de la Comunidad Autónoma, y orgánicamente, del Ministerio del Interior.

6. b) Lo presidirá el Ministro de Interior, y estará integrado por los Consejeros de Interior de las Comunidades Autónomas y por un número igual de representantes del Estado

Para garantizar la coordinación entre las políticas de seguridad pública del Estado y de las Comunidades Autónomas se crea el Consejo de Política de Seguridad, que estará presidido por el Ministro del Interior e integrado por los Consejeros de Interior o Gobernación de las Comunidades Autónomas y por un número igual de representantes del Estado designados por el Gobierno de la Nación.

7. c) Institutos armados de naturaleza civil

Los Cuerpos de Policía Local son Institutos armados, de naturaleza civil con estructura y organización jerarquizada, rigiéndose, en cuanto a su régimen estatutario, por los principios generales de los capítulos II y III del título I y por la sección cuarta del capítulo IV del título II de la Ley Orgánica 2/1986, de 13 de marzo, con adecuación que exija la dependencia de la Administración correspondiente, las disposiciones dictadas al respecto por las Comunidades Autónomas y los Reglamentos específicos para cada cuerpo y demás normas dictadas por los correspondientes Ayuntamientos.

8. c) Proteger a las Autoridades de las Corporaciones Locales, y vigilancia y custodia de sus edificios e instalaciones

Los Cuerpos de Policía Local deberán ejercer las siguientes funciones:

a) Proteger a las Autoridades de las Corporaciones Locales, y vigilancia o custodia de sus edificios e instalaciones.

b) Ordenar, señalizar y dirigir el tráfico en el casco urbano, de acuerdo con lo establecido en las normas de circulación.

c) Instruir atestados por accidentes de circulación dentro del casco urbano.

d) Policía Administrativa, en lo relativo a las Ordenanzas, Bandos y demás disposiciones municipales dentro del ámbito de su competencia.

e) Participar en las funciones de Policía Judicial, en la forma establecida en el artículo 29.2 de esta Ley.

f) La prestación de auxilio, en los casos de accidente, catástrofe o calamidad pública, participando, en la forma prevista en las Leyes, en la ejecución de los planes de Protección Civil.

g) Efectuar diligencias de prevención y cuantas actuaciones tiendan a evitar la comisión de actos delictivos en el marco de colaboración establecido en las Juntas de Seguridad.

h) Vigilar los espacios públicos y colaborar con las Fuerzas y Cuerpos de Seguridad del Estado y con la Policía de las Comunidades Autónomas en la protección de las manifestaciones y el mantenimiento del orden en grandes concentraciones humanas, cuando sean requeridos para ello.

i) Cooperar en la resolución de los conflictos privados cuando sean requeridos para ello.

9. b) Pueden constituirse en los Municipios que cuenten con Cuerpo de Policía propio

En los municipios que tengan Cuerpo de Policía propio, podrá constituirse una Junta Local de Seguridad, que será el órgano competente para establecer las formas y procedimientos de colaboración entre los miembros de las Fuerzas y Cuerpos de Seguridad en su ámbito territorial. La constitución de dichas Juntas y su composición se determinará reglamentariamente. La presidencia corresponderá al Alcalde, salvo que concurriera a sus sesiones el Gobernador civil de la provincia, en cuyo caso, la presidencia será compartida con éste.

10. c) De los Jueces, de los Tribunales y del Ministerio Fiscal, en sus funciones de averiguación del delito y descubrimiento y aseguramiento del delincuente

En cada provincia, el Subdelegado del Gobierno ejercerá el mando directo de las Fuerzas y Cuerpos de Seguridad del Estado, con sujeción a las directrices de los órganos mencionados en los apartados anteriores, sin perjuicio de la dependencia funcional de la Unidades de Policía Judicial respecto de los Jueces, de los Tribunales y del Ministerio Fiscal, en sus funciones de averiguación del delito y descubrimiento y aseguramiento del delincuente (art. 126 de la Constitución).

11. c) Todas las respuestas anteriores son correctas

Además de las funciones comunes con la Policía Nacional, serán ejercidas por la Guardia Civil, las siguientes competencias:

a) Las derivadas de la legislación vigente sobre armas y explosivos.

b) El resguardo fiscal del Estado y las actuaciones encaminadas a evitar y perseguir el contrabando.

c) La vigilancia del tráfico, tránsito y transporte en las vías públicas interurbanas.

d) La custodia de vías de comunicación terrestre, costas, fronteras, puertos, aeropuertos y centros e instalaciones que por su interés lo requieran.

e) Velar por el cumplimiento de las disposiciones que tiendan a la conservación de la naturaleza y medio ambiente, de los recursos hidráulicos, así como de la riqueza cinegética, piscícola, forestal y de cualquier otra índole relacionada con la naturaleza.

f) La conducción interurbana de presos y detenidos.

g) Aquellas otras que le atribuya la legislación vigente.

12. c) Todas las respuestas anteriores son correctas

Son las siguientes según la Ley Orgánica 6/1985, de 1 de julio, del Poder Judicial:

a) La averiguación acerca de los responsables y circunstancias de los hechos delictivos y la detención de los primeros, dando cuenta seguidamente a la Autoridad Judicial y Fiscal, conforme a lo dispuesto en las leyes.

b) El auxilio a la Autoridad Judicial y Fiscal, en cuantas actuaciones deban realizar fuera de su sede y requieran presencia policial.

c) La realización material de las actuaciones que exijan el ejercicio de la coerción y ordenare la Autoridad Judicial o Fiscal.

d) La garantía del cumplimiento de las órdenes y resoluciones de la Autoridad Judicial o Fiscal.

e) Cualquier otra de la misma naturaleza en que sea necesaria su cooperación o auxilio y lo ordenare la Autoridad Judicial o Fiscal.

13. b) La vigilancia del tráfico, tránsito y transporte en las vías públicas interurbanas

Además de las funciones comunes con la Policía Nacional serán ejercidas por la Guardia Civil, las siguientes competencias:

[...]

c) La vigilancia del tráfico, tránsito y transporte en las vías públicas interurbanas.

[...]

14. b) El Ministerio del Interior

El Ministerio del Interior organizará con funcionarios de las Fuerzas y Cuerpos de Seguridad del Estado que cuenten con la adecuada formación especializada, Unidades de Policía Judicial, atendiendo a criterios territoriales y de especialización delictual, a las que corresponderá esta función con carácter permanente y especial. Las referidas Unidades orgánicas de Policía Judicial podrán adscribirse, en todo o en parte, por el Ministerio del Interior, oído el Consejo General del Poder Judicial, a determinados Juzgados y Tribunales. De igual manera podrán adscribirse al Ministerio Fiscal, oído el Fiscal General del Estado.

15. b) Que no pueden atribuirse funciones de otros poderes

La cooperación a la resolución amistosa de los conflictos privados cuando sean requeridos para ello.

16. a) Las Ordenanzas, Bandos y demás disposiciones municipales

Policía administrativa, en lo relativo a las Ordenanzas, Bandos y demás disposiciones municipales dentro del ámbito de su competencia.

17. c) Todas las respuestas anteriores son correctas

El artículo 126 de la Constitución establece que "la Policía Judicial depende de los Jueces, de los Tribunales y del Ministerio Fiscal en sus funciones de averiguación del delito y descubrimiento y aseguramiento del delincuente, en los términos que la ley establezca".

Este mandato constitucional se ha llevado a efecto a través de la Ley Orgánica 2/1986, de Fuerzas y Cuerpos de Seguridad, y por el Real Decreto 769/1987, de 19 de junio, sobre regulación de la Policía Judicial.

18. c) La Policía Local

A los Cuerpos de Policía local les competen las funciones siguientes:

[...]

c) Instruir atestados por accidentes de circulación dentro del casco urbano.

[...]

19. c) Todas las respuestas anteriores son correctas

Las Comunidades Autónomas podrán ejercer, a través de sus Cuerpos de Policía, las siguientes funciones de prestación simultánea e indiferenciada con las Fuerzas y Cuerpos de Seguridad del Estado:

a) La cooperación a la resolución amistosa de los conflictos privados cuando sean requeridos para ello.

b) La prestación de auxilio en los casos de accidente, catástrofe o calamidad pública, participando en la forma prevista en las Leyes, en la ejecución de los planes de protección civil.

c) Velar por el cumplimiento de las disposiciones que tiendan a la conservación de la naturaleza y medio ambiente, recursos hidráulicos, así como la riqueza cinegética, piscícola, forestal y de cualquier otra índole relacionada con la naturaleza.

20. c) Informar las propuestas de recompensas y tener conocimiento de los expedientes disciplinarios incoados

La Comisión Nacional tendrá las siguientes atribuciones:

a) Efectuar estudios permanentemente actualizados acerca de la evolución y desarrollo de la delincuencia.

b) Emitir informes o realizar propuestas de planes generales de actuaciones de la Policía Judicial contra la criminalidad.

c) Intervenir, con estricto respeto al principio de independencia judicial en las actuaciones jurisdiccionales, para unificar criterios o resolver eventuales incidencias que dificulten el adecuado funcionamiento de la Policía Judicial o cualesquiera otras que puedan surgir en las relaciones entre la Autoridad Judicial o Fiscal y la Policía Judicial.

d) Emitir informe sobre la fijación o modificación de las plantillas de las Unidades Orgánicas de Policía Judicial, así como sobre los medios materiales a las mismas asignados, adoptando las iniciativas que estime pertinentes sobre la materia.

e) Conocer de las incidencias que puedan producirse en orden a la especial adscripción de funcionarios o medios a que se refieren los artículos 31.2 de la Ley de Fuerzas y Cuerpos de Seguridad y 22 de este Real Decreto.

f) Unificar criterios e impartir instrucciones en relación con la actuación de las Comisiones Provinciales.

g) Armonizar las actuaciones de investigación de la criminalidad cuyo ámbito territorial desborde el de una Unidad Orgánica.

h) Conocer previamente de los nombramientos de los altos responsables de las Unidades Orgánicas de la Policía Judicial en sus distintos niveles.

i) Informar los anteproyectos de disposiciones generales reguladoras de la Policía Judicial.

j) Cualesquiera otras de análoga naturaleza o que le sean asignadas en el futuro.

21. a) Sobre una base provincial

Las Unidades orgánicas de Policía Judicial se estructurarán, conforme a lo establecido en el Real Decreto 769/1987, con arreglo a criterios de distribución territorial sobre una base provincial. También podrán constituirse Secciones de las mismas en aquellas poblaciones cuyo índice de criminalidad así lo aconseje. Asimismo, se constituirán Unidades con ámbito supraprovincial, por razones de especialidad delictual o de técnicas de investigación.

22. c) El Presidente de la Audiencia Provincial

La Comisión Nacional de Coordinación de Policía Judicial está constituida por:

a) El Presidente del Tribunal Supremo y del Consejo General del Poder Judicial, que la presidirá cuando asista personalmente.

b) El Ministro de Justicia.

c) El Ministro del Interior.

d) El Fiscal General del Estado.

e) El Secretario de Estado para la Seguridad.

f) Un Vocal del Consejo General del Poder Judicial, nombrado y separado libremente por el Pleno de dicho órgano.

g) Un miembro de la Carrera Judicial nombrado y separado por el Consejo General del Poder Judicial, que tenga, al menos, la categoría de Magistrado.

h) Un representante de cada una de las Comunidades Autónomas con competencia estatutaria para la protección de las personas y bienes y para el mantenimiento del orden público, que ejerzan efectivamente funciones de policía judicial.

23. c) A la Comisión Nacional de Coordinación de Policía Judicial

La Comisión Nacional tendrá las siguientes atribuciones:

[...]

e) Conocer de las incidencias que puedan producirse en orden a la especial adscripción de funcionarios o medios a que se refieren los artículos 31.2 de la Ley de Fuerzas y Cuerpos de Seguridad y 22 de este Real Decreto.

[...]

24. b) Con periodicidad mensual

La Comisión Nacional celebrará al menos una reunión trimestral, y las Provinciales se reunirán con periodicidad mensual, a convocatoria de su Presidente, que fijará el orden del día.

25. b) Trimestral

La Comisión Nacional celebrará al menos una reunión trimestral, y las Provinciales se reunirán con periodicidad mensual, a convocatoria de su Presidente, que fijará el orden del día.

26. c) El Secretario de Estado para la Seguridad

Comisiones Provinciales de Policía Judicial

Integradas por:

a) El Presidente de la Audiencia Provincial, que la presidirá.

b) El Fiscal Jefe de la Audiencia.

c) El Magistrado Juez Decano de los Juzgados de Primera Instancia e Instrucción de la capital de la provincia.

d) El Jefe de la Unidad Orgánica de la Policía Judicial de Policía Nacional.

e) El Jefe de la Unidad Orgánica de la Policía Judicial del Cuerpo de la Guardia Civil.

f) En el caso de Comunidades Autónomas con competencia estatutaria para la protección de las personas y bienes y para el mantenimiento del orden público, y que ejerzan efectivamente funciones de policía judicial, el responsable de la misma a nivel provincial.

27. c) Sí, cuando se estime que existen méritos para ello

Podrá instar el ejercicio de la potestad disciplinaria respecto de aquellos cuando fundadamente entiendan que su conducta ha sido merecedora de sanción. A tal efecto podrán practicar las informaciones reservadas que consideren pertinentes. Igualmente, podrá instar la concesión de recompensas cuando estime que existen méritos para ello.

28. b) En lo posible, tendrán su sede en las propias dependencias, edificios judiciales o Fiscalías

Las Unidades de la Policía Judicial, especialmente adscritas a órganos jurisdiccionales o fiscalías, deberán, en lo posible, tener su sede en las propias dependencias o edificios judiciales o Fiscalías. A tal fin se habilitarán los locales adecuados.

29. a) Permanente y especial

A las Unidades Orgánicas de la Policía Judicial corresponderá la función de investigación criminal con carácter permanente y especial. A tal fin, contarán con los efectivos y medios necesarios para el eficaz desenvolvimiento de sus cometidos, estableciéndose, en aquellas Unidades en cuyo ámbito de actuación a nivel de delincuencia lo hiciere preciso, los correspondientes equipos de especialización delictual.

30. a) El Jefe de la respectiva Unidad

Corresponde al Jefe de la respectiva Unidad adscrita la determinación concreta de los funcionarios que habrán de asumir, en cada caso, uno u otros cometidos, dando cuenta a la Autoridad Judicial o Fiscal de la que emanase la orden.

31. a) Es típicamente local

El art. 25 de la Ley 7/1985, de 2 de abril, Reguladora de las Bases del Régimen Local, reconoce a los Municipios competencias en materia de Policía local, tráfico, estacionamiento de vehículos y movilidad.

32. a) La Guardia Civil

Además de las funciones comunes con la Policía Nacional serán ejercidas por la Guardia Civil, las siguientes competencias:

a) Las derivadas de la legislación vigente sobre armas y explosivos.

[...]

33 a) Todos los ciudadanos, a partir de la mayoría de edad

En los casos de emergencia, cualquier persona, a partir de la mayoría de edad, estará obligada a la realización de las prestaciones personales que exijan las autoridades competentes en materia de protección civil, sin derecho a indemnización por esta causa, y al cumplimiento de las órdenes e instrucciones, generales o particulares, que aquellas establezcan.

34. c) Todas las respuestas anteriores son correctas

Los servicios de vigilancia y protección frente a riesgos de emergencias de las empresas públicas o privadas se considerarán, a todos los efectos, colaboradores en la protección civil, por lo que podrán asignárseles cometidos en los planes de protección civil correspondientes a su ámbito

territorial y, en su caso, ser requeridos por las autoridades competentes para su actuación en emergencias.

35. c) La protección y socorro de personas y bienes en situaciones de grave riesgo, catástrofe o calamidad pública

El Sistema Nacional de Protección Civil integra la actividad de protección civil de todas las Administraciones Públicas, en el ámbito de sus competencias, con el fin de garantizar una respuesta coordinada y eficiente mediante las siguientes actuaciones:

a) Prever los riesgos colectivos mediante acciones dirigidas a conocerlos anticipadamente y evitar que se produzcan o, en su caso, reducir los daños que de ellos puedan derivarse.

b) Planificar los medios y medidas necesarias para afrontar las situaciones de riesgo.

c) Llevar a cabo la intervención operativa de respuesta inmediata en caso de emergencia.

d) Adoptar medidas de recuperación para restablecer las infraestructuras y los servicios esenciales y paliar los daños derivados de emergencias.

e) Efectuar una coordinación, seguimiento y evaluación del Sistema para garantizar un funcionamiento eficaz y armónico del mismo.

TEST 33

El modelo policial español. Marco normativo. Las Fuerzas y Cuerpos de Seguridad del Estado. Las Policías Autonómicas. Las Policías Locales. Las Juntas Locales de Seguridad. La Protección civil y la Seguridad Ciudadana, su relación con la Policía Local

1. **Según la Ley Orgánica 2/1986, de 13 de marzo, de Fuerzas y Cuerpos de Seguridad, los Cuerpos de Policía Local son de naturaleza:**

   a) Civil

   b) Armada

   c) Administrativa

2. **Indique la respuesta incorrecta. De acuerdo con la Ley Orgánica 2/1986, de 13 de marzo, son principios básicos de actuación de los miembros de Cuerpos de Policía Local los siguientes:**

   a) Adecuación al ordenamiento jurídico

   b) Dedicación profesional

   c) Inviolabilidad

3. Indique la respuesta incorrecta. Conforme a la Ley Orgánica 2/1986, de 13 de marzo, dentro de los principios básicos de actuación de los miembros de Cuerpos de Policía Local, en lo que se refiere a la adecuación al ordenamiento jurídico, rigen los siguientes:

a) Ejercer su función con absoluto respeto a la Constitución y al resto del ordenamiento jurídico

b) Actuar, en el cumplimiento de sus funciones, con absoluta neutralidad política e imparcialidad y, en consecuencia, sin discriminación alguna por razón de raza, religión u opinión

c) Sujetarse en su actuación profesional, a los principios de independencia y dignidad

4. Señale la respuesta incorrecta. Según la Ley Orgánica 2/1986, de 13 de marzo, dentro de los principios básicos de actuación de los miembros de Cuerpos de Policía Local, en lo que se refiere a las relaciones con la comunidad, rigen los siguientes:

a) Impedir, en el ejercicio de su actuación profesional, cualquier práctica abusiva, arbitraria o discriminatoria que entrañe violencia física o moral

b) Solamente deberán utilizar las armas en las situaciones en que exista un riesgo racionalmente grave para su vida, su integridad física o las de terceras personas, o en aquellas circunstancias que puedan suponer un grave riesgo para la seguridad ciudadana y de conformidad con los principios a que se refiere el apartado anterior

c) En el ejercicio de sus funciones deberán actuar con la decisión necesaria, y sin demora cuando de ello dependa evitar un daño grave, inmediato e irreparable; rigiéndose al hacerlo por los principios de responsabilidad, eficacia y necesidad en la utilización de los medios a su alcance

5. **Indique la respuesta incorrecta. De acuerdo con la Ley Orgánica 2/1986, de 13 de marzo, dentro de los principios básicos de actuación de los miembros de Cuerpos de Policía Local, en lo que se refiere al tratamiento de los detenidos, rigen los siguientes:**

   a) Darán cumplimiento y observarán con la debida diligencia los trámites, plazos y requisitos exigidos por el ordenamiento jurídico, cuando se proceda a la detención de una persona

   b) Los miembros de las Fuerzas y Cuerpos de Seguridad se identificarán en el momento de efectuar una detención cuando sean requeridos para ello por la persona detenida

   c) Velarán por la vida e integridad física de las personas a quienes detuvieren o que se encuentren bajo su custodia y respetarán el honor y la dignidad de las personas

6. **Conforme a la Ley Orgánica 2/1986, de 13 de marzo, dentro de los principios básicos de actuación de los miembros de Cuerpos de Policía Local, en lo que se refiere al secreto profesional:**

   a) No estarán obligados a revelar las fuentes de información, en ningún caso

   b) Estarán obligados a revelar las fuentes de información, en todo caso

   c) No estarán obligados a revelar las fuentes de información salvo que el ejercicio de sus funciones o las disposiciones de la Ley les impongan actuar de otra manera

7. **No es uno de los principios básicos que rigen la actuación policial en caso de usar un arma de fuego:**

   a) Proporcionalidad

   b) Urgencia

   c) Congruencia

8. Señale la respuesta incorrecta. La Ley 1/2018, de 22 de febrero, de Coordinación de Policías Locales de la Comunidad de Madrid, respecto al uso de armas de fuego, establece que:

a) Los agentes auxiliares no podrán llevar armas de fuego, aunque podrán portar otro equipo de defensa

b) Corresponde a cada municipio, por sí solo o en colaboración con la Comunidad de Madrid, garantizar la formación periódica para el mantenimiento y utilización de las armas de fuego, promoviendo la realización de al menos una práctica de tiro mensual

c) Para garantizar una adecuada preparación en el uso de las armas de fuego, las corporaciones locales deberán promover la realización del número mínimo anual de prácticas que reglamentariamente se determine

9. Indique la respuesta incorrecta. La Ley 1/2018, de 22 de febrero, dispone que los miembros de los Cuerpos de policía local deberán utilizar las armas:

a) Solamente en las situaciones en que exista un riesgo racionalmente grave para su vida, su integridad física o la de terceras personas

b) En aquellas circunstancias que puedan suponer un grave riesgo para la seguridad ciudadana

c) Cuando su mando o superior inmediato así lo autorice, en virtud del principio de jerarquía y obediencia

10. Dentro de los diez fundamentos éticos inspiradores de la conducta de Policía Municipal de Madrid que rigen la actuación de sus integrantes, el primero de ellos establece que:

a) Tendré un trato esmerado con todos los ciudadanos, mostrando una especial sensibilidad ante las víctimas y los colectivos más vulnerables

b) Ejerceré mi función con absoluto respeto a la Constitución y al ordenamiento jurídico

c) En mi calidad de ciudadano tendré un comportamiento ejemplar

11. Dentro de los diez fundamentos éticos inspiradores de la conducta de Policía Municipal de Madrid que rigen la actuación de sus integrantes, el séptimo de ellos establece que:

a) Cuidaré mi imagen y procuraré la mejora continua de mis habilidades y capacidades profesionales

b) Orientaré mi labor a la prevención de las situaciones de riesgo para la seguridad de los ciudadanos

c) Me comunicaré con los ciudadanos de una forma eficaz, sabiendo escuchar y haciéndome entender

12. Dentro de los diez fundamentos éticos inspiradores de la conducta de Policía Municipal de Madrid que rigen la actuación de sus integrantes, el sexto de ellos establece que:

a) Desarrollaré mi labor con honradez, integridad y dignidad, oponiéndome a cualquier acto de corrupción

b) Actuaré siempre con neutralidad, imparcialidad y sin discriminación alguna

c) Guardaré riguroso secreto de todos los datos e informaciones que conozca por el desempeño de mis funciones

13. Dentro de los diez fundamentos éticos inspiradores de la conducta de Policía Municipal de Madrid que rigen la actuación de sus integrantes, ninguno de ellos establece que:

a) Tendré un trato esmerado con todos los ciudadanos, mostrando una especial sensibilidad ante las víctimas y los colectivos más vulnerables

b) Actuaré con pleno respeto a la legalidad vigente, a mi conciencia y a los valores cívicos

c) En mi calidad de ciudadano tendré un comportamiento ejemplar

14. Dentro de los diez fundamentos éticos inspiradores de la conducta de Policía Municipal de Madrid que rigen la actuación de sus integrantes, el segundo de ellos establece que:

a) Desarrollaré mi labor con honradez, integridad y dignidad, oponiéndome a cualquier acto de corrupción

b) Contribuiré a fortalecer el trabajo en equipo, participando en la mejora de su eficacia y facilitando su cohesión interna

c) Actuaré siempre con neutralidad, imparcialidad y sin discriminación alguna

15. Dentro de los diez fundamentos éticos inspiradores de la conducta de Policía Municipal de Madrid que rigen la actuación de sus integrantes, el tercero de ellos establece que:

a) Me comunicaré con los ciudadanos de una forma eficaz, sabiendo escuchar y haciéndome entender

b) Desarrollaré mi labor con honradez, integridad y dignidad, oponiéndome a cualquier acto de corrupción

c) Cuidaré mi imagen y procuraré la mejora continua de mis habilidades y capacidades profesionales

16. Dentro de los diez fundamentos éticos inspiradores de la conducta de Policía Municipal de Madrid que rigen la actuación de sus integrantes, el cuarto de ellos establece que:

a) Guardaré riguroso secreto de todos los datos e informaciones que conozca por el desempeño de mis funciones

b) Orientaré mi labor a la prevención de las situaciones de riesgo para la seguridad de los ciudadanos

c) Tendré un trato esmerado con todos los ciudadanos, mostrando una especial sensibilidad ante las víctimas y los colectivos más vulnerables

17. Dentro de los diez fundamentos éticos inspiradores de la conducta de Policía Municipal de Madrid que rigen la actuación de sus integrantes, el quinto de ellos establece que:

a) Actuaré siempre con neutralidad, imparcialidad y sin discriminación alguna

b) Me comunicaré con los ciudadanos de una forma eficaz, sabiendo escuchar y haciéndome entender

c) En mi calidad de ciudadano tendré un comportamiento ejemplar

18. Dentro de los diez fundamentos éticos inspiradores de la conducta de Policía Municipal de Madrid que rigen la actuación de sus integrantes, el octavo de ellos establece que:

a) Cuidaré mi imagen y procuraré la mejora continua de mis habilidades y capacidades profesionales

b) Orientaré mi labor a la prevención de las situaciones de riesgo para la seguridad de los ciudadanos

c) Contribuiré a fortalecer el trabajo en equipo, participando en la mejora de su eficacia y facilitando su cohesión interna

19. Dentro de los diez fundamentos éticos inspiradores de la conducta de Policía Municipal de Madrid que rigen la actuación de sus integrantes, el noveno de ellos establece que:

a) Ejerceré mi función con absoluto respeto a la Constitución y al ordenamiento jurídico

b) Cuidaré mi imagen y procuraré la mejora continua de mis habilidades y capacidades profesionales

c) Contribuiré a fortalecer el trabajo en equipo, participando en la mejora de su eficacia y facilitando su cohesión interna

20. Dentro de los diez fundamentos éticos inspiradores de la conducta de Policía Municipal de Madrid que rigen la actuación de sus integrantes, el décimo de ellos establece que:

a) Desarrollaré mi labor con honradez, integridad y dignidad, oponiéndome a cualquier acto de corrupción

b) En mi calidad de ciudadano tendré un comportamiento ejemplar

c) Actuaré siempre con neutralidad, imparcialidad y sin discriminación alguna

SOLUCIONES TEST 33

1. a) Civil

Los Cuerpos de Policía Local son Institutos armados, de naturaleza civil con estructura y organización jerarquizada, rigiéndose, en cuanto a su régimen estatutario, por los principios generales de los capítulos II y III del título I y por la sección cuarta del capítulo IV del título II de la presente Ley, con adecuación que exija la dependencia de la Administración correspondiente, las disposiciones dictadas al respecto por las Comunidades Autónomas y los Reglamentos específicos para cada cuerpo y demás normas dictadas por los correspondientes Ayuntamientos.

2. c) Inviolabilidad

La Ley Orgánica 2/1986 establece que los Cuerpos de Policía Local se rigen cuanto a su régimen estatutario, por los principios generales de los capítulos II y III del título I. En ese sentido, el capítulo II del Título I establece que son principios básicos de actuación de los miembros de las Fuerzas y Cuerpos de Seguridad los siguientes:

1. Adecuación al ordenamiento jurídico, especialmente:

[…]

2. Relaciones con la comunidad. Singularmente:

[…]

3. Tratamiento de detenidos, especialmente:

[…]

4. Dedicación profesional.

[…]

5. Secreto profesional.

[…]

6. Responsabilidad.

[…]

3. c) Sujetarse en su actuación profesional, a los principios de independencia y dignidad

La Ley Orgánica 2/1986 establece que los Cuerpos de Policía Local se rigen cuanto a su régimen estatutario, por los principios generales de los capítulos II y III del título I. En ese sentido, el capítulo II del Título I establece que son principios básicos de actuación de los miembros de las Fuerzas y Cuerpos de Seguridad los siguientes:

1. Adecuación al ordenamiento jurídico, especialmente:

a) Ejercer su función con absoluto respeto a la Constitución y al resto del ordenamiento jurídico.

b) Actuar, en el cumplimiento de sus funciones, con absoluta neutralidad política e imparcialidad y, en consecuencia, sin discriminación alguna por razón de raza, religión u opinión.

c) Actuar con integridad y dignidad. En particular, deberán abstenerse de todo acto de corrupción y oponerse a él resueltamente.

d) Sujetarse en su actuación profesional, a los principios de jerarquía y subordinación. En ningún caso, la obediencia debida podrá amparar órdenes que entrañen la ejecución de actos que manifiestamente constituyan delito o sean contrarios a la Constitución o a las Leyes.

e) Colaborar con la Administración de Justicia y auxiliarla en los términos establecidos en la Ley.

[...]

4. c) En el ejercicio de sus funciones deberán actuar con la decisión necesaria, y sin demora cuando de ello dependa evitar un daño grave, inmediato e irreparable; rigiéndose al hacerlo por los principios de responsabilidad, eficacia y necesidad en la utilización de los medios a su alcance

La Ley Orgánica 2/1986 establece que los Cuerpos de Policía Local se rigen cuanto a su régimen estatutario, por los principios generales de los capítulos II y III del título I. En ese sentido, el capítulo II del Título I establece que son principios básicos de actuación de los miembros de las Fuerzas y Cuerpos de Seguridad los siguientes:

[...]

2. Relaciones con la comunidad. Singularmente:

a) Impedir, en el ejercicio de su actuación profesional, cualquier práctica abusiva, arbitraria o discriminatoria que entrañe violencia física o moral.

b) Observar en todo momento un trato correcto y esmerado en sus relaciones con los ciudadanos, a quienes procurarán auxiliar y proteger, siempre que las circunstancias lo aconsejen o fueren requeridos para ello. En todas sus intervenciones, proporcionarán información cumplida, y tan amplia como sea posible, sobre las causas y finalidad de las mismas.

c) En el ejercicio de sus funciones deberán actuar con la decisión necesaria, y sin demora cuando de ello dependa evitar un daño grave, inmediato e irreparable; rigiéndose al hacerlo por los principios de congruencia, oportunidad y proporcionalidad en la utilización de los medios a su alcance.

d) Solamente deberán utilizar las armas en las situaciones en que exista un riesgo racionalmente grave para su vida, su integridad física o las de terceras personas, o en aquellas circunstancias que puedan suponer un grave riesgo para la seguridad ciudadana y de conformidad con los principios a que se refiere el apartado anterior. [...]

5. b) Los miembros de las Fuerzas y Cuerpos de Seguridad se identificarán en el momento de efectuar una detención cuando sean requeridos para ello por la persona detenida

La Ley Orgánica 2/1986 establece que los Cuerpos de Policía Local se rigen cuanto a su régimen estatutario, por los principios generales de los capítulos II y III del título I. En ese sentido, el capítulo II del Título I establece que son principios básicos de actuación de los miembros de las Fuerzas y Cuerpos de Seguridad los siguientes:

[...]

3. *Tratamiento de detenidos, especialmente:*

   a) *Los miembros de las Fuerzas y Cuerpos de Seguridad deberán identificarse debidamente como tales en el momento de efectuar una detención.*

   b) *Velarán por la vida e integridad física de las personas a quienes detuvieren o que se encuentren bajo su custodia y respetarán el honor y la dignidad de las personas.*

   c) *Darán cumplimiento y observarán con la debida diligencia los trámites, plazos y requisitos exigidos por el ordenamiento jurídico, cuando se proceda a la detención de una persona.*

[...]

6. c) No estarán obligados a revelar las fuentes de información salvo que el ejercicio de sus funciones o las disposiciones de la Ley les impongan actuar de otra manera

La Ley Orgánica 2/1986 establece que los Cuerpos de Policía Local se rigen cuanto a su régimen estatutario, por los principios generales de los capítulos II y III del título I. En ese sentido, el capítulo II del Título I establece que son principios básicos de actuación de los miembros de las Fuerzas y Cuerpos de Seguridad los siguientes:

[...]

5. *Secreto profesional.*

   Deberán guardar riguroso secreto respecto a todas las informaciones que conozcan por razón o con ocasión del desempeño de sus funciones. No estarán obligados a revelar las fuentes de información salvo que el ejercicio de sus funciones o las disposiciones de la Ley les impongan actuar de otra manera.

[...]

7. b) Urgencia

Los principios básicos teóricos que rigen la actuación policial en caso de usar un arma de fuego son: congruencia, oportunidad y proporcionalidad. Así se exige al Policía que solo use el arma de fuego cuando este medio demuestre ser el más indicad, idóneo y necesario, como última alternativa y procurando causar la menos lesividad posible al agresor/delincuente.

8. b) Corresponde a cada municipio, por sí solo o en colaboración con la Comunidad de Madrid, garantizar la formación periódica para el mantenimiento y utilización de las armas de fuego, promoviendo la realización de al menos una práctica de tiro mensual

El artículo 9 de la Ley 1/2018, de 22 de febrero, de Coordinación de Policías Locales de la Comunidad de Madrid, dispone:

- *Los miembros de los Cuerpos de policía local, como integrantes de un instituto armado, portarán y, en su caso, utilizarán el armamento reglamentario que se les asigne, adecuado al servicio policial encomendado, de conformidad con las funciones determinadas en la presente Ley y de acuerdo con la normativa vigente en materia de armamento. A tal fin, se proporcionarán por las Administraciones locales competentes las armas, la munición y los accesorios técnicos necesarios para garantizar eficazmente el cumplimiento de sus funciones, con carácter homogéneo y según los criterios de coordinación establecidos en la presente Ley.*
- *Los agentes auxiliares no podrán llevar armas de fuego, aunque podrán portar otro equipo de defensa.*
- *Los miembros de los Cuerpos de policía local dispondrán de los medios y recursos materiales y técnicos necesarios para el adecuado desempeño de sus funciones.*
- *Para garantizar una adecuada preparación en el uso de las armas de fuego, las corporaciones locales deberán promover la realización del número mínimo anual de prácticas que reglamentariamente se determine.*
- *Corresponde a cada municipio, por sí solo o en colaboración con la Comunidad de Madrid, garantizar la formación periódica para el mantenimiento y utilización de las armas de fuego, promoviendo la realización de al menos una práctica de tiro anual.*
- *Queda expresamente prohibido portar armas particulares durante el servicio.*

9. c) Cuando su mando o superior inmediato así lo autorice, en virtud del principio de jerarquía y obediencia

El artículo 15 de la Ley 1/2018, de 22 de febrero, de Coordinación de Policías Locales de la Comunidad de Madrid, dispone que los miembros de los Cuerpos de policía local deberán ajustar sus actuaciones en relación a la ciudadanía a los siguientes principios:

a) Impedir, en el ejercicio de su actuación profesional, cualquier práctica abusiva, arbitraria o discriminatoria que entrañe violencia física o moral.

b) Observar en todo momento un trato correcto y esmerado en su relación con la ciudadanía, a quienes procurarán auxiliar y proteger, siempre que las circunstancias lo aconsejen o fueren requeridos para ello. En todas sus intervenciones, proporcionarán información cumplida, y tan amplia como sea posible, sobre las causas y finalidad de las mismas.

c) Actuar en el ejercicio de sus funciones, con la decisión necesaria y sin demora cuando de ello dependa evitar un daño grave, inmediato o irreparable; rigiéndose al hacerlo por los principios de congruencia, oportunidad y proporcionalidad en la utilización de los medios a su alcance.

d) Cumplir estrictamente las normas establecidas en la Ley Orgánica de protección de la seguridad ciudadana, en lo relativo a la identificación de personas en las vías y lugares públicos y prevenir cualquier sesgo discriminatorio en la práctica de dichas identificaciones.

e) Utilizar las armas solamente en las situaciones en que exista un riesgo racionalmente grave para su vida, su integridad física o la de terceras personas, o en aquellas circunstancias que puedan suponer un grave riesgo para la seguridad ciudadana y de conformidad con los principios a que se refiere el apartado anterior.

10. b) Ejerceré mi función con absoluto respeto a la Constitución y al ordenamiento jurídico

Los fundamentos éticos inspiradores de la conducta de Policía Municipal de Madrid que rigen la actuación de sus integrantes son:

1. *Ejerceré mi función con absoluto respeto a la Constitución y al ordenamiento jurídico.*
2. *Actuaré siempre con neutralidad, imparcialidad y sin discriminación alguna.*
3. *Desarrollaré mi labor con honradez, integridad y dignidad, oponiéndome a cualquier acto de corrupción.*
4. *Tendré un trato esmerado con todos los ciudadanos, mostrando una especial sensibilidad ante las víctimas y los colectivos más vulnerables.*
5. *Me comunicaré con los ciudadanos de una forma eficaz, sabiendo escuchar y haciéndome entender.*
6. *Guardaré riguroso secreto de todos los datos e informaciones que conozca por el desempeño de mis funciones.*
7. *Orientaré mi labor a la prevención de las situaciones de riesgo para la seguridad de los ciudadanos.*
8. *Cuidaré mi imagen y procuraré la mejora continua de mis habilidades y capacidades profesionales.*
9. *Contribuiré a fortalecer el trabajo en equipo, participando en la mejora de su eficacia y facilitando su cohesión interna.*
10. *En mi calidad de ciudadano tendré un comportamiento ejemplar.*

11. b) Orientaré mi labor a la prevención de las situaciones de riesgo para la seguridad de los ciudadanos

Los fundamentos éticos inspiradores de la conducta de Policía Municipal de Madrid que rigen la actuación de sus integrantes son:

[…]

7. *Orientaré mi labor a la prevención de las situaciones de riesgo para la seguridad de los ciudadanos.*

[…]

12. c) Guardaré riguroso secreto de todos los datos e informaciones que conozca por el desempeño de mis funciones

Los fundamentos éticos inspiradores de la conducta de Policía Municipal de Madrid que rigen la actuación de sus integrantes son:

[…]

6. *Guardaré riguroso secreto de todos los datos e informaciones que conozca por el desempeño de mis funciones.*

[…]

13. b) Actuaré con pleno respeto a la legalidad vigente, a mi conciencia y a los valores cívicos

Los fundamentos éticos inspiradores de la conducta de Policía Municipal de Madrid que rigen la actuación de sus integrantes son:

[…]

4. *Tendré un trato esmerado con todos los ciudadanos, mostrando una especial sensibilidad ante las víctimas y los colectivos más vulnerables.*

[…]

10. *En mi calidad de ciudadano tendré un comportamiento ejemplar.*

14. c) Actuaré siempre con neutralidad, imparcialidad y sin discriminación alguna

Los fundamentos éticos inspiradores de la conducta de Policía Municipal de Madrid que rigen la actuación de sus integrantes son:

[…]

2. *Actuaré siempre con neutralidad, imparcialidad y sin discriminación alguna.*

[…]

15. b) Desarrollaré mi labor con honradez, integridad y dignidad, oponiéndome a cualquier acto de corrupción

Los fundamentos éticos inspiradores de la conducta de Policía Municipal de Madrid que rigen la actuación de sus integrantes son:

[…]

3. *Desarrollaré mi labor con honradez, integridad y dignidad, oponiéndome a cualquier acto de corrupción.*

[…]

16. c) Tendré un trato esmerado con todos los ciudadanos, mostrando una especial sensibilidad ante las víctimas y los colectivos más vulnerables

Los fundamentos éticos inspiradores de la conducta de Policía Municipal de Madrid que rigen la actuación de sus integrantes son:

[…]

4. *Tendré un trato esmerado con todos los ciudadanos, mostrando una especial sensibilidad ante las víctimas y los colectivos más vulnerables.*

[…]

17. b) Me comunicaré con los ciudadanos de una forma eficaz, sabiendo escuchar y haciéndome entender

Los fundamentos éticos inspiradores de la conducta de Policía Municipal de Madrid que rigen la actuación de sus integrantes son:

[…]

5. *Me comunicaré con los ciudadanos de una forma eficaz, sabiendo escuchar y haciéndome entender.*

[…]

18. a) Cuidaré mi imagen y procuraré la mejora continua de mis habilidades y capacidades profesionales

Los fundamentos éticos inspiradores de la conducta de Policía Municipal de Madrid que rigen la actuación de sus integrantes son:

[…]

8. *Cuidaré mi imagen y procuraré la mejora continua de mis habilidades y capacidades profesionales.*

[…]

19. c) Contribuiré a fortalecer el trabajo en equipo, participando en la mejora de su eficacia y facilitando su cohesión interna

Los fundamentos éticos inspiradores de la conducta de Policía Municipal de Madrid que rigen la actuación de sus integrantes son:

[…]

9. *Contribuiré a fortalecer el trabajo en equipo, participando en la mejora de su eficacia y facilitando su cohesión interna.*

[…]

20. b) En mi calidad de ciudadano tendré un comportamiento ejemplar

Los fundamentos éticos inspiradores de la conducta de Policía Municipal de Madrid que rigen la actuación de sus integrantes son:

[…]

10. En mi calidad de ciudadano tendré un comportamiento ejemplar.

TEST 34

La función preventiva de la Policía. Modelos funcionales para la actividad proactiva y la prevención del riesgo. Relaciones de la Policía con el ciudadano: normas básicas de actuación. Principios de interrelación: subsidiariedad, proximidad, participación, eficacia y calidad del servicio público

1. ¿Qué norma establece, como una de las funciones de los Cuerpos de policía local, efectuar las diligencias de prevención y cuantas actuaciones tiendan a evitar la comisión de actos delictivos o su comprobación?

a) La Ley 1/2018, de 22 de febrero, de Coordinación de Policías Locales de la Comunidad de Madrid

b) La Ley Orgánica 2/1986, de 13 de marzo, de Fuerzas y Cuerpos de Seguridad

c) Las respuestas a) y b) son correctas

2. No es una de las funciones de la policía municipal:

a) Función preventiva

b) Función asistencial

c) Función de acompañamiento

3. **No es una de las medidas que forman parte de la prevención policial:**

   a) Evitar que las personas sean víctimas

   b) La aparición del delincuente

   c) La evitación del delito

4. **La acción preventiva de las policías locales puede aplicarse a través de diversos modos, entre los que no encontramos:**

   a) Modos de acción preventiva policial local a nivel informativo

   b) Modos de acción preventiva policial local a nivel ejecutivo

   c) Modos de acción preventiva policial local a nivel operativo

5. **¿Cuál de los modos de acción preventiva policial local están orientados a conseguir la corresponsabilización de la población en la seguridad colectiva?**

   a) A nivel participativo

   b) A nivel informativo

   c) A nivel orientativo

6. **La acción asistencia en la policía se explica y justifica por los siguientes aspectos:**

   a) De carácter legal

   b) De carácter social

   c) Las respuestas a) y b) son correctas

7. **La finalidad de las relaciones humanas para la policía persigue determinados objetivos a lograr por el policía, entre los que no se encuentra:**

   a) Conseguir un clima de colaboración y confianza hacia la Policía

   b) Analizar los conflictos sociales originados por la Policía

   c) Favorecer la plena integración de la Policía en la sociedad

8. **Señale la respuesta incorrecta. Para desarrollar las normas que rigen las relaciones policía-ciudadano, es imprescindible distinguir entre los principios básicos de actuación recogidos en:**

   a) La relación jurídico-legal del Policía con el Cuerpo al que pertenece

   b) La legislación

   c) Las pautas de actuación

9. **Señale la respuesta correcta en relación con las funciones en materia de seguridad ciudadana:**

   a) Las limitaciones que tiene la Policía Local en materia de seguridad ciudadana nacen de la Ley Orgánica 2/1986

   b) Las limitaciones que tiene la Policía Local en materia de seguridad ciudadana nacen de la Constitución

   c) Las limitaciones que tiene la Policía Local en materia de seguridad ciudadana no nacen de la Constitución, sino de la interpretación que de la misma hace la Ley Orgánica 2/1986

10. **En las circunstancias en las que un policía tenga que solicitar auxilio:**

   a) Gesticulará lo necesario para calmar la situación

   b) Explicará la situación de la manera más rápida posible

   c) Siempre utilizará un tono de voz tranquilizador

SOLUCIONES TEST 34

1. a) La Ley 1/2018, de 22 de febrero, de Coordinación de Policías Locales de la Comunidad de Madrid

Son funciones de los Cuerpos de policía local las siguientes:

[...]

h) Efectuar las diligencias de prevención y cuantas actuaciones tiendan a evitar la comisión de actos delictivos o su comprobación.

[...]

2. c) Función de acompañamiento

Las funciones policiales a desempeñar por la policía municipal se pueden sintetizar en las siguientes:

- *Función preventiva.*
- *Función asistencial.*
- *Función represiva o coercitiva.*

3. c) La evitación del delito

Podemos definir la prevención policial como el conjunto de medidas que se pueden toman para realizar un servicio a la comunidad para evitar que las personas sean víctimas; la aparición del delincuente; y la comisión del delito.

4. b) Modos de acción preventiva policial local a nivel ejecutivo

La acción preventiva puede aplicarse a través de diversos modos:

- *Modos de acción preventiva policial a nivel informativo.*
- *Modos de acción preventiva policial a nivel participativo.*
- *Modos de acción preventiva policial a nivel operativo.*

5. a) A nivel participativo

Modos de acción preventiva policial local a nivel participativo. Están orientados a conseguir la corresponsabilización de la población en la seguridad colectiva, puesto que la seguridad nos afecta a todos. Por lo tanto, es necesario que la función policial articule la participación ciudadana.

6. c) Las respuestas a) y b) son correctas

La acción asistencia en la policía se explica y justifica por los siguientes aspectos:

- *El primero de carácter legal, consistente en que su ejercicio constituye una obligación profesional.*
- *El segundo de carácter social, ya que el servicio policial conlleva una prestación permanente y próxima al ciudadano.*
- *El tercero de carácter administrativo e institucional, ya que los agentes de la Autoridad disponen de medios adecuados para cualquier tipo de incidencia.*
- *Por último hay que tener en cuenta que la función policial asistencia contribuye a contrarrestar determinadas e inevitables acciones represivas.*

7. b) Analizar los conflictos sociales originados por la Policía

La finalidad de las relaciones humanas para la policía persigue los siguientes objetivos a lograr por el policía:

- *Influir, en un sentido positivo, en las actitudes y opiniones que los ciudadanos tienen hacia la Policía.*
- *Conseguir un clima de colaboración y confianza hacia la Policía.*
- *Favorecer la plena integración de la Policía en la sociedad.*
- *Evitar que la actitud de la Policía pueda ser causa de un posible conflicto.*

8. a) La relación jurídico-legal del Policía con el Cuerpo al que pertenece

Para desarrollar las normas que rigen las relaciones policía-ciudadano, es imprescindible distinguir entre los principios básicos de actuación recogidos en la legislación (tanto a nivel estatal como autonómico y local), y las pautas de actuación que los policías municipales utilizan para controlar, manejar o evitar situaciones de conflicto y mantener una adecuada relación con los ciudadanos.

9. c) Las limitaciones que tiene la Policía Local en materia de seguridad ciudadana no nacen de la Constitución, sino de la interpretación que de la misma hace la Ley Orgánica 2/1986

En la actualidad, las limitaciones que tiene la Policía Local en materia de seguridad ciudadana no nacen de la Constitución, sino de la interpretación que de la misma hace la Ley Orgánica 2/1986. Y una de las reformas más urgentes consistiría, precisamente, en la atribución de competencias a las Policías Locales.

10. c) Siempre utilizará un tono de voz tranquilizador

Ante las distintas situaciones a las que se puede encontrar un policía a lo largo de su jornada, podemos observar determinadas conductas a modo de herramientas en las relaciones policía-ciu-

dadano, que servirán de ayuda para mejorar dichas relaciones en algunos casos, mientras que en otros, se podrá pone solución a las distintas situaciones de conflicto en las que se vea envuelto.

- *Imagen. El policía deberá mantener una pulcritud en su imagen, así como su reputación profesional, ejercer una acción pedagógica permanente con su ejemplo y mantener la serenidad y firmeza ante los problemas que se presenten en su actuación profesional.*
- *Información. Ante la solicitud de información por un ciudadano, el policía deberá saludar, manteniendo un trato cordial, escuchar atentamente los requerimientos de los ciudadanos e informar correctamente y de una manera que resulte comprensible.*
- *Auxilio. El policía siempre utilizará un tono de voz tranquilizador, realizará las indagaciones oportunas, e informará sobre las posibles alternativas.*
- *Conflictos leves. El policía deberá mantener el saludo inicial, situarse en un distanciamiento cortés, dar explicaciones cortas sin gesticulaciones, mantener una actitud serena y firme y evitará realizar descalificaciones hacia el ciudadano.*

TEST 35

El fenómeno de la marginación. Causas, efectos y problemática social. Las migraciones en la actualidad. Integración social: factor esencias de la cohesión social. Especial mención a los delitos relacionados con los colectivos más vulnerables

1. **Desde el punto de vista de la sociología, la marginación es una característica del problema:**

   a) Social

   b) Religioso

   c) Económico

2. **En la adaptación, influyen factores:**

   a) Individuales únicamente

   b) Individuales y ambientales

   c) Ambientales únicamente

3. **El proceso mediante el cual, el individuo aprende normas, valores y creencias que forman parte de la cultura que le rodea, se denomina:**

   a) Socialización

   b) Regularización

   c) Educación

4. La subcultura es:

a) Cultura inmersa dentro de otra cultura

b) Cultura al margen de cualquier otra cultura

c) La falta de cultura

5. La exclusión social es:

a) La imposibilidad de acceder a una serie de bienes y servicios imprescindibles para la satisfacción de las necesidades básicas y fundamentales de la persona

b) La imposibilidad de disfrutar del derecho a la justicia

c) Todas las respuestas anteriores son correctas

6. ¿Cuál de las siguientes afirmaciones, respecto de la situación laboral en nuestro país, no es correcta?

a) El tipo de empleo que se crea es precario

b) Los salarios son bajos

c) La mayoría de los contratos son fijos

7. A las personas que sufren marginación laboral se les califica de:

a) Obreros

b) Trabajadores

c) Subproletarios

8. Con los actuales programas de integración se pretende:

a) La mejora de los barrios más desfavorecidos

b) Aumentar la participación de la población afectada

c) Todas las respuestas anteriores son correctas

9. ¿Cuál de las siguientes afirmaciones no puede considerarse una consecuencia lógica de la marginación?

a) Bajos índices motivacionales

b) Máximo desarrollo intelectual e idiomático

c) Mínimo autoconcepto y autoestima

10. La Comisión Europea cita que uno de los mayores problemas de la sociedad europea hoy en día es:

a) La exclusión social

b) La desadaptación

c) La marginalidad

11. Según la Constitución Española, ¿cuál de los siguientes es un principio rector de la política social y económica?

a) Protección social, económica y jurídica de la familia

b) Política orientada al pleno empleo

c) Todas las respuestas anteriores son correctas

12. ¿Qué artículo constitucional consagra la dignidad de la persona, los derechos inviolables que le son inherentes y el libre desarrollo de la personalidad como fundamentos de la paz social?

a) 11.1

b) 10.1

c) 12.1

13. Señale la opción correcta en relación a los efectos de la cohesión grupal en la productividad:

a) En los grupos con baja cohesión las normas que implican una tasa elevada de desempeño conllevan un nivel alto de productividad

b) En condiciones de alta cohesión las normas bajas de desempeño producen niveles altos de productividad

c) En condiciones de alta cohesión las normas bajas de desempeño producen niveles bajos de productividad

14. ¿Cuál de los siguientes factores no pueden facilitar el incremento de la cohesión en un grupo?

a) Proximidad física entre los miembros

b) Satisfacción de los componentes del grupo con las tareas y objetivos de este

c) Heterogeneidad

15. Evitar el desarraigo en origen implica:

a) Involucrar más a los consulados en la tarea de información y agilización de la tramitación burocrática

b) Realizar una mayor inversión económica en programas de ayuda al desarrollo

c) Realizar una investigación de las causas que la originan, independientemente del lugar de origen

16. La civilidad es:

a) La adopción como propias de las costumbres de la persona emigrante

b) La actitud de respeto recíproco entre personas de distinta cultura o lengua que comparten territorio, trabajo y existencia

c) La convivencia entre personas originarias de un mismo país en otro país que les acoge

17. Señale la opción incorrecta en relación a la cohesión e integración del grupo inmigrante:

a) Se trata de la calidad de la grupalidad que estaba determinada por la interdependencia entre los integrantes de un grupo

b) El grupo es el aglutinante de las fuerzas que mantiene unidos a sus componentes

c) La calidad de la interacción era más importante para el correcto funcionamiento del grupo que la cantidad

18. El proceso de reintegración o incorporación tiene como principal objetivo:

a) Llegar a alcanzar la autorrealización de los marginales

b) Alcanzar la supervivencia de los marginales a través de las ayudas públicas

c) Evitar la exclusión por parte de las Administraciones Públicas

19. La intervención de las Administraciones Públicas de tipo asistencial supone:

a) La satisfacción de las necesidades básicas de estos grupos

b) La promoción laboral, reinserción social y rehabilitación de los individuos que integran tales grupos

c) Disminuir los factores que llevan a la marginación de ciertos grupos sociales

20. Con el fin de potenciar el desarrollo de actuaciones en favor de personas en situación o riesgo de pobreza y exclusión, se cofinanciarán proyectos de intervención social integral, que serán promovidos por:

a) La Unión Europea

b) Las Comunidades Autónomas

c) Las entidades locales

SOLUCIONES TEST 35

1. a) Social

Desde el punto de vista de la sociología, la marginación es una característica del problema social, afectando normalmente a toda una comunidad, ya que suele englobar a todos aquellos individuos amenazados por una pobreza o por una violencia estructural, debido a la falta de medios y ayuda para acabar con ella.

2. b) Individuales y ambientales

En la adaptación influyen dos factores:

- *Las características individuales que se funden con el ambiente (destrezas, actitudes, condición física y psíquica...).*
- *Características de las situaciones a las que el individuo se enfrenta (ambientales).*

3. a) Socialización

Llamamos socialización al proceso mediante el cual el individuo, ya desde la infancia, aprende e interioriza actitudes, valores, normas, creencias... que vendrían a formar parte de la cultura de la que se rodea y, sobre todo, las conductas adecuadas para poderse manejar y adaptar como un ser social, es decir, responder y participar en y con la sociedad.

4. a) Cultura inmersa dentro de otra cultura

A través de este tipo de proceso, la persona pasa a formar parte de una serie de individuos, es decir, es incluida dentro de un determinado grupo, en posesión de unos mismos valores y normas en general; y en particular, y según la persona de que se trate, con unos intereses, metas concretas, creencias políticas, lugar de residencia común, religión, ocupaciones...

Surge aquí el desarrollo de los subgrupos o subculturas (cultura inmersa dentro de una cultura).

5. c) Todas las respuestas anteriores son correctas

La exclusión es, tanto la imposibilidad de acceder a una serie de bienes y servicios imprescindibles para la satisfacción de las necesidades más básicas y fundamentales de la persona, como la imposibilidad de disfrutar de los derechos básicos, como la justicia, los derechos sociales, es decir, de todos los derechos que corresponden a la persona por ser un ciudadano.

6. c) La mayoría de los contratos son fijos

La situación laboral que nuestro país lleva arrastrando desde hace bastantes años puede ser una de las principales causas de la marginalidad. Desgraciadamente tal situación no posee grandes perspectivas de mejora a corto o medio plazo, debido a que:

- *El tipo de empleo que se crea es precario.*
- *La mayoría de los contratos son temporales y no dan lugar a ninguna clase de estabilidad.*
- *Los salarios bajos.*
- *Las nulas posibilidades de promoción y formación.*
- *La falta de derechos sindicales y laborales.*

7. c) Subproletarios

Esto tiene consecuencias muy serias fuera del área laboral, principalmente en la vida cotidiana de las personas, ya que las familias que sufren una mala o penosa situación laboral se ven privadas de un nivel de renta suficiente para hacer frente a sus necesidades más básicas.

Muchas veces, y al ser considerada esta marginación fundamentalmente de tipo económico se les llega a clasificar de "subproletarios".

8. c) Todas las respuestas anteriores son correctas

Con los actuales programas de integración se pretende:

- *La mejora de los barrios más desfavorecidos.*
- *La reintegración de las poblaciones marginales, no necesariamente ligadas a un status profesional.*
- *La creación de estructuras y de grupos locales, cuya función es la de facilitar los contactos con las autoridades.*
- *Ofrecer una adecuada formación sobre el manejo de los recursos locales.*
- *Aumentar la participación de la población afectada.*
- *Incentivar el desarrollo cultural explotando los aspectos más positivos de la cultura local.*

9. b) Máximo desarrollo intelectual e idiomático

A menudo se ha afirmado que existe una gran relación entre la marginalidad social y la económica con respecto a algunos tipos de trastornos del pensamiento, conductas desviadas y extrañas, delincuencia, etc., pero, aunque este efecto sea real, no siempre podemos detectarlo.

- *Tanto la marginación económica como la cultural actúan como causas de desadaptación social.*

- *Se da una baja tolerancia a la frustración y una reacción agresiva a la hora de enfrentarse a circunstancias de algún modo conflictivas, ya que las perciben de tal forma, que, de entrada, ya se sienten incapaces de solucionarlas.*
- *Bajos índices motivacionales.*
- *Mínimo autoconcepto y autoestima, escasa capacidad de ver en sí mismos características positivas.*
- *Mínimo desarrollo intelectual e idiomático.*

10. a) La exclusión social

Hasta hace muy poco tiempo, las investigaciones acerca del problema de la marginalidad, no habían incluido de manera importante y extensa el tema de la exclusión e integración social en Europa. La Comisión Europea cita que uno de los mayores problemas de la sociedad europea hoy en día, es la exclusión social.

11. c) Todas las respuestas anteriores son correctas

Como consecuencia del Estado Social y Democrático de derecho, los poderes públicos tienen la obligación de realizar una serie de actuaciones tendentes a conseguir una sociedad más igual y equilibrada. La Constitución recoge en el Capítulo III del Título I los principios rectores de la política social y económica (art. 39 a 52). En concreto:

- *Protección social, económica y jurídica de la familia (art. 39).*
- *Progreso social y económico, y una distribución de la renta regional y personal más equitativa (art. 40).*
- *Política orientada al pleno empleo (art. 40).*
- *Mantenimiento de un régimen público de seguridad social para todos los ciudadanos, que garantice la asistencia y prestaciones suficientes ante situaciones de necesidad (art. 41).*
- *Salvaguarda de los derechos económicos y sociales de trabajadores españoles en el extranjero (art. 42).*
- *Protección de la salud a través de las medidas preventivas y de las prestaciones y servicios necesarios (art. 43).*
- *Fomento de la educación sanitaria, la educación física y el deporte (art. 43).*
- *Promoción de las condiciones necesarias y establecimiento de las normas pertinentes para hacer efectivo el derecho a disfrutar de una vivienda digna y adecuada (art. 47).*
- *Promoción de las condiciones para la participación de la juventud en el desarrollo político, social, económico y cultural (art. 48).*
- *Política de previsión, tratamiento, rehabilitación e integración de los disminuidos (art. 49).*
- *Protección a la tercera edad (art. 50)*

12. b) 10.1

La ciudadanía, entendida como dignidad en cuánto seres humanos, la consagra nuestra Constitución de 1978 en los apartados 1 y 2 del artículo 10 que dicen textualmente:

Art. 10.1. "La dignidad de la persona, los derechos inviolables que le son inherentes, el libre desarrollo de la personalidad, el respeto a la ley y a los derechos de los demás son fundamento del orden político y de la paz social.

Art. 10.2. "Las normas relativas a los derechos fundamentales y a las libertades que la Constitución reconoce se interpretarán de conformidad con la Declaración Universal de Derechos Humanos y los tratados y acuerdos internacionales sobre las mismas materias ratificados por España".

13. c) En condiciones de alta cohesión las normas bajas de desempeño producen niveles bajos de productividad

En relación a los efectos de la cohesión grupal en la productividad, se ha encontrado que efectivamente en los grupos con alta cohesión las normas que implican una tasa elevada de desempeño conllevan un nivel alto de productividad mientras que en condiciones de alta cohesión las normas bajas de desempeño producen niveles bajos de productividad.

14. c) Heterogeneidad

Pese a que Festinger afirmaba que la atracción interpersonal no es la variable que determinará la cohesión en todos los casos, a partir de su trabajo se ha observado una tendencia a identificar cohesión y atracción interpersonal y a considerar erróneamente que todos aquellos factores que contribuyen a la atracción interpersonal contribuyen también a la cohesión grupal. De manera más concreta, Navas Luque y Gómez Berrocal (2008) señalan una serie de factores que pueden facilitar el incremento de la cohesión en un grupo:

- *Proximidad física entre los miembros.*
- *Interdependencia: la cooperación entre los miembros del grupo supone una influencia positiva para este mientras que la competición puede dificultar su funcionamiento.*
- *Homogeneidad: la relación entre la homogeneidad y la cohesión es relativamente compleja dado que un grado moderado de semejanza en cuanto a actitudes, creencias y valores facilita la cohesión, pero también cierto nivel de diversidad favorece la dinámica y la productividad del grupo.*
- *Satisfacción de los componentes del grupo con las tareas y objetivos de este.*

15. a) Involucrar más a los consulados en la tarea de información y agilización de la tramitación burocrática

Evitar el desarraigo en origen implica involucrar más a los consulados en la tarea de información y agilización de la tramitación burocrática. Todos los países de Europa y del mundo desarrollado en general no han incrementado -sino todo lo contrario, han reducido- los recursos humanos y materiales destinados a los asuntos de extranjería. En este ámbito, el de las embajadas y consula-

dos debe empezar ese proceso de información y asesoramiento para que las personas que quieren emigrar de sus países lo hagan con el conocimiento suficiente del marco legal y de las expectativas que pueden encontrar.

16. b) La actitud de respeto recíproco entre personas de distinta cultura o lengua que comparten territorio, trabajo y existencia

Para que se pueda dar la civilidad es preciso evitar el alarmismo que desorienta a la población que acoge, y que debilita la credibilidad de la población que inmigra. La civilidad es la actitud de respeto recíproco entre personas de distinta cultura o lengua que comparten territorio, trabajo y existencia. Sin compartir no hay integración, por eso hay que evitar los Ghettos urbanos, o concentraciones de inmigrantes en las ciudades, en edificios degradados y en zonas deprimidas, o que acaban siéndolo, al carecer de infraestructura y de los equipamientos necesarios. Estas situaciones las analiza muy detalladamente Miguel Pajares, que además comenta detalladamente el papel tan crucial que juega el alojamiento en la integración como proceso de encuentro y aceptación entre personas inmigrantes y sociedad de acogida. Asimismo, Ángeles Castaño Madroñal habla de "chabolismo disperso", cuando se refiere a ciertos tipos de alojamiento en el medio rural.

17. b) El grupo es el aglutinante de las fuerzas que mantiene unidos a sus componentes

Fue Lewin quien propuso el término cohesión grupal entendiéndolo como calidad de la grupalidad que estaba determinada por la interdependencia entre los integrantes de un grupo, pero French (1941, citado por Turner, 1990) el que amplió el concepto al definir la cohesión como el conjunto de las fuerzas que mantienen unidos a los componentes de un grupo.

French mantenía que la calidad de la interacción era más importante para el correcto funcionamiento del grupo que la cantidad, y obtuvo datos que mostraban que la cohesión y la calidad de la interacción estaban relacionadas, alcanzó estas conclusiones a través de la comparación de grupos considerados de alta y baja cohesión (organizados y no organizados, respectivamente) utilizando como tarea la resolución de problemas que supuestamente no tenían solución. La mayor frecuencia de uso del "nosotros" en comparación con el "yo" en los grupos organizados probó que los grupos organizados tienen un grado de cohesión superior al de los no organizados.

Festinger (1950), como ya hemos comentado en el inicio del epígrafe; reelaboró la idea de cohesión planteándolo como "la resultante de todas las fuerzas que actúan sobre los miembros para que permanezcan en el grupo". Estas fuerzas emanan del atractivo del grupo y de cómo el grupo valora las metas y los objetivos importantes para sus miembros.

18. a) Llegar a alcanzar la autorrealización de los marginales

El proceso de reintegración o incorporación tiene como principal objetivo llegar a alcanzar la autorrealización de los marginales.

19. a) La satisfacción de las necesidades básicas de estos grupos

La intervención de las Administraciones Públicas se realizará de tres formas:

- *Preventiva: intentando disminuir los factores que llevan a la marginación de ciertos grupos sociales.*
- *Asistencial: tendente a la satisfacción de las necesidades básicas de estos grupos.*
- *Recuperatoria: a través de la promoción laboral, reinserción social y rehabilitación de los individuos que integran tales grupos.*

20. b) Las Comunidades Autónomas

Con el fin de potenciar el desarrollo de actuaciones en favor de personas en situación o riesgo de pobreza y exclusión, se cofinanciarán proyectos de intervención social integral.

Los proyectos se promoverán por las Comunidades Autónomas y deberán ser gestionados por estas o por las Corporaciones Locales y los entes públicos de carácter local. La distribución del crédito y determinación de los proyectos a realizar con cargo al mismo será efectuada de común acuerdo por el Ministerio de Asuntos Sociales y las Comunidades Autónomas, que asumirán la corresponsabilidad en la financiación. Las Comunidades Autónomas -o Corporaciones Locales en su caso- aportarán, al menos la misma cantidad que aporta el Ministerio de Asuntos Sociales para la financiación de estos proyectos.

TEST 36

El fenómeno de la droga en la sociedad actual. Sus repercusiones en la seguridad ciudadana. Instrumentos de apoyo al drogodependiente en la ciudad de Madrid

1. **Es una droga dura:**

    a) La heroína

    b) La anfetamina

    c) Todas las respuestas anteriores son correctas

2. **Las drogas producen, entre otros efectos:**

    a) Compulsión

    b) Dependencia

    c) Todas las respuestas anteriores son correctas

3. **Los consumidores de drogas que manifiestan una dependencia psíquica son consumidores:**

    a) Ocasionales

    b) Habituales

    c) Drogodependientes

4. Indique cuál de las siguientes afirmaciones no es correcta:

a) La droga dura afecta a la salud del consumidor de una manera grave y crea toxicomanía

b) La dependencia es el estado mental y físico patológico en que uno necesita la ingesta de drogas para lograr una sensación de bienestar

c) La compulsión es la capacidad del organismo para soportar dosis cada vez más elevadas de una droga en el uso continuado de la misma

5. El tráfico de drogas castigado en el Código Penal como delito:

a) Solo admite la modalidad dolosa

b) Admite solo la modalidad imprudente

c) Admite la modalidad dolosa e imprudente

6. En el caso de que el culpable de tráfico de drogas haya sido ya condenado por tribunal extranjero, ¿se producen los efectos de la reincidencia?

a) Sí, en todos los casos

b) Sí, salvo que los antecedentes penales hayan sido cancelados o puedan serlo con arreglo al Derecho español

c) No, las sentencias en el extranjero no tienen validez en España

7. ¿Quién tiene la competencia específica para investigar y perseguir los delitos relacionados con la droga?

a) La Policía Nacional

b) La Guardia Civil

c) La Policía Local

8. La intensidad de los efectos producidos por el consumo de drogas vendrá determinada por factores:

a) Personales

b) Farmacológicos

c) Todas las respuestas anteriores son correctas

9. Es una consecuencia de la ingestión de drogas depresoras:

a) Sedación

b) Euforia acusada

c) Todas las respuestas anteriores son correctas

10. ¿Quién podrá autorizar la circulación o entrega vigilada de drogas tóxicas?

a) El Juez de Instrucción competente

b) El Ministerio Fiscal

c) Todas las respuestas anteriores son correctas

11. Desde el punto de vista del efecto que el consumo de drogas produce en el consumidor, las drogas pueden ser:

a) Depresoras

b) Estimulantes

c) Todas las respuestas anteriores son correctas

12. Según la Jurisprudencia, es una de las sustancias que causan grave daño a la salud:

a) Hachís

b) Derivados del cáñamo índico

c) El ácido lisérgico

13. ¿En qué artículo del Código Penal se encuentra recogido el delito de tráfico de precursores?

a) En el artículo 371

b) En el artículo 372

c) En el artículo 392

14. ¿De qué fecha es la Convención de Naciones Unidas sobre tráfico ilícito de estupefacientes y sustancias psicotrópicas?

a) De 20 de diciembre de 1988

b) De 15 de enero de 1999

c) De 25 de septiembre de 1978

15. Es una droga blanda:

a) El hachís

b) La marihuana

c) Todas las respuestas anteriores son correctas

16. ¿Qué vigencia tiene el actual Plan de Adicciones de la ciudad de Madrid?

a) 2021-2031

b) 2021-2026

c) 2022-2026

17. ¿En cuántas líneas estratégicas se fundamenta el Plan de Adicciones de la ciudad de Madrid?

a) Cinco

b) Seis

c) Siete

18. ¿Cuántos objetivos generales integran el Plan de Adicciones de la ciudad de Madrid?

a) Veinte

b) Veintidós

c) Veinticuatro

19. ¿Cuál de las siguientes no es una línea estratégica del Plan de Adicciones de la ciudad de Madrid?

a) Atención integral a adolescentes y jóvenes, tanto los que presentan una situación de riesgo como quienes cumplen criterios de adicción

b) Reducción de los riesgos y daños asociados a las adicciones, garantizando la existencia de recursos y de servicios de detección y de reducción del daño

c) Contención de la adicción al juego y los videojuegos mediante la sensibilización y otras actividades preventivas y tratamiento integral a los afectados y a sus familiares

20. Dentro de los pisos de apoyo a la reinserción, ¿qué estancia tienen los pisos de patología dual?

a) Tres meses

b) Seis meses

c) Nueve meses

SOLUCIONES TEST 36

1. c) Todas las respuestas anteriores son correctas

Son drogas duras:

- *La heroína.*
- *La cocaína.*
- *El LSD.*
- *Las anfetaminas.*

2. c) Todas las respuestas anteriores son correctas

Las drogas producen entre otros fenómenos:

- *Compulsión.*
- *Tolerancia.*
- *Dependencia.*

3. b) Habituales

Consumidores habituales: consumen las drogas de manera frecuente y por períodos prolongados de tiempo. Manifiestan una dependencia psíquica.

4. c) La compulsión es la capacidad del organismo para soportar dosis cada vez más elevadas de una droga en el uso continuado de la misma

Compulsión. Impulso que lleva a actos, en relación con ideas obsesivas, contrarios a los deseos conscientes del propio individuo.

5. a) Solo admite la modalidad dolosa

El tránsito de acto impune a la conducta típicamente antijurídica se produce a través de la potencial vocación al tráfico de drogas o estupefacientes; en este ánimo tendencial reside la sustancia delictiva del tipo.

Solo admite la modalidad dolosa, que exigirá:

- *El conocimiento de que la sustancia objeto del delito es de tráfico prohibido, que es interpretado con gran amplitud por ser pública y de general conocimiento la ilicitud de este comercio.*
- *La resolución de ejecutar actos de tráfico.*

6. b) Sí, salvo que los antecedentes penales hayan sido cancelados o puedan serlo con arreglo al Derecho español

Las condenas de jueces o tribunales extranjeros por delitos de la misma naturaleza que los previstos en los artículos 361 al 372 de este Capítulo producirán los efectos de reincidencia, salvo que el antecedente penal haya sido cancelado o pueda serlo con arreglo al Derecho español.

7. a) La Policía Nacional

El art. 12.1 de la Ley Orgánica 2/1986, de 13 de marzo, de Fuerzas y Cuerpos de Seguridad señala en el apartado A) párrafo e) que es competencia específica de la Policía Nacional la investigación y persecución de los delitos relacionados con la droga.

8. c) Todas las respuestas anteriores son correctas

La intensidad de los efectos producidos por el consumo de drogas, vendrá determinada por los siguientes factores:

- *Personales.*

[…]

- *Farmacológicos.*

[…]

9. c) Todas las respuestas anteriores son correctas

Depresoras (opio y sus derivados: morfina y heroína; hipnóticos, alcohol). Producen en especial sedación, anestesia, euforia acusada, lagrimeo, exaltación de ánimo y un acentuado sentimiento de felicidad seguido, al cesar los efectos de la droga, de depresión, malhumor y desilusión desagradable (infelicidad), que hace desear una nueva dosis de droga. Pueden producir cuadros de hiperexcitación y violencia desordenada (delirio furioso) que conduzcan a ejecutar actos violentos, cuadros que son más frecuentes en las intoxicaciones alcohólicas heroinómanas.

10. c) Todas las respuestas anteriores son correctas

El Real Decreto de 14 de septiembre de 1882, aprobatorio de la Ley de Enjuiciamiento Criminal determina que el Juez de Instrucción competente y el Ministerio Fiscal, así como los Jefes de las Unidades Orgánicas de Policía Judicial, centrales o de ámbito provincial, y sus mandos superiores podrán autorizar la circulación o entrega vigilada de drogas tóxicas, estupefacientes o sustancias psicotrópicas, así como de otras sustancias prohibidas. Esta medida deberá acordarse por resolución fundada, en la que se determine explícitamente, en cuanto sea posible, el objeto de autorización o entrega vigilada, así como el tipo y cantidad de la sustancia de que se trate. Para adoptar estas medidas se tendrá en cuenta su necesidad a los fines de investigación en relación con la importancia del delito y con las posibilidades de vigilancia. El Juez que dicte la resolución dará traslado de copia de la misma al Juzgado Decano de su jurisdicción, el cual tendrá custodiado un registro de dichas resoluciones.

11. c) Todas las respuestas anteriores son correctas

Dos son las vertientes de la drogadicción:

a) El efecto que el consumo de una dosis, por la vía que sea (oral, respiratoria, parenteral), produce en el sujeto paciente.

b) El efecto que la reiteración causa en el consumidor y que va del simple hábito, creador solo de dependencia psicológica y mero deseo de repetir la experiencia, al síndrome de abstinencia, que provoca dependencia psicofísica y compulsión hacia la droga.

Desde el primer punto de vista, el efecto de la droga en el paciente es distinto según la clase de droga ingerida, así como varía su intensidad y su influjo en la capacidad de conocer la realidad y determinarse conforme a ese conocimiento, esto es, en su imputabilidad.

Desde este punto de vista podemos clasificar las drogas en:

- *Depresoras (opio y sus derivados: morfina y heroína; hipnóticos, alcohol).*
- *Drogas estimulantes (coca, tabaco, anfetaminas).*
- *Drogas alucinógenas (LSD, "cannabis" y sus derivados, mescalina, psilobicina).*

12 c) El ácido lisérgico

A efectos de penalidad distingue la Ley entre sustancias y productos que causan grave daño a la salud, y las demás. La Jurisprudencia ha incluido entre las primeras a la heroína, la cocaína, el ácido lisérgico (LSD), el éxtasis, el speed, etc. Entre las que no causan grave daño a la salud se encuentra el hachís y todos los derivados del cáñamo índico.

13. a) En el artículo 371

Tráfico de precursores (art. 371)

- *Tipo básico (art. 371.1)*

  Castiga los actos preparatorios de las conductas tipificadas en el art. 368, siempre que aparezca demostrada su predeterminación al tráfico de drogas. Se conecta, asimismo, en su futuro desenvolvimiento, a los Convenios Internacionales que pueda suscribir España. En cuanto a la punición, no distingue entre sustancias que dañen o no gravemente la salud.

14. a) De 20 de diciembre de 1988

Tipo básico (art. 371.1)

Castiga los actos preparatorios de las conductas tipificadas en el art. 368, siempre que aparezca demostrada su predeterminación al tráfico de drogas. Se conecta, asimismo, en su futuro desenvolvimiento, a los Convenios Internacionales que pueda suscribir España. En cuanto a la punición, no distingue entre sustancias que dañen o no gravemente la salud.

Concretamente, castiga al que fabrique, transporte, distribuya, comercie o tenga en su poder equipos, materiales o sustancias enumeradas en los Cuadros I y II de la Convención de la ONU hecha en Viena el 20 de diciembre de 1988, sobre el tráfico ilícito de estupefacientes y sustancias psicotrópicas, y cualesquiera otros productos que se puedan adicionar al mismo Convenio o a otros de la misma naturaleza, ratificados por España, a sabiendas de que se van a utilizar en el cultivo, la producción o fabricación ilícitas de drogas tóxicas, estupefacientes o sustancias psicotrópicas, o para estos fines.

15. c) Todas las respuestas anteriores son correctas

Las drogas blandas crean hábito. Son drogas blandas, entre otras:

- *El hachís.*
- *La marihuana.*
- *El cannabis sativa.*

16. c) 2022-2026

El Plan de Adicciones de la ciudad de Madrid 2022-2026 tiene como objetivo evitar o reducir los problemas de adicciones entre la población madrileña y los daños que pueden afectar tanto a la persona adicta como a su entorno familiar y social.

El Plan ha sido elaborado por el organismo Madrid Salud, dependiente del Área de Portavoz, Seguridad y Emergencias, y se fundamenta en siete líneas estratégicas, en las que se articulan veintidós objetivos generales.

Sus líneas estratégicas son:

- *Prevención frente a los riesgos relacionados con las adicciones (sensibilizando, informando y formando a toda la población y, de forma específica, a los jóvenes, así como incrementando la visibilidad de los recursos municipales).*
- *Atención integral a adolescentes y jóvenes, tanto los que presentan una situación de riesgo como quienes cumplen criterios de adicción.*
- *Reducción de los riesgos y daños asociados a las adicciones, garantizando la existencia de recursos y de servicios de detección y de reducción del daño.*
- *Tratamiento integral de las personas con adicciones a través de la red de centros de atención a las adicciones (CAD), etc.*
- *Atención y prevención de la adicción al juego y los videojuegos mediante la sensibilización y otras actividades preventivas y tratamiento integral a los afectados.*
- *Coordinación y trabajo en red.*
- *Supervisión de la calidad y mejora continua del plan.*

17. c) Siete

El Plan ha sido elaborado por el organismo Madrid Salud, dependiente del Área de Portavoz, Seguridad y Emergencias, y se fundamenta en siete líneas estratégicas, en las que se articulan veintidós objetivos generales.

18. b) Veintidós

El Plan ha sido elaborado por el organismo Madrid Salud, dependiente del Área de Portavoz, Seguridad y Emergencias, y se fundamenta en siete líneas estratégicas, en las que se articulan veintidós objetivos generales.

19. c) Contención de la adicción al juego y los videojuegos mediante la sensibilización y otras actividades preventivas y tratamiento integral a los afectados y a sus familiares

Las líneas estratégicas del Plan de Adicciones de la ciudad de Madrid 2022-2026 son:

- *Prevención frente a los riesgos relacionados con las adicciones (sensibilizando, informando y formando a toda la población y, de forma específica, a los jóvenes, así como incrementando la visibilidad de los recursos municipales).*
- *Atención integral a adolescentes y jóvenes, tanto los que presentan una situación de riesgo como quienes cumplen criterios de adicción.*
- *Reducción de los riesgos y daños asociados a las adicciones, garantizando la existencia de recursos y de servicios de detección y de reducción del daño.*
- *Tratamiento integral de las personas con adicciones a través de la red de centros de atención a las adicciones (CAD), etc.*
- *Atención y prevención de la adicción al juego y los videojuegos mediante la sensibilización y otras actividades preventivas y tratamiento integral a los afectados.*
- *Coordinación y trabajo en red.*
- *Supervisión de la calidad y mejora continua del plan.*

20. c) Nueve meses

Entre los servicios y recursos del Instituto de adicciones de Madrid destacan los siguientes:

- *Unidad Hospitalaria de Desintoxicación de Alcohol. Ofrece servicios de desintoxicación de alcohol y estabilización a pacientes con dependencia alcohólica que requieren desintoxicación hospitalaria. Se accede exclusivamente a través de los centros de atención a las Adicciones (CAD y CCAD), mediante derivación expresa realizada por indicación del equipo terapéutico.*
- *Pisos de Apoyo al tratamiento. Son recursos convivenciales temporales, en entorno urbano, para personas que están en tratamiento en los CAD o CCAD. Están destinados a pacientes que requieren una separación temporal de su entorno familiar y/o social por necesitar una mayor contención y apoyo en las primeras fases del proceso de tratamiento. Se accede exclusivamente a través de los centros de atención a las Adicciones (CAD y CCAD), mediante derivación expresa realizada por indicación del equipo terapéutico.*
- *Pisos de apoyo a la reinserción. Ofrecen un espacio convivencial y socioeducativo, en un entorno urbano, que favorece el logro de una vida independiente, autónoma y socialmente normalizada para pacientes mayores de edad de los centros de atención de la red. Hay tres tipos: nivel básico (estancia de nueve meses), de patología dual (estancia de nueve meses) y*

de autogestión (estancia de seis meses). Se accede exclusivamente mediante derivación de los centros de atención a las adicciones (CAD y CCAD).

- *Comunidades terapéuticas. Son un recurso asistencial residencial y especializado en el que las personas drogodependientes son atendidas las 24 horas del día. Ofrece tratamiento integral que incluye desintoxicación, deshabituación, así como adquisición de pautas adecuadas de conducta capaces de facilitar posteriormente su proceso integración social, atención individual, psicológica y psiquiátrica continuada durante todo el proceso, psicoterapia grupal, intervención socioeducativa a través de actividades y talleres formativos y de ocio...*
- *Unidad de Patología Dual. Es una unidad Hospitalaria de apoyo para la evaluación diagnóstica y el tratamiento específico de pacientes con Patología Dual, es decir, que sufren cualquier adicción asociada a algún trastorno mental. Ofrece servicios de valoración, desintoxicación, inicio de la deshabituación y estabilización psicopatológica, así como un tratamiento integral, con atención individual, psicológica y psiquiátrica continuada durante todo el proceso, psicoterapia grupal, psicoeducación en adicciones y en trastornos mentales y sus tratamientos, entrenamiento en habilidades sociales, afrontamiento y resolución de problemas. Se accede exclusivamente a través de los centros de atención a las Adicciones (CAD y CCAD), mediante derivación expresa realizada por indicación del equipo terapéutico.*
- *Centro de día de patología dual. Ofrece una segunda etapa abierta, para los pacientes dados de alta de la Unidad de Patología Dual, en un contexto terapéutico de hospital de día. Conecta los dos enfoques clásicos: residencial y ambulatorio. Tiempo de estancia: máximo 3 meses. Se accede exclusivamente a través de los centros de atención a las Adicciones (CAD y CCAD), mediante derivación expresa realizada por indicación del equipo terapéutico.*
- *Centro de día Casa de Campo. Atiende a personas con adicciones, que se encuentran en situación de calle, en centros de acogida o en situación inestable y precisan un espacio alternativo a la calle. Se accede por derivación desde cualquier dispositivo de la Red de Atención a las Adicciones del Instituto de Adicciones o por derivación de Samur Social.*
- *Servicio de Orientación Laboral. Es un servicio integral de orientación formativo-laboral destinado a pacientes con una adherencia al tratamiento y una evolución en el mismo que les permite abordar objetivos relacionados con su formación y empleo.*
- *Servicio de Asesoramiento a Jueces y Juezas, e información al/la detenido/a y a su familia (SAJIAD). Ofrece un servicio integral de atención, información, orientación, asesoramiento y mediación especializado dirigido a operadores/as judiciales, drogodependientes detenidos/as o con causas judiciales pendientes y a sus familias. Todo ello coordinado con la red de atención integral a las drogodependencias. Se accede directamente, mediante contacto telefónico con el servicio o a través de los CADs y CCADs, mediante derivación expresa realizada por indicación del equipo terapéutico.*
- *Talleres de capacitación laboral. Se accede exclusivamente a través de los centros de atención a las adicciones (CAD y CCAD), mediante derivación expresa al Servicio de Orientación Laboral (SOL) realizada por indicación del equipo terapéutico del centro.*

TEST 37

Medidas de protección integral contra la violencia de género. Principios rectores. Prevención y detección. Derechos de las mujeres víctimas de violencia de género. Tutela institucional: especial referencia a las unidades especializadas en la prevención en las Fuerzas y Cuerpos de Seguridad

1. **De conformidad con la Ley Orgánica 3/2007, de 22 de marzo, la ausencia de toda discriminación, directa o indirecta, por razón de sexo, y, especialmente, las derivadas de la maternidad, la asunción de obligaciones familiares y el estado civil es la base del principio de:**

   a) Integración y aplicación de las normas

   b) Igualdad de trato

   c) Eliminación de toda discriminación

2. **El principio de igualdad de trato y oportunidades entre mujeres y hombres informará, de acuerdo con la Ley Orgánica 3/2007, de 22 de marzo, la actuación de los poderes públicos, con un carácter:**

   a) Transversal

   b) Exclusivo

   c) Disciplinar

3. Los Planes Estratégicos de Igualdad de Oportunidades, ¿cada cuánto tiempo se aprobarán conforme a la Ley Orgánica 3/2007, de 22 de marzo?

a) Cada 4 años

b) Cada 5 años

c) Periódicamente

4. Según la Ley Orgánica 3/2007, de 22 de marzo, ¿a qué órgano se dará cuenta del informe que deberá elaborar el Gobierno sobre el conjunto de sus actuaciones en relación con la efectividad del principio de igualdad entre mujeres y hombres?

a) Al Ministerio de Justicia

b) A las Cortes Generales

c) Al Defensor del Pueblo

5. De acuerdo con la Ley Orgánica 3/2007, de 22 de marzo, las normas reguladoras de las Fuerzas y Cuerpos de Seguridad del Estado promoverán la igualdad efectiva entre mujeres y hombres, impidiendo cualquier situación de discriminación profesional, especialmente, en el sistema de:

a) Retribuciones

b) Ascensos

c) Responsabilidad

6. Atendiendo a la letra de la Ley Orgánica 3/2007, de 22 de marzo, los proyectos de disposiciones de carácter general y los planes de especial relevancia económica, social, cultural y artística que se sometan a la aprobación del Consejo de Ministros incorporarán:

a) Una memoria motivada sobre la adecuación de género

b) Un resumen sobre los efectos que en la igualdad de género puedan ocasionar

c) Un informe sobre su impacto por razón de género

7. En los términos de la Ley Orgánica 3/2007, de 22 de marzo, ¿qué empresas están obligadas a elaborar un plan de igualdad?

a) Las empresas de 50 o más trabajadores

b) Las empresas de 150 o más trabajadores

c) Las empresas de más de 200 trabajadores

8. De conformidad con la Ley Orgánica 1/2004, de 28 de diciembre, ¿quién no estará legitimado para ejercitar ante los Tribunales la acción de cesación de publicidad ilícita por utilizar en forma vejatoria la imagen de la mujer, en los términos de la Ley 34/1988, de 11 de noviembre?

a) El Instituto de la Mujer u órgano equivalente de cada Comunidad Autónoma

b) La Delegación Especial del Gobierno contra la Violencia sobre la Mujer

c) El Defensor del Pueblo

9. La violencia de género a que se refiere la Ley Orgánica 1/2004, de 28 de diciembre, comprende según los términos exactos de la misma:

a) Todo acto de violencia física, incluidas las agresiones a la libertad sexual y la privación arbitraria de libertad

b) Todo acto de violencia física y psicológica, excluidas las agresiones a la libertad sexual, las amenazas, las coacciones o la privación arbitraria de libertad

c) Todo acto de violencia física y psicológica, incluidas las agresiones a la libertad sexual, las amenazas, las coacciones o la privación arbitraria de libertad

10. Según la Ley Orgánica 1/2004, de 28 de diciembre, ¿cuál es el rango del titular de la Delegación Especial del Gobierno contra la Violencia sobre la Mujer?

a) El de Subdirector General

b) El de Director General

c) El qué se determine reglamentariamente

11. ¿Qué etapa educativa contribuirá a desarrollar en el alumnado su capacidad para adquirir habilidades en la resolución pacífica de conflictos y para comprender y respetar la igualdad entre sexos, conforme a la Ley Orgánica 1/2004, de 28 de diciembre?

a) La educación Infantil

b) La educación Primaria

c) La educación Secundaria Obligatoria

12. ¿Qué órganos deberán impulsar, conforme a la Ley Orgánica 1/2004, de 28 de diciembre, la adopción de medidas educativas que fomenten la igualdad real y efectiva entre hombres y mujeres?

a) La inspección escolar

b) Los Consejos Escolares

c) Los medios de comunicación

13. La publicidad que utilice la imagen de la mujer con carácter vejatorio o discriminatorio se considerará, según la Ley Orgánica 1/2004, de 28 de diciembre:

a) Ilícita

b) Negativa

c) Provocadora

14. Establece la Ley Orgánica 1/2004, de 28 de diciembre, que las empresas que formalicen contratos de interinidad para sustituir a trabajadoras víctimas de violencia de género que hayan suspendido su contrato de trabajo o ejercitado su derecho a la movilidad geográfica o al cambio de centro de trabajo, tendrán derecho a una bonificación de las cuotas empresariales a la Seguridad Social por contingencias comunes del:

a) 80 %

b) 90 %

c) 100 %

15. A las trabajadoras por cuenta propia víctimas de violencia de género que cesen en su actividad para hacer efectiva su protección o su derecho a la asistencia social integral, se les suspenderá la obligación de cotización, tal y como determina la Ley Orgánica 1/2004, de 28 de diciembre, durante un período de:

a) Tres meses

b) Seis meses

c) Un año

16. De conformidad con la Ley Orgánica 1/2004, de 28 de diciembre, las víctimas de violencia de género recibirán una ayuda de pago único, siempre que se presuma que, debido a su edad, falta de preparación general o especializada y circunstancias sociales, la víctima tendrá especiales dificultades para obtener un empleo y por dicha circunstancia no participará en los programas de empleo establecidos para su inserción profesional cuando:

a) Careciesen de rentas superiores, en cómputo mensual, al 50 por 100 del salario mínimo interprofesional, excluida la parte proporcional de dos pagas extraordinarias

b) Careciesen de rentas superiores, en cómputo mensual, al 75 por 100 del salario mínimo interprofesional, excluida la parte proporcional de dos pagas extraordinarias

c) Careciesen de rentas superiores, en cómputo mensual, al 90 por 100 del salario mínimo interprofesional, excluida la parte proporcional de dos pagas extraordinarias

17. Según establece la Ley Orgánica 1/2004, de 28 de diciembre, cuando la víctima de la violencia ejercida contra la mujer tuviera reconocida oficialmente una minusvalía en grado igual o superior al 33 por 100, el importe de la ayuda en pago único sería equivalente a:

a) 6 meses de subsidio por desempleo

b) 12 meses de subsidio por desempleo

c) 18 meses de subsidio por desempleo

18. En los términos de la Ley Orgánica 1/2004, de 28 de diciembre, ¿a quién corresponde la organización de los servicios sociales de atención a las víctimas de violencia de género?

a) Al Estado

b) A las Comunidades Autónomas y Entes Locales

c) A todos los Poderes Públicos

19. Según dispone la Ley Orgánica 1/2004, de 28 de diciembre, las víctimas de violencia de género tienen derecho a recibir asesoramiento jurídico gratuito:

a) En el momento inmediatamente previo a la interposición de la denuncia

b) En el momento inmediatamente previo a la interposición de la denuncia o querella

c) En cualquier momento

20. Para impulsar la adopción voluntaria de planes de igualdad, ¿quién establecerá según la Ley Orgánica 3/2007, de 22 de marzo, medidas de fomento, especialmente dirigidas a las pequeñas y las medianas empresas, que incluirán el apoyo técnico necesario?

a) El Gobierno

b) Las asociaciones empresariales

c) Los Poderes Públicos

21. ¿Qué órgano colegiado de consulta y asesoramiento en materia de igualdad se ordena crear por la Ley Orgánica 3/2007, de 22 de marzo?

a) El Instituto de la Mujer

b) La Comisión de Igualdad

c) El Consejo de Participación de la Mujer

22. Atendiendo a lo dispuesto en la Resolución de 2 de febrero de 2018 de la Dirección General de la Policía, por la que se crea la Oficina Nacional para la Igualdad de Género en la Policía Nacional, esta depende:

a) De la Secretaria General de la Dirección Adjunta Operativa

b) De la Secretaría General del Gabinete Técnico

c) De la Secretaria General de Derechos Humanos y Formación

23. De conformidad con la literalidad de la Ley Orgánica 1/2004, de 28 de diciembre, ¿quiénes, en el marco de sus competencias, impulsarán campañas de información y sensibilización específicas con el fin de prevenir la violencia de género?

a) Las Comunidades Autónomas y los Entes Locales

b) Los poderes públicos

c) Los distintos ministerios del Gobierno

24. Según la Ley Orgánica 1/2004, de 28 de diciembre, la enseñanza para las personas adultas incluirá entre sus objetivos desarrollar:

a) Actividades en la resolución pacífica de conflictos y fomentar el respeto a la dignidad de las personas y a la igualdad entre hombres y mujeres

b) Actividades dirigidas a fomentar la igualdad de género y no discriminación de forma transversal

c) Actividades dirigidas a consolidar las prácticas de igualdad y a conocer el contenido de las leyes y medios asistenciales en materia de igualdad y protección de la mujer

25. De conformidad con la Ley Orgánica 1/2004, de 28 de diciembre, ¿a quién compete velar por el cumplimiento estricto de la legislación en lo relativo a la protección y salvaguarda de los derechos fundamentales, con especial atención a la erradicación de conductas favorecedoras de situaciones de desigualdad de las mujeres en todos los medios de comunicación social, de acuerdo con la legislación vigente?

a) Al Consejo Estatal de Medios Audiovisuales de España

b) A las Administraciones Públicas

c) A los organismos independientes de Autorregulación Publicitaria

26. Las empresas que formalicen contratos de interinidad para sustituir a trabajadoras víctimas de violencia de género que hayan suspendido su contrato de trabajo o ejercitado su derecho a la movilidad geográfica o al cambio de centro de trabajo, conforme a lo dispuesto en la Ley Orgánica 1/2004, de 28 de diciembre, tendrán derecho a:

a) Una bonificación del 50 por 100 de las cuotas empresariales a la Seguridad Social por contingencias comunes, durante todo el período de suspensión de la trabajadora sustituida o durante seis meses en los supuestos de movilidad geográfica o cambio de centro de trabajo

b) Una bonificación del 75 por 100 de las cuotas empresariales a la Seguridad Social por contingencias comunes, durante todo el período de suspensión de la trabajadora sustituida o durante seis meses en los supuestos de movilidad geográfica o cambio de centro de trabajo

c) Una bonificación del 100 por 100 de las cuotas empresariales a la Seguridad Social por contingencias comunes, durante todo el período de suspensión de la trabajadora sustituida o durante seis meses en los supuestos de movilidad geográfica o cambio de centro de trabajo

27. La igualdad de trato y de oportunidades entre mujeres y hombres es, de conformidad con la Ley Orgánica 3/2007, de 22 de marzo:

a) Un principio informador del ordenamiento jurídico

b) un derecho fundamental en los términos expresos de la Constitución

c) Un principio programático de la Unión Europea

28. Las Unidades de Atención a la Familia y Mujer son las Unidades de la Policía Nacional especializadas en la prevención y la investigación de las infracciones penales sobre:

a) Violencia doméstica

b) Violencia de género y sexual

c) Violencia de género, doméstica y sexual

29. No es uno de los valores de las Unidades de Atención a la Familia y Mujer de la Policía Nacional:

a) Perspectiva de género

b) Coordinación y colaboración interinstitucional

c) Responsabilidad y resiliencia

30. ¿Qué unidad de la Policía Municipal de Madrid ofrece servicio de atención a violencia doméstica, mayores y menores?

a) Unidad de Apoyo y Protección Familiar

b) Unidad de Apoyo y Protección Ciudadana

c) Unidad de Apoyo y Protección Mujer, Menor y Mayor

SOLUCIONES TEST 37

1. b) Igualdad de trato

Según el artículo 3 de la Ley Orgánica 3/2007, de 22 de marzo, el principio de igualdad de trato entre mujeres y hombres supone la ausencia de toda discriminación, directa o indirecta, por razón de sexo, y, especialmente, las derivadas de la maternidad, la asunción de obligaciones familiares y el estado civil.

2. a) Transversal

Según el artículo 15 de la Ley Orgánica 3/2007, de 22 de marzo, el principio de igualdad de trato y oportunidades entre mujeres y hombres informará, con carácter transversal, la actuación de todos los Poderes Públicos.

3. c) Periódicamente

Según el artículo 17 de la Ley Orgánica 3/2007, de 22 de marzo, el Gobierno, en las materias que sean de la competencia del Estado, aprobará periódicamente un Plan Estratégico de Igualdad de Oportunidades, que incluirá medidas para alcanzar el objetivo de igualdad entre mujeres y hombres y eliminar la discriminación por razón de sexo.

4. b) A las Cortes Generales

Según el artículo 18 de la Ley Orgánica 3/2007, de 22 de marzo, en los términos que reglamentariamente se determinen, el Gobierno elaborará un informe periódico sobre el conjunto de sus actuaciones en relación con la efectividad del principio de igualdad entre mujeres y hombres. De este informe se dará cuenta a las Cortes Generales.

5. b) Ascensos

Según el artículo 67 de la Ley Orgánica 3/2007, de 22 de marzo, las normas reguladoras de las Fuerzas y Cuerpos de Seguridad del Estado promoverán la igualdad efectiva entre mujeres y hombres, impidiendo cualquier situación de discriminación profesional, especialmente, en el sistema de acceso, formación, ascensos, destinos y situaciones administrativas.

6. c) Un informe sobre su impacto por razón de género

Según el artículo 19 de la Ley Orgánica 3/2007, de 22 de marzo, los proyectos de disposiciones de carácter general y los planes de especial relevancia económica, social, cultural y artística que se sometan a la aprobación del Consejo de Ministros deberán incorporar un informe sobre su impacto por razón de género.

7. a) Las empresas de 50 o más trabajadores

En el caso de las empresas de cincuenta o más trabajadores, las medidas de igualdad a que se refiere el apartado anterior deberán dirigirse a la elaboración y aplicación de un plan de igualdad, con el alcance y contenido establecidos en este capítulo, que deberá ser asimismo objeto de negociación en la forma que se determine en la legislación laboral.

8. c) El Defensor del Pueblo

Según el artículo 12 de la Ley Orgánica 1/2004, de 28 de diciembre, la Delegación Especial del Gobierno contra la Violencia sobre la Mujer, el Instituto de la Mujer u órgano equivalente de cada Comunidad Autónoma, el Ministerio Fiscal y las Asociaciones que tengan como objetivo único la defensa de los intereses de la mujer estarán legitimados para ejercitar ante los Tribunales la acción de cesación de publicidad ilícita por utilizar en forma vejatoria la imagen de la mujer, en los términos de la Ley 34/1988, de 11 de noviembre, General de Publicidad.

9. c) Todo acto de violencia física y psicológica, incluidas las agresiones a la libertad sexual, las amenazas, las coacciones o la privación arbitraria de libertad

Según el artículo 1.3 de la Ley Orgánica 1/2004, de 28 de diciembre, la violencia de género a que se refiere la presente Ley comprende todo acto de violencia física y psicológica, incluidas las agresiones a la libertad sexual, las amenazas, las coacciones o la privación arbitraria de libertad

10. c) El qué se determine reglamentariamente

Según el artículo 29.3 de la Ley Orgánica 1/2004, de 28 de diciembre, reglamentariamente se determinará el rango y las funciones concretas del titular de la Delegación Especial del Gobierno contra la Violencia sobre la Mujer.

11. b) La educación Primaria

Según el artículo 4.3 de la Ley Orgánica 1/2004, de 28 de diciembre, la Educación Primaria contribuirá a desarrollar en el alumnado su capacidad para adquirir habilidades en la resolución pacífica de conflictos y para comprender y respetar la igualdad entre sexos.

12. b) Los Consejos Escolares

Según el artículo 8 de la Ley Orgánica 1/2004, de 28 de diciembre, se adoptarán las medidas precisas para asegurar que los Consejos Escolares impulsen la adopción de medidas educativas que fomenten la igualdad real y efectiva entre hombres y mujeres. Con el mismo fin, en el Consejo Escolar del Estado se asegurará la representación del Instituto de la Mujer y de las organizaciones que defiendan los intereses de las mujeres, con implantación en todo el territorio nacional.

13. a) Ilícita

Según el artículo 10 de la Ley Orgánica 1/2004, de 28 de diciembre, de acuerdo con lo establecido en la Ley 34/1988, de 11 de noviembre, General de Publicidad, se considerará ilícita la publicidad que utilice la imagen de la mujer con carácter vejatorio o discriminatorio.

14. c) 100%

Según el artículo 21.3 de la Ley Orgánica 1/2004, de 28 de diciembre, las empresas que formalicen contratos de interinidad para sustituir a trabajadoras víctimas de violencia de género que hayan suspendido su contrato de trabajo o ejercitado su derecho a la movilidad geográfica o al cambio de centro de trabajo, tendrán derecho a una bonificación del 100 por 100 de las cuotas empresariales a la Seguridad Social por contingencias comunes, durante todo el período de suspensión de la trabajadora sustituida o durante seis meses en los supuestos de movilidad geográfica o cambio de centro de trabajo. Cuando se produzca la reincorporación, esta se realizará en las mismas condiciones existentes en el momento de la suspensión del contrato de trabajo.

15. b) Seis meses

Según el artículo 21.5 de la Ley Orgánica 1/2004, de 28 de diciembre, las trabajadoras por cuenta propia víctimas de violencia de género que cesen en su actividad para hacer efectiva su protección o su derecho a la asistencia social integral, se les suspenderá la obligación de cotización durante un período de seis meses, que les serán considerados como de cotización efectiva a efectos de las prestaciones de Seguridad Social. Asimismo, su situación será considerada como asimilada al alta.

16. b) Careciesen de rentas superiores, en cómputo mensual, al 75 por 100 del salario mínimo interprofesional, excluida la parte proporcional de dos pagas extraordinarias

Según el artículo 27.1 de la Ley Orgánica 1/2004, de 28 de diciembre, cuando las víctimas de violencia de género careciesen de rentas superiores, en cómputo mensual, al 75 por 100 del salario mínimo interprofesional, excluida la parte proporcional de dos pagas extraordinarias, recibirán una ayuda de pago único, siempre que se presuma que debido a su edad, falta de preparación general o especializada y circunstancias sociales, la víctima tendrá especiales dificultades para obtener un empleo y por dicha circunstancia no participará en los programas de empleo establecidos para su inserción profesional.

17. b) 12 meses de subsidio por desempleo

Según el artículo 27.2 de la Ley Orgánica 1/2004, de 28 de diciembre, el importe de esta ayuda será equivalente al de seis meses de subsidio por desempleo. Cuando la víctima de la violencia ejercida contra la mujer tuviera reconocida oficialmente una minusvalía en grado igual o superior al 33 por 100, el importe sería equivalente a 12 meses de subsidio por desempleo.

18. b) A las Comunidades Autónomas y Entes Locales

Según el artículo 19. 1 de la de la Ley Orgánica 1/2004, de 28 de diciembre, las mujeres víctimas de violencia de género tienen derecho a servicios sociales de atención, de emergencia, de apoyo y acogida y de recuperación integral. La organización de estos servicios por parte de las Comunidades Autónomas y las Corporaciones Locales responderá a los principios de atención permanente, actuación urgente, especialización de prestaciones y multidisciplinariedad profesional.

19. a) En el momento inmediatamente previo a la interposición de la denuncia

Según el artículo 20. 1 de la de la Ley Orgánica 1/2004, de 28 de diciembre, las víctimas de violencia de género tienen derecho a recibir asesoramiento jurídico gratuito en el momento inmediatamente previo a la interposición de la denuncia, y a la defensa y representación gratuitas por abogado y procurador en todos los procesos y procedimientos administrativos que tengan causa directa o indirecta en la violencia padecida.

20. a) El Gobierno

Según el artículo 49 de la Ley Orgánica 3/2007, de 22 de marzo, para impulsar la adopción voluntaria de planes de igualdad, el Gobierno establecerá medidas de fomento, especialmente dirigidas a las pequeñas y las medianas empresas, que incluirán el apoyo técnico necesario.

21. c) El Consejo de Participación de la Mujer

Según el artículo 78.1 de la Ley Orgánica 3/2007, de 22 de marzo, se crea el Consejo de Participación de la Mujer, como órgano colegiado de consulta y asesoramiento, con el fin esencial de servir de cauce para la participación de las mujeres en la consecución efectiva del principio de igualdad de trato y de oportunidades entre mujeres y hombres, y la lucha contra la discriminación por razón de sexo.

22. b) De la Secretaría General del Gabinete Técnico

Conforme al apartado primero de la Resolución de 2 de febrero de 2018 de la Dirección General de la Policía por la que se crea la Oficina Nacional para la Igualdad de Género en la Policía Nacional, se crea la Oficina Nacional para la Igualdad de Género en la Policía Nacional que pasará a depender directamente de la Secretaría General del Gabinete Técnico, que determinará su estructura en el catálogo de puestos de trabajo que resulte necesaria para el ejercicio de sus funciones, siendo dirigida por un funcionario de Escala Ejecutiva.

23. b) Los poderes públicos

Según el artículo 3.2 de la Ley Orgánica 1/2004, de 28 de diciembre, los poderes públicos, en el marco de sus competencias, impulsarán además campañas de información y sensibilización específicas con el fin de prevenir la violencia de género.

24. a) Actividades en la resolución pacífica de conflictos y fomentar el respeto a la dignidad de las personas y a la igualdad entre hombres y mujeres

Según el artículo 4.6 de la Ley Orgánica 1/2004, de 28 de diciembre, la Enseñanza para las personas adultas incluirá entre sus objetivos desarrollar actividades en la resolución pacífica de conflictos y fomentar el respeto a la dignidad de las personas y a la igualdad entre hombres y mujeres.

25. b) A las Administraciones Públicas

Según el artículo 13.1 de la Ley Orgánica 1/2004, de 28 de diciembre, Las Administraciones Públicas velarán por el cumplimiento estricto de la legislación en lo relativo a la protección y salvaguarda de los derechos fundamentales, con especial atención a la erradicación de conductas favorecedoras de situaciones de desigualdad de las mujeres en todos los medios de comunicación social, de acuerdo con la legislación vigente.

26. c) Una bonificación del 100 por 100 de las cuotas empresariales a la Seguridad Social por contingencias comunes, durante todo el período de suspensión de la trabajadora sustituida o durante seis meses en los supuestos de movilidad geográfica o cambio de centro de trabajo

Según el artículo 21.3 de la Ley Orgánica 1/2004, de 28 de diciembre, las empresas que formalicen contratos de interinidad para sustituir a trabajadoras víctimas de violencia de género que hayan suspendido su contrato de trabajo o ejercitado su derecho a la movilidad geográfica o al cambio de centro de trabajo, tendrán derecho a una bonificación del 100 por 100 de las cuotas empresariales a la Seguridad Social por contingencias comunes, durante todo el período de suspensión de la trabajadora sustituida o durante seis meses en los supuestos de movilidad geográfica o cambio de centro de trabajo. Cuando se produzca la reincorporación, esta se realizará en las mismas condiciones existentes en el momento de la suspensión del contrato de trabajo.

27. a) Un principio informador del ordenamiento jurídico

Según el artículo 4 de la Ley Orgánica 3/2007, de 22 de marzo, la igualdad de trato y de oportunidades entre mujeres y hombres es un principio informador del ordenamiento jurídico y, como tal, se integrará y observará en la interpretación y aplicación de las normas jurídicas.

28. c) Violencia de género, doméstica y sexual

Las Unidades de Atención a la Familia y Mujer son las Unidades de la Policía Nacional especializadas en la prevención y la investigación de las infracciones penales sobre violencia de género, doméstica y sexual. Poniendo a las víctimas en el centro del sistema, tienen como objetivo proporcionarles una atención policial integral. Para ello, bajo una misma dirección, junto a las labores de investigación, incorporan la asistencia y protección de las víctimas en coordinación con el resto de instituciones implicadas.

29. c) Responsabilidad y resiliencia

Las Unidades de Atención a la Familia y Mujer son las Unidades de la Policía Nacional especializadas en la prevención y la investigación de las infracciones penales sobre violencia de género, doméstica y sexual. Sus valores son los siguientes:

- *Actuación policial integral, aunando prevención, investigación, protección y atención a la víctima.*
- *Empatía con las víctimas y sensibilidad social.*
- *Perspectiva de género.*
- *Tolerancia y respeto por la diversidad.*
- *Compromiso y apoyo a la discapacidad.*
- *Conciencia social.*
- *Especialidad en la proximidad.*
- *Coordinación y colaboración interinstitucional.*
- *Profesionalidad y flexibilidad.*

30. c) Unidad de Apoyo y Protección Mujer, Menor y Mayor

La Unidad de Apoyo y Protección Mujer, Menor y Mayor de la Policía Municipal de Madrid ofrece, entre otros servicios, atención a violencia doméstica, mayores y menores; atención sanitaria y psicológica; asesoría legal para denuncias por malos tratos y agresiones físicas y psíquicas producidas en la familia; atención social y alojamiento.

TEST 38

Ley Orgánica 3/2007, de 22 de marzo, para la igualdad efectiva de mujeres y hombres: objeto y ámbito de la ley. El principio de igualdad y la tutela contra la discriminación. El Plan de Igualdad entre mujeres y hombres del Ayuntamiento de Madrid y sus Organismos Autónomos en vigor: ámbito municipal, estructura, objetivo general, líneas de intervención y objetivos específicos

1. La Ley Orgánica 3/2007, de 22 de marzo, tiene por objeto hacer efectivo el derecho de igualdad de trato y de oportunidades entre mujeres y hombres para alcanzar una sociedad más democrática, más justa y más solidaria, en el desarrollo de los artículos:

a) 1 y 10 de la Constitución

b) 9.2 y 10 de la Constitución

c) 9.2 y 14 de la Constitución

2. La Ley Orgánica 3/2007, de 22 de marzo, para la igualdad efectiva de mujeres y hombres será de aplicación:

a) A toda persona, física o jurídica, que se encuentre o actúe en territorio español, con nacionalidad española y residencia en España.

b) A toda persona, física o jurídica, que se encuentre o actúe en territorio español, cualquiera que fuese su nacionalidad, domicilio o residencia

c) A toda persona jurídica, que se encuentre o actúe en territorio español, cualquiera que fuese su nacionalidad, domicilio o residencia Las respuestas a) y b) son correctas

3. **La situación en que una disposición, criterio o práctica aparentemente neutros pone a personas de un sexo en desventaja particular con respecto a personas del otro, salvo que dicha disposición, criterio o práctica puedan justificarse objetivamente en atención a una finalidad legítima y que los medios para alcanzar dicha finalidad sean necesarios y adecuados se denomina:**

   a) Discriminación directa por razón de sexo

   b) Discriminación por razón de sexo

   c) Discriminación indirecta por razón de sexo

4. **Una diferencia de trato basada en una característica relacionada con el sexo cuando, debido a la naturaleza de las actividades profesionales concretas o al contexto en el que se lleven a cabo, dicha característica constituya un requisito profesional esencial y determinante, siempre y cuando el objetivo sea legítimo y el requisito proporcionado:**

   a) No constituirá discriminación en el acceso al empleo, incluida la formación necesaria

   b) No constituirá discriminación en el acceso al empleo, sin incluir la formación necesaria

   c) Constituirá discriminación en el acceso al empleo en todo caso

5. **Cualquier comportamiento, verbal o físico, de naturaleza sexual que tenga el propósito o produzca el efecto de atentar contra la dignidad de una persona, en particular cuando se crea un entorno intimidatorio, degradante u ofensivo se denomina:**

   a) Acoso por razón de sexo

   b) Abuso sexual

   c) Acoso sexual

6. **Los actos y las cláusulas de los negocios jurídicos que constituyan o causen discriminación por razón de sexo se considerarán:**

   a) Nulos y sin efecto

   b) Anulables

   c) Subsanables en todo caso

7. En los litigios sobre acoso sexual y acoso por razón de sexo, estará legitimada:

a) La persona acosada y la autoridad pública

b) La persona acosada exclusivamente

c) La persona acosada, sus representantes y el Ministerio Fiscal

8. El II Plan de Igualdad entre Mujeres y Hombres del Ayuntamiento de Madrid y sus Organismos Autónomos (2022-2024) tiene lugar en un contexto de normas e iniciativas municipales entre las que no se encuentra:

a) Directrices para la aplicación de la transversalidad de género en el Ayuntamiento de Madrid (2018)

b) Plan Operativo de Gobierno del Ayuntamiento de Madrid (2019-2023)

c) Estrategia de Transformación de la gestión de Recursos Humanos (2020-2030)

9. Con el fin de constituirse como una herramienta útil y accesible el II Plan de Igualdad entre Mujeres y Hombres se configura con una estructura:

a) Amplia

b) Sencilla

c) Flexible

10. El objetivo general del II Plan de Igualdad entre Mujeres y Hombres es:

a) Avanzar en la igualdad entre mujeres y hombres en el Ayuntamiento de Madrid y sus organismos autónomos

b) Lograr la paridad de mujeres y hombres en puestos de trabajo y salarios en el Ayuntamiento de Madrid y sus organismos autónomos

c) Fomentar la igualdad entre mujeres y hombres en el término municipal de Madrid a través de la acción coordinada del Ayuntamiento de Madrid y sus organismos autónomos

11. Las actuaciones que orientan el II Plan de Igualdad se estructuran a través de:

a) Tres líneas de intervención

b) Cuatro líneas de intervención

c) Cinco líneas de intervención

12. ¿Cuál de las siguientes es una línea de intervención del II Plan de Igualdad?

a) La Administración

b) Las personas

c) Las empresas

13. Una línea de intervención del II Plan de Igualdad es:

a) La ciudadanía

b) La institución

c) La educación

14. ¿Cuál de las siguientes es una línea de intervención del II Plan de Igualdad?

a) La sociedad

b) La comunicación

c) La economía y el empleo

15. Uno de los objetivos específicos de la línea de intervención 1 del II Plan de Igualdad es:

a) Evitar la segregación horizontal y vertical

b) Utilizar un lenguaje inclusivo y no discriminatorio

c) Incorporar el principio de igualdad en la gestión y la organización municipal

16. Uno de los objetivos específicos de la línea de intervención 2 del II Plan de Igualdad es:

a) Evitar la segregación horizontal y vertical

b) Utilizar un lenguaje inclusivo y no discriminatorio

c) Incorporar el principio de igualdad en la gestión y la organización municipal

17. Uno de los objetivos específicos de la línea de intervención 3 del II Plan de Igualdad es:

a) Evitar la segregación horizontal y vertical

b) Utilizar un lenguaje inclusivo y no discriminatorio

c) Incorporar el principio de igualdad en la gestión y la organización municipal

18. Alcanzar la paridad en la representación es uno de los objetivos específicos:

a) De la línea de intervención 5 del II Plan de Igualdad

b) De la línea de intervención 3 del II Plan de Igualdad

c) De la línea de intervención 1 del II Plan de Igualdad

19. Equilibrar la presencia de mujeres y hombres en los distintos niveles y grupos es uno de los objetivos específicos:

a) De la línea de intervención 5 del II Plan de Igualdad

b) De la línea de intervención 3 del II Plan de Igualdad

c) De la línea de intervención 1 del II Plan de Igualdad

20. Uno de los objetivos específicos de la línea de intervención 2 del II Plan de Igualdad es:

a) Eliminar el sexismo y los estereotipos de género

b) Propiciar la conciliación en los tiempos de vida

c) Implementar, seguir, evaluar y difundir el Plan

SOLUCIONES TEST 38

1. c) 9.2 y 14 de la Constitución

Las mujeres y los hombres son iguales en dignidad humana, e iguales en derechos y deberes. Esta Ley tiene por objeto hacer efectivo el derecho de igualdad de trato y de oportunidades entre mujeres y hombres, en particular mediante la eliminación de la discriminación de la mujer, sea cual fuere su circunstancia o condición, en cualesquiera de los ámbitos de la vida y, singularmente, en las esferas política, civil, laboral, económica, social y cultural para, en el desarrollo de los artículos 9.2 y 14 de la Constitución, alcanzar una sociedad más democrática, más justa y más solidaria.

2. b) A toda persona, física o jurídica, que se encuentre o actúe en territorio español, cualquiera que fuese su nacionalidad, domicilio o residencia

Las obligaciones establecidas en esta Ley serán de aplicación a toda persona, física o jurídica, que se encuentre o actúe en territorio español, cualquiera que fuese su nacionalidad, domicilio o residencia

3. c) Discriminación indirecta por razón de sexo

Se considera discriminación indirecta por razón de sexo la situación en que una disposición, criterio o práctica aparentemente neutros pone a personas de un sexo en desventaja particular con respecto a personas del otro, salvo que dicha disposición, criterio o práctica puedan justificarse objetivamente en atención a una finalidad legítima y que los medios para alcanzar dicha finalidad sean necesarios y adecuados.

4. a) No constituirá discriminación en el acceso al empleo, incluida la formación necesaria

No constituirá discriminación en el acceso al empleo, incluida la formación necesaria, una diferencia de trato basada en una característica relacionada con el sexo cuando, debido a la naturaleza de las actividades profesionales concretas o al contexto en el que se lleven a cabo, dicha característica constituya un requisito profesional esencial y determinante, siempre y cuando el objetivo sea legítimo y el requisito proporcionado.

5. c) Acoso sexual

Sin perjuicio de lo establecido en el Código Penal, a los efectos de la Ley Orgánica 3/2007, de 22 de marzo constituye acoso sexual cualquier comportamiento, verbal o físico, de naturaleza sexual que tenga el propósito o produzca el efecto de atentar contra la dignidad de una persona, en particular cuando se crea un entorno intimidatorio, degradante u ofensivo.

6. a) Nulos y sin efecto

Los actos y las cláusulas de los negocios jurídicos que constituyan o causen discriminación por razón de sexo se considerarán nulos y sin efecto, y darán lugar a responsabilidad a través de un sistema de reparaciones o indemnizaciones que sean reales, efectivas y proporcionadas al perjuicio sufrido, así como, en su caso, a través de un sistema eficaz y disuasorio de sanciones que prevenga la realización de conductas discriminatorias.

7. b) La persona acosada exclusivamente

La persona acosada será la única legitimada en los litigios sobre acoso sexual y acoso por razón de sexo.

8. c) Estrategia de Transformación de la gestión de Recursos Humanos (2020-2030)

Ámbito Municipal:

- *I Plan de Igualdad entre Mujeres y Hombres del Ayuntamiento de Madrid y sus OO.AA. (2017-2019).*
- *Directrices para la aplicación de la transversalidad de género en el Ayuntamiento de Madrid (2018).*
- *Plan Operativo de Gobierno del Ayuntamiento de Madrid (2019-2023).*
- *Estrategia de Transformación de la gestión de Recursos Humanos (2020-2023).*

9. b) Sencilla

Estructura: con el fin de constituirse como una herramienta útil y accesible el Plan se configura con una estructura sencilla. Partiendo de la existencia de un objetivo general se ha elaborado un diagnóstico, que figura como anexo a este Plan, referido a diferentes aspectos y cuestiones relativas al peso de la variable sexo en determinados ámbitos que afectan al personal que presta servicio en el Ayuntamiento y sus organismos autónomos. La información obtenida en la elaboración del diagnóstico ha permitido fijar unas líneas de intervención que se constituyen en instrumentos que permiten aportar un soporte estructural al Plan. Cada línea establece, a su vez, una serie de objetivos específicos cuyo desarrollo se concreta en una serie de medidas. Lo anterior se complementa con un modelo de evaluación que tomando como referencia la evolución de los indicadores y el grado de cumplimiento de las medidas permitirá, con carácter periódico, conocer el grado de realización de los objetivos del Plan.

10. a) Avanzar en la igualdad entre mujeres y hombres en el Ayuntamiento de Madrid y sus organismos autónomos

Objetivo general: el objetivo general que persigue este Plan es avanzar en la igualdad entre mujeres y hombres en el Ayuntamiento de Madrid y sus organismos autónomos.

11. a) Tres líneas de intervención

Líneas de intervención y objetivos específicos: las actuaciones que orientan el II Plan de Igualdad se estructuran a través de tres líneas de intervención.

12. b) Las personas

Líneas de intervención y objetivos específicos: las actuaciones que orientan el II Plan de Igualdad se estructuran a través de tres líneas de intervención.

- *Línea 1: la institución.*
- *Línea 2: la comunicación.*
- *Línea 3: las personas.*

13. b) La institución

Líneas de intervención y objetivos específicos: las actuaciones que orientan el II Plan de Igualdad se estructuran a través de tres líneas de intervención.

- *Línea 1: la institución.*
- *Línea 2: la comunicación.*
- *Línea 3: las personas.*

14. b) La comunicación

Líneas de intervención y objetivos específicos: las actuaciones que orientan el II Plan de Igualdad se estructuran a través de tres líneas de intervención.

- *Línea 1: la institución.*
- *Línea 2: la comunicación.*
- *Línea 3: las personas.*

15. c) Incorporar el principio de igualdad en la gestión y la organización municipal

Líneas de intervención y objetivos específicos: las actuaciones que orientan el II Plan de Igualdad se estructuran a través de tres líneas de intervención. En cada línea de intervención se establecen una serie de objetivos específicos en los que se concretan las medidas que sirven de guía de la política municipal en materia de Igualdad:

- *Línea 1: la institución. Objetivos específicos: incorporar el principio de igualdad en la gestión y la organización municipal; implementar, seguir, evaluar y difundir el Plan; alcanzar la paridad en la representación.*

[...]

16. b) Utilizar un lenguaje inclusivo y no discriminatorio

Líneas de intervención y objetivos específicos: las actuaciones que orientan el II Plan de Igualdad se estructuran a través de tres líneas de intervención. En cada línea de intervención se establecen una serie de objetivos específicos en los que se concretan las medidas que sirven de guía de la política municipal en materia de Igualdad:

[...]

- *Línea 2: la comunicación. Objetivos específicos: utilizar un lenguaje inclusivo y no discriminatorio; eliminar el sexismo y los estereotipos de género.*

[...]

17. a) Evitar la segregación horizontal y vertical

Líneas de intervención y objetivos específicos: las actuaciones que orientan el II Plan de Igualdad se estructuran a través de tres líneas de intervención. En cada línea de intervención se establecen una serie de objetivos específicos en los que se concretan las medidas que sirven de guía de la política municipal en materia de Igualdad:

[...]

- *Línea 3: las personas. Objetivos específicos: evitar la segregación horizontal y vertical; suprimir el sexismo y la estereotipación; asegurar el acceso al teletrabajo en condiciones de igualdad entre mujeres y hombres; equilibrar la presencia de mujeres y hombres en los distintos niveles y grupos; promover la igualdad salarial cuando se detecten disparidades; asegurar la participación equilibrada de mujeres y hombres en las acciones formativas; propiciar la conciliación en los tiempos de vida; intervenir en situaciones de especial protección: acoso sexual y por razón de sexo y violencia de género.*

18. c) De la línea de intervención 1 del II Plan de Igualdad

Líneas de intervención y objetivos específicos: las actuaciones que orientan el II Plan de Igualdad se estructuran a través de tres líneas de intervención. En cada línea de intervención se establecen una serie de objetivos específicos en los que se concretan las medidas que sirven de guía de la política municipal en materia de Igualdad:

- *Línea 1: la institución. Objetivos específicos: incorporar el principio de igualdad en la gestión y la organización municipal; implementar, seguir, evaluar y difundir el Plan; alcanzar la paridad en la representación.*

[...]

19. b) De la línea de intervención 3 del II Plan de Igualdad

Líneas de intervención y objetivos específicos: las actuaciones que orientan el II Plan de Igualdad se estructuran a través de tres líneas de intervención. En cada línea de intervención se establecen una serie de objetivos específicos en los que se concretan las medidas que sirven de guía de la política municipal en materia de Igualdad:

[...]

- *Línea 3: las personas. Objetivos específicos: evitar la segregación horizontal y vertical; suprimir el sexismo y la estereotipación; asegurar el acceso al teletrabajo en condiciones de igualdad entre mujeres y hombres; equilibrar la presencia de mujeres y hombres en los distintos niveles y grupos; promover la igualdad salarial cuando se detecten disparidades; asegurar la participación equilibrada de mujeres y hombres en las acciones formativas; propiciar la conciliación en los tiempos de vida; intervenir en situaciones de especial protección: acoso sexual y por razón de sexo y violencia de género.*

20. a) Eliminar el sexismo y los estereotipos de género

Líneas de intervención y objetivos específicos: las actuaciones que orientan el II Plan de Igualdad se estructuran a través de tres líneas de intervención. En cada línea de intervención se establecen una serie de objetivos específicos en los que se concretan las medidas que sirven de guía de la política municipal en materia de Igualdad:

[...]

- *Línea 2: la comunicación. Objetivos específicos: utilizar un lenguaje inclusivo y no discriminatorio; eliminar el sexismo y los estereotipos de género.*

TEST 39

Ley 31/1995, de 8 de noviembre, de prevención de Riesgos Laborales: Delegados de Prevención. Comités de Seguridad y Salud. Especial referencia a la prevención de riesgos laborales del Acuerdo Convenio sobre condiciones de trabajo comunes al personal funcionario y laboral del Ayuntamiento de Madrid y de sus Organismos Autónomos. Representación de los empleados públicos

1. **En una empresa de 300 trabajadores, ¿cuántos delegados de prevención serán designados?**

   a) Dos Delegados de Prevención

   b) Tres Delegados de Prevención

   c) Cuatro Delegados de Prevención

2. **Se constituirá un Comité de Seguridad y Salud en todas las empresas o centros de trabajo que cuenten con:**

   a) Diez o más trabajadores

   b) Treinta o más trabajadores

   c) Cincuenta o más trabajadores

3. Con el fin de garantizar adecuadamente la compatibilidad de las tareas de representación general, con las específicas en materia de prevención, cada Delegado/a de Prevención disfrutará de un crédito horario retribuido de:

a) Veinte horas mensuales

b) Cuarenta horas mensuales

c) Sesenta horas mensuales

4. En referencia a los proyectos de construcción, modificaciones y mantenimiento de edificios e instalaciones de los centros de trabajo, se facilitará a los Delegados y Delegadas de Prevención la planificación anticipada, con al menos:

a) Cinco días de antelación, de las obras y traslados del personal, comunicando a la plantilla afectada el calendario de dichos procesos

b) Diez días de antelación, de las obras y traslados del personal, comunicando a la plantilla afectada el calendario de dichos procesos

c) Quince días de antelación, de las obras y traslados del personal, comunicando a la plantilla afectada el calendario de dichos procesos

5. Según lo dispuesto en el Plan de Prevención de Riesgos Laborales del Ayuntamiento de Madrid y sus Organismos Autónomos, promover iniciativas sobre métodos y procedimientos para la efectiva prevención de los riesgos, destinadas a mejorar la integración efectiva de la Prevención de Riesgos Laborales en el Ayuntamiento de Madrid y sus Organismos Autónomos, proponiendo la mejora de las condiciones o la corrección de las deficiencias existentes, es una función que corresponde:

a) A la Comisión Permanente de Seguridad y Salud

b) A los Delegados de Personal

c) Al Comité de Seguridad y Salud

6. Según lo dispuesto en el Plan de Prevención de Riesgos Laborales del Ayuntamiento de Madrid y sus Organismos Autónomos, el Comité de Seguridad y Salud elaborará una memoria en la que figuren las actividades llevadas a cabo, con carácter:

a) Mensual

b) Anual

c) Trimestral

7. Según el Plan de Prevención de Riesgos Laborales del Ayuntamiento de Madrid y sus Organismos Autónomos, la Comisión Permanente de Seguridad y Salud se reunirá con periodicidad:

a) Quincenal

b) Mensual

c) Trimestral

8. ¿Cuál de las siguientes respuestas no es una de las facultades del Comité de Seguridad y Salud?

a) Conocer directamente la situación relativa a la prevención de riesgos en los centros de trabajo, realizando a tal efecto las visitas que estime oportunas

b) Conocer información acerca de las actividades de prevención de riesgos laborales, de los órganos encargados al efecto

c) Conocer y analizar los daños producidos en la salud o la integridad física de los trabajadores y trabajadoras, al objeto de valorar sus causas y proponer las medidas preventivas oportunas

9. En referencia al sistema de prevención del Ayuntamiento de Madrid, ¿cada cuánto tiempo será sometido a control mediante auditorías o evaluaciones, sin perjuicio del cumplimiento de la normativa vigente en relación a su realización cada dos años en actividades especialmente peligrosas?

a) Cada año

b) Cada dos años

c) Cada cuatro años

10. En una empresa de 1.500 trabajadores, ¿cuántos delegados de prevención serán designados?

a) Cuatro Delegados de Prevención

b) Cinco Delegados de Prevención

c) Seis Delegados de Prevención

11. ¿Cada cuanto se reunirá el Comité de Seguridad y Salud siempre que lo solicite alguna de las representaciones en el mismo?

a) Cada mes

b) Cada tres meses

c) Cada seis meses

12. ¿Cuántos Delegados/as de Prevención serán designados proporcionalmente entre quienes ostenten esta condición para formar el Comité de Seguridad y Salud?

a) Cinco

b) Diez

c) Quince

13. En las reuniones del Comité de Seguridad y Salud podrán participar con voz, pero sin voto hasta un máximo de:

a) Dos Asesores/as por cada una de las Organizaciones Sindicales representadas en el mismo

b) Tres Asesores/as por cada una de las Organizaciones Sindicales representadas en el mismo

c) Cuatro Asesores/as por cada una de las Organizaciones Sindicales representadas en el mismo

14. ¿Cuándo se aprobará la revisión anual del Plan de Prevención de Riesgos Laborales?

a) En el primer trimestre del año

b) En el segundo trimestre del año

c) En el tercer trimestre del año

15. Según el Plan de Prevención de Riesgos Laborales del Ayuntamiento de Madrid y sus Organismos Autónomos, no es una facultad de los Delegados y Delegadas de Prevención:

a) Ser informado por la empresa sobre los daños producidos en la salud de los trabajadores y trabajadoras municipales, una vez que aquel hubiera tenido conocimiento de ellos, pudiendo presentarse, aun fuera de su jornada laboral, en el lugar de los hechos para conocer las circunstancias de los mismos

b) Realizar visitas a los lugares de trabajo para ejercer una labor de vigilancia y control del estado de las condiciones de trabajo, pudiendo, a tal fin, acceder a cualquier zona de los mismos y comunicarse durante la jornada con los trabajadores y trabajadoras, de manera que no se altere el normal desarrollo del proceso productivo

c) Conocer cuántos documentos e informes relativos a las condiciones de trabajo sean necesarios para el cumplimento de sus funciones, así como los procedentes de la actividad del servicio de prevención, en su caso

16. ¿Cuántos representantes de la Administración serán designados para formar el Comité de Seguridad y Salud?

a) Cinco

b) Diez

c) Quince

17. ¿Cuántos Delegados/as de Prevención se designarán para el Ayuntamiento de Madrid?

a) 56

b) 64

c) 70

18. Según el Plan de Prevención de Riesgos Laborales del Ayuntamiento de Madrid y sus Organismos Autónomos, no es una función específica en materia de prevención de riesgos en el trabajo de los Delegados y Delegadas de Prevención:

a) Conocer el estado de implementación de las medidas preventivas recogidas en las evaluaciones de riesgos laborales

b) Promover y fomentar la cooperación de las y los trabajadores en la ejecución de la normativa sobre prevención de riesgos laborales

c) Ejercer una labor de vigilancia y control, sobre el cumplimiento de la normativa de Prevención de Riesgos Laborales

19. Señale la respuesta incorrecta. Se desarrollará una política pública integrada de prevención de riesgos laborales y de Protección de Medio Ambiente, cuyos objetivos serán los siguientes:

a) Reducir el consumo energético y estudiar la introducción energías renovables

b) Adecuar la gestión de los residuos producidos durante las actividades, facilitando la recogida selectiva e incidiendo en la prevención de su producción

c) Mejorar la utilización de los recursos solares

20. En una empresa de 3.200 trabajadores, ¿cuántos delegados de prevención serán designados?

a) Cinco Delegados de Prevención

b) Seis Delegados de Prevención

c) Siete Delegados de Prevención

SOLUCIONES TEST 39

1. b) Tres Delegados de Prevención

Los Delegados de Prevención serán designados por y entre los representantes del personal, en el ámbito de los órganos de representación previstos en las normas a que se refiere el artículo anterior, con arreglo a la siguiente escala:

- *De 50 a 100 trabajadores: 2 Delegados de Prevención.*
- *De 101 a 500 trabajadores: 3 Delegados de Prevención.*

[…]

2. c) Cincuenta o más trabajadores

Se constituirá un Comité de Seguridad y Salud en todas las empresas o centros de trabajo que cuenten con 50 o más trabajadores.

3. b) Cuarenta horas mensuales

Con el fin de garantizar adecuadamente la compatibilidad de las tareas de representación general, con las específicas en materia de prevención, cada Delegado/a de Prevención disfrutará de un crédito horario retribuido de 40 horas mensuales, para el desarrollo de las funciones que como tal tiene atribuidas, complementario y adicional al que pudiera corresponderle, si la tuviere, en su condición de representante unitario o sindical.

4. c) Quince días de antelación, de las obras y traslados del personal, comunicando a la plantilla afectada el calendario de dichos procesos

Se facilitará a los Delegados y Delegadas de Prevención la planificación anticipada, con al menos 15 días de antelación, de las obras y traslados del personal, comunicando a la plantilla afectada el calendario de dichos procesos.

5. c) Al Comité de Seguridad y Salud

Las funciones del Comité de Seguridad y Salud son:

- *Participar en la elaboración, puesta en práctica y evaluación de los planes y programas de prevención de riesgos en el Ayuntamiento de Madrid y sus Organismos Autónomos. A tal efecto, en su seno se debatirán, antes de su puesta en práctica y en lo referente a su incidencia en la prevención de riesgos, los proyectos en materia de planificación, organización del trabajo e introducción de nuevas tecnología, organización y desarrollo de las actividades de protección y prevención a la que se refiere el artículo 16 de la Ley de Prevención de Riesgos Laborales y proyecto y organización de la formación en materia preventiva.*

- *Promover iniciativas sobre métodos y procedimientos para la efectiva prevención de los riesgos, destinadas a mejorar la integración efectiva de la Prevención de Riesgos Laborales en el Ayuntamiento de Madrid y sus Organismos Autónomos, proponiendo la mejora de las condiciones o la corrección de las deficiencias existentes*

6. b) Anual

El Comité elaborará, con carácter anual una memoria en la que figuren las actividades llevadas a cabo.

7. b) Mensual

La Comisión Permanente del Comité, dependiente del Comité, se reunirá con periodicidad mensual, salvo en los meses en que se reúna el Comité, así como en el mes de agosto, con la finalidad preparar y agilizar los trabajos sobre cuestiones generales o específicas a tratar por el Comité. Asimismo, podrá asumir todas aquellas cuestiones que éste le delegue para su estudio en profundidad.

8. b) Conocer información acerca de las actividades de prevención de riesgos laborales, de los órganos encargados al efecto

a. Comité de Seguridad y Salud:

[...]

Facultades

- *Conocer directamente la situación relativa a la prevención de riesgos en los centros de trabajo, realizando a tal efecto las visitas que estime oportunas.*
- *Conocer cuántos documentos e informes relativos a las condiciones de trabajo sean necesarios para el cumplimento de sus funciones, así como los procedentes de la actividad del servicio de prevención, en su caso.*
- *Conocer y analizar los daños producidos en la salud o la integridad física de los trabajadores y trabajadoras, al objeto de valorar sus causas y proponer las medidas preventivas oportunas.*
- *Conocer e informar la memoria y programación anual del Servicio de Prevención.*
- *Conocer el estado de implementación de las medidas preventivas recogidas en las evaluaciones de riesgos laborales.*
- *El Comité se reunirá, con carácter ordinario, una vez por trimestre*

9. c) Cada cuatro años

El sistema de prevención del Ayuntamiento de Madrid será sometido cada cuatro años a control mediante auditorías o evaluaciones, sin perjuicio del cumplimiento de la normativa vigente en relación a su realización cada dos años en actividades especialmente peligrosas (trabajos con exposición a radiaciones ionizantes, a agentes tóxicos y muy tóxicos, actividades en que intervienen productos químicos de alto riesgo, trabajos con exposición a agentes biológicos de los grupos 3 y 4, etc.).

10. b) Cinco Delegados de Prevención

Los Delegados de Prevención serán designados por y entre los representantes del personal, en el ámbito de los órganos de representación previstos en las normas a que se refiere el artículo anterior, con arreglo a la siguiente escala:

- *De 50 a 100 trabajadores: 2 Delegados de Prevención.*
- *De 101 a 500 trabajadores: 3 Delegados de Prevención.*
- *De 501 a 1.000 trabajadores: 4 Delegados de Prevención.*
- *De 1.001 a 2.000 trabajadores: 5 Delegados de Prevención.*

[...]

11. b) Cada tres meses

El Comité de Seguridad y Salud se reunirá trimestralmente y siempre que lo solicite alguna de las representaciones en el mismo. El Comité adoptará sus propias normas de funcionamiento.

12. c) Quince

El Comité de Seguridad y Salud estará formado, de una parte, por quince Delegados/as de Prevención designados proporcionalmente entre quienes ostenten esta condición y, de otra, por igual número de representantes de la Administración.

13. a) Dos Asesores/as por cada una de las Organizaciones Sindicales representadas en el mismo

En las reuniones del Comité de Seguridad y Salud podrán participar con voz, pero sin voto hasta un máximo de dos Asesores/as por cada una de las Organizaciones Sindicales representadas en el mismo y los/as responsables técnicos/as de prevención de la Administración [...].

14. a) En el primer trimestre del año

La revisión anual del Plan de Prevención será realizada por el Servicio de Prevención y para su aprobación, en el primer trimestre del año, deberá contarse con la participación de los/as delegados/as de prevención en el marco de la Mesa General de Negociación de los Empleados Públicos. De igual modo se procederá cuando las circunstancias hagan precisa su revisión antes de esos plazos.

15. c) Conocer cuántos documentos e informes relativos a las condiciones de trabajo sean necesarios para el cumplimento de sus funciones, así como los procedentes de la actividad del servicio de prevención, en su caso

Los Delegados y Delegadas de Prevención tendrán las siguientes facultades:

- *Ser informado por la empresa sobre los daños producidos en la salud de los trabajadores y trabajadoras municipales, una vez que aquel hubiera tenido conocimiento de ellos, pudiendo presentarse, aun fuera de su jornada laboral, en el lugar de los hechos para conocer las circunstancias de los mismos.*

- *Recibir información acerca de las actividades de prevención de riesgos laborales, de los órganos encargados al efecto.*
- *Realizar visitas a los lugares de trabajo para ejercer una labor de vigilancia y control del estado de las condiciones de trabajo, pudiendo, a tal fin, acceder a cualquier zona de los mismos y comunicarse durante la jornada con los trabajadores y trabajadoras, de manera que no se altere el normal desarrollo del proceso productivo.*

[...]

16. c) Quince

El Comité de Seguridad y Salud estará formado, de una parte, por quince Delegados/as de Prevención designados proporcionalmente entre quienes ostenten esta condición y, de otra, por igual número de representantes de la Administración.

17. a) 56

El número total de Delegados/as de Prevención que se designará, bien por los órganos de representación unitaria del personal funcionario y laboral, de entre sus miembros, bien por las Organizaciones Sindicales con presencia en los órganos de representación unitaria conforme a lo establecido en el párrafo anterior, será, el que sigue:

- *Ayuntamiento de Madrid: 56.*

[…]

18. a) Conocer el estado de implementación de las medidas preventivas recogidas en las evaluaciones de riesgos laborales

Los Delegados y Delegadas de Prevención son los representantes del personal que tienen funciones específicas en materia de prevención de riesgos en el trabajo, siendo éstas las siguientes:

- *Colaborar con el Ayuntamiento de Madrid y sus Organismos Autónomos. en la mejora de la acción preventiva.*
- *Promover y fomentar la cooperación de las y los trabajadores en la ejecución de la normativa sobre prevención de riesgos laborales.*
- *Canalizar la participación de las y los trabajadores en materia de seguridad y salud.*
- *Ser consultado por el Ayuntamiento de Madrid y sus Organismos Autónomos, con carácter previo a su ejecución, acerca de las decisiones a que se refiere el art. 33 de la Ley de Prevención de Riesgos Laborales, en definitiva, cualquier acción que pueda tener efectos sustanciales sobre la seguridad y salud de los y las trabajadoras*
- *Ejercer una labor de vigilancia y control, sobre el cumplimiento de la normativa de Prevención de Riesgos Laborales.*

19. c) Mejorar la utilización de los recursos solares

Se desarrollará una política pública integrada de prevención de riesgos laborales y de Protección de Medio Ambiente, cuyos objetivos serán los siguientes:

- *Reducir el consumo energético y estudiar la introducción energías renovables.*
- *Adecuar la gestión de los residuos producidos durante las actividades, facilitando la recogida selectiva e incidiendo en la prevención de su producción.*
- *Fomentar la distribución y utilización de productos más respetuosos con el medio ambiente.*
- *Mejorar la utilización de los recursos hídricos.*
- *Establecer campañas de sensibilización medioambiental dirigidas a los/as empleados/as.*

20. c) Siete Delegados de Prevención

Los Delegados de Prevención serán designados por y entre los representantes del personal, en el ámbito de los órganos de representación previstos en las normas a que se refiere el artículo anterior, con arreglo a la siguiente escala:

[…]

- *De 3.001 a 4.000 trabajadores: 7 Delegados de Prevención.*
- *De 4.001 en adelante: 8 Delegados de Prevención.*

TEST 40

El municipio de Madrid, sus Distritos y Barrios: principales calles, plazas, parques y monumentos

1. **¿En qué parque se encuentra el Templo de Debod?**

   a) En el Parque del Oeste

   b) En el Campo del Moro

   c) En el Parque de la Arganzuela

2. **¿Cuántas hectáreas constituyen el Parque Juan Carlos I?**

   a) 100 hectáreas

   b) 150 hectáreas

   c) 160 hectáreas

3. **¿De qué fecha data la Dehesa de la Villa?**

   a) Siglo XIV

   b) Siglo XV

   c) Siglo XVI

4. **¿Quién se encargó de la reconstrucción del Parque del Oeste tras la Guerra Civil?**

   a) Samuel Fernández

   b) Cecilio Rodríguez

   c) Ismael González

5. **Dentro del Parque del Oeste no se encuentra:**

a) El Cuartel de Monteleón

b) El parque de la Tinaja

c) La Rosaleda

6. **El Parque de Berlín está situado en:**

a) La zona de Vicálvaro

b) La zona de Arganzuela

c) La zona de Chamartín

7. **¿En qué calle está situado el Casón del Buen Retiro?**

a) Alfonso XII

b) Felipe IV

c) Del Moreto

8. **La Casa Real de Postas, también conocida como también como Cuartel de Zaragoza o Cuartel de Pontejos, es de estilo:**

a) Gótico

b) Neoclásico

c) Barroco

9. **¿Por quién fue construido el edificio del Banco de España?**

a) Por Eduardo Dato

b) Por Eduardo Adaro

c) Por Eduardo Medina

10. El Palacio de Miraflores fue construido por:

a) Ventura Rodríguez

b) Pedro de Ribera

c) Ricardo Velázquez Bosco

11. ¿En qué año fue construido el Palacio del Senado?

a) En 1581

b) En 1731

c) En 1762

12. El Palacio de Liria es de estilo:

a) Neoclásico

b) Gótico

c) Renacentista

13. ¿En qué siglo se comenzó a construir la Catedral Santa María la Real de la Almudena?

a) En el siglo XVIII

b) A finales del siglo XIX

c) A comienzos del siglo XX

14. El Palacio del Congreso de los Diputados fue construido por:

a) Francisco Montalbán

b) Alberto del Palacio

c) Pascual Colomer

15. ¿En qué siglo fue construida la Torre los Lujanes?

a) A finales del siglo XIX

b) A comienzos del siglo XVII

c) A principios del siglo XV

16. ¿En qué año fue restaurado el viaducto?

a) En 1880

b) En 1978

c) En 1985

17. El Claustro de San Jerónimo el Real fue construido por:

a) Ventura Rodríguez

b) Miguel Martínez

c) Fernando Mora

18. ¿En qué año se terminó la construcción de la Catedral Santa María la Real de la Almudena?

a) En el año 1993

b) En el año 2000

c) En el año 1995

19. Indique cuál de los siguientes museos tiene su sede en Madrid:

a) El IVAM

b) El MACBA

c) El MNCARS

20. El Museo Arqueológico Nacional, ¿en qué calle está ubicado?

a) C/ Serrano

b) C/ Goya

c) C/ Velázquez

SOLUCIONES TEST 40

1. a) En el Parque del Oeste

El Templo de Debod es uno de los grandes tesoros que esconde Madrid. Está localizado al oeste de la Plaza de España, junto al Parque del Oeste.

2. c) 160 hectáreas

El parque Juan Carlos I tiene una superficie de 160 hectáreas que alberga un olivar con más de 2000 ejemplares del antiguo Olivar de Hinojosa, un lago, un auditorio, una colección de esculturas al aire libre y un centro de actividades. Fue abierto al público en 1992 con motivo de la celebración de "Madrid capital europea de la cultura".

3. b) Siglo XV

Las primeras referencias históricas documentadas en el Archivo de la Villa sobre la Dehesa de la Villa datan de 1434 y se refieren a ella como Monte de Amaniel, procedente de la donación que en 1152 el Rey Alfonso VII hace a la Villa de Madrid de los terrenos "hasta el Real del Manzanares" por la ayuda prestada por el pueblo durante la reconquista y "porque en sus moradores había hallado siempre mayor fidelidad".

4. b) Cecilio Rodríguez

El Parque del Oeste nació por la iniciativa del alcalde de Madrid, don Alberto Aguilera, en el año 1906, y fue obra de Celedonio Rodrigáñez, ingeniero agrónomo y director de Jardines y Plantíos del Ayuntamiento. Pasada la guerra civil, su sucesor en el cargo, Cecilio Rodríguez, se encargó de reconstruir el parque.

5. a) El Cuartel de Monteleón

El Cuartel de Monteleón se encontraba en el corazón del barrio de Maravillas de Madrid. Allí combatieron los capitanes Luis Daoíz y Pedro Velarde en el enfrentamiento contra las tropas francesas de ocupación, el día 2 de mayo de 1808.

6. c) La zona de Chamartín

El parque de Berlín es un parque urbano de la ciudad de Madrid que se encuentra en el barrio de Ciudad Jardín, distrito de Chamartín.

7. a) Alfonso XII

En el Casón del Buen Retiro, una vez superado el vestíbulo de entrada desde la calle Alfonso XII, encontramos la Sala de Lectura y una biblioteca, que ocupa el antiguo Salón de Baile bajo la espectacular bóveda decorada con los frescos pintados en 1692 por Luca Giordano (1634-1705).

8. b) Neoclásico

La Real Casa de Postas, también conocida como Cuartel de Zaragoza o Cuartel de Pontejos, es un edificio histórico de estilo neoclásico, ubicado entre las calles de la Paz, Pontejos y Correo.

9. b) Por Eduardo Adaro

Eduardo de Adaro Magro (1848 – 1906) fue un autor de variada trayectoria cuyo nombre está unido al del edificio principal del Banco de España en la madrileña plaza de Cibeles, considerado unánimemente como una obra cumbre del eclecticismo decimonónico español.

10. b) Pedro de Ribera

El edificio original del Palacio de Miraflores fue diseñado por el arquitecto Pedro de Ribera y construido entre 1731 y 1732.

11. a) En 1581

El Palacio del Senado fue originalmente un colegio-convento fundado en el año 1581, construido por el arquitecto Francisco de Mora.

12. a) Neoclásico

El palacio de Liria es un palacio construido en el siglo XVII. Desde principios del XIX es la residencia oficial de la Casa de Alba en la capital de España y principal sede de su invaluable colección de arte y archivo histórico. Es de estilo Neoclásico.

13. b) A finales del siglo XIX

La catedral de Santa María la Real de la Almudena fue encargada a el arquitecto Francisco de Cubas y Montes y, el 4 de abril de 1883, el rey Alfonso XII colocó la primera piedra de la futura iglesia.

14. c) Pascual Colomer

El proyecto del Palacio de las Cortes fue elaborado y ejecutado por el arquitecto Narciso Pascual Colomer (1808 - 1870), iniciándose el 10 de octubre de 1843 y siendo inaugurado el 31 de octubre de 1850 por la reina Isabel II.

15. c) A principios del siglo XV

La casa y torre de los Lujanes, en la plaza de la Villa de Madrid, es uno de los conjuntos arquitectónicos más antiguos de la capital de España. Casa y torre datan de épocas diferentes, pudiendo fecharse la torre a principios del siglo XV, y la casa a finales de ese mismo siglo.

16. b) En 1978

En 1978 se reabrió el Viaducto tras su restauración.

17. b) Miguel Martínez

En 1612 se procede a la construcción del claustro renacentista clásico al sur, por el arquitecto Miguel Martínez.

18. a) En el año 1993

La catedral fue consagrada por el papa Juan Pablo II el 15 de junio de 1993, tomando el relevo de la Colegiata de san Isidro, que había sido la catedral provisional de Madrid desde 1885.

19. c) El MNCARS

Museo Nacional Centro de Arte Reina Sofía (MNCARS)

20. a) C/ Serrano

El Museo Arqueológico Nacional se encuentra en la Calle de Serrano, 13, 28001 Madrid

9000002014501